philosophyから「哲＋學」へ

許 智香 JiHyang Heo

文理閣

はじめに

本書は、近代日本におけるphilosophyの「哲学」への翻訳および学制化過程を、検討し、その植民地朝鮮への伝播を考察しようとするものである。

とりわけ「哲学」概念の翻訳と学制化の過程について、時期としては、二つに分けて検討する。第一に、philosophyを漢字語「哲＋學」にはじめて翻訳したと知られる西周（一八二九〜一八九七年）の文章を取りあげ、既存の「理」や「性」などの概念が、かれの思想遍歴に照らされ、西洋の文脈に置かれる時期に注目する。第二に、西周以後の時期に焦点を当てる。そこでは、philosophy（以下、片仮名表記と史料上の表記などを併用する）の翻訳語として「哲学」が定着していく過程を明らかにするために、二つの空間を取りあげる。まず、東京大学の成立に注目し、一八七〇〜一八八〇年代を中心に制度としての哲学科の定着について論じる。そして、第二部では空間を「外地」に移し、植民地朝鮮に創設された京城帝国大学の哲学関連講座について論じる。

このように、本書は、日本を通じて作られた数多くの西洋学術概念の漢字翻訳語のなかでも、とくに「哲学」ということばに着目するわけだが、その際に参考となる先行研究を、大きく、語学分野と思想史分野に分けることができる。語学分野ではたとえば、杉本つとむの『江戸時代蘭語学の成立とその展開』（全五巻、一九七六〜一九八二年）、『日本翻訳語史の研究』（一九八三年）、『日本英語文化史の研究』（一九八五年）などの研究がある。杉本は近世から近代にいたる膨大な言語資料を駆使し、近代語の成立過程について考察している。また、同じく柳父章の翻訳語研究がある。柳は『翻訳の思想』（一九七七年）、『翻訳語成立事情』（一九八二年）などの研究書を通じて、明治日本をとりわけ翻訳文化に規定し、翻訳語の成立とその背景について詳しく検討している。本書では、とくに蘭学からの遺産、造語のシステム的側面、「翻訳文化」の全体的様子などについて語学分野の研究を参照しながら、日本列島だけではなく、翻訳語の植民地への移動をも視野に入れる。

一方、思想史分野では、本書の内容に直接関わるものとして、フィロソフィーの「哲学」への翻訳過程について論じた論文が多数ある。これらの研究は本書の内容と密接に関わるため、本文において適宜提示したい。また、方法的な示唆を得たものとして、漢字翻訳語の「倫理」が近代以来どのように再生されたかを考察した子安宣邦の「翻訳語としての近代漢語――「倫理」概念の成立とその行方」(『漢字論――不可避の他者』二〇〇三年)と、「東アジア」・「近代」という既存概念に問題を提起しながら、明治の哲学者より近代中国および帝国日本の植民地まで視野に入れた高坂史朗の『東アジアの思想対話』(ぺりかん社、二〇一四)に触れておきたい。

ところが思想史分野においては、日本思想史であれ哲学であれ、それらの分野自体が西洋哲学の受容史と関わっているため、概念の翻訳をめぐる諸事情を直接論じなくても、西洋の思想の受容や翻訳という問題と必ず直面せざるを得ない。前者の場合、とくに近代思想史の書き手の思想的立場によって西洋思想の受容形態が規定されたり、あるいは書き手の関心によって翻訳の問題がクローズアップされたりもする。本書の課題からすれば、『日本近代思想大系15　翻訳の思想』(岩波書店、一九九一年)の編纂過程と深く関係している丸山真男と加藤周一の『翻訳と日本の近代』(一九九八年)が注目される。一方、後者すなわち、哲学研究に携わる研究者のあいだでは、本書の内容と直接関わるフィロソフィーの翻訳を取りあげた論文も出ており[1]、二〇〇〇年代に入ってからは、東アジアの共通言語としての「哲学」が意識され、共同研究による国際フォーラムの成果物も出された[2]。そのなかには、二〇〇三年に『韓国における西洋思想受容史』を著した李光来の論文も掲載されている[3]。しかし、「東アジアと哲学」と打ち出しつつ、各地域間の「対話」を重視するものの、個別論文を集めている印象をうける[4]。

以上のように、語学分野では、近代以後定着した漢字翻訳語に関する膨大な資料収集と検討が蓄積されており、また、思想史分野では、それ自体が西洋哲学の受容史と関わるため、書き手の関心によってフィロソフィーの翻訳をめぐる諸事情が指摘されてきた。なかんずく「哲学」の場合、その概念の翻訳主体が明確であるがゆえに、西周に注目が集まることが少なくない[5]。

ただし、これら先行研究に対していくつか疑問を提示したい。それは、①とくに語学分野における近代語という想定、②漢字語に関して、それを中国大陸から渡ってきた文化的資源とみる観点、③植民地との関連性がみえない点である。

わけても植民地との関連性については、日本の伝統、または近代化の過程として翻訳の問題を捉える傾向が強く、そのため「哲学」のみならず明治日本を通じて作られた漢字語がその後、中国大陸および朝鮮半島に伝わったという事実が言及されることはけっして多くなかった。あるいは、その事実が言及されても、言語のレベルでことばの生成および受容のルーツを確認する作業に止まる場合がほとんどであった。たとえば、前述した丸山の『翻訳と日本の近代』は、明治日本における翻訳の問題がもっぱら「日本の文明と開化」の側面から論じられる。また、柳父章は、幕末以来の「漢字造語」の増加現象について、「高級な概念を捉えがたい」「大和言葉」の限界を補うために「日本的翻訳」が行われたと説明する[6]。さらに柳は「日本的翻訳」について次のようにいう。「そこで漢字による造語という方法が発明された。それは、基本的には、漢字二字を組み合わせて、新しい一語を造る方法である。一字一字では中国語の意味の言葉だが、二字組み合わせで一語とすれば、それは新しい言葉であるから、別の新しい意味とすることができる。／この造語法は、古代以来の造語法を継承していたのだった。漢字二字の造語という方法は、かつて大和の人々が漢字と出会ってまもなくの頃から始まっていた」と、かれは「日本製漢字二字造語」を奈良時代から連続して継がれてきたものとみる同時に、「二字一語」を「元来中国語の文字」

から弁別する。(7)

このように、一国史の観点を前提とする場合、本質的に複数の事態に関わる翻訳という行為の歴史性・テキスト性を見損ない、(8)逆に翻訳という媒介を通じて日本の文化の特性を説明しようとする姿勢を生みだす。

そこで、本書では、「文化」の同一性に警戒するため、多く使われている「漢字文化圏」の概念ではなく、「漢字圏」という視点を用いる。(9)この「漢字圏」は、村田雄二郎が語るごとく、漢字文化圏における「国家や民族文化が加算された集合体」の意味を退けるための概念である。(10)それは「漢字圏の中心であった中国」こそが、近代以前における「多重言語状況を清算し、漢語・漢文を正統・威信言語の地位に就け」てきた歴史に注目しつつ、「今日に至るも均質な漢語使用圏が広がってい」ない状況を視野に入れてくれる。(11)さらに、漢語を受け継いだということで「東アジア共同体にとっての漢字文化の価値を強調する」ような「帰属意識を育んで」しまうことを警戒することばでもある。(12)

そして、日本思想史分野において「翻訳」をキーワードに、近世帝国の世界が解体され、近代の学術知が翻訳行為を通じて再編成される全体像を提示した桂島宣弘に従って、(13)西周の朱子学的概念が新たな文脈で登場する過程のなかに「哲学」の翻訳を位置付け、またそれが、東京大学の学制化に伴っていかに定着していったのかを検討する。さらに、京城帝国大学を中心に学制化した「哲学」と植民地の関係を考察する。

京城帝国大学については本書第二部で詳述する予定だが、ここでまず朝鮮半島における「哲学」ということばの現れについて簡単に述べておきたい。

先行研究によれば、朝鮮王朝において philosophy の翻訳語としての「哲学」がはじめて登場する記事は、一八八八年二月の『漢城周報』である。(14)『漢城周報』一〇一号の外報では、東京図書館の書籍を学問別に分類したものを紹介しており、そこで「第一門　宗教」の次に「第二門」として「哲学」という名称と、「和漢書・四九

三　洋書・三七」という統計が挙げられている[15]。

一方、朝鮮語と西洋語の対訳辞典に目を向けると、一八七四年にMikhail Putsilloの『露韓字典』(*ОПЫТЬ Русско-корейского Словаря*)の出版以来、二つ目として公刊されたRidelの『韓佛字典』(一八八〇年)が、ソウル言葉を中心にハングルを見出し語にした「本格的な二重語字典の嚆矢」として評価されている[16]。ところが、このRidelの『韓佛字典』を含めて一九二〇年代まで公刊された二重語字典——Underwood(1890)、Scott(1891)、Gale(1897、

著者	字典 ※漢字あるいは英語で略記	言語	内容 ※ハングルの意味を小さい字で併記しておく
Ridel	『韓佛字典』(1880)	韓国語→フランス語	・「철학哲学」という見出し語× ・見出し語「유교儒教」に対して「Philosophy de Confucius」
Underwood	『韓英字典』(1890)	1部：韓国語→英語 2部：英語→韓国語	・「철학哲学」という見出し語× ・(2部) Philosophy, n. 학学, 학문学問, 리理. Natural——, 셩리지학性理之学, 격물궁리格物窮理, 텬셩지학天性之学.
Scott	『Engilish-Corean Dictionary』(1891)	英語→韓国語	・Philosopher 박물군ᄌᆞ博物君子 Philosophy 격물궁리格物窮理
Gale	『韓英字典』(1897)	1部：韓国語→英語 2部：漢字→英語	・「철학哲学」という見出し語× ・(2部)「哲」に対して「Wise; deserving. To know intuitively.」
Gale	『韓英字典』(1911)(1914)	・初版(1897)の改訂版：1部を1911年に、2部を1914年に別巻として出版	・(1911) ・철학s. 哲學(붉을)(빗홀)Philosophy. ・철학가s. 哲學家(붉을)(빗홀)(집) Philosophers. ・철학뎍s. 哲學的(붉을)(빗홀)(뎍실) Philosophy. ・철학박ᄉᆞs. 哲學博士(붉을)(빗홀)(넓을)(션비)A doctor of philosophy. ・철학ᄉᆞs. 哲學士(붉을)(빗홀)(션빗) A master of philosophy. ・철학ᄉᆞ샹s. 哲學思想(붉을)(빗홀)(싱각)(싱각)Philosophical thought
Jones	『An English-Korean Dictionary』(1914)	英語→韓国語	・Philosopher, n. 철학쟈(哲學者). (sage)셩현(聖賢). ・Philosophy, n. 철학(哲學): Chinese—— 유도(儒道). mental—— 심리학(心理學). moral—— 도덕학(道德學). natural—— 리학(理學).(See under Science)

1911, 1914, 1924)、Jones (1914) を概括すると、[17] philosophy の翻訳語として「哲学」が明記される最初のものは、Gale の『韓英字典』の一九一一年版であることがわかる。これらの二重語字典における philosophy の翻訳語を右の表にまとめておく。[18]

この表をみると、Underwood の『韓英字典』(一八九〇年) において「学」「学問」「理」と説かれた philosophy は、Gale の『韓英字典』(一九一一年) に至って「哲学 Philosophy」となる。ちなみに Underwood が辞書編纂に参考したものは、Samuel Wells Williams (1812~1884) の『中英字典』(一八七四年、原題: *A syllabic dictionary of the Chinese language: arranged according to the Wu-fang yuen yin with the pronunciation of the characters as heard in Peking, Canton, Amoy and Shanghai*) である。これは、日本を経由した翻訳語が一九一一年の Gale に反映される以前の漢字圏の影響を表す例である。

さて、先に述べたように、本書は、これまでの研究に対しておおむね三つの疑問を提示した。以下では、その疑問を解くための本書の構成を紹介する。第一部では、philosophy がなぜ、いつ「哲學」に変わったかについての問題を検討する。西周の意図やその文脈だけにこだわらず、西周の思想遍歴を重視しつつ、「理」や「性」といったことばの新たな文脈を取りあげることで、結論を閉じない。また、いままであまり論じられてこなかった西周と明治学制との関連性について教育史研究を参考しつつ、その後の「哲学」の学制化の様子を論ずる。そこでは、東京大学文学部の成立だけではなく、それ以前の歴史をも視野に入れる。学制において「理学」のことばの移動現象はその時期が早かっただけでなく、具体的であった。この点は、すでにフィロソフィーを西洋の理学として捉える観点が、少なくなっていくことを示す事例となる。

とりわけ、東京大学に文学部が建てられる以前の学科目としてのフィロソフィーは、けっして普遍的学問という地位をもっておらず、西洋から学ばねばならない多くの専門学の一課目に過ぎなかったことを強調する。一方、哲学という用語のみならず東京大学哲学科の成立そのものをも支えていた『哲学字彙』については、井上哲次郎の国字意見を取りあげ、中国と西洋に向けたまなざしが、既存の古典の世界をいかに塗り替えたのか、その新たな言語世界の一面をみていく。

第二部では、京城帝国大学における哲学という学知に注目する。本文でも述べているように、京城帝国大学については近年、歴史学や社会学分野において盛んに研究が行われている。とくに、帝国日本の植民地支配体制としての機能を確認するに止まらず、それが「帝国大学」であったことの意味や、植民地の帝国大学によって浮き彫りになる帝国大学の矛盾を含め、内地の帝国大学との錯綜した関係など、既存の侵略と支配という歴史像では説明できないことが活発に議論されている。第二部では、このような京城帝大に関する最新の研究を積極的に参考しながら、京城帝大の哲学関連講座の全体像を提示することを目指す。「哲学関連講座」というのは以下のような意味を有する。東京大学文学部での設立（一八八一年）以来、「哲学科」は様々な科目へと分化していき、また時期別にもいろいろの変化を経ていく。そして、一九〇四年には東京帝国大学文科大学が「文・史・哲学科」の三学科制を取るが、そのなかで改定された哲学科の「受験学科」の各名称が、一九二六年に設立した京城帝国大学の講座名と一致する最初の例である（「印度哲学」除く）。それが京城帝大法文学部の「教育学」「倫理学」「心理学」「哲学、哲学史」「支那哲学」「社会学」「宗教学」「美学、美学史」であった。これらの講座は、本文で詳述するように、『京城帝国大学一覧』の卒業生のリストでは「哲学科」として括られている。つまり、学科区分と講座制が併存されていたこの時期の制度を、どう呼べば適切なのかが簡単ではなかったため、ここではあえて「哲学関連講座」と称する。

さらに、これまでほとんど注目されることのなかった京城帝国大学予科にも目を向ける。なかでも植民地統治に必要な科目とされてきた予科の「修身」の教授であった横山將三郎を中心に、京城帝国大学予科の修身および哲学概論に対する新たな解釈を試みる。そして、戦後日本において文部大臣を務め、学習院の再建にも貢献した安倍能成を中心に京城帝大本科の「哲学、哲学史」講座について分析する。かれの植民地大学における哲学講義の全貌を紹介し、大正教養主義と植民地朝鮮との関係を示唆する[19]。

補論①では、これまで日本思想史の分野に閉じ込められてきた井上円了を取りあげ、かれの朝鮮巡講活動と「哲学」認識の問題を検討する。井上円了は、第一部第四章で取りあげる東京大学哲学科の機関誌『哲学会雑誌』の初期の編集および刊行を担った人物でもある。そして東京大学を卒業した後には私立「哲学館」を設立し、全国を回りながら修身教育活動に奮闘する。いわゆる「外地」の朝鮮もその対象であった。とくにここでは、日露戦争以後、かれが朝鮮で行った講演に注目する。そして井上の修身教育活動や「哲学堂」の拡張事業から、近代的「哲学」概念がどのように帝国主義と国家主義を支えていったのかを読み解く。

補論②では、『西周全集』編纂の歴史的背景に注目する。井上哲次郎も『日本哲学界の回顧』などで西周に触れたことがあるが、そうした思想史的観点にとどまらず、本格的に西を扱った最初の人は麻生義輝（一九〇一～一九三八年）であった。ここでは、アナキストであった麻生が自分の筆名を棄てて再び本名を用いる時期が、「明治文化研究」に取り組みはじめた時期と一致することに着目し、哲学という「日本語」を与えてくれたとして西周を称賛するかれの態度を、明治文化研究会の文化的サロンという雰囲気のなかから捉える。また、大久保による全集編纂作業も麻生が西周に関心を持ち始めた時期と関係していることを指摘し、『西周全集』がもつ歴史性を明らかにする。

このように本書は、philosophy が「哲學」となる経緯と、それが制度となっていく過程、さらにその制度が植民地朝鮮に渡っていく様子を辿るものである。言い換えれば、本書は、ある概念の完全なる転換が制度とどのように結びついていったのか、そしてそのなかで働いていた人びとの学問と現実を、植民地との関係をも視野に入れて考察したものとなる。

注

(1) 代表的なものとして、藤田正勝「日本における『哲学』の受容」(『岩波講座 哲学14 哲学史の哲学』岩波書店、二〇〇九年)を参照。

(2) 代表的なものとして、藤田正勝・卞崇道・高坂史朗編『東アジアと哲学』(ナカニシヤ出版、二〇〇三年)藤田正勝編『思想間の対話――東アジアにおける哲学の受容と展開』(法政大学出版局、二〇一五年)。

(3) 李光来「哲学的オーケストラの実現のために」前掲、藤田編『思想間の対話』所収。なお、李の本は日本で翻訳されている(『韓国の西洋思想受容史』高坂史朗・柳生真訳、お茶の水書房、二〇一〇年)。

(4) 藤田はこの共同研究の成果について次のように述べる。「これらの共同研究を通して浮かび上がってきた点の一つは、日本における哲学の形成も日本の独自の思想的な伝統や政治的な状況の中で行われたが、中国や韓国における哲学の形成も、それぞれの伝統に依拠した独自の西洋哲学受容を通してなされたという点である。そのプロセスと、それを通して生み出されたものを比較することを通して、日本の哲学の特徴とその意義とをよりいっそう明確にすることが本書でめざした点の一つである」(前掲、藤田編『思想間の対話』二頁)。ここで藤田は、受容史の比較という視点を有効に捉えているが、はたしてそうであろうか。このような比較文化的視点には疑問を感じる。

(5) 西周と「哲学」の問題を扱ったものとして参照した明治思想史は本文で適宜引用する。その他、参考になった西周関連研究を挙げておく。麻生義輝『西周哲学著作集』(岩波書店、一九三三年)、大久保利謙「西周の歴史観(百学連環に於ける歴史の問題)」(『帝国学士院紀事』第二巻第二号、一九四三年)、大久保利謙「西周の軍部論――軍部成立の思想史裏づけ」(『日本歴史』第四五号、一九五二年)。梅溪昇「近代日本軍隊の性格形成と西周」(『人文学報』京都大学人文科学研究所、第四号、一九五四年)、梅溪昇「軍人勅諭の成立と西周の憲法草案(一)」(『史林』第三八巻第一号、一九五五年)、植手通有「明治啓蒙思想の形成とその脆弱性」(『日本の名著34 西周・加藤弘之』

中央公論社、一九七二年)、蓮沼啓介『西周に於ける哲学の成立』(有斐閣、一九八七年)、小泉仰『西周と欧米思想との出会い』(三嶺書房、一九八九年)、島根県立大学西周研究会『西周と日本の近代』(ぺりかん社、二〇〇五年)、桑木厳翼『日本哲学の黎明期——西周の『百一新論』と明治の哲学界』(書肆心水、二〇〇八年)、菅原光『西周の政治思想——規律・功利・信』(ぺりかん社、二〇〇九年)、松島弘の『近代日本哲学の祖・西周——生涯と思想』(文芸春秋企画出版部、二〇一四年)など。

(6)柳父章「日本における翻訳」『日本の翻訳論』一一頁。

(7)同上、一一~一二頁。

(8)この点に関しては、酒井直樹『過去の声——十八世紀日本の言説における言語の地位』(以文社、二〇〇二年)を参照。

(9)「漢字圏」については、次の議論を参照されたい。村田雄二郎・C・ラマール編『漢字圏の近代——ことばと国家』(東京大学出版会、二〇〇五年)、齋藤希史『漢字世界の地平』(新潮社、二〇一四年)。

(10)前掲、村田他編『漢字圏の近代』一〇頁。

(11)同上。

(12)同上、一二頁。

(13)桂島宣弘「東アジアの近代と『翻訳』——近世帝国の解体と学術知」『自他認識の思想史』第五章、有志舎、二〇〇八年。

(14)金載賢「『漢城旬報』『漢城周報』『西遊見聞』에 나타난 '哲學' 概念에 대한 研究——東アジア的脈略에서——」翰林科学院『概念과 疎通』第九号、二〇一二年。

(15)同上、一六七~一六八頁。

(16)黄鎬徳・李祥賢『韓国語의 近代와 二重語字典』影印一巻、二〇一二年、七~八頁。

(17)これらの二重語字典の目録および系譜、書誌情報に関しては同上『韓国語의 近代와 二重語字典』影印編Ⅰ~Ⅺ、同著者『概念과 歴史, 近代 韓国의 二重語字典』の研究編と翻訳編が最も良い先行研究である。

(18) 同上『韓国語의 近代와 二重語字典』影印編Ⅰ〜Ⅳをもとに作成した。

(19) ただ、植民地朝鮮において、京城帝国大学以外にも専門学科として「哲学」が教授された学校はあった。専門学校の文科や法科などの教科課程の中に、たとえば延喜専門学校の文科課程(一九二一年〜)の「論理学」「哲学概論」「倫理学」や、普成専門学校の一九二五年教科課程にも法科に「哲学概論」「論理学」が含まれていた。また、梨花学堂の大学科における一九二〇年の科目に「倫理学」などもみられる。これらの科目はその後も続けられたり、哲学関連の他の課目が加えられたりしながら解放後にいたる。京城帝大の卒業生がこれら専門学校で教授として哲学概論や美学などを教えた例もみられる。だが、本書では、あくまでも「哲学」が明治日本で翻訳語として初めて登場したことばである点に重きを置きつつ、その後の学制としての変遷に注目するため、帝国大学であった京城帝大を中心に議論を進める。

philosophyから「哲＋學」へ◎目次

はじめに　3

第一部　「辞」から「概念」へ、そして制度化の第一場面

第一章　西周の思想遍歴……23
1　はじめに　23
2　先行研究の検討――「徂徠学」という問題　25
3　創立当時の養老館（一七八六年）　28
4　西周と養老館　32

第二章　名詞の記録と法的力――西周の「性法」翻訳と「philosophy」の翻訳の間……57
1　はじめに　57

2 オランダ留学とその背景 60
3 regtと「原権」「性法」 62
4 philosophyの翻訳をめぐる研究状況と「尚白箚記」 68
5 既存のものの変異と解体 75

第三章 西洋哲学史を通じての性理の横断——西周の「生性発蘊」(一八七三年)を読む……83
1 受容史を超えて 83
2 「普通学」という概念の当時における用法 86
3 新たな学問の在り方を模索する——「百学連環」における「哲学の歴史」 88
4 「生性」への帰着——「生性発蘊」の構成および内容 92
5 「生性発蘊」の歴史性——部分ではない全体としての思想 96
6 刊行以前の、記録を進めること 98
7 それ以後 101

第四章 「哲学」の定着をめぐる当時の状況……111
1 西周と明治五年学制 111
2 ことばの移動 114

3　一八七〇年大学規則から東京開成学校までの「理学」の定着様子　118
4　東京大学文学部と「哲学」の採用（一八七七～一八八二年）　123
5　東京大学年報からみる哲学科の教授内容　130
6　「哲学とはなにか」と問うこと　134

第五章　井上哲次郎らの『哲学字彙』（一八八一年）に関する考察――哲学関連漢字翻訳語の問題……149

1　完全に置き換えられた概念　149
2　国語国字問題からわかるもの　151
3　井上哲次郎『訂増英華字典』（一八八三年～）と『哲学字彙』（一八八一年）との関係　156
4　原語へ戻る道のない漢字語――『哲学字彙』の構図　161
5　記号としての訳語（一）――音韻情報の欠如　163
6　記号としての訳語（二）――概念の一対一の対応関係　166
7　「清国音符」および「梵漢対訳仏法語藪」――音訳漢字の再編成　173
8　『哲学字彙』が志向したもの　176
【附記】『哲学字彙』の漢文註釈　177

第2部　京城帝国大学における哲学という学知

第一章　京城帝国大学法文学部の哲学関連講座――帝国大学との関連性を重視して……193

1　京城帝国大学の哲学関連講座という問題　193
2　二つの争点　194
3　哲学科の学制定着過程――東京大学から帝国大学へ、そして京城帝国大学まで　198
4　京城帝国大学法文学部の哲学関連講座　205
5　哲学関連講座担任教授について　217
6　講座運営と開設科目　229
7　学生　245

第二章　京城帝国大学予科「修身、哲学概論」教授、横山將三郎について……273

1　京城帝国大学予科　273
2　横山將三郎（一八九七～一九五九年）の生涯――一九四五年一一月まで　275
3　京城帝国大学予科「修身」「哲学概論」科目をめぐるいくつかの資料　279

4　横山將三郎と考古学　287
5　横山將三郎の戦後　293
6　おわりに　295

第三章　京城帝国大学「哲学、哲学史第一」講座と大正教養主義……305
1　金桂淑（一九〇五～一九八九年）という問題設定　305
2　安倍能成の生涯そして、伝記にみられる消極的記述　307
3　安倍の学問的背景と研究成果――京城帝大赴任以前　309
4　「人生哲学」で植民地朝鮮に生きる　316
5　戦中そして戦後という問題　327
【附記】安倍能成の「哲学、哲学史」講座ノートおよび西洋文献目録の再現　330

補論

補論1　井上円了と朝鮮巡講、その歴史的位置について……351
1　問題設定　351

2 「哲学館」の設立およびその拡張過程における全国巡講 353
3 「哲学堂」建立と全国巡講 355
4 井上円了の朝鮮巡講——長谷川総督との会話 358
5 「朝鮮巡講」における講演の内容 362
6 おわりに 366

補論2 麻生義輝の西周著作集編纂に関連して——無政府主義者の一九三〇年代と明治日本……… 373
1 問題提起 373
2 『西周全集』編纂までの事情——相沢英次郎、麻生義輝、大久保利謙 375
3 アナキストとしての麻生義輝（一九〇一～一九三八年） 379
4 麻生義輝と明治文化研究会 387
5 先駆者という名づけvs幕府の戯画化 389
6 おわりに 392

おわりに 399
あとがき 409

第1部 「辞」から「概念」へ、そして制度化の第一場面

第一章　西周の思想遍歴

1　はじめに

明治五年、「当時の日本人口三五〇〇万にわりあて、一六〇ごとに一部は買われたと」される福沢諭吉の『学問のすゝめ』は、その半年後に出された学制からみても、実際の政策面で大きな反響をもたらしたようだ。(1) 学制頒布の際、学制の「制定にふかい関係のあった文部少輔田中不二麿は福沢に師事している間柄」であって、「文部省は竹橋に在り、文部卿は三田に在り」といわれるほど、福沢は「文部行政の陰の最高指導者と目された」という。(2) またその二年後に発刊される『明六雑誌』の第二号は、その全体が『学問のすゝめ』四編に対する反論として綴られている。実際の政治において洋学者たちの影響力と有効性が自明となりつつあったちょうどその時期、西周（一八二九～一八九七年）は『明六雑誌』に「洋学者」としての自分をつぎのように位置づける。

余の論はすなわちおもえらく、人々所長を異にし、また志趣を異にす。ゆえに均しく洋学者といえども、あるいは政府にありて事を助け、あるいは私立して事を成す。ともに不可なるものなし。ただ余のごときは、いささか翻訳の小技をもって政府に給仕する者、もとより万一に補なきを知るゆえに、久しく先生の高風を欽慕す。今いまだ、にわかに決然冠を掛る能わずといえども、早晩まさに驥尾に附かんとす。[3]

「翻訳の小技をもって政府に給仕する者」という西の自意識は、ただし、ここではじめて表明されたわけではない。オランダから戻った慶応元年から慶喜の下で外交文書を翻訳したり、慶喜にフランス語を教えたりした際にも、西は友人松岡隣宛ての手紙で「小生義は以特旨唯侍読而已之御用並ニ政庁之翻訳御用等兼勤候」と述べていた。[4]しかし、先に述べた明治初期の時代的雰囲気のなかで、「洋学者」という呼び名により、かれは「翻訳者」としての自意識を公式的に表明することが可能となったのである。

フィロソフィーが完全に新たな漢字語として「哲学」へ翻訳される最初の場面、そして、その近代日本における制度化に注目する本書の第一部においてはまず、フィロソフィーを哲学に翻訳したとされる西周を取りあげる。そこで本章では、西周という人物が「翻訳する者」という自意識をもつまでの経歴や環境について検討してみたい。第一、西の思想的背景を述べる際に必ず指摘される「徂徠学」との関連を考察し、次にその思想的背景をより広く位置づけるためにかれが生まれ育った津和野藩における「教学」の内容を、津和野藩八代藩主亀井矩賢によって一七八六年に創設された「養老館」を中心に明らかにしていく。

2　先行研究の検討――「徂徠学」という問題

西家は、始祖である西時習《ときしげ》が「元禄十三年石見国津和野亀井四茲親ニ仕官、禄高八十石」の藩医として大坂から津和野に転じた後、[5]五代に当たる西の父、西時義《ときよし》に至るまで津和野の藩医を勤めながら生計を立てていた。そして西周が脱藩した後にかれの弟である西寿丸《かずまる》が六代として家業を継ぐことになる。寿丸は幕末から明治に至る混乱のなかで、「明治元年四月以来長門国豊浦松本凉平従　明治三年三月以来駿河国沼津村東海従　同年七月以来六年二月至大阪府医学校教師和蘭壱等医亜児茂嗹斯従洋法内外科修業津和野開業」[6]と、最終的には西洋内外科を修行し、故郷で開業をしている。このように西周は、代々津和野藩の侍医を勤めてきた西家の五代として、森家の養子であった時義の長男として一八二九年に生まれた。[7]

西周の思想遍歴に関しては、これまでの西周関連研究によってその大概がまとめられている。まず、二一歳から二三歳までの大坂遊学を除き、誕生から二六歳まで津和野藩で過ごした時期については、二〇歳の時、医家を継がず儒学を学ぶように命じられたことや、一八歳の時に軽い風邪を引いて寝転んで読んだ『論語徴』から衝撃を受けたことがしばしば指摘される。また、ペリー来航に伴って出府し、後に江戸でそのまま脱藩するようになる二六歳以後の行跡と、それに続くオランダ留学が、かれの思想遍歴の重要な契機として語られる。[8]西周の思想を論じる際にその背景として必ず指摘されるこれらの経歴は、かれを明治日本の「啓蒙知識人」として位置づけるための重要な題材となっている。その意味で、徂徠学が題目に付けられた唯一の文章である「徂徠学に対する志向を述べた文」（一八四八年）は、「朱子学から徂徠学への転換」を示すものとして、「批判的合理主義者、近代日本哲学の祖と称されるようになる周の志向方法を」見出せる文章とされてきた。(9)西の思想から徂徠との関係を見出し、それによって「朱子学的思惟の解体」や近代的思想の芽生えを見出すこのようなあり方が戦後日本、とりわけ丸山真男の『日本政治思想史研究』(一九五二年)以後のことである点についてはいうまでもないだろう。菅原はこの点をはっきりと指摘している。(10)また、西周研究においても以上のような図式に疑問を表する試みがすでになされてきた。(11)

そもそも学問的転換の直接的契機として挙げられてきた「徂徠学に対する志向を述べた文」とはいかなる内容なのか。本節ではその点を簡略に見ておこう。

まず注意しなければならないのは「徂徠学に対する志向を述べた文」という題目は西によるものではなく、全集を編集した大久保利謙が付したという点である。大久保は「『西周ニ関スル書類扣』には『記事論文』となっているが、いま内容から新たに表題をつけた」と述べている。(12)編集者自ら表題を付けたというこの文は、一八四八年の春、西が二〇歳の時に書かれた漢文の短い文章である。実際にこの文章には徂徠学に関する内容以外にも、いくつかの内容が記されている。幼い頃に入門した朱子学、家業のこと、母の死、藩校のこと、一八歳に接した徂徠学がその主な内容である。しかし、「志向を述べた」というには文章の全体的な雰囲気がさほど明るくない。というのはこの文章では、西自身の「夏五月朔日、始蓄髪行冠礼」を際にして家業を継がず、(13)儒学を修めるようにと命令を受けた二〇歳当時の心情が、これまでの人生を振りかえるなかで生々しく伝わっているからである。「余自年十三四、而略知読書、而来或淫於老荘、或溺於功利、而其日之所行、亦随而変焉、四十而不惑、聖人猶且爾也、嗚呼余之鈍劣也、自今以往於其四十九年之非者亦如何哉」(14)。文章の最後であるこの箇所を、文意だけ追えば次のようになろう。「今日にいたるまで不足でありながら読書をしてきた。老荘にも接し、功利にも溺れた。それによって行動もいつも変わっていた。四〇才は不惑の年である。聖人はなおそうだ。ああ、私のような鈍劣なもの、これからの人生はどうなるだろう」と、否定的な感情表現と感嘆詞の多いこの文章から、「徂徠学に対する志向」への表明を読みとることは難しい。

西が「論語徴」に続いて読んだという「徂徠集」については次のように書かれている。「読未一半而十七年之大夢、一旦而醒覚、顧観宋学漢宋之間、自為一大鴻溝、我身如、在於蓮花坐上、其世界之別也、猶浄土与娑婆乎、於是乎始知厳毅窄迫之不如平易寛大、空理無益於日用而礼楽之可貴、人欲不可浄尽、気質不可変化、道統擬血脈、居敬效禅定、窮理非学者之事、聖人不捨人情也[15]」。ここでは一七年間の夢から醒めたという西の告白に続いて、つぎの文脈では「宋漢」の、「厳毅窄迫」と「平易寛大」、「空理無益於日用」と「礼楽之可貴」という対比がなされている。村上はこの対比が「徂徠の宋学に対する批判そのままである」と指摘する。だが「古学」に関する西のこのような立場はある決断に向かうことなく、最後まで「有志」の「士」が持つべき姿勢と時流との間で迷う姿をみせる。その姿は、「嗟奈何焉、雖然方今宋学盛行、滔々天下皆是也、余独雖信之亦未可定然也、姑暫且従時好乎、則心不安也、嘗見韓柳唱古文、程朱唱古学、亦復不肯従時好、断然以道自任」と述べられているように[16]、深く苦悩するなかでも「嘗見韓柳唱古文、程朱唱古学」と、程朱を学ぶことが古学を背くものではないと、自分なりの結論を出そうとするものであったといえよう。つまり、西の「徂徠学に対する志向を述べた文」という文章は、「一代還俗」という藩命を受け、人生の転換期におかれたかれが、これまでの何らかのわだかまりを率直に書きつらねたものだと見た方がよいだろう。したがって、この文章だけを用いて、西における朱子学と徂徠学、そして洋学を図式的に説明することは妥当ではないと思われる。かわりに、村上が指摘する通り「西は徂徠の書を触れることによってその学問的立場を得たというよりは、彼の主体的な関心と歴史的要請が徂徠学への志向を押し出していったと見ることができる[17]」。

一方、徂徠学に接することができた環境をも考慮すべきであろう。西の家には「『論語徴』が蔵せられて、しかも自由に読める状態にあった」[18]。これについて渡辺は次のように指摘する。「西の場合、徂徠学を受け容れるための固有の要因があった。父時義の影響である。時義は、青年時代に京都で、吉益北洲の門に入って医学を修めた。北洲は、古医方の大成者吉益東洞の三代に当る。古医方とは、朱子学と結びついた思弁的な李朱医学（後世方）を否定し、観察と経験を重視する新しい医学であった。古医方の成立には、徂徠の古文辞学の精神が大きな影響を与えた。こうした古医方の立場は、父時義を通して西にも伝えられたことであろう」[19]。徂徠学と西の思想の接点という問題に関しては、渡辺のいう通り、西がおかれていた学的環境をまず考慮しなければならない。

3 創立当時の養老館（一七八六年）

ここでは、西の学問的背景を転換という突然な変化ではなく、歴史のなかで連続的に形成されたものとして捉えるために、かれが生まれ育った津和野藩の教学に焦点を当ててみることにしたい。

まず、津和野藩の藩校養老館の創立について簡単に紹介する。

養老館が創立された当時の藩校の理念は、「近世藩校設立の急増期」である「天明・寛政期」を支えた「儒学的理念」であったと理解してよい[20]。この時期における徳川幕府の学制改革について眞壁仁によれば、それは幕臣の教育的課題を抱えて「程朱学を正学と」し、それに合わせ「学問芸術吟味」を体系化していくものであった[21]。この過程においていわゆる「異学の禁」が一七九〇（寛政二）年に「学派維持之儀ニ付申達」という形で幕府から出される[22]。このような幕府の学制改革は、諸藩から江戸へと集まった「遊学者、江戸詰の儒者・藩士・書生寮や家塾への門人というさまざまな人的交流を媒介にして、急速に全国諸藩へと波及し、各地で宋学を基調とする

『造士』が実施されていく[23]。津和野藩における藩校の創設（一七八六年）はこの時期より早いが、松平定信による寛政期の政治革命が天明期における佐賀藩での藩政改革から触発されたという事実を勘案すれば[24]、各藩の改革の連鎖的影響関係が想定されうるだろう[25]。

津和野藩の養老館に関しては、「天明六年養老館ヲ設置ス是ノ時儒士山口剛三郎後称剛齋阪府ヨリ之ヲ召聘ス吉松儀一郎アリ専ラ之ニ尽力シ爾来隆盛ナリト云フ（以下、傍線は特記がない限り、全て筆者による）」とあるように、一七八六年に養老館を設置し、儒士山口剛齋を招いたという記録がある[26]。そして一七九一（寛政三）年に出された「御令諭」の内容から、当時の藩主矩賢が藩校を建てることで何を期していたのかが窺える。矩賢は相次ぐ自然災害と火災、そして赤字財政を正すために、現状を「近年役人共始、家中之士風次第に奢侈に傾き、追々怠惰になかれ、上下尊卑の礼譲もみたりがましく、人に寄りてハ阿諛軽薄を事とし、文武の志も厚からす……」と批判しつつ、「倹約」と「学業」を二つの課題として掲げていた。

倹約を専らと致し、衣食住の物数寄を省き、勝手向を取続き、奉公致事簡要なり、惣別文武之術を励み、別而学業に志すへし、不学ハ忠信孝悌の道も悟りかたく、事物の理に味くして用立かたし、武芸ハ士たる上にてハ一通りハ不知してハかなわぬ事、何によらすたすさわるへし[27]。

この「御令諭」では、生計以外の物事を減らす「倹約」のことと、「文武芸」を包括する「学業」つまり、偏らず学ぶ姿勢を強調している。

また、養老館が創立された当時の儒者に関しては、上記した『日本教育史資料』などの記録をもとに、既存の家臣たちの家塾にいた儒者・吉松儀一郎を除いて創立の際に新たに招かれた山口剛齋（一七三四～一八〇一年）について、以下に人的関係と履歴の部分を抜粋しておく。

山崎闇斎——浅見絅斎——若林強斎——西依成斎——吉松儀一郎
　　　　——植田艮背（芸藩藩儒）——塩谷道積（芸藩藩儒）——頼春水
　　　　——三宅尚斎——服部栗斎——頼杏坪（芸藩藩儒）
　　　　　　　　　——久米訂斎——塩谷道積（津和野藩藩儒）[28]——頼春水（芸藩藩儒）
　　　　　　　　　　　　　　——山口剛齋

山口剛斎　通称剛三郎字正懋又剛齋梅廬を号す天資頴敏年十五にして儒学を修め国典を学ふ後飯岡滄寧の門に入り山崎闇斎の学統を承けて程朱の学を研鑽し一家を成す又越後流兵学及其技に精通す名声籍甚書生教を受くるもの多し津和野藩黌創設に際し碩儒柴野栗山尾藤二洲等の推挙に依り聘せられて侍講となり養老館儒学たり初俸二十口後功に依り世禄百石に進む其他越後褒賜多し著書二十余部あり[29]。

剛齋は名を景徳、通称を剛三郎といい、大坂に生れて早くから荻生徂徠の徒と交わり、一八歳で禅学、さらに神道を学び、後に山崎闇斎の学統を引く飯岡滄寧の門に入り、久米訂斎などとも交わって程朱の学を講究した。また兵学の蘊奥をきわめるなど、その著は数十巻に及んでいる[30]。

剛齋は、山崎闇斎の高弟三宅尚斎の門下にいた久米訂斎のもとで朱子学を学び、のち芸藩藩儒となる頼春水（一七四六～一八一六年）と頼杏坪（一七五六～一八三四年）の推薦によって養老館の創設に関わっていく。それ以外にも柴野栗山（一七三五〜一八〇八年）や徂徠学派の服部南郭（一六八三〜一七五九年）とも親交があったという[31]。また、以上の『鹿足郡誌』の内容と沖本の叙述は、『浪華人物誌（二）』（一九二〇年）や『大阪人物誌（四）』（一九二七年）の叙述とも重なる[32]。著述に『兵談』『周易鼓岳』『礮譜』『剛斎五論』『朱子治教本要』等があると伝わっているが[33]、現物は確認できない。幼い頃には兄に習い徂徠学に接し、一八才より神道と朱子学を学ぶ一方、「越後流の兵法」にも通じたという[34]。

養老館創立の一年後である一七八七年に剛齋が藩主の命によって制定した「養老館初学則」は、前文と八つの項目に構成されている。まず前文においては「為学則当学為忠孝、人之為忠孝、猶水之就下、火之従燥、不得不然、蓋天性也」と、学びの目的を人の天性とされる忠孝に置いている[35]。また、学門の方法について「幼学授読、随易口誦自大学論語始、当随其記性強劣、以一章二三章一番或二三番、須端坐歛息朗声整読、退而復習数十百遍」と、初学として「大学」「論語」の口誦の方法や復習が強調されており、その次の項目では「読書解義、当自掲示小学近思録四書五経始、此未達、不輒得作詩作文」と、読書解義の順序が記されている[36]。それ以外に、上で述べた藩主の「御令諭」にも強調された「文武」両道については「文武芸之大者、所以修忠与考也、文則諸読詩文礼学書数之謂也、武則弓馬剣槍軍陣之法謂也、二者如車有輪、如鳥有翼、廃一則不可也」と、「文」には儒学の講読のほかに、詩文、礼楽、書道、数学があり、「武」には弓術、馬術、剣術、槍術、兵法が教育内容として挙げられる[37]。この「養老館初学則」以外の、具体的な入学年齢、教科書、授業法などに関する記述は一八五三（嘉永六）年の火災によって焼失したという[38]。ただ、明治期から大正期にかけて津和野町長を勤めた新井宣哉の記述によれば、具体的な教授法は以下のようなものであった。

養老館ノ学則ニ曰ヘリ文ハ忠孝ノ大道武ハ弓馬剣槍車陣ノ法ヲ学フコト車ノ両輪ノ如ク兼修シ偏廃ヲ許サス

凡男子年七八歳ニ達セハ初テ師家ノ門ニ入リ大学ヨリ中庸論語孟子ニ至ル四書ノ素読ヲ受ケ進ンテ五経（易経詩経書経礼記春秋）ニ及フ必ス端坐朗声整読シ又家ニ帰リ復読数十回必スシモ遽声忙読ヲ許サス能ク心ニ記誦セシメタリ而シテ年十五六歳ニシテ学校ニ於テ経義ヲ講セリ書道ハ年七八歳ヨリ師ヲ撰ヒ手蹟ヲ学ヘリ伊呂波ヨリ名頭国各干支書翰文ノ如キ日用適実ヲ主トシ書風ハ清家様（御家流ト称ス）ヲ学ヒテ唐宗風ヲ学フ者少シ数学ハ子弟数理ヲ解スル年齢ニ達セハ師ヲ求メ之ヲ学フ加減乗除ヲ習熟シ日常ノ用ヲ便スルニ供シ天元術ノ如キ高尚ノ域ニ抵ルモノ少ナシ(39)。

上記の引用文で「文武の内容」は、剛斎の学則と一致する。具体的な年齢について補足すると、七、八歳より四書五経を素読し、一五、一六になれば解釈をする。それ以外に「書道」と「数学」に関する内容が記されている。ところが以上の新井の叙述は、とくに藩校養老館に限定されるものではないと思われる。一方、一八〇四（文化元）年より明治元年までの津和野領の寺子屋は五五校ほど存在していた(40)。

4　西周と養老館

すでに述べたように、西は一八四九年から三年間の大坂遊学を挟んで誕生より一八五三（嘉永六）年まで津和野藩で過ごしており、一八四〇（天保一一）年、一二歳の時に養老館に入る。「此年ヨリ山口慎齋先生顯藏ト称スニ養老館ニ於テ句読ヲ受ク、是ヨリ先キ句読ヲ受ケシ師数家叔父森秀庵村田先生要藏ト称ス小野寺先生藤太郎ト称ス瓜生先生重藏ト称ス今其年月ヲ記セス、小野寺先生ニハ兼テ習字ヲ受ケタリ、大凡此年頃五経ヲ終近思録、靖献遺言、蒙求、文選、左国史漢ニ及ヒタリ而シテ始メテ詩ヲ賦スルハ瓜生先生ノ授クル所ナリトス」[41]。ここに記されている五人の先生のなかで山口愼齋以外には情報がない[42]。愼齋については「剛齋の孫にして頼杏坪に就学し、業成り養老館訓導、助教を経て教頭に進み家学を宗とせり」と、その経歴が伝わる[43]。西周の自叙伝に基づき、一八四〇年以来の養老館と西の関係についてまとめると、以下の通りである。

一八四五（弘化二）年　此年頃初メテ茲監公会読ノ員列ニ加ハリタリ、十二月二十四日家厳ノ願ニ因リ初メテ茲監公ニ謁見シ中扈従格タリ、実名ヲ時懋《シゲ》ト命ス

一八四八（嘉永元）年　二月朔日昨日御用ノ義之有リ候ニ付明日辰ノ刻父子同道ニテ御用席ヘ罷出ツヘキ旨申シ来ル、……一代還俗セ付ケラレ候、尤儒学修行任ルヘキ旨当職大岡平助殿達セラル、二月十日母梁田氏産前腫気ニテ歿セリ、午ノ下刻ナリ、越エテ十一日城北松寿山堂後ニ葬レリ、五月朔日初メテ蓄髪シテ冠礼ヲ行ヒ小池氏勝茂ト称ス郷ノ耆宿タルヲ以テ延テ賓トス、此日御雇中扈従勤ヲ命セラル、大岡平助殿達シ、席次百石九拾石嫡子間席大目附達シ、五日広間番ノ頭山路彦左衛門番組ヘ差シ加ヘラル爾後宿直等ハ記サス二十六日家厳兼子氏ヲ聘ス、二十九日茲監公永明寺廟参ニ供奉ス、後逐一記サス、七月十八日養老館句読ヲ命セラル、……

一八五二（嘉永五）年……九月培達塾ニ入リ修業ノ旨布施三郎右衛門此時養老館統裁達シ、某日失日入塾、塾頭授読教官番ヲ勤ム、是ハ総司幹事ノ如シヨリ達シ

同年　十二月二十八日授読教官番等勤ムルニ付金百疋御賞……

一八五三（嘉永六）年　二月朔日御用席ニテ当御留守詰トシテ出府被仰付並ニ時習堂江戸新橋藩邸内ニ於テ一六講釈被仰付……（この年五月に養老館焼失）後六月二十一日ヨリ釣月亭ニ於テ童生授読始マリ此掛ヲ勤メ六月

二十三日大目附役所ニ於テ兼テ出府ノ儀被仰付置候処大火ニ就キ一統延引被仰付候、然ル処此度御飛脚到来、江戸表ニ於テ浦賀表異国船相見候段申シ来リ依之御手当トシテ御人数支度次第出府被仰付條森三太夫殿達シ[44]……。

以上の内容より西は養老館に入って六年目から会読に参加しており、二〇歳の時には専ら儒学を修めるように命じられ、同年七月には養老館句読に選ばれたことがわかる。また、大坂から戻った後には養老館培達塾の塾頭並びに授読教官署番に勤める。以下では、西が養老館に入る一八四〇年からペリー来航沿岸防備の藩士に加えられる一八五三年までの養老館の教学内容について検討する。

西が養老館にいた時期のなかで天保期と弘化期における養老館の変化を直接示す資料はなく、この時期には上述した天明期の教育内容が基本的に受け継がれていたと思われる。ところが嘉永期に入ると、十一代藩主亀井茲監（一八二四～一八八五年、藩主就任期間は一八三九～一八七一年）の藩政改革が行われ、なかでも養老館の変化も著しくなる。[45]とくに茲監が藩政改革の際に掲げた「国体ヲ重ズルヲ以テ基礎ト為シ、人材ヲ挙ゲテ、古学ヲ復興シ、敬神尚武ヲ本トシテ、大ニ藩政ヲ更革セラレシ」という主張は、[46]一八三九年より漢学教授山口慎齋による講義が毎月三回行われるなか、[47]慎齋が一八四〇年八月の講義において人材養成を訴えたことと相まって、中老布施左仲以下の人びとの遊学に繋がるものであった。[48]つまり、嘉永期における養老館の変化は、天保期に始まる人びとの遊学とかれらの帰国、[49]そして弘化期における武道場の完成などの形で一〇年ほど前より準備されたものであった。西が養老館にいたのは、ちょうど「国体を重んずる」という改革理念に基づき、施設拡充に力を注いでいたその時期である。養老館の施設拡充に関する沖本の叙述をみよう。

嘉永元年（一八四八）から翌年にかけて、教学は機構改革とともに大きく躍進を遂げた。すなわち、養老館には総教・準総教・大学総司・武芸総司を置き、諸生寮はじめその他の施設の大増築に着手した。このとき、従来の漢学・医学・礼学・数学・兵学のほかに医学の中に蘭医科を置き、また新たに国学（本学ともいう）を設けた。茲監は領内木部村の八幡祠官岡熊臣（六十七歳）のすぐれた学識を知り、その教師として抜擢、任命した[50]。

以上の沖本の叙述には職制改革の内容、諸生寮の増築、教授科目の増設、そして藩校の理念を国学に置き、その教師に岡熊臣を招いたという内容が記されている。すでに取りあげた西の自叙伝に「一八五二（嘉永五）年、培達塾に入る」とあるのは、創立当時にはなかったところつまり、台所と食寮の裏側に八畳の二部屋を増築した諸生寮に西が入ったことを表す（章末の【図】を参照）。ちなみに一八四九（嘉永二）年、諸生寮増築当時には一一人が入塾しており、「塾法」は主に次のような内容で構成されていた。

一、入塾を希望するものは、まず師の添書をもらって願書を大目付へ差し出す。許されると、教官、塾長をまわる。
一、読書、輪読は経書に限る。会読、質問は、子史集説を選ばない。
一、会業。一ノ日文令、五ノ日詩会、二七ノ日輪読、午後六時、四九ノ日会読、午後六時。
一、禁制。飲酒、雑話、喧嘩、火の元。外出したときも不正非礼の場へ行かないこと。
一、一ヶ月に六度外出を許す。内二度は夜十二時まで許す。その他は病気、事故以外許さない。
一、門限。朝六時開門。夜六時閉門。門限に遅れたものは罰。

一、入塾中は親類縁者でも訪ねないこと。[51]

以下、沖本の叙述における各教授科に関する内容、および西の自叙伝に示されている内容を補充する形で、各教場掟などを項目別に挙げておく。[52]

(1)各教場掟〈掟は文学教場と、芸術〈武術〉教場に各々掲示された〉

・国学、儒学、医学、礼学、数学、兵学各教場掟

一、国学之義は本朝之古典に候へば神世の遺風、固有の正直を本として、忠孝の大本をふまへ古儀伝記を研究し、謾に儒仏の経典を誇らず、博く国書歌文に渉り治国安民の助と相成候様、実地之心掛専要之事。

一、儒学之義は、修治之執行第一にして、篤く程朱の学に志し、博く和漢の書を読み、忠孝の大節を弁へ、古今の成貶を鑑み、聖賢の千言方語も実地に本づき、知行研究第一之事。

一、医学之義は、仁術にして、人命を預り、一日も之れ無くして、不相済急務に候へば、古今之書籍、研究致し、自然治療へ推及し、無怠慢、可被致出精事。

一、礼学之義は吉凶、軍賓、嘉儀を第一として、日用之作法に候へば、不学して不相済義に候。依ては古実之穿鑿を、専らに可被心掛候事。

一、数学之義は、済世之急務、治乱共に、達用之事に候へば、諸士覚悟可有之。尤眼前之利勘に走らず、数理を究め候様、可被致修業事。

一、兵学之義は、国之大事に候へば、各職分に応じ、身前の働に迷はざる様心掛け、節に臨み、不誤忠孝を誤らず士道之励み、肝要之事。

一、厳師之教を守り、朋友は信を尽し、互いに睦敷、致切磋、行状相慎み、精々心掛可有之事。
一、御家中末々迄、勝手次第、可被致稽古事。
右之条々、稽古人へも申達、堅可被相守候。此段被仰出候。以上。

嘉永二己酉年十一月。都教。準都教。
・芸術教場掟（槍、剣、弓、馬、柔術、居合、砲術等）
一、芸術之義者、海岸防禦一揆蜂起等、非常之備に候へども、各身前之心得可有之、自然怠り候へば、気術離れ、時に臨み不覚に至り候間、常々其心掛有之、名利を離れ、実用之鍛錬専要之事。

(2)漢学教場の授業形態
説教式（講義、講演）　教授、助教更番出席
論講式（輪番で講義、講釈する一種の演習）

素読式　句読（助手）四人出席、素読の書は次の順序により、注釈のない無点のものを用いる。孝経、大学、中庸、論語、孟子、易経、詩経、書経、礼記、春秋、左伝、国語、史記、漢書。

復読式（読みの繰り返し）　習熟貫通すれば退出が許される。教官のこらず出席。

内会式（講釈、会読いずれか好むところを選択）　教官一人出席。

訓導式（経伝、子史百家自由）　教官一人出席。

訓蒙式（初心者に対する授業や詩会）　教官一人出席。詩会は二人出席。

詩文会式（詩のテーマを与え、教官が添削）　教官のこらず出席。

(3)会業規定

六ノ日館講(大学、論語、書経、易経)　朝五つ時(午前八時頃)
三八ノ日輪講(四書、五経)　昼八つ時(午後二時頃)
二七ノ日内講(四書五経、七書の類)　昼八つ時(午後二時頃)
四九ノ復読　朝五つ時(午前八時頃)
五十ノ日蒙生内講(世説家語、孝経小学)　昼八つ時(午後二時頃)
六ノ日内会読(左伝綱目)　昼八つ時(午後二時頃)
一ノ日蒙生詩会　昼八つ時(午後二時頃)
毎朝素読　朝六つ時(午前六時頃)
毎朝　訓導質問　朝五つ時(午前八時頃)
二七ノ日　塾輪講　夜六つ時(午後六時頃)
四九ノ日　塾会読、塾詩文会　夜六つ時(午後六時頃)

以上、各教場の教育理念および漢学教場における授業形態を取りあげた。とくに漢学教場において西は一八四八年七月以後句読を勤め、学生の素読を指導する助手の立場にあったことがわかる[53]。また、培達塾の重要日程として決まっていた「会業」の内容より、塾頭時期における西の生活が断片的でありながら窺える。

一方、前述したように、西が養老館において漢学を学んでいたのは、「国体ヲ説キ、名分ヲ明ニシ、尊内卑外ノ大義ヲ唱フル」時期であり[54]、国学および対外認識に関わる蘭医学、数学、兵学の教育なども重視されていた。実際、この時期における養老館の教育は、のち「明治初年の一連の神祇行政が(中略)特に大国隆正を首領とする津和野藩出身の国学者が中軸であった」ことと関連して、[55]一八四九年に国学教師として招かれた岡熊臣と、かれを継いだ大国隆正による「津和野本学」を中心に叙述されてきた。[56]たとえば、沖本はそれを「天皇制神学への転回」と呼び、学則を定めた岡熊臣、[57]かれの没後を継いだ大国隆正、福羽美静、石河正養らの役割を強調する。[58]また、西が作成した「津和野人名」および「交際人名録」にもかれらの名前が記載されており、[59]西の文章のなかでは「大国隆正一派の学風」を批判したとされる「復某氏書」もある。[60]このように、西周の津和野藩時代を明らかにするためには養老館における「国学」、ひいては国学と並行して新設された「蘭医科」の教育内容をも分析しておく必要がある。以下では、国学および蘭医学の教育内容について概略しておく。

(1)国学

すでに述べたように、嘉永期以後における国学教場掟には「忠孝の大本をふまへ古儀伝記を研究し、謾に儒仏の経典を誇らず、博く国書歌文に渉」ることが教育理念として掲げられていた。時期的には西が養老館にいた後になるが、新井宣哉は嘉永期以後の国学教授内容について次のように述べている。

> 国学ハ国文ヲ学フ者少クシテ漢文ノ国史ヲ読メリ和歌漢詩ハ宿題ヲ課シ又其会日ニ於テ席上兼題ヲ即詠即吟ス文章ハ専ラ漢文ヲ学ヒ国文ヲ学フ者希ナリ入塾学生ハ従来ノ如ク講読ノ書ハ本館藏書ヲ貸与シ学費ハ炭油ヲ給与セリ。[61]

また、養老館に所蔵されている国学書および必須図書目録について、山崎一穎の研究を参照すると、

・国学必須図書：大国隆正『本学挙要』上・下
・言葉の法則に関する国学教授テキスト：大国隆正『ことばのまさみち』、加部厳夫『語学訓蒙』、加部厳夫『言葉のやちまた』、本居宣長『詞の玉緒』、本居宣長『掌中子音仮名便覧』
・その他、所蔵されている国学書：鈴木重胤『和歌初学』、平田篤胤『歌道大意』、『古事記正文』、『日本書紀』、北畠親房『神皇正統記』、徳川光圀『大日本史』、頼山陽『校刻日本外史』、頼山陽『日本政記』、本居宣長『宇比山踏』、本居宣長『古事記伝』、平田篤胤『入学問答』、平田篤胤『古史徴』、平田篤胤『皇典文彙』、塙保己一『令義解』、会沢正志斎『新論』、浅見安正『靖献遺言』等[62]

がある。上の目録にない岡熊臣と大国隆正の著述に関しては別途の目録が必要となるが、ここでは省略する。

(2) 洋学

嘉永期における学制改革の一特徴として、医学科に蘭医科が加えられたことはすでに指摘した。津和野藩における「医学」教育の奨励は、一八一五（文化一二）年に定められた「医学貸費生の令」による「医学修行」の財政的支援[63]、国学者岡熊臣と大国隆正の「蘭学習合」の傾向として、よく知られている[64]。上で述べた堀杏庵、平田玄淑は帰国して漢法医の教授になり、池田多仲は帰国せずに幕府の典医となっている。このなかで池田多仲は、西が脱藩した際、かれにオランダ語を教えた人でもある。「安政元年　此年頃鈴木雄藏ノ世話ニテ杉田塾ニ通ヒ又大野藩邸ノ（空白）泰助ニ就テ文典ノ読ヲ受ケ後又池田玄仲ニ従ヒ文典後編ノ読ヲ受ケ并ニ砲兵書ヲ読ム[65]」。そして、新設された蘭医学の教育は吉木陶伯と、江戸と長崎に遊学して帰ったその子蘭齊によって行われた。以下、吉木蘭齊の経歴および養老館文庫に所蔵されている洋学関係書籍を取りあげ、この時期に津和野藩で行われた蘭学教育の詳細を探ってみたい。

まず、吉木蘭齊（一八一七～一八五九年）は、杉田玄白―大槻玄沢―宇田川玄真の系図を継ぐ坪井信道のもとで蘭書と医術を学び[66]、その後、長州藩の青木周弼に従学している。一八四九年にはプロイセンの医者モーニッケ（Otto Mohnike, 1814～1887）が長崎で牛痘接種に成功したことを知り、修得のため長崎に遊学している。そして同年には養老館の蘭医科増設に伴い、世話役として召される[67]。かれが残した書籍『西学入門』（一八五七年）の「例言」の内容から養老館における蘭学教育の様子が窺える。

西学ノ本邦ニ伝ルヤ其源頗ル遠シト雖モ中昔猶寥寥乎トメ……我藩ノ如キモ亦斯学ニ志ザス者少ナカラズ近歳我明公閣下為ニ其学校ヲ闢キ小臣質ニ命シテ其生徒ヲ教育セシム質不敏固ヨリ其任ニ当ラズト雖モ閣下特命ノ厚キ恐歓惶喜ノ至リニ勘ズ微力ト雖モ豈敢テ之ニ報ゼザル可ンヤ因テ毎ニ入門ノ徒アレバ先彼窊別泄（アベセ）五十音等ヲ習熟セシメ而後直ニ和蘭文典等ノ書ヲ習読セシムルニ彼邦文字言語吾耳目ノ慣ザル所ナレバ其之ヲ臆記シ難キニ苦シム者少ナカラズ是ニ於テ講習ノ次デ諸書ニ就テ其義最モ浅近ニシテ記シ易ク解シ難カラザルノ語文ヲ鈔録シテ斯編ヲ集成シ自ラ謄写シテ以テ其徒ニ授ケ一回之ヲ読了ルヲ待テ彼文典等ニ就テ学バシムルトキハ乃チ得易カラズトセズ[68]。

「自ラ謄写シテ以テ其徒ニ授ケ」ると書いてあるように、この『西学入門』は、蘭齊がアベセ文字を習った後、すぐ和蘭文典へ移るのは難しいという判断から、意味が「最モ浅近ニシテ記シ易ク解シ難カラザルノ語文ヲ鈔録」したものである。蘭齊の具体的な教授法について佐野の記述によれば、

○窊別泄五十音　入門時
○「西学入門」一回　素読と講釈、会読
○和蘭文典　前編　つまりガラマンチカの素読と講釈、会読。
○和蘭文典　後編　つまりセインタキスの素読と講釈、会読。
○養老館所蔵の字書「和蘭字彙」で蘭書を会読する。[69]

ことであったという。「和蘭文典」とは、箕作阮甫が *Grammatica of Nederduitsche spraakkunst*（1822）と、*Syntaxis of woordvoeging der Nederdutische taal*（1810）をそれぞれ「前編」（一八四二年）と「後編」（一八四八年）に翻刻した『和蘭文典』のことであり、「和蘭字彙」とは Hendrik Doeff の『ヅーフ・ハルマ』のことで、一八五五年より一八五八年にかけて桂川甫周が改訂・出版した字書である。[70] 以上を含め蘭学の教育テキストに用いられたと思われる養老館所蔵書籍は以下の通りである。[71]

書名	著者名	上梓・成立	発行所	備考
和蘭字彙　一七冊	桂川甫周	一八五八（安政五）年		養老館文庫
和蘭文典前後編	箕作阮甫	一八四八（嘉永元）年		〃
理学訓蒙初編	平野俊平 Johannes Buijs	Volks Naturkunds. Bijgeloof, Amsterdam, 1831の復刻		〃
蘭学逕　一冊	藤林普山	一八一〇（文化七）年		〃　、藤林普山の『訳鍵』の一部
西学入門　一冊	吉木蘭齊	一八五七（安政四）年	養老館	〃
牛痘論	吉木蘭齊	Plenkの本の訳述		
和蘭脉論	吉木蘭齊			
内治全書　二冊	フーフェランド	一八五七（安政四）年 致高館蔵板の復刻		〃
Enchiridion Medicum 一冊	Hufeland. C. W	Amsterdam. 1838. 一八五八（安政五）年の復刻本		「津和野蔵書」の印
Handbock der Algemeene Ziekte Kunde 一冊	Consbruch	Amsterdam. 1817.		養老館文庫
重訂解体新書銅板全図　一折	杉田玄白	一八二六（文政九）年		〃

　吉木蘭齊が「西学入門」を用いて蘭学教育に携わっていく時期に西は津和野藩にいなかったので、西が「西学入門」

に接した可能性は非常に低く、上記の表に示した以外の洋書と接した可能性だけが指摘できる。ここでは、養老館における蘭医学の教授内容と西周の洋学学習の背景を直接的に語るかわりに、蘭齊が西と同じく手塚律蔵の又新塾で蘭学を学んだことから、空間を江戸に移って養老館での蘭学学習と西の学習様子との類似性を指摘することにしたい。以下は、自叙伝から知られる西の洋学学習の様子である。

一八五三（嘉永六）年　此年十月朔日家君再ヒ御匕役ニ補セラル比（ママ）後冬ニ至リ邸内医家野村春台ニ就キ和蘭文典ヲ読ム数枚、桑本才次郎ニ就算術ヲ学フ

一八五四（安政元）年　此年頃鈴木雄蔵ノ世話ニテ杉田塾ニ通ヒ又大野藩邸ノ（空白）泰助ニ就テ文典ノ読ヲ受ケ後又池田玄仲ニ従ヒ文典後編ノ読ヲ受ケ并ニ砲兵書《カノニールスコール》ヲ読ム、後手塚氏ノ塾ニ入ルハ池田先生ノ紹介ナリ、

一八五五（安政二）年　此年春松岡帰郷余ニヘンチーマンチーの写本ヲ託す、余之ヲ以テ小遣ノ資トナス、時ニ原本大名小路備前向屋敷井上仲ノ家ニ在リ、余腰辨当ニテ通ヒ写取ル、二部、其一部ヲ松岡氏ニ送リ其一部ヲ自用トス、……此年十一月手塚氏ニ塾僕タリ、是ヨリ写ス所ノヘンチーヤンチヲ読ム、字書ハ訳鍵一部、塾ニ和蘭字彙一部アリ

一八五六（安政三）年　此年冬頃先師ノ命ニテ中浜万次郎ニ就テ英文典ノ呼法ヲ学ヒ専ラ英書ヲ読ム、師ノ所ニ和蘭対訳字書ホルトロップアリ、専ラ此字書ノ力ニ依ル。

一八五七（安政四）年　歳ヲ手塚氏ノ玄関ニ迎フ、此年ノ初頃箕作阮甫先生、師并ニ余ト共ニ英書ヲ講ス。(72)

以上、表と自叙伝を見合わせて明確に指摘できるのは、まず、野村春台と池田多仲のもとで学んだ文典とは、箕作阮甫の和蘭文典前後編のことである点、そして、手塚塾に入ってからは藤林普山の『訳鍵』と桂川甫周の『和

蘭字彙』を字書として用いながら「ヘンチーマンチ」、「ヘンチーヤンチ」を読んだという点である。ちなみに、養老館所蔵目録にはない資料ではあるが、この「ヘンチーマンチ」あるいは「ヘンチーヤンチ」とは、管見のかぎり、杉田成卿の「二童問答」（一八四三年）を指しているのではないかと推測される。原書は、オランダのキリスト教界の社会教育団体である「共益社 Maatschappig tot Nut van't Algemeen」が出版した Johannes Buijs. *Natuurkundig Schoolboek* であり、「物理学の入門書として広く読まれ、一八二八年までに五版を重ねていた」という。[73] 当時、杉田の「二童問答」が「ヘンチーヤンチ」と呼ばれたのは、この書が「一人の教師と二人の児童扁痴（ヘンチイ）・揚智（ヤンチイ）の問答形式に記されていた」ことによる。[74] その根拠として、赤松則良が残した江戸の蘭学塾に関する次の回顧録が挙げられる。赤松は、一八六二年、西のオランダ留学の際に特使として同行した人物であり、また、津和野藩の吉木蘭齊が江戸で学んだ坪井信道の後継者であった坪井信良の塾で蘭学を学んでいた。かれはそのことについて次のように回顧している。

> 塾では前にも云つたやうに塾主たる信良先生が自ら教へたことはない。皆塾頭並に其下に居る五、六人の先輩の塾生が他の者の手引をするので、塾室の彼方此方に一団をなしつゝ、机を並べ、夜は各々種油のランプを点し鼻の孔を黒くして学んだ。月に何回か、例へば一・六とか三・八とか日を定めて、一同が集まつて塾頭の支配で回読を遣り又は講釈があつた。教科書としては初歩のものとしてエスポルチングの生理学、ヤンキーヘンキーの問答書と言ふやうなものが一般に行はれていた。[75]

以上、西周の養老館滞在時期における学習内容を具体的に検討するために、かれの自叙伝を中心に嘉永期以後の養老館の国学および洋学の教育内容をまとめた。最後に「嘉永二年養老館職員及文武教官」を参考まで取りあげておく。

【職員】

都教　布施三郎右衛門　準都教　布施左仲

承官　山田簡司　親従知事　馬場愛亮

監察　寺西民輔　中島倍男　平田雄之助

総司　山口顯藏　中山和助　豊田彌太夫　白井茂左衛門

計吏　入江九兵衛　小野寺勝右衛門　宮内甚兵衛

主簿　長曾斧次郎　澄川伴助　田淵瀬助　原芳太郎

【文武教官】

・文学

祭酒兼教授　山口顯藏（愼齋）　助教　村田久兵衛

句読　小柴速水　河田駒藏　羽田槌太郎　小柴俊亮

会頭　水澄成藏　山口廉助　林一見

・兵学

山鹿流師範　豊田勝助　世話役　岩手一庸　世話方　三上仁助

越後流世話役　多胡八助　世話役　吉松甚左衛門　加部助左衛門　矢田嘉左衛門

・礼学

小笠原流礼式世話役　飯塚幸之助　同流高倉御家流礼式世話役　大橋藤左衛門

世話役　飯塚伴藏

・医学

漢医学世話役　堀杏菴　蘭医学世話役　吉木陶伯　世話役　平田玄淑　吉木蘭齊

・国学

助教　豊田勝助　教師　岡藏之輔（熊臣）　世話役　布施熊藏

世話方　佐伯勘解由

・数学

関真流世話役　木村俊左衛門　世話方　桑本才次郎　中村愿吾

・剣術

通心流師範　岩手文左衛門　弘流師範　吉木四郎兵衛　世話方　大島式右衛門

一刀流世話役　板井熊太　世話役　三浦才兵衛　仁保友左衛門

・槍術

種田流師範　豊田銀平　世話役　浦野剛兵衛　勝田新之丞

風伝流師範　板井熊太　以心流世話役　淺井佐和人

双心流宝藏院流師範　竹内藏之進　夢想流新当流（長刀師範　佐原一郎次）

穴澤流実手流世話方　竹内猪仲太　世話役　今井繁木　石橋友次郎　竹内直次郎　小柴源太兵衛　森喜藤太

・弓術

伴流師範　片寄左門　世話役　久野小藤治　吉木四郎兵衛　野坂半藏

竹林流師範　石河官左衛門　都守勝之丞　世話役　石河勝太郎　石河金左衛門

・砲術
淺木流師範　平野藤九郎　　世話役　森三太夫　今井繁木　　世話方　豊田勇治
西洋流世話役　平野藤九郎　　世話方　佐伯義八郎　内藤義兵衛
中島流世話方　青兼助　　世話方　中田主一
・柔術
起倒流世話役　白井千吉　　北窓流世話役　喜多村紋左衛門
世話役　近藤善太左衛門　吉松喜兵衛
・馬術
大坪流師範　高橋小源太　下間左源太　　世話役　中田藤内
・御流儀騎射
世話役　中山和助　神代久之進　石河勝太郎　牧權九郎
・居合術
家次流世話役　板井熊太　　田宮流世話役　市橋來助
・軍貝
吉田流世話役　喜多村紋左衛門　　世話方　大橋藤左衛門
甲州流櫻井流世話役　中田易平　　世話方　村本唯一
（嘉永三年　野々口仲ヲ本学員外教師ニ　同四年福羽文三郎ヲ本学教師ニ　森六兵衛草刈藤馬ヲ監察ニ　同六年市川棄五郎ヲ漢学取立役ト為ス）(76)。

【図】一八四九（嘉永二）年の養老館舎[77]

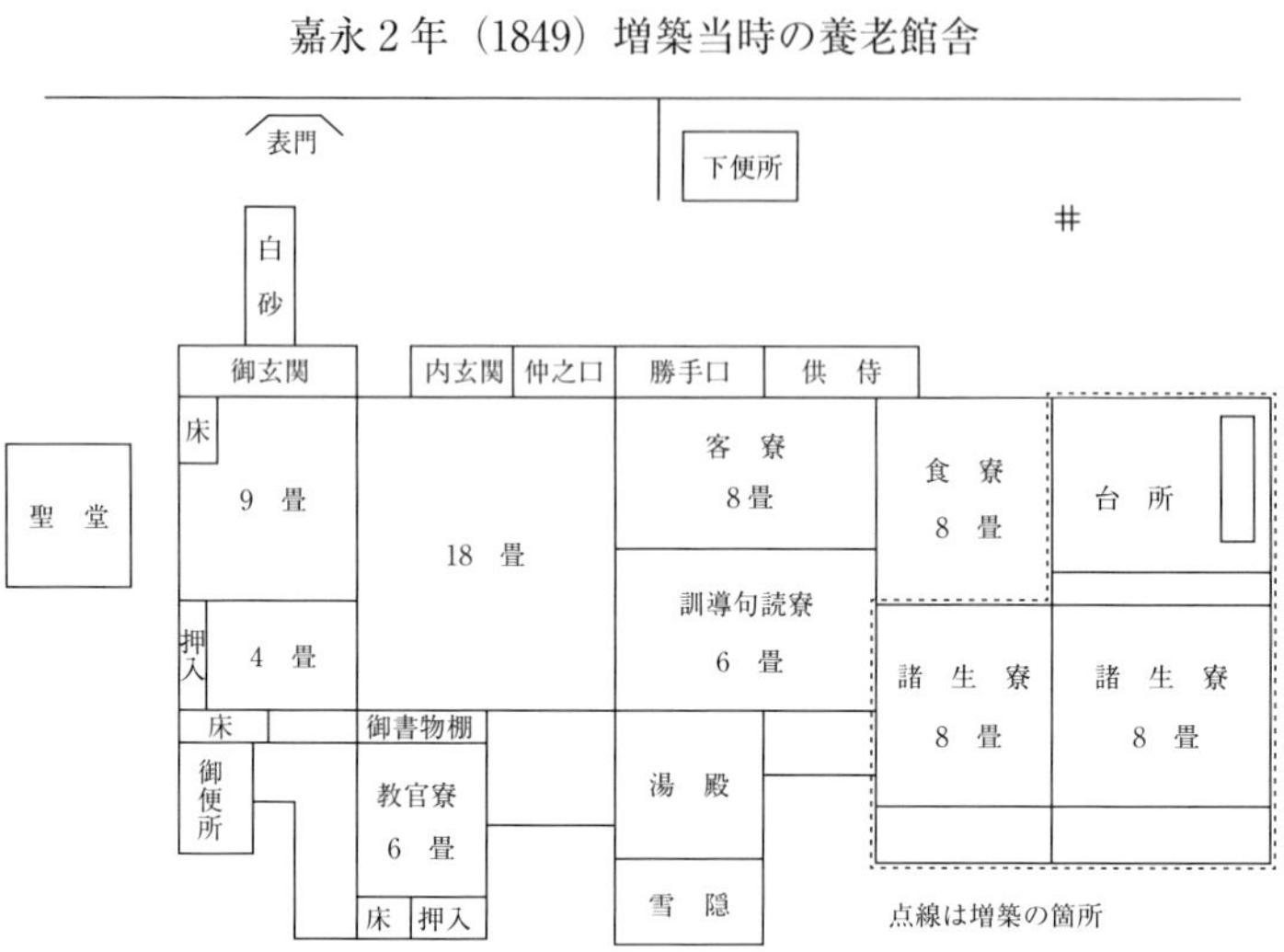

注

（1）遠山茂樹『福沢諭吉――思想と政治との関連』東京大学出版会、一九七〇年、四七〜四八頁。
（2）同上、四八頁。
（3）山室信一・中野目徹校注『明六雑誌』上巻、岩波文庫、一九九九年、八二頁。
（4）大久保利謙編『西周全集』第三巻、宗高書房、一九六〇年、六三五頁。
（5）西周「西家系図」同上、七八七頁。
（6）西周「西家譜略（自叙伝）」同上、七九八頁。
（7）「五代時義理　幼名覚馬　馬廻知行百石焚火之間奥詰本外兼業御七医師　文化四丁卯年九月九日生於津和野　実森秀庵高亮之二男」（同上、七九六頁）。
（8）西周に関しては、まず思想史分野では井上哲次郎『明治哲学界の回顧』（岩波講座哲学、一九三二年）以来「明治啓蒙思想家」として欠かせなく挙げられてきた。また、日本ではじめて「哲学」という翻訳語を作り上げ、西洋哲学を導入したという側面から「哲学者西周」に重点を置いた研究も早い時期から出されている。その代表的なものとして、麻生義輝編『西周哲学著作集』（岩波書店、一九三三年）、桑木厳翼『西周の百一新論』（日本放送出版協会、一九四〇年）、麻生義輝『近世日本哲学史』（近藤書店、一九四二年）、高坂正顕「西周と合理主義の導入」（『中央公論』一九六五年一〇月号）、蓮沼啓介『西周に於ける哲学の成立』（有斐閣、一九八七年）、小泉仰『西周と欧米思想との出会い』（三嶺書房、一九八九年）がある。二〇〇〇年代以後の重要な研究成果には、島根県立大学西周研究会編『西周と日本の近代』（ぺりかん社、二〇〇五年）、菅原光『西周の政治思想――規律・功利・信』（ぺりかん社、二〇〇九年）があり、最新のものとしては松島弘『近代日本哲学の祖・西周――生涯と思想』（文藝春秋、二〇一四年）、山本貴光『「百学連環」を読む』（三省堂、二〇一六年）が出ている。それ以外に日本思想史分野において西周を言及し、筆者が示唆を受けたものに関しては適宜注で書くことにする。
（9）前掲、松島『近代日本哲学の祖・西周』三三〜四四頁。
（10）前掲、菅原『西周の政治思想――規律・功利・信』二〇四〜二〇七頁。

(11) 代表的なものとして、渡辺和靖『増補版・明治思想史――儒教的伝統と近代認識論』(ぺりかん社、一九八五年)、村上敏治「西周の思想に対する徂徠学の影響」(『京都学芸大学紀要』第二五号、一九六四年)、前掲、菅原『西周の政治思想――規律・功利・信』補論2を参照。
(12) 大久保利謙「解説」大久保利謙編『西周全集』第一巻、宗高書房、一九六〇年、六〇七頁。
(13) 西周「徂徠学に対する志向を述べた文」同上、六頁。
(14) 同上。
(15) 同上、五頁。
(16) 同上、五~六頁。
(17) 前掲、村上「西周の思想に対する徂徠学の影響」一一二頁。
(18) 前掲、渡辺『増補版・明治思想史――儒教的伝統と近代認識論』八二頁。
(19) 同上。
(20) 辻本雅史『近世教育思想史の研究――日本における「公教育」思想の源流』思文閣出版、一九九〇年、一五七頁。
(21) 眞壁仁『徳川後期の学問と政治――昌平坂学問所儒者と幕末外交変容』名古屋大学出版会、二〇〇七年、第一部第二章、引用は八三頁。
(22) 同上、九八~九九頁。
(23) 同上、一三八頁。
(24) 同上、第一部第一章を参照。
(25) 「世運文武ノ発達ニ伴ヒ独リ本藩ノニナラス隣藩萩ハ既ニ享保年中明倫館ヲ創設シ遠ク奥州の秋田藩ハ有徳館ヲ肥前佐賀藩ハ弘道館ヲ創設シタル如ク実ニ諸藩文学興隆ノ時代トナリ学校ヲ創設セラレタリ」(新井宣哉『津和野藩文武教育史』出版社不明【島根大学所蔵】一九二三年、七頁)。
(26) 『日本教育史資料』第二巻、臨川書店、一九八〇年、五〇四~五〇五頁。
(27) 沖本常吉編『津和野町史』津和野町史刊行会、一九七六年、四一二~四一三頁。

(28) 松島弘編『津和野町史』第四巻、津和野町教育委員会、二〇〇五年、六九頁。
(29) 瀬藤勇市『鹿足郡誌』山陰朝日新聞社、一九三三年、三八二頁。
(30) 沖本常吉「津和野藩」『新編物語藩史』第九巻、新人物往来社、一九七六年、三〇一頁。
(31) 前掲、松島編『津和野町史』六九～七〇頁。
(32) 岡本撫山『浪華人物誌巻二』(芸苑叢書、一九二〇年) 七〇頁、石田誠太郎『大阪人物誌巻四』(石田文庫、一九二七年) 四八頁。
(33) 前掲、松島編『津和野町史』七〇頁。
(34) 歩兵第二十一聯隊編輯委員『郷土かがやき』一九三二年、一二八頁。
(35) 前掲、松島編『津和野町史』九三頁。
(36) 同上、九三～九四頁。
(37) 同上、九四頁。
(38) 前掲『日本教育史資料』第二巻、四九八、五〇五頁。
(39) 前掲、新井『津和野藩文武教育史』七頁。
(40) 前掲、松島編『津和野町史』七一頁。
(41) 西周「西家譜略（自叙伝）」前掲『西周全集』第三巻、七二四頁。
(42) 以下の資料を参照したが、かれらについては見当たらない。澄川正彌『津和野教育沿革略及び人物略伝』(津和野町役場、一九二八年)、望月幸雄『郷土に永眠る偉人の面』(一九三四年)。
(43) 野津左馬之助編『鹿足郡誌』臨川書店、一九三五年、三六〇頁。
(44) 西周「西家譜略（自叙伝）」前掲『西周全集』第三巻、七二四～七三一頁。
(45) 嘉永二年の藩政改革を担った亀井茲監について以下簡単に触れておく。「茲監は久留米藩二十一万石、有馬頼徳の次男から養子として迎えられた。生母を同じくする三歳上の兄は、久留米藩十代藩主有馬頼永で、歴代藩主のなかでもとくに名君のひとりとされている。茲監はこの兄から最も大きな影響を受けている。……この兄とともに昌平坂学問所において、林大学頭や佐藤一斎らに儒学を学んだ。茲監が生を受けた久留米藩は、第七代藩主有馬頼僮の拾璣算法など、わが国の数学史上業績の高い好学の藩だけに、茲監自身も天文、歴法、数学を得意としていた。藩主となったのちも養老館数学教授、桑木才次郎から直接指導を受けている。一方武術は尚武の気風も強い久留米藩時代から、実父有馬頼徳の教育方針で早くから修業を積み、弓術、尾州竹林流、馬術、人身流、槍術、宝蔵院流、剣術、浅山一伝統を修める」(前掲、松島編『津和野町史』一二三～一二四頁)。

(46) 加部厳夫編『於杼呂我中　亀井勤齋伝』秀英舍、一九〇五年、三頁。

(47) 一八三九(天保十)年より藩主の主催によって行われた漢学講義について簡単に触れておく。「講義の内容は『孟子』『貞観政要』はじめ他の経籍の講読、詩会、輪読等であった」。「月例の講義は大書院において担当教授によって行われる。十時ごろ藩主着座、次いで家老、中老、表用人、側用人、大目付が順に着席。寺社、町奉行、郡奉行、納戸奉行、銀奉行、勘定奉行、御緑側詰、役人がこれに次ぐ。このほか外様では物頭、馬廻、御雇中小性は大書院三の間に列席する。徒士勘定格までは廊下に着座した。一同着席すると教授は二の間に進み出て、藩主に対し斜め前に向かって講義を始める。講義が終了すると藩主、家老の順に退席する。一度に席を立つため非常な混乱となるので、老人などは若いものに手を取られて詰所へ退席した。この講義に欠席する場合には届けが必要であった」(前掲、松島編『津和野町史』一二九～一三〇頁、ただし後者の文章は一九〇二年にあった津和野社春季会における大谷秀美の口演内容の再引用)。

(48) 「天保十一年先例ニ依リ八月十日教授山口慎齋ヲシテ邸中書院ニ於テ経書ヲ講セシム勘定格以上出席陪聴ス以後毎月十日ヲ定例トス文武人材ノ急需ヲ告ク」(前掲、新井『津和野藩文武教育史』一一頁)。一八四三年に江戸と大坂へ遊学させられた人々には、中老布施左仲、馬廻平田雄之助(庸之助)、医師堀杏庵(菴)、同平田玄淑、町医池田多仲、阪村佐代治があり、一八四五年には早川宇左衛門、平野藤九郎、内藤義兵衛、佐伯義八郎を江戸へ送る(前掲、松島編『津和野町史』一三一～一三二頁)。

(49) 以上一八四三年に遊学した六人および早川らの遊学後の動向について簡単に触れておく。布施左仲：帰国後、政事総裁の補佐(加判)、養老館准都教となる、平田雄之助：帰国後、大目付となる、池田多仲：伊藤玄朴のもとで蘭学を学び、オランダ医学を研修、幕府の典医となる、阪村佐代治：昌平坂学問所で古賀茶渓、野田笛浦に学び、帰国後養老館教授となる、堀杏庵、平田玄淑：帰国後、養老館漢医学世話役となる、早川宇左衛門：江戸において下曽根金三郎のもとで西洋砲術を学ぶ、平野藤九郎、内藤義兵衛、佐伯義八郎：江戸で西洋砲術の大家、江川太郎左兵衛門、高島秋帆らに学び、帰国後養老館砲術科の教官となる（同上、一三一～一三二頁）。

(50) 前掲、沖本「津和野藩」『新編物語藩史』第九巻、三〇三頁。

(51) 前掲、松島編『津和野町史』一八〇頁。

(52) 同上、一七〇～一七九頁、前掲『日本教育史資料』第二巻、五〇二～五〇三頁にもとづいて作成した。

(53) 句読助手であった西周と関連して当時二月、五月、八月、十一月に定期的に行われた素読生の定期試験の内容を参考まで挙げておく（「素読生四時試業式」）。〇十歳以下の蒙生：孝経、大学のうち、一部卒業以上のものに受験を許す。三十字まで読ませて、二字まで遺忘誤読→上等、三～六字まで遺忘誤読→中等、七～十字まで遺忘誤読→下等、十字以上遺忘誤読→落第。〇中庸まで卒業者は五十字、論語まで卒業のものは百字、四書卒業のものは一五〇字を読ませる。〇十一歳以上は中庸まで卒業者に受験を許す。〇十二歳以上は論語まで卒業以上のものに受験を許す。五経は易・詩経のうち一部卒業生のものに五経試験を許す。五経は凡二百字、史類は凡千字を読ませる。入等、落第は前記に同じ。〇十歳にて四書卒業のもの、十三歳にて五経卒業のもの、十五歳にて漢書まで卒業のもの、これを秀生と呼び、別に賞が与えられる。十七歳になっても、この試験には出ること。賞は最上等半紙三束枝折、上等半紙三束、中等半紙二束、下等半紙一束（前掲、松島編『津和野町史』一七六頁）。

(54) 前掲、加部編『於杼呂我中　亀井勤齋伝』一〇六頁。

(55) 桂島宣弘『幕末民衆思想の研究』文理閣、二〇〇五年、五三頁。

(56) 津和野藩の教学との関連性に限定せず、幕末より明治期に至る国学思想界における岡熊臣および大国隆正の位置に関しては、同上、桂島『幕末民衆思想の研究』の序章、第一章、第二章を参照した。また、津和野藩の教学との関係では加藤隆久『岡熊臣集上・下・別巻――神道津和野教学の研究』（国書刊行会、一九八五年）を参照した。

(57) 嘉永二年、岡熊臣が作成した養老館学則の全文を以下挙げておく。「道は、天皇の天下を治め給ふ大道にして、開闢以来地に墜ちず。人物の因て立つ所にして、今日万機、即ち其道なり。古語に曰、惟神とは神の道に随ふも、亦おのづから神の道あるをいふなり。又曰、天皇は古道に順考して政為給ふと。夫学者は道を知るもの道を行ふことは其人にあり。但し、其学に志ざすや、本を探りて隠れたるを顕し、乱れたるを釐めてこれを正しきに反し、用ひて以て、鴻業を賛輔し、然して人心、世道の古に復して治平の弥久しきを希ふもの、道を学ふ者の志しのみ。

右一則

学はまさに名分を正し、大義を知るを以て要とす。一日片時も臣子の職を忘るべからず。嗚呼畏るべし。天朝、幕府、国君上に坐す。臣子たるもの、平生豈、仮にも外夷に服従し、蕃主に阿諛して、君父の邦を外視せんや。造次にも顛沛にも国体を貶さず、よろしく尊内卑外の大義をおして以て忠孝の真理を守るべし。

右二則

道を学ふもの、外には法令を背かず。内には忠孝を励まし、各、自ら其祖先の遺業を専に守りて、永く其子孫に伝ふべし。是則、神皇、保建し給ふ所にして、能くこれを保つを以て我道の極とす。徒に博学多聞を道の緊要とせんや。抑、道を学ふは、竟に己が為にして、学を成就して国家の用に効するは遠し、然るを、今、此道を興し給ふの如此き想ふべし。

右三則

上件三条、これを胸裏に維持し、旦暮、心を研き身を修め、講席に臨て可なり。もしそれ、館中諸法度の如きは、既に其御制あり。聊放逸怠慢すべからすといふ。

嘉永二己酉晩冬」（加藤隆久『神道津和野教学の研究』国書刊行会、一九八五年、一七九～一八〇頁。ただ、打点や区切りに関しては、前掲、沖本「津和野藩」三〇三～三〇四頁を参考に修正）。

（58）前掲、沖本「津和野藩」『新編物語藩史』第九巻、三〇三～三〇九頁。

（59）「津和野人名」には「野之口隆正」（大国隆正）の上段に「余脱走ノ時此先生ノ周旋ヲ煩ス」と（西周「津和野人名」国立国会図書館所蔵、リル12、コマ番号２６９）、「交際人名簿」には「福羽美静」と「石河正養」の上段に住所が書かれている（西周「交際人名簿」国立国会図書館所蔵、リル12、コマ番号３０１～３０２）。

(60) 前掲『西周全集』第一巻、六三八頁。
(61) 前掲、新井『津和野藩文武教育史』二三～二四頁。
(62) 山崎一穎『森鴎外論攷』おうふう、二〇〇六年、八四～八六頁。
(63)「文化十二年三月二十四日医学修行として、他所へ遊学せんとするも、自力薄弱につき其費に堪へざるものには、其の格式に応じて貸費すること〻なれり、則ち馬廻中小性馬廻格之嫡子へは一ヶ年銀四百目宛、徒士勘定へは三百五十目宛茶坊主以下へは三百目宛、外に修学中一人扶持宛の代銀を貸費せらる。葉成り帰藩後七年間に於て之を返済する事に定める」(前掲、野津編『鹿足郡誌』二一八～二一九頁)。岡熊臣の後を継ぐ国学教授、大国隆正もこの令によって一八一八年に長崎へ遊学している。
(64) 佐野正巳『国学と蘭学』雄山閣、一九七三年、一二七頁。
(65) 西周「西家譜略(自叙伝)」前掲『西周全集』第三巻、七三二頁。
(66) 前掲、佐野『国学と蘭学』一三六頁、日蘭学会編『洋学史事典』雄松堂出版、一九八四年、七九頁、四六二頁。
(67) 前掲、佐野『国学と蘭学』一二八頁。
(68) 同上、一三四頁。
(69) 同上、一三五頁。
(70) 永嶋大典『蘭和・英和辞書発達史』講談社、一九七〇年、一三頁。
(71) 前掲、佐野『国学と蘭学』(一三六～一三八頁)、前掲、松島編『津和野町史』(二〇一～二一〇頁)を参考に、異なる部分については前掲『洋学史事典』を確認しながら作成した。養老館文庫所蔵として確認される蘭学および蘭医学の書籍に限定した。
(72) 西周「西家譜略(自叙伝)」前掲『西周全集』第三巻、七三一～七三四頁。
(73) 前掲『洋学史事典』六四八頁。
(74) 同上、五四七頁。
(75) 赤松範一編注『赤松則良半生談――幕末オランダ留学の記録』平凡社、一九七七年、一五頁。

(76) 前掲、新井『津和野藩文武教育史』三〇〜三四頁。

(77) 前掲、松島編『津和野町史』一三四頁。

第二章　名詞の記録と法的力

――西周の「性法」翻訳と「philosophy」の翻訳の間

1　はじめに

前章では、西周の思想遍歴を知る目的で津和野藩における教学内容の変容過程を探ってみた。具体的にいうと、かれが藩校養老館に入った時期は、国学思想が藩の新たな理念として掲げられ、養老館の本学としての位置を占めていた。また、漢学については山崎闇斎学派を受け継いだ既存の山口家が教授に務める一方、洋学教育も国学系の人びとによって盛んに行われていた。そしてこのような教学背景のもとで西は儒学修養を命じられ、養老館句読および塾頭を務める。

すでに述べたように、西周が西洋哲学に関心を表し、当時西欧の思想的潮流を翻訳という形で身に付けたという事実は、直ちにかれに対する西洋哲学の受容者および啓蒙思想家という命名、そして日本の近代化に繋がりがちであった。それゆえ、かれに対して近代日本の「哲学者」という側面を強調する場合は、西が兵部省に出仕する一八七〇年から作成しはじめた「兵家徳行」「兵部論」「軍人勅諭」「憲法草案」を、「軍国主義」より摘出させる言説とも関わっていた(1)。

以上のような研究状況からは、「哲学」という用語の成立過程を辿ってもその結果は近代的学術用語の誕生という物語に陥ってしまう。

そこで、「哲学」という用語の誕生をめぐって新たな解釈を試みる際に、まず、再考しなければならない概念が「東アジア漢字文化圏」という言葉である。この言葉がいつから使われ始めたかなど、その歴史と具体的な意味についてはここで論じない(2)。問題は、近代日本による漢字語の生成を取り扱う研究者の多くが、「東アジア漢字文化圏」の形成という視角からアプローチしていることである。そこでは漢字および漢文というものが文化的資源として前提されるゆえに、時代的背景や主体の実践などを考慮する前にその資源自体の言語的生成や変容などに焦点が合わせられる。

しかし、「日本で行われた漢訳語が結果として中国や韓国で行われたこと」が、「『同文』意識を支えたことは疑いない」にしても、齋藤希史が指摘する通り「『同文』意識が前提にあって近代における漢語漢文への翻訳が行われたのではないということ」に留意しなければならない(3)。「近代漢字圏の形成」は、それ以前の圏域との断絶をも意味するのだ。この場合の「断絶」とは西洋文明の受容が伴う在来思想との断絶を意味するのではない。漢字圏という集団が経験する近代、そのものの特異性に関わる断絶である。つまり、ここでは「漢字文化圏」ではなく、「漢字圏」という視座にしたがい、言葉、とくに知識人の筆談に関わっていた「概念」における断絶がいかに生じ、その様子はいかなるものであったのか、そしてそれがいかなる政治性をもつのかということを問うことにする。このような問題意識と関連し、あわせて次の議論にも注目したい。金杭は、自分の著作を「契約」と「自然状態」をめぐるホップスの理論に対する注釈と位置付けながら次のようにいう。

ここで書き示した文章はすべてこの（トマス・ホッブズ『リバイアサン』の）引用文に関する注釈だといえる。それは自然的であり本来的であるものを人為的かつ非本来的なものに専有（appropriation：筆者注）する分割と決定という暴力に関する話である。これは声を言語に、性命を法に導く暴力であり、だから人間が自ら（動物／自然）を否定し、自ら（人間／作為）になろうとする運動でもある。……〝子〟と〝母〟は互いを互いの一部として認知するため、〝我が子、我が母〟という〝宣言〟は要らない。つまり、自然には〝名〟と〝存在〟の分割がないわけである。だから自然状態が自然状態として称されるためには、世界を分割し、分類する〝言語〟と〝法則〟が必要となる。[4]

金杭はここで、名を持つ前の自然状態への回帰などを述べているのではない。ここでかれは、何かを自然化するには必ず世界を分割し、言語化する作業が伴われなければならないという点を逆説的に強調しているのである。したがって、本章では西周の翻訳作業について、彼自身が何らかの素材を手にし、その前には分割されていなかったため、存在すらしなかったといえるものを、新たな言語に置き換えるという問題として考察する。記録の問題。それは「nuncupare」、いわば「名にする」行為に他ならない。[5] 以下では西周が philosophy に対して新たに名を付ける最初の場面を、かれが生前行った翻訳作業の全体から論じていきたい。そのためにまずは、西周の翻訳作業がはじまった原点であるかれのオランダ経験に戻り、その際に持って帰った講義筆記の翻訳物である『性法説約』を取りあげる。この文章を通して「人ノ性」が遭遇するようになる新たな文脈に注目し、その新たな文脈を「性法」として記録することで、善悪の範疇が「性」概念から排除される過程について考察する。次に、philosophy が「哲学」と翻訳される問題に関する先行研究を顧みた後、それに対する批判を「尚白剳記」の読解より試みる。

まず、かれのオランダ経験からみてみよう。

2 オランダ留学とその背景

一八五七（安政四）年五月、津田真一郎と浅井勇三郎に並んで「蕃書調所教授手伝並役」に命じられた西周は、一八六二（文久二）年六月に「学術修行」のために津田とともにオランダへ発する。[6] そして一八六三年一〇月よりはじまったフィッセリング（Simon Vissering. 1818~1888）の講義が終わった一八六五年にかれらが手に持ったのは、「五科教授」の内容を記したノートであった。[7]「西周文書」の「性法万国公法国法制産学政表口訣」および「記五科授業之略[8]」、そして講義がはじまる前の一八六三年六月一六日付で二人に送られたフィッセリングのメモ「Nota betreffende het onderwijs te geven aan de Heeren Tsoeda Sin Itirauren Nisi Siursoeke」をみれば、[9] この「五科」が何を指しているのかがわかる。「Natuurregt Volkenregt Staatsregt Staathui-shoudkunde Statistiek」[10]。それぞれについて津田は「天然の本分ナツウールレグト　民人ノ本分フォルケンレグト　邦国ノ法律スタートレグト　経済学スタートホイスホウドキユンデ　経国学スタチスチーキ[11]」と、西は「性法之学　万国公法之学　国法之学　制産之学　政表之学」と翻訳する。[12] すなわち、後に出版された『性法説約』（西）、『万国公法』（西）、『泰西国法論』（津田）、『表紀提綱』（津田）は、一九世紀中頃においてかれらが経験したオランダの法政治学に基づくものであり、それはラングの相違とエクリチュールの差、そしてかれらの内部に存在したそれぞれの差異という複雑な経路を経ることで生まれたといえる。[13]

通常、西と津田のオランダ行は幕府史上最初の官府留学であり、「日本人が西洋の人文社会諸科学」を「正式」に学習した「最初」の例といわれる。[14] ただ、実際において西の留学への願望は中々根強いものであった。かれは日米修好通商条約調印の折から、使節団に従行者として同行させてもらおうと直接請うている。最初は、日米使節団として内命されていた岩瀬忠震、永井尚志、津田正路に同行を懇請するが、回答を待つ間「安政の大獄」によって永井、岩瀬らが失脚することになり、白紙に戻る。[15] その後一八六一（文久元）年一二月に幕府は欧米使節団を出航させるが、そこに自分も同行したいと、使節団の竹内下野守（保徳）に会って「平生の望を愬へ」るが、これも無駄になる。[16] しかし西の懇請はそこで止まらず、蕃書調所を通じてみようと思い、「切に請ひ申し〻に、前に下野守に捧げつる文」を蕃書調所の浅野伊賀守（氏祐）に挙げたすえに、浅野の承諾を受けることになる。「如何にもして二人丈をば派遣せらる〻様取計らふべしと、決く諾ひつ」[17]。ところが、竹内渡欧使節団には志願した人数が多く、洋学者としては福沢諭吉、福地桜痴、寺島宗則、箕作秋坪等が随行することになっていたので、結局西の願望は叶わなかった。[18] このような経緯を経てようやく西と津田は軍艦操練所の派遣留学生に同行してオランダへ行くことになる。

もう一つ、西と津田のオランダ経験をかれらの伝記と合わせて考える場合に見逃してはならないのが、幕末期における対外関係である。すでに知られているように、幕府の学問所は「朱子学の研究と学生教育による教化および人材の育成にとどまらず、現実の役に立つ学問を求められ」ていた。[19] 地誌調所の「対外関係資料集の編纂」や、学問所の儒者たちの政治的役割――蝦夷地やロシア使節、朝鮮通信使などに関する諮問への回答、「外国関係に携わる役職」への登用など、古賀家に代表される儒者たちの対外認識と対応は、「開国・開港」という政治的局面における学問自体の変動様相をよく示している。[20]

以上の西と津田の留学の背景からみても、学問の受容と政治的関与を別に語るのは妥当でないことは明確である。このような前提より、以下では、西の西洋哲学受容だけを取りあげてその様子を分析することを止揚し、まずはオランダ経験の源泉を成す「regt（recht）」をめぐるかれの発言と記録について検討してみたい。(21)

3　regtと「原権」「性法」

「性法」とは、フィッセリングの「授業」Natuurregtに対して西が付けた語であるが、(22)その講義録をはじめて翻訳し、刊行したのは神田孝平であった（『性法略』一八七一年）。西が他の講義録「Volkenregt」の翻訳『万国公法』（一八六六年）で予告した「性法説約」の草稿はその後紛失し、(23)戦後になって発見される。(24)それが『性法説約』（一八七九年）である。

西は神田の『性法略』に以下のような序文を附した。

弱之肉。強之食也。今夫当鉄甲之艦。空発之弾。相争於烟焔驀起之際。孰知烏之雌雄。当此時。儒冠可得而溺矣。雖然。不可遂以馬上治天下。則丁公之戮雍歯之封不可已。而約法三章。不可謂無用意也。法律淵源乎人性云者。豈謂虚妄耶。西洲有此論。創乎和蘭虎哥氏。而此書係畢氏之口訣。而余等筆之者。……(25)

西はここで、『史記』に出てくる故事、雍歯封侯、丁公被戮を例に挙げながら法の必要性を強調する。また、ここでいう「性法」とは、西と津田が筆記したフィッセリングの講義、なかでもフーゴー（Hugo de Groot, 1583～1645）が創設したとされる自然法であると記されている。以下、具体的な「性法」の内容を、西自身が翻訳した『性法説約』を通して検討してみよう。
西が書いた『性法略』の序文の内容をそのまま受けいれると、フィッセリングの自然法講義は一六世紀におけるフーゴー・グロティウスの自然法論に基づくものであったと読み取れる。通常、グロティウスの自然法思想は、人間は社会に対する自然的傾向を持って生まれるというアリストテレスの定式と、人間の理性を自然と一致させるキケロの自然法（De Republica）を受け継ぐものと位置づけられる。[26]ところが、当時のオランダにおけるフィッセリングの自然法理解はそれほど単純なものではなかった。西周の『性法説約』に入る前に、フィッセリングの自然法講義の背景について大久保健晴の研究を参考に簡略に見ておく。[27]
大久保健晴は、西と津田がフィッセリングから教わった自然法講義を検討し、フィッセリングの自然法論が当時オランダ法学においてどのような文脈から形成されたかについて詳細に分析している。とくに、フィッセリングがライデン大学に在学する際に、自然法講義を担当したH・コック（Hendrik Cock）の著作『自然法、国法、国際法』（一八三七年）の特徴を明らかにした上で、フィッセリングとの共通点および相違点を見出している。他方で、フィッセリング自身の著作『政府と国民　オランダ国家統治の原理』（一八四六年）に多くの影響を与えた人物として、当時ライデン大学の指導教官でもあった「自由主義運動の指導者、J・R・トルベッケ（Johan Rudolph Thorbecke）」の『法と国家に関する反論』（一八二五年）の内容をも指摘している。[28]これらの分析を通じて大久保は、西と津田が教授された自然法講義とは、人間内面の善悪よりなる「道徳」と、外面的な行為を含めた「正不正」よりなる「自然法」に区分したコックの議論を受け継いだフィッセリングの理解に即していることを明らかにする。また、外面的行為に関わる自然法の最高原理とは、カントの定式、つまり「汝の外面的自由が、他の全ての人々の外面的自由とともに存在しうるように行動せよ」というものであったと指摘する。[29]しかし、コックが国法について「自由な道徳的主体として自然権を持つ人間が、自発的に自らの権利を譲渡し契約する」ものとみなした反面、フィッセリングは、そのような「国家の歴史的起源に社会契約を求める見解」を妄説として斥けたという二人の立場の差異についても指摘している。[30] 一方、フィッセリングの著作にも多くの影響を与えたトルベッケ法学の特質とは、「国民の習俗や環境に基づく法体系の歴史的生成・発展」を説くものであり、[31] このような言説はオランダの自由主義改革という文脈と相まって一八四八年における憲法改正以後、首相を勤めるトルベッケの立場をよく現していると述べる。

全一五章に構成されている西の『性法説約』は、コックが「道徳」より外面的行為に関わる「自然法」を区別したのと同じく、「第一章　第二節　人ノ大地ニ在ルヤ他ノ人々ト共ニ相生養ス理勢便チ然リ De mensch is bestemd om met andere menschen op aarde te zamen te leven.」と、人間の社会性を「性法総論」に基づいて記している。[32] ただし、ここで注目したいのは、『性法説約』の内容全体が「道徳（moraal）」と区別された、社会的存在としての人間を前提にした「自然法（natuurregt）」を扱っていると理解するならば、それは、多少のずれを生じさせることになるという点である。そこには「翻訳」、とりもなおさず、一九世紀まで蓄積されていた西洋法学の文脈と概念、そしてオランダ語の翻訳という実際の問題が当然含まれるだろう。そのなかでも、西が natuurregt に対して「性」という概念を用いて翻訳を試みている点が注目される。

『性法説約』の全一五章の内容を現在の言葉でまとめるのはさほど難しくないが、ここではあえて省略したい。そのかわりに以下では、西が「性法」として記録する内容そのものに集中し、「性」という概念が新しい文脈に置かれていく様子を検討したい。

西は「第一章　第一節」で「性法ハ人ノ性ニ本ツク故ニ是ヲ性法ト名クル也 Het natuurregt heeft zijnen grond in de natuur van den mensch. Daarom heet her natuurregt.」と、[33] natuurregt を「性法」と翻訳した理由を、それが「人ノ性」に基づいているからであると述べている。しかし、以下の内容をみると、「人ノ性」と称されるものは、既存の「性」概念とは違って新たな訳語である「性法」を支えるものとなっている。

結論からいうと、『性法説約』において「性法」の前提となる「人ノ性」とは、朱子学的概念とかなり異なるものであった。まず、「第二章」から「第五章」までの内容は、そこにいる存在としての人間、空間的に動き、物を取るという行動、物を口に入れる飲食などの、言うまでもなくそうであってそうしてきた人間の姿が「原権」として成文化されている。たとえば「第二章　自有ノ原権ヲ論ス」では、

第一節　自有ノ原権トテ吾人ノ本体ト共ニ立チ吾人ノ生理ト相合シ吾ト其存亡ヲ共ニスル者ヲ謂フ
第二節　又能ク是ヲ名ツケテ資稟ノ権ト謂フ是レ恰モ吾人ノ生ト共ニ受ルカ如クナレハ也
第三節　此ノ原権三ツアリ
第一ニハ　存立ノ権
第二ニハ　制行ノ権
第三ニハ　物ヲ取テ用ニ供スルノ権[34]

ここでの「自有ノ原権」とは、「存立」つまり「生ヲ保全保護スル」権利と、「制行」つまり「動静」を「自己ノ取捨ニ任セテ」行う権利、そして「存立」する以上「生命ヲ保」つためには「外ニ在ルノ物品」や「飲食」を用いざるをえないという権利を表す[35]。つまり、人間が物質的な存在として捉えられているが、この点は「他人」が登場する部分においても同様である。たとえば、他人が頻繁に登場する「第六章」から「第十四章」までの内容は、「仮有ノ原権」すなわち、生来の生存から生じるものではなく、外部の「物件」と「人身」と遭遇する場合に生じる権利を扱っている。ところが「物件上ノ諸権」のなかで「所有ノ権」が生じる理由は、人間がその生命

を保つために外部にある物を取るしかないからであり（「人身ノ物タル地上己ヵ外ニ在ルノ物品ヲ取ヲ其用ニ供スルニ非レハ如何ソ其生命ヲ保シ其存立ヲナス事ヲ得ン」[36]）、そこで、「未タ佗人其用ノ為ニ取有セサル者ニシテ始メテ」所有する権利を持つと説明される[37]。すなわち、西がフィッセリングから教わった「性法」の内容とは、高度に抽象化された「社会」という概念と出会う前の、むしろ生き物としての二人以上の人間に関わる権利であり、またそれは、国法や万国公法のような具体的な調停者の存在が登場する以前の、あくまで natuur な人間に付与される権利であった。そこで西は、権利 regt を「原権」と翻訳し、それらが成文化された形である natuurregt を「性法」と翻訳したのである。

　ここからは入念な読解が必要となる。フィッセリングは自分の先生コックがそうしたように、自然法 natuur-regt を道徳 moraal から区分する構文を第一章の「Par.8」に明示するが、そのくだりを西は次のように翻訳する。

第一章　第八節　此善悪ノ際ニ於テ辨別ヲナスハ第一地頭ニ在ヲ吾人凡百ノ行事ヲ論定スル者「模羅爾《モラル》」即チ名教ト云フ（Dit onderscheid tusschen goed en kwaad wordt in de eerste plaats voor al onze daden bepaald door de zedeleer(moraal)[38]）

第三章　第七節　夫ノ貧乏ヲ愍シミ残疾ヲ恤ミ老弱ヲ扶ケ又人ノ生命ノ急ヲ救フノ義ハ皆名教ノ源ヨリ発シ性法ノ基ニ本ツクニアラズ（De verpligting om armen, gebrekkigen en zwakken te helpen, of om iemand uit levensgevaar te redden, vloeit voort uit de zedeleer, niet uit het natuurregt[39]）

　ここで西は moraal を「模羅爾《モラル》」「名教」と翻訳し、「貧乏」「残疾」「老弱」な人を救恤するのは「名教」に属するものであり、それは「性法」ではないという。すなわち、朱子学的概念である「性」に孕まれている「善悪の範疇」を排除する形で「性法」が翻訳されたのであるが[40]、そのような人間の内面に関わる議論を退けながら、あくまでも物質的な人間を描き出した『性法説約』の内容こそ、概念としての「性」に与えられた新たな文脈であった。

さらに、「性」をめぐる新たな文脈に関連してもう一つ指摘すべきことは、regt を「原権」と翻訳している点である。オランダ語 regt は、形としては現れない「権利」と成文化される「法」という意味を同時に有している。それを西は、「権」と「法」としてそれぞれ捉えたのであるが、「権」については「原」という漢字を当てて「原権」という名詞で翻訳したのである。この問題についてはまず、西以前、あるいは同時代において漢字語「権」がどのような意味合いを持っていたかを把握する必要があるだろう。

KEN, ケン, 権, n. Power, authority, influence. -wo furu. to show one's power. -wo toru. to hold the power, to have the authority. -wo katte mono wo iu, to talk assuming an air of authority. Syn. IKIYOI[41]

RIGHT, v. Tadashii; yoi; makoto, jitsz; yoroshii; migi. –side, migi no hō. –*and wrong,* zen-aku; ri-hi; ze-hi. *All right,* yoroshi; yoshi;

RIGHT, n. Dōri; michi; ri; gi; zen; szji; hadz; beki. *To put to rights,* sōji szru. –and left, sa-yū.[42]

これはヘボンの『和英語林集成』初版（一八六七年）に出てくる「権」の説明である。上段の例文からわかるように、「力を振る」「力を取る」「勝手もの（ママ）を言う」という一般的に使われそうな具体的な表現が書かれている。また、下段の RIGHT をみると、「正しい、よい、まこと、じつ、理、義、はず、べき」など、実際の人間関係で通用される倫理的概念に対応していることが確かめられる。一方、同時期に福澤諭吉は『西洋事情二編』においてブラックストン（Sir William Blackstone, 1723～1780）の『イングランド法釈義 *Commentaries on the Laws of England*』（1765～1769）を抄訳しているが、かれは「ライト right」という概念を「人間の通義」として翻訳しており、とくに自然法における人間の権利については「無係の通義」と記している。ちなみに、この「無係の通義」はかれによると、「天賦の自由」であり、そのため直ちに具体的な調停者である国家へ譲り渡されるものとして描かれる。そこに、生き物として抽象化された人間の様態に対して「原権」という表現を用いながら、それに権利を与える西の「性法」との違いがあった。[43]

すなわち、福澤は「ライト」を一定の名詞として記録することなく、あくまで「国律」を前提にして理解しているのである。その反面、西は、フィッセリングから教わった自然法の内容を翻訳するに当たり、既存の「権」概念としては取り入れることのできない新たな人間の権利に直面したのであり、それを「原権」と翻訳したのであった。そのような翻訳作業は、それ以前は疑われることもなく当然のことと思われていた人間の存在、つまり動きや食欲の行為などに「権利」という概念を与えるものであったが、とりわけ新たな文脈のもとで物質化された「性」に、そうした人間の「原権」を総括する形が与えられた。

4　philosophy の翻訳をめぐる研究状況と「尚白劄記」

前節では、natuurregt の「性法」という翻訳語が、善悪の範疇を「モラル」に置き換えつつ、生き物として抽象化された人間のあり方を「原権」として記録した点を確認した。これまで政治史および法思想史においてしか論じられることのなかった『性法説約』は、西周による philosophy の翻訳、そしてその学問の受容とも無関係ではない。以下では、この点を論証していきたい。

先に述べたように、西における philosophy 翻訳の問題を新たな方向から考察するためには、かれが生前行った翻訳作業を連続的に捉える必要がある。つまり「近代日本哲学の父」という評価に惑わされて、今日に通用される学問分類から問題を把握してはならないのである。そのために前節まで、実際の西の経験に沿って、まずオランダ経験より議論をはじめた。では、philosophy の翻訳の場合はどうであろうか。以下では、名称の誕生から物事の始原を捉える視点が、直ちに偉業への称賛、あるいは「日本哲学」のアイデンティティー模索に繋がってしまうことに注意しつつ(44)、記録の始原という問題を考えたい。

西が「斐鹵蘇比」、「ヒロソヒー」と呼んでいたものを「哲学」と翻訳するに至った経緯に関しては、これまで多く言及されている(45)。かれにおける philosophy という概念の痕跡を一度整理すれば、以下の通りである。

小生頃来西洋之性理之学、又経済学抔之一端を窺候処、実ニ可驚公平正大之論ニ而、従来所学漢説とは頗端を異ニシ候処も有之哉ニ相覚申候、尤彼之耶蘇教抔は、今西洋一般之所奉ニ有之候得共、毛之生たる仏法ニ而、卑陋之極取へきこと無之と相覚申候、只ヒロソヒ之学ニ而、性命之理を説くは程朱ニも軼き、公順自然之道に本き、経済之大本を建たるは、所謂王政にも勝り、合衆国英吉利等之制度文物は、彼堯舜官天下之意と、周召制典型は心ニも超へたりと相覚申候、――松岡隣宛ての手紙、一八六二年(46)

Overigens moet ik het gebied van wetenschappen bezochten, hetwelk Philosophie of wijsbegeerte geheeten wordt, maar toch van godsdienstige gevoelen, die de wet des Onzes Rijks niet toelaat te dulden, verschilt, hetgeen in de vroegere tijden, door Descartes, Locke, hegel, Kant enz is gestaafd. ――ホフマン宛ての手紙、一八六三年(47)

東土謂之儒、西洲謂之斐鹵蘇比、皆明天道而立人極、其実一也、――「開題門」一八七〇年(48)

Philosophy　φιλο 愛　　聖希天賢希聖士希賢
σοφια 賢　　周茂叔
希賢　　理学　　窮理学

pytagoras ニ始ルコト
sophist 是ヲ破ルコト
socrates 再ヒ取ルコト
定義　philosophy《哲学也者》 is《也》 the science《学》 of《上》 science《諸学》 ――「百学連環覚書」一八七〇年(49)

哲学ノ一種ニ美妙学《エッセチクク》ト云アリ、――「美妙学説」一八七二年推定(50)

哲学原語、英フィロソフィ、仏フィロソフィー、希臘ノフィロ愛スル者、ソフォス賢ト云義ヨリ伝来シ、愛賢者ノ義ニテ其学ヲフィロソフィト云フ、周茂叔ノ所謂ル士希賢ノ意ナリ、後世ノ習用ニテ専ラ理ヲ講スル学ヲ指ス、理学理論ナト訳スルヲ直訳トスレトモ、他ニ紛ルコト多キ為メニ今哲学ト訳シ東洲ノ儒学ニ分ツ
――「生性発蘊」一八七三年(51)

総箇様ナコトヲ参考シテ心理ニ徴シ、天道人道ヲ論明シテ、兼テ教ノ方法ヲ立ツルヲヒロソヒー、訳シテ哲学ト名ケ、西洋ニテモ古クヨリ論ノアルコトデゴザル、今百教ハ一致ナリト題目ヲ設ケテ、教ノコトヲ論ズルモ種類ヲ論ジタラバ此哲学ノ一種トモ云フベクシテ、仔細ハ若シ一ツノ教門ヲ奉ゼバ其教ヲ是トシ、他ノ教ヲ非トスルコト常ノ事ナルニ、百教ヲ概論シテ同一ノ旨ヲ論明セントニハ余程岡目ヨリ百教ヲ見下サネバナラヌコトデゴザル、故ニカヽル哲学上ノ論デハ物理モ心理モ兼ネ論ゼネバナラヌ事デゴザルガ、兼ネ論ズカラト云ツテ、混同シテ論ジテハナラヌデゴザル――『百一新論』一八七四年。[52]

これまで西周における philosophy から「哲学」への翻訳を論じた研究は、以上の史料からすべてを説明してきた。結論としては次の点が指摘された。①実際に当時の人々が「哲学」を目にしたのは一八七四年『百一新論』の刊行による。②『百一新論』が起草されたのは一八六七年であったので西が哲学という用語を用いたのは一八七四年より早い。③一八七〇年の私塾育英舎の講義録「百学連環」においても「哲学」を用いている。④当時漢訳としてもよく使われていた「理学」や「窮理学」を西は避けた、なぜなら朱子学的概念である「理」と区分するためだったと。

とくに四つ目の場合、「生性発蘊」に「理学理論ナト訳スルヲ直訳トスレトモ、他ニ紛ルコト多キ為メニ今哲学ト訳シ東洲ノ儒学ニ分ツ」と明示されている点が根拠として挙げられ、「儒学」との区別のために新たな用語を用いたと主張されてきたのであるが、それは史料の表面上の解読としては間違っていない。しかし、西は「生性発蘊」の文脈において儒学について何の解釈や説明も行っていないことに注意されたい。というのは、以上のような解読は、「宋学の理に対する反感」が前提であるかのように捉える視点を取っているからだ。[53] このような議論を乗り越えるため、本節では西の「尚白劄記」（一八七二年起稿推定、一八八四年）に注目したい。この文章は、様々な意味の層位をもつ「理」の「差異を認識しない朱子学」を批判したものとして捉えられてきた[54]。しかし、「尚白劄記」の全体的な内容からみると、そのような評価は再考の余地があるように思われる。

西が「尚白劄記」においてまず述べているのは、「学術上の統一」というものである。「凡ソ百科の学術に於ては統一の観有る事緊要たる可し、学術上に於て統一の観立ては人間の事業も緒に就き、社会の秩序も自ら定まる」[55]。かれはここで、学術上の統一観を立てることができれば社会も安定するといい、学問と社会との安定的な関係を論じている。ところが、このような目的からすると、未だに「生理と性理との相連結するの理趣を講明して発見し得る」に足りていないと自分を責めつつ、儒学的「理」概念を振り返っているのが、まさに「尚白劄記」である。

> 墺居斯多・坤度嘗て五学の模範を著はし、天上理学（天文学）、地上理学（格物学、化学）、生体学（バイオロジー）社会学（ソシオロジー）と為す、是現象の尤概通単純なる者より尤特別組織せる者まで、其理法の度に準して定めたる者なれは、近世の諸名家も亦之を取れりと見ゆ、然れとも余は未夕其生理と性理との相連結するの理趣を講明して発見し得るの力に乏しけれは、姑く心理と物理とを両種と為して之を説き、唯事業上に就きて其統轄隷属する関係を説かんと為（す）[56]。

以上の引用文から、西が文頭で述べる「学術上の統一観」というのが、オーギュスト・コントの理論から借用したものであることがわかる。学問をそれぞれの領域で区画する考えを拒否し、理法の組織程度によって天文学から社会学へ発展するものとして学問を捉える理解は興味深い。以下、多少長い引用文ではあるが、かれの「理」

概念の用い方に注目してみよう。

> 是理と言ふ辞の定義、即理の本体なる者は如何と言ふ事也、其字は支那の古来よりの字にて、儒書は皆理を論したる者也、中にも……、元来説文の治玉の義にて、其レより脉理、條理、滕理、文理等に転し、其組織の整然條理有りて紊れさる事を指したる者なるを、又一転して道理と云ふ尋常の観念を徴する語と成り、今は此一字なれは専ら此観念を示すなり、本邦の語にては「コトワリ」と訓す……又「ハヅ」と言有り……[57]。
>
> 然《サ》て理と云ふ辞、欧言にては的訳を見す、其故にや、本邦従来の儒家は「西人未曾知理」と「此語山陽先生の書後題跋に見ゆと覚ゆ、勿論当時は欧の学未開けさる故なり」云へりと見ゆれと、是理を知らさるには非らす、指す所異なる也、蓋シ欧洲近来の習にては、理を二つに言ひ分けたり、例すれは英語の「レーズン」「ラウ・オフ・ネチュール」……「レーズン」は泛用にて道理と訳し、局用にて理性と訳す、……理性と道理と云ふ字義の内には、天理天道なと云ふ意は含まぬ事と知る可し、然《サ》て一方の「ネチュラル・ラウ」と云ふは理法と訳す、直訳すれは天然法律の義なり、……人事に関せさる者を指し……客観に属する者なり、此外に又「フリンシプル」……原始の義にて元理と訳する辞有り、又主義なととも訳し、何にても本つく所を指せは、必理のみにも非れとも、理の時は例すれは仁とか義とか云ふ如き、元始と立つる現象を指す也、又此外に「アイデア」……此語本見ルと云フ語の変化にて、照影照像の義よりして、何にても物体の印象の心に留存する者を指すを本義と為し……此語は今観念と訳す、是は理の字と余り関渉無き様に見ゆれと、深く宋儒の指す理と同一趣の理を徴する語と成れり[58]。

興味深いのはここで西は、reasonなどの西洋語を翻訳しているのではなく、逆に「理」を翻訳しているということである。つまり、「理」が西洋の概念に当てられるといいながら「理」そのものを様々な概念に引き替えているのである。イメージとして次のように描くことはできないだろうか。膨大な註解書から引き離され、いわば水平線上のあちこちから産出される「理」。それが新たな翻訳を容易にする。

この「尚白劄記」は、翻訳が抱えている瞬間的、あるいは非歴史的なイメージを今日の私たちに鮮明なメッセージとして投げかけている[59]。朱子学的「理」概念の批判が目的であったといってしまえば、西は「理」の歴史性に止まったことになる。しかし「尚白劄記」において西が行っているのは「理」の廃棄ではなく、「理」から外部を呼び出し、それをまた「理」に引き替え、引き替えられた「理」によって既存のものを分割する作業であった。

このように「理」を再三問いつつ、外部の概念に「理」を当てて翻訳語を創り出す作業が行われていた限り、「"philosophy"だけは特別であった」と主張するのは妥当ではないと思われる[60]。「欧人」の「理と指す」ものが「一層緻密也」と述べているように、西は「理」という概念を前提にすることでしか西洋の概念を理解しえなかったのである。また、「其他知らざる所の理固より多し、其自ら知の至らさるを以て之を理外と為、之を事実に合せさる者なりと云ふは是理の至らさるに非らすして、我か至らさるなり、吾人固より理の一端を知れとも其全体を知る事能はさる事有り、仮令へは宇宙の如き」と述べているように[61]、かれにおいて「理」は、少なくとも翻訳を行う前の段階では、未だ規定されない全体性を有する概念として存在した。その意味で、西がしばしば挙げる「学術上に於て統一の観」の樹立という課題は、むしろかれの「理」理解と深く関わったものだったかもしれない[62]。そして、西洋概念の漢字語への翻訳とは、学術統一という命題と層を異にする、より現実的な作業――「尚白劄記」で行った「理」を西洋語に翻訳するような作業――として据えられていたのである。

5　既存のものの変異と解体

すでに挙げたように、philosophy は「百学連環」において「philosophy　φιλο 愛　聖希天賢希聖士希賢／σοφια 賢　周茂叔／希賢　理学　窮理学」という痕跡を経て「哲学也者」と、ルビを振った形で「哲学」になっていった。周敦頤を参照にしつつ「希賢」としたのが、また「窮理学」を伴いながらなぜ最後には「哲学」になったのかを、推し量ることは難しい。「希」から連想される哲学の源であるギリシャや、おそらく西も読んだであろう「説文」の「哲」の意味など、その間に想像されるすべての仮説は結局憶測になるので、ここでは取り扱わない。そのかわりに本章で試みたのは、西が既存の「性」や「理」を、どのように断ち割り、外部の何を包摂しているのか、そして、それをいかに記録しているのかを追跡することであった。このような作業なしには新たな名詞を用いることは不可能であっただろうし、既存のものを分割する作業を通じて翻訳語の創出も可能だったはずである。

また、本章では、philosophy が「哲学」に翻訳される様態を、以前の「（近世帝国的な）帝国」のなかで共有されていた諸概念が変異・解体していく過程として考察しようとした[63]。西周の「哲学」翻訳を、時期的に異なるいくつかの場面を踏まえながら考察したのは、そのためであった。すなわち、かれが「natuuregt」を「性法」に翻訳したり、「理」を西洋の概念に置き換えたりするなど、既存の「性」や「理」が新たな文脈で呼び出されていることは、新たな概念の創出にもつながっていくと考えられる。

西はその後、「生性発蘊」において本格的に西洋哲学史を叙述していく。それは、ルイス（G. H. Lewes, 1817～1878）の *A Biographical History Of Philosophy*（1845～1853）の編訳であった。そこで西は、既存の言葉で記せない様々な層位の概念に直面し、それを翻訳するに当たっては再び「人ノ性」という言葉を主語の場所に置くという方法を用いている。たとえば、イギリスの経験主義者と呼ばれるロックの有名な tabula rasa という説は「人ノ性ハ猶白紙ノ如シ」のように記される。これについての具体的な検討は次章で行うことにする。

注

（1）大久保利謙「西周の軍部論——軍部成立の思想史裏づけ」（『日本歴史』第四五号、一九五二年）、梅溪昇「近代日本軍隊の性格形成と西周」（『人文学報』京都大学人文科学研究所、第四号、一九五四年）、「軍人勅諭の成立と西周の憲法草案（一）」（『史林』第三八巻第一号、一九五五年）。

（2）既存の「漢字文化圏」という言葉に関する問題については、齋藤希史『漢字世界の地平——私たちにとって文字とは何か』新潮社、二〇一四年、九～一二頁を参照。

（3）同上、一九四頁。

（4）金杭『말하는 입과 먹는 입（語る口と食う口）』새물결、二〇〇九年、一三頁。なお、以下、韓国語文献の引用は筆者の翻訳による。

（5）ジョルジョ・アガンベンは『言語の聖事——誓約の考古学』において「誓約・誓い」の起源を、既存の解釈つまり、呪術や宗教の領域から誓約の起源を求めるパラダイムを否定し、歴史的記録つまり、古代法と聖書に現れる実定的力の分析を通じて分析する。その過程で明らかになるのは、誓約／誓いが呪術や宗教から出たという結論ではなく、逆に宗教や法、科学（学問と論理）が誓約／誓いから胚胎される形である（Giorgio Agamben, *The sacrament of language*, Translated by Adam Kotsko, Polity Press, 2010, p.62）。本文中の「nuncupare」の辞典的意味は「nuncupo　1．宣言する．2．指名する．3．宣誓する．4．名前を呼ぶ，呼びかける．5．名付ける，称する．」である（水谷智洋『LEXICON LATINO-JAPONICUM Editio Emendata』研究社、二〇〇九年、四一三頁）。

（6）西周「西家譜略（自叙伝）」大久保利謙編『西周全集』第三巻、宗高書房、一九六〇年、七三四～七三八頁。

（7）現在、次の文書より「五科教授」の内容が推測できる。まず西周に関しては「西周文書」に「記五科授業之略」「性法万国公法国法制産学政表口訣」、「西家譜略」のなかに収録されている「五科口訣紀略」、刊行本に『性法略』（神田孝平、一八七一年）『性法説約』（一八七九年）『万国公法』（一八六八年）がある。また、津田真道に関しては「津田真道文書」に「泰西法学要領」「表紀論略」「西洋承認手引艸序論」「尼達蘭国法政令手引草」、刊行本として『泰西国法論』（一八六八年）『表紀提綱』（一八七四年）がある。

（8）「記五科授業之略」「西周文書」リール3、国立国会図書館憲政資料室所蔵。

（9）これは「五科学習に関するフィッセリングの覚書」という題目で『津田真道全集』上巻（九一～九二頁）および『西周全集』第二巻（大久保利謙編、宗高書房、一九六二年、一四二～一四五頁）に収録されているが、オランダ語そのままを翻訳すると「西周助と津田真道に送る授業に関するメモ」くらいになる（本文のオランダ語の引用は、綴りに少し誤りがあるとみられる『西周全集』を避けて『津田真道全集』下巻、七一四頁によった）。また、このメモで宛名は「Tsoeda Sin Itirauren Nisi Siursoeke」となっているが、オランダに到着した直後、西と津田がホフマン宛てに書いたオランダ語の手紙では自分らを「TSOEDA SINNITSI ROO／NISI SIOE SOEKE」と表記している（G. Vissering. *De troonsbestijging van den keizer van Japan : de relatiën in ouden tijd tot Japan*（*Herinneringen uit het archief van mijn Vader*）, 1928, p.3）。

（10）大久保利謙編『西周全集』第二巻、宗高書房、一九六二年、一四四頁の「第四図」七〇四頁の活字体を参照。しかし本頁の活字体は「Staatshui-shoudkunde」となっているが、「第四図」の「Staathuishoudkunde」の誤りと思われる。

（11）同上、一四三頁。

（12）「記五科授業之略」前掲「西周文書」コマ番号220。

（13）実際に西と津田が帰国するに当たり、フィッセリングが書いた別れの手紙には次のようなくだりがある。「……私にヨーロッパの政治学を学ぶために当地に渡航した二人の日本人学生にヨーロッパの政治学の教授をしてほしいとの依頼があった時、私はそれを承知しましたが、大いに躊躇しました。私はその際多くの困難と戦わねばならないことを予想しました。すなわち学生諸君が私の話す言葉に未熟であること、学生諸君がヨーロッパ諸国民についてこれ迄教わってきた概念及び考え方の相違が甚だしいこと及びわれわれ相互がその他の点でも理解し合うことができるであろうか、ということ等であります（一八六五年一一月二八日付）」（前掲、G. Vissering, 1928, pp. 10-11. 訳文は沼田次郎「ライデンにおける西周と津田真道」『東洋大学大学院紀要（創設三十周年記念号）』第一九集、一九八二年、二二九頁）。

(14)『国史大辞典』一〇、吉川弘文館、一九八九年、八四三頁。

(15)西周「西家譜略」前掲『西周全集』第三巻、七三七頁。

(16)森鴎外「西周伝」（一八九八年）『鴎外歴史文学集』第一巻、岩波書店、一九九九年、四六〜四七頁。

(17)同上、四八頁。

(18)同上、四九頁。

(19)藤田覚『幕末から維新へ』岩波新書、二〇一五年、一〇二頁。

(20)引用は、同上、一〇二〜一一〇頁。幕末期における昌平黌学問所の対外認識に関しては、眞壁仁『徳川後期の学問と政治』（名古屋大学出版会、二〇〇七年）第一部第三章、第二・三部、奈良勝司『明治維新と世界認識体系』（有志舎、二〇一〇年）、第一部第一・二章を参照した。

(21)フィッセリングのメモに現れる「五科」の内容で「regt (recht)」とは、「まっすぐな、直線の、直立した、正常な、まともな、正しい、適切な、しかるべき、当を得た、正当な、公正な」という意味を持つ形容詞から派生した名詞「recht」として、「正しさ、正義、法、法律、司法、権利、税」までの意味を含む（『講談社オランダ語辞典』講談社、一九九四年、六四五頁を参照）。

(22)「性法」という用語は恵頓撰・丁韙良等訳・開成所版翻刻『万国公法』（一八六五年）が初出である。「第一章　第四節　公法性法猶有レ所レ別　虎哥以《オモフニ》二公法与一二性法、有レ所二区別一、蓋出於二共議一、而為三各国所二共服一也、彼言余論二此公法一、曾引二諸国之道理、史鑑詩篇一以証レ之、非レ言三皆足二以為レ憑、蓋有間不レ免二陋狭偏曲者一、然世代遙遠、邦国相隔而皆同レ意同レ言、必有レ故焉其故無レ他、或天理之自然、或諸国之公議、一則為二性法、一則為二公

法也、」（京都崇実館存板、第一巻、巻一の二頁）「Grotius distinguished the law of nations from the natural law by the different nature of its origin and obligation, which he attributed to the general consent of nations. In the introduction to his great work, he says, "I have used in favour of this law, the testimony of philosophers, historians, poets, and even of orators; not that they are indiscriminately to be relied on as impartial authority ; since they often bend to the prejudices of their respective sects, the nature of their argument, or the interest of their cause ; but because where many minds of different ages and countries concur in the same sentiment, it must be referred to some general cause. In the subject now in question, this cause must be either a just deduction from the principles of natural justice, or universal consent. The first discovers to us the natural law, the second the law of nations……"」(Henry Wheaton, *Elements of International Law*, Second English Edition, LONDON :STEVENS & SONS, 119, CHANCERY LANE, 1880, pp.4-5.)

(23)「其外他書ノ名ヲ出セルハ皆未タ訳書ノミニアルモノニ非ス、中ニモ性法説約ハ続キテ梓ニモ彫ハメ世ニモ公ケニナシヌヘシ」「万国公法」凡例、同上、八頁。

(24) 金子一郎「『性法説約』の発見」『日本古書通信』第三四巻第二号、一九六九年、二～三頁。

(25) 神田孝平「性法略」前掲『西周全集』第二巻、一〇三頁。

(26) 明治以来法思想史を論述する長尾龍一も、西と津田が学んだフィッセリングの自然法講義は「古典的グロティウス的自然法論」であったと述べている。かれによるとそれは、人間が「相互依存的存在であるところに法の淵源を求め」るものであり、「『他人の自由を害さない限り各人は自由である』とする」「英国流の自由主義思想」と「理想主義的国際法肯定論」を反映するものであった（長尾龍一『日本法思想史研究』創文社、一九八一年、九～一〇頁）。

(27) 大久保健晴『近代日本の政治構想とオランダ』東京大学出版会、二〇一〇年。

(28) 同上、三六～四〇頁。

(29) 同上、三六頁。

(30) 同上、三七頁。

(31) 同上、三九頁。
(32) 西周訳『性法説約』近代デジタルライブラリー所蔵、一八七九年、一頁。なお、以下、オランダ語の引用は、大久保利謙編『幕末和蘭留学関係史料集成』（雄松堂書店、一九八二年）の巻末から始まる「五科学習関係蘭文編」により、頁数は省略する。
(33) 同上、一頁。
(34) 同上、五～六頁。
(35) 同上、六～一〇頁。
(36) 同上、一五頁。
(37) 同上、一六頁。
(38) 同上、二頁。
(39) 同上、七頁。
(40) 戦国時代以来、中国の性説が「人間が生まれつきもっている本性」の「善悪の範疇」に結びつけて議論されてきた歴史については、溝口雄三他『中国思想文化事典』（東京大学出版会、二〇〇一年、六六～七五頁）を参照した。
(41) J. C. Hepburn, *Japanese and English Dictionary; with an English and Japanese index*, American Presbyterian Mission Press, 1867, p.197.
(42) 同上、An index, p.93.
(43) 福澤諭吉「西洋事情二編　巻之二」『福澤諭吉全集』第一巻、岩波書店、一九五八年、四八五～四八八頁、四九五頁。
(44) たとえば末木文美士は、「では、なぜ『哲学は日本にはじまる』などと言い出すかといえば、種明かしをすれば簡単なことだ。フィロソフィー（ヒロソヒー）は確かに欧米の言葉だろうが、訳語の『哲学』は西周の造語であり、日本で、それも明治に作られた言葉だ、ということだ」といいつつ「このように考える利点」として「西洋中心主義を脱することができる」「『哲学』はむしろ若い学問として、これから未来へ向けて構築し、発展していく可能性に満ちている」と述べる（末木文美士『哲学の現場』トランスビュー、二〇一二年、四、一三頁）。

(45) 代表的なものを挙げると次の通りである。桑木厳翼「西周の百一新論」（一九四〇年）「西周の哲学――明治初期の哲学的傾向」（一九四二年）（『日本哲学の黎明期――西周の「百一新論」と明治の哲学界』書肆心水、二〇〇八年）、蓮沼啓介「西周に於ける哲学の成立」（『西周に於ける哲学の成立』有斐閣、一九八七年）、藤田正勝「日本における『哲学』の受容」（『岩波講座　哲学14　哲学史の哲学』岩波書店、二〇〇九年）、菅原光「補論1『哲学』の発明」（『西周の政治思想――規律・功利・信』ぺりかん社、二〇〇九年）、金成根「明治日本에서 '哲学' 이라는 用語의 誕生과 定着――西周의 '儒学' 과 'philosophy' 를中心으로」（『東西哲学研究』第五九号、韓国東西哲学会、二〇一一年）、前掲、末木『哲学の現場』。

(46) 西周「西洋哲学に対する関心を述べた松岡鏻《（ママ）》治郎宛の書翰」前掲『西周全集』第一巻、八頁。

(47) 前掲、G. Vissering, 1928, p.7.

(48) 西周「開題門」前掲『西周全集』第一巻、一九頁。

(49) 西周「百学連環覚書」大久保利謙編『西周全集』第四巻、宗高書房、一九八一年、四一三～四一四頁。

(50) 西周「美妙学説」大久保利謙編『西周全集』第一巻、宗高書房、一九六〇年、四七七頁。

(51) 西周「生性発蘊」同上、三一頁。

(52) 西周「百一新論」同上、二八九頁。

(53) 前掲、金「明治日本에서 '哲学' 이라는 用語의 誕生과 定着」三七六頁。

(54) 前掲、菅原「補論1『哲学』の発明」一九八頁。

(55) 西周「尚白劄記」前掲『西周全集』第一巻、一六五頁。

(56) 同上、一六七頁。

(57) 同上、一六七～一六八頁。

(58) 同上、一六九～一七〇頁。

(59) 人間の言語形成における非歴史的イメージについては、ヴァルター・ベンヤミンの「非感性的類似性」という概念を参照されたい（浅井健二郎編訳『ベンヤミン・コレクション二』筑摩書房、一九九六年、七八〜八〇頁）。
（60）前掲、菅原「補論1『哲学』の発明」二〇〇頁。
（61）西周「尚白劄記」前掲『西周全集』第一巻、一七一頁。
（62）『百一新論』では「先生には平素より百教一致という説をご主張なさると承りましたが、実にさようでござるか」という問いに対して直ちに次のように答えている。「……いかにも一致のように存ぜらるるゆえ、朋友と話のついでにさることまで論じたことがござる」（西周「百一新論」『日本の名著　三四』七一頁）。
（63）桂島宣弘「東アジアの近代と『翻訳』」『自他認識の思想史――日本ナショナリズムの生成と東アジア』有志舎、二〇〇八年、一三八頁。

第三章　西洋哲学史を通じての性理の横断
——西周の「生性発蘊」（一八七三年）を読む

1　受容史を超えて

西の「生性発蘊」という文章は、「哲学」という概念の創出に関心がある人ならば、聞いたことがあるだろう。「哲学原語、（中略）希臘ノフィロ愛スル者、ソフォス賢ト云義ヨリ伝来シ、愛賢者ノ義ニテ其学ヲフィロソフィト云フ、周茂叔ノ所謂ル士希賢ノ意ナリ、後世ノ習用ニテ専ラ理ヲ講スル学ヲ指ス、理学理論ナト訳スルヲ直訳トスレトモ、他ニ紛ルヿ多キ爲メニ今哲学ト訳シ東洲ノ儒学ニ分ツ」と、[1]「哲学」の原意を解き、それを「哲学」と訳した理由について註釈を付けたこの部分が何度も取りあげられてきた。これを最初に活字化した麻生義輝は、ルイスが書いたコント哲学の概説を西が部分翻訳していることから、「生性発蘊」を「コント研究」と位置づけた。[2]その後、西周全集の編纂に努めた大久保利謙も麻生の説を受けた上で、「哲学の性質を論じ、さらに西洋哲学史を概説し、最後に……コント哲学を自己の立場とする」と述べ、「全編コント哲学の解説に終始している」と結論づける[3]。

このような位置づけを受け、さらに「コントの人間性論」が西の「生性発蘊」にどのように展開されたかを詳細に分析した小泉仰まで[4]、「生性発蘊」に関しては、コント哲学の概説という位置づけがなされてきたといえる。だが、ある特定思想の受容という側面から西周を評価する以上のようなあり方は、当時の時代的背景と何らかのずれを感じさせる。

一方、「啓蒙思想家か、軍事主義の創始者か」という二人の西周像を止揚しつつ「平民社会論」として西周を政治思想史上に位置づけた菅原光や、西の「百学連環」をこまめに連載し、単行本として出した山本貴光まで、近年の西周研究では、特定思想家の概論的紹介や翻訳語の創出という評価を超えて、西固有の文脈を、明治初期の新たな社会形成といった当時の課題と結びつける。菅原がすでに指摘したように、丸山真男の『日本政治思想史研究』以来の、軍の整備に関与した官僚学者としての側面から「近代的啓蒙知識人」という西周像を摘出するような意図は、二〇〇〇年代以来もはや意味を持たなくなったといえる。また、井上厚史も強調するように、儒者としての行為が、とくに当時の社会的・政治的背景のもとで、ある特定分野だけに限定した形で芽生えたとは想像しがたい[5]。また、西の思想遍歴で述べた幕末期における藩校教育体制の変化、なかんずく文武を共に重視し、漢学および洋学と国学を平行させ、「忠」に至らせる教育への変化から考えても、ある特定思想家や学問分野に閉じ込める評価は止揚すべきであろう。この意味で、西周の「生性発蘊」は丁寧に読まれたことがないように思われる。西が「生性発蘊」を綴っていく過程で西洋哲学を勉強した痕跡が、結局はコント実証主義の受容として締めくくられてきたのではなかろうか。

それでは、なぜ「生性発蘊」なのか。西は「哲学」という言葉を作ったことで知られるが、かれが何もない虚空からそれを受け入れて自分のものにしたはずがない。つまり、西洋哲学史という素材の問題がある。柴田隆行は、近代日本における西洋哲学研究が、主に「社会から隔離された大学」での「哲学史」を中心に行われたと指摘する。[6]柴田が述べる通り、「西洋哲学史」という科目は、日本において「哲学科」という近代的学制が始まった時から大学講義科目として始まっており、一八七七年の東京大学文学部の開設時の「哲学史」という科目はそれを物語る。三宅雄二郎は次のように回顧する。まもなく「米国からフェノロサが来たり、デカートからヘーゲル迄を簡単に説いた。簡単ではあつたけれど、寧ろ簡単であつたが為め、学生を刺戟し、哲学とは斯う云ふものであるとて、前の窮理関係より全く脱出するやうになつた」。[7]また、哲学史科目のみならず、哲学担当教官たちの用いる教科書や学生の参考書もシュヴェーグラーなどの哲学史であった。[8]そして、一八八〇年代以後、「西洋哲学史への関心」から洋書の編訳とその出版が活発に行われたことについては、船山信一が指摘する通りである。[9]

西周の「生性発蘊」は、西洋哲学史関連書物が講壇哲学において早い時期から教科書として使われたのと同様に、西が何を通して西洋哲学を学んだのかが窺える。したがって西周が「生性発蘊」を書く際に基にした原書とそれを巡る思想的潮流をみることで、近代日本の最初段階における西洋哲学の特殊性が読み取られる。一方、「生性発蘊」を通して講壇哲学としての西洋哲学史とは明確に異なる性質も看過できない。たとえば、当初、東京大学の外山正一やフェノロサ、クーパーなどの外国人教師が教えた西洋哲学史は英訳のものであった。それに対し、西周の「生性発蘊」は、翻訳不可能な西洋哲学者の名前と蘭学の学習方法、そして、当時の文体や「性理」という既存の概念などが表記上混ざり合っている。西は当時としてまだ解決済みではない様々な問題を抱いたまま記録を続けた。それには、かれが目指した理想があったはずであり、その意味で「生性発蘊」を単なる翻訳や受容と見なすことはできない。このような問題意識のもとで、本章では、明治日本における西洋哲学史の系譜のなかに西周を位置づけると同時に、今日における西洋哲学史教育、ひいては教養主義を振り返ってみるという目的から、[10]その系譜とは明確に区分されるべき西の実践という側面を追うことにする。

2 「普通学」という概念の当時における用法

明治日本において一定のまとまりをもつ西洋哲学史の叙述をなした最初の人が西周であることは間違いない。それを示す史料として、「生性発蘊」以外に、「西洋哲学史の講案断片」(一八六二年推定)と「百学連環」(一八七〇年)がある。本節では、西周の西洋哲学史関連文章を概観した後、西が「哲学の歴史」をどう位置づけているのかを捉えておくために、まず「普通学」という概念について確認しておく。

一八六二年に書かれたとされる「西洋哲学史の講案断片」は、柴田が述べる通り、古代ギリシャ哲学者の紹介と、「此世には其耶蘇の道盛なりし程に、希哲学も耶蘇教も混雑」している状況を正す問題意識のもとで両者の差を説く途中で終わっている。[11] その後、「History of philosophy」に関する文章は、一八七〇年の「百学連環」にみられる。

「百学連環」に関しては、戦前、大久保利謙による西周全集編纂の頃から注目され、一九四三年には大久保によって「百学連環」を主題にした論文が出される。[12] また、近年、山本貴光によって「総論」を中心とした歴史的背景と関連情報が分かりやすく紹介された。[13] 西が「百学連環」の冒頭で述べたように、この文章は「百般の学科を挙て記載する」西洋の Encyclopedia に倣い、様々な「学域」の相関関係を説くものとして、「哲学」に関するかれの位置づけが窺える。したがって本節では、「普通学」と「殊別学」という「学域」の大別のなかで「哲学の歴史」がいかなる意義をもつのかを確認しておく。

「普通学」という西の概念については「百学連環」に述べてある通り、「一理の万事に係はる」学術で「common」

の訳語として理解できる。注意すべきことは、この概念における当時の用法である。幕末維新期の教育史に眼を向けると、この「普通学」あるいは「普通ノ学科」という概念は、一八七二（明治五）年学制以前から諸藩における教育改革の過程にみられる。熊澤が指摘する通り、学制以前においては、政府の一八六九年および一八七〇年の布達、そして諸藩における意味合いを一定した定義でまとめることはできないが、「寺子屋的な読書算の教育」を聯想させる「初等普通教育」か、「専門的な人材育成の基礎過程」を指すかに大別できよう。[14] それが一八七二年の学制段階に来ると、「小学校を『教育ノ初級ニシテ、人民一般、必ス学ハスンハアルヘカラサルモノ』、中学校を『小学ヲ経タル生徒ニ、普通ノ学科ヲ教ル所』、大学を『高尚ノ諸学ヲ教ル、専門科ノ学校ナリ』と位置づけ、体系的な学科編成を行った」。[15]

一方、熊澤は、「『学制』以前の教育に全国的に影響力を及ぼした」「静岡藩の沼津兵学校」における「専門基礎教育」について述べつつ、[16] それを支えた西周の「普通学」概念についても適切に指摘している。[17] 要点だけ押さえておくと、育英舎で講じられた「百学連環」において西は、「『天性』を重視した儒教的思想を基礎に西洋の学問とブルジョア的政治理論を展開しており」、「文明社会を支える新興勢力を commoner に置き換え、将来的にそのような市民社会を担う人材育成に必要な一般教養を common science と結びつけた」。[18] この指摘は重要である。明治五年学制で人民普通の教育を明文化したとはいえ、まだ国民教育までは至らなかった当時において、西が「百学連環」の「普通学」で見せたのは、「近代国家を支える市民としての一般教養」という理想像であった。[19] それが幕末維新期の諸藩における教育の改革とも連動していたのである。

以上の「普通学」における当時の用法を視野に入れればどうだろう。西が「百学連環」で記録した「History of philosophy」は、東京大学創立以来の学科目名として一括りとなった「西洋哲学史」ではない。かれは、その原語の横に「希臘以来諸日新ノ]」と書き添えている。[20] ギリシャ以来「日新する」ものつまり、哲学の日新する歴史を、「哲学の歴史」から学ぼうとしたのではなかろうか。

以下、「普通学」のもつ当時の用法に加えて、西周における「普通学」の意味、そして「哲学」という「殊別学」の普通原理をもう少し探っておこう。

3　新たな学問の在り方を模索する――「百学連環」における「哲学の歴史」

西の口述を筆記した永見のノートにおいても哲学史の訓読は、「History of philosophy《歴史之哲学》」つまり「哲学の歴史」である。ここでは「哲学の歴史」という表記で話を進めていこう。

まず、この「哲学の歴史」という部分までの文脈を簡単に追っておこう。

「百学連環」において西は「学術に二ツ性質あり」とし、[21]「歴史」「地理学」「文章学」「数学」を含む「普通学《Common Science》」と、「神理学」「哲学」などの「心理上学《Intellectual Science》」及び「格物学」「天文学」などの「物理上学《Physical Science》」を合わせる「殊別学《Particular Science》」に分けてそれぞれの原語の説明を行う。この分類からすると「哲学の歴史」は、殊別学である哲学と、普通学としての歴史が合わせられた概念としてある。つまり、西の「哲学の歴史」に関する諸文章は、与えられたテキストの翻訳や受容とは異なる、西洋の哲学を学問する過程で生じたものである。西の「普通学」としての「歴史」がその必須要素であり、その上に西のいう「哲学の歴史」があるのだ。順にみてみる。

「歴史」が「万事に係はる」「一理」として「学問に普通（共通）の性質を備え」る「普通学」である理由は次の通りである。[22]「『歴史』は、古来の出来事を挙げて書き記す。これはいわゆる「温故知新」の道理にかなっている。だから『普通』なのである。学者は、いやしくも現在について知りたいと思えば、その前に過去について考え、知らなければならない」[23]。これは「哲学」においても適用される。哲学の「現在を知ろうと思えば、過去を知る必要がある。学問とは、もとより過去を知り、現在を知り、彼を知り、己を知る必要があるものだ」。「哲学の歴史」の場合はこの規程がいかに現れているのか。

次節でみる「生性発蘊」を含め、この「百学連環」における「哲学の歴史」が、教養の手段あるいは教科目としての西洋哲学史とは異なる特徴をもつ理由は、「哲学の歴史」が、「現在の哲学」を知るために経なければならないものとなっているからである。それでは、西のいう「哲学の歴史」とは何か。

「ヒロソヒー」の分類とそれぞれの説明を行う「百学連環」「第二編」の「心理上学」「第二 Philosophy 哲学」において、その分類は「第一 Logic《致知学》 第二 Psychology《性理学》 第三 Ontology《理体学》 第四 Ethics《名教学》 第五 Political Philosophy《政理学ノ》（或はLaw Philosophyとも言へり） 第六 Aesthetics《佳趣論》」となっている。そして、それに続いて、七番目が「哲学の歴史」、最後には「Positive Philosophy《実理上哲学》」が来る[24]。「現在の哲学」というのは、他でもなくこの「実理上の哲学」であり、そのすぐ前に配置される「哲学の歴史」とは、「ヲーコスト（Auguste comte：筆者注）より初て実理上の学に至」るまでの、つまり「次第に開け次第に新たなるに及」んだ、「現代の哲学」までの歴史なのだ。

> History of Philosophy《歴史之哲学》. 此史は太古より西洲の高名なる哲学者を挙て記せしものなり。此哲学は東洲の儒学と称するものにて、此儒学の根元は鄒魯とす。其鄒魯より以来学者たるもの其孔孟の学派を連綿と相続し来りて、更に変革することなしと雖も、西洲の学者の如きは太古より連綿其学を受るといへとも、各々の発明に依て、前の学者の説を討ち滅し《ケ》唯夕動かすへからさるのことのミ《ママ》を採るか故に、次第に開け次第に新たなるに及へり[25]。

そして、「西洋哲学の起源は希臘の雅典とし、其源は天竺より入り来るものと考へなせり」と、西洋哲学の起源はギリシャのアテネであることを述べ、その「第一学者」かつ「西洋哲学の元祖」としての「Ionie School（ママ）」の「Thales《+640》」を始め、それぞれの「賢哲」が「学の源」をどこに置いたかを中心に説明していく。それは、「彼観」から「此観」へ進行した「性理」の説き方と、最終的には「実理上の学」に至る歴史である。注意しなければならないのは、この場合の西洋とは、相対的な他者としての西洋ではないことである。だから、翻訳だといえば誤解を招いてしまう。(26)

漢土朱子の考へには、太古堯舜の時代より真理に就て学ひしものとなせり。然れともさにあらす、ミ《ママ》な彼観に就きて学問なり。唯孔子に至りては此観に就て性理を説きしものなり。徂徠の説に孔子も彼観なりと言へるは誤りにて、此観なること明かなり。後楊雄且ツ唐の韓柳の輩は此観に就くものなるへし。……朱子の時代に陸象山なる人あり。その後ちに陽明あり。独知より入るものにて朱子の如きよりも実地の学問なり。漢儒も西洋の如く改革なすときは、最も卓絶のなるへし。(27)

「東洲」も、「彼観」から真理を求めた堯舜から「此観に就て性理を説」くに至り、陽明は朱子とは違って「実地の学問」を唱えた。そして、西洋のような改革をなす方法として西は「八ヶ条」を挙げ、「右八ヶ条を改革し具備するときは必らす西洋に劣らさるへし」と述べる。「法律」のみならず、「歴史」や「文典」などの「改革」を訴える「八ヶ条」の内容からみれば、それは、学問をなす者が、もはや統治上の「改革」に「有用な存在」とならねばならないという切実な自己確認および課題設定を反映するものだといえる。(28)西洋哲学史の文献に没頭する西の姿も、このような文脈から捉えなければならない。そして、このように「百学連環」を、現在を正すための新たな学問の在り方としてみるならば、それが講義された私塾「育英舎」がもつ時代的意味も明らかになってくる。

西の「百学連環」が講じられた私塾「育英舎」は、幕末維新期における各藩の教育改革とそれによる人的関係のなかから生まれ、若者達の新たな進路が決まる過程で解散した。「育英舎」は、一八七〇年一〇月、西の上京に同行した永見裕（一八三九～一九〇二年）を含める福井藩士のために設けられたとされる[29]。とくに永見と西の関係は、西がオランダから帰った後に慶喜と京都へ赴いた一八六七（慶応三）年二月から始まっている[30]。最初は木村宗三という人の洋学塾の後を西が引き受けることにより、そこに「五百人」ほどの「会津、桑名、津、福井、備中の松山等の藩士」が集まったというが[31]、事実の確認はできない。永見については福井藩の「他国修行」による遊学で「慶応三年四月英学修行、上京」とあるので、藩の遊学制度によって西に師事したことがわかる[32]。同年一二月に西が慶喜に従って大坂へと居所を移した時、かれが持っていくことができなかった書物や衣服を整理したのも永見であった[33]。このように西周と永見の関係には、当時福井藩における教育の飛躍的な発展を遂げた第一六藩主松平春嶽と、かれによる藩校明新館の教育改革という背景が存在する[34]。永見自身が筆録した「百学連環」は、後に春嶽にも渡されている。一方、借家で皆が生活をともにした「育英舎」は、一八七三年頃に塾生が徐々に去っていくにつれ、自然に門を閉じる[35]。

ある概念が西周によって最初に作られたかどうか、そしてそれが「近代日本語」の定着とどう関連するのかという課題も無論大きな問題であろう。だが、以上でみたように、「哲学の歴史」を支える「百学連環」の文脈と、それをめぐる幕末維新期における諸藩の教育改革という背景をみるならば、結果として項目化された思想や概念の過去を探るよりは、西の文章およびそれをめぐる背景に少し慎重になる必要があるのではなかろうか。そう考えると、今日に通用する概念よりもむしろ今日とは異なる文体や概念の使い方のほうが気になってくる。

概念については後で詳述するが、まずは井上の指摘が挙げられよう。つまり、西が洋書を読み、新しい概念を生みだした背景には「否定するにせよ肯定するにせよ、今日の私達が想像する以上に儒教」の「概念的枠組み」が存在したという指摘である。[36] また、文体に関しては、西の筆記である「百学連環覚書」と「百学連環」を合わせてみれば、その多様性がわかる。たとえば、西は「百学連環覚書」において横書きと縦書きをむりやりに統一せずに、訳が可能な部分はその意味を書き留めている反面、どうしても外来性をそのまま残さねば書けなかった部分、たとえば、西洋哲学者の名前はローマ字でそのまま書いておく。なお、「Plato の説に Ideas are the《理ハタリ》 eternal types of all visible things《不滅ノ形ノ万物》 と言へり」のように、[37] いうまでもなく片仮名交じりの洋学者の学習方法をも反映している。

4 「生性」への帰着——「生性発蘊」の構成および内容

それでは、「生性発蘊」はいかなる文章なのか。柴田は「生性発蘊」の第一巻第一篇について、西周が依拠した原本と、かれの西洋哲学史の叙述が「『彼観』から『此観』へ」という一定の論理軸をもって展開されている点を指摘する。[38] だが、後述するが、まずこの先行研究については、その論理軸はあくまでも「観察上の彼観」に重みがかかっている点、そして、それゆえに西が「生性発蘊」の冒頭で述べる「東洲」と「西洲」の「性理の学」が、生物の物質性を強調する「生性」に帰着している点を指摘しておく。

「生性発蘊」は、西が自ら記したように、一八七三年に完成したとされるが、構想されたのは前節で取りあげた「百学連環」と同じ時期だと思われる。[39]「百学連環」の「哲学の歴史」部の具体性からみても、それは何らかの本をもとに勉強しつつ構想した痕跡としか考えられないからである。「百学連環」の内容と文脈をともにする「生性発蘊」は、西が具体的に何をみて著したのかがわかる。それは「英ノ若耳治《ジオルヂ》、顕理《ヘンリ》、列微斯《レキス》カ、千八百五十七年ニ、刊行セル、附伝哲学史《バイオグラヒケルヒシトリオフヒロソヒー》」、つまりGeorge Henry Lewes (1817～1878) の *A Biographical History Of Philosophy* (1845～1853) である。この書物に基づいて記された「生性発蘊」は、全二篇の構成をもつ「第一巻」で終わっている。ここで取りあげる第一篇は、「哲学」についての紹介と西洋哲学史の概説、そして、ルイスの *A Biographical History Of Philosophy* の最後の章——現代の精神的危機について述べた上でコントの実用主義哲学の意義を唱えた内容——の編訳となっている。

大久保利謙も西の言及に基づき、「生性発蘊」については、「順序としてまづ哲学の性質を論じ、さらに西洋哲学史を概観し」、一篇の最後に「コント哲学の解説の部分の翻訳をかかげている」と記している。(40)

ここで、実際に「生性発蘊」とルイスの本を対照してみると、(41) 何人かの古代ギリシャの哲学者以外はルイスが取りあげる哲学者と西の「一篇」に登場する哲学者が一致することがわかる。(42) だが、ルイスの本だけを基にまとめたと結論づけるのはややためらわれる。その理由として第一に、ヘーゲル以来、西洋哲学史を「ギリシア哲学とゲルマン哲学」に「二大区分」する方式は定着していたので、(43) 取りあげる哲学者が一致するのは当時としては当然だともいえること。第二に、ルイスが「Christian Philosophy」は宗教の歴史として扱うべきだとし、中世哲学を省いたのに対して、「生性発蘊」では「而《サテ》羅馬衰ヘテ、彼レノ中世トイフニ至テハ、士哥羅斯埵可《スコラスチック》テフ学派ニ、伝ハリタリ……」と、スコラ哲学を取りあげて紹介していること。第三に、ルイスのタレスからヘーゲルまでの叙述を西がまとめたというには分量の差が大きすぎるという理由が挙げられる。また、ルイスの本の以外に西が参照した西洋哲学史の本が他にもあるはずで、これに関しては菅原光が整理した「西周所蔵洋書目録」が参考になる。人物だけを挙げると、クーザン (Victor Cousin, 1792～1867)、ヘーゲル (1770～1831)、オプゾーメル（Cornelis Willem Opzoomer, 1821～1892）、リッタ（Heinrich Ritter, 1791～1869）、シュヴェーグラー（Friedrich Karl Albert Schwegler, 1819～1857）の西洋哲学史関連書籍が目録に挙げられている。[44]

さて、「百学連環」において西は、最も発展した現代の哲学としての「実理上の哲学」を知るために「哲学の歴史」を説いたと述べたが、上記した「生性発蘊」の構成、つまり、古代の哲学者からヘーゲルまでを要約し、最後に「坤度ノ実理学ノ地位ヲ挙テ、此篇ヲ終」える構成からみると、「生性発蘊」も、哲学の発展的歴史を繙くものであったといえる。[45]だが、哲学と言ってしまえば、また今日のものと重なってしまい、誤解を招く。こういった方が良いかもしれない。タイトルからもわかるように、西が「生性ノ字、孟子ノ告子曰生ノ謂性ニ取ル」[46]と、『孟子』の「告子篇」から取ったという「生性」に関する論議の中心が、西洋へと移っていく過程の中に、この「生性発蘊」はある、と。以下ではこの点について、一篇を中心に少し詳しく内容を追うことにする。

「生性発蘊」第一篇を今日のような西洋哲学史としてみることができないのは、その全体から明らかである。片仮名交じり文を平仮名文に変えた上で一連番号を付し、その内容を簡単に追っておくと、①「性理の学」は「東洲」にも存在し「儒をもって自ら負う」者がその宗徒であった。これは釈迦でも同様で、かれらの「性理の学」の特徴は「唯一心」だといえる。[47]②「欧羅巴と名づけるところでは」「哲学」という「理学理論」が存在する。[48]③それは「希臘の七賢の一人」である「陀列斯《ターレス》」から始まり、様々な「賢哲」を経てきたが、「英の馬孔《ベーコン》」や「法の垤加爾多《デカールト》」に至って「新哲学」が起こり、「性理の論も精微を極める」[49]。④その後、「人智」は「感覚より生ずる」という「禄可《ロック》」以来の「感覚学《センシュアリズム》」が出て、「垤加爾多《デカールト》」や「莱武尼多《ライプニッツ》」などの「観念学《アイデアリズム》」の「固有観念の説」が破られた。[50]⑤そして、「韓圖《カント》」「非布垤《ヒフテ》」「洒兒林《シエルリング》」「俾歇兒《ヘイゲル》」に至る。⑥俾歇兒《ヘイゲル》などの「超理学派《メタフヒシック》」は「いわゆる形而上の理を論じ、全く物理に卓越し」た。[51]「またそれとは相表裏」する「物理家の諸哲」は、「物理を主として論じ」た。[52]⑦「東西儒学哲学の流伝、性理の論説は」以上のように概略できる。⑧ここで、「坤度《コント》」が「実理学《ポシチヒズム》」に、そして「美爾《ミル》」が「帰納致知《インデユクチーウ》の方法《メトード》」に基づいて「生性の論説」を始める。[53]

つまり西は、告子が孟子に対して訴えた「性」の物質性を生かし、性理の歴史としてではなく、「生性」の新たな歴史としてポジティビズムに着目したのであった。[54] だから西は、それを「生性」と名づけ、新たな人間学として「実理哲学」を探ったのである。「西洲」も「東洲」も「彼観より此観」にと、「粗より精」にと、「天道」より「性理」に進行してきた点では共通している。[55] しかし、人の「性理」に関する正しい説明は、堯舜時代とイオニア哲学がそうであったように、「象を天に観て法を察する」「観察上の彼観」に基づかなければならない。そこで、「生理」に基づいて「実験上より」体系を立てるもの、つまり「心理上」の「諸科を一貫する哲学」は、コントの「実理哲学史《クルー・ドヒロソヒーポシチーフ》」によって漸く可能になったと、西は語る。[56] このように、「統轄する観」「統括する哲学」を持って「世道人道」に関係するすべての「見象」を五つの領域に区分し、その中で最も精密な分野として「人間学」を定立しようとしたのが「生性発蘊」であった。[57]「統轄する観」とはいうまでもなく、人の「知覚」により、「事実」を「視察」する「一方法」である。これは、決してすべてを観察や実験によって証拠づけようとする万能方法ではない。たとえば、風が吹く現象に対して、それが「神の意に出ると言はば、専ら其神を祈禱請求すべし、然も、其許すと、許さざるとは、神に存し、人智を以て、之を推測することを得べからず」と、「人智」の至るところと「知る可らざること」を見分けする行為である。[58]

さらに興味深いのは、コントが十年以上の歳月をかけて完成させた実証哲学は、その後、「神」から替わった「人間性（Supreme Being）」に基づく「人類教（the religion of humanity）」へ至るが、西も「生性発蘊」一篇の最後において、「唯是に続て、人間学を立て、新教門の開祖たらむと、欲せる」と、[59]「教門」をほのめかしているところにある。西の「教門」という概念については、「教門ハ信ニ因テ立ツ者ナリ、信ハ知ノ及ハサル所ニ根サス者ナリ」と述べた「教門論」（『明六雑誌』一八七四年）や、同年に出された『百一新論』に頻繁にみられる。

5 「生性発蘊」の歴史性——部分ではない全体としての思想

西洋思想家とそれに関わる思想潮流を羅列して西周の「生性発蘊」を概説する在り方は、当時における西の実践を単純化させる結果を招くのではなかろうか。たとえば、コントの実証主義の受容というまとまり方は、西の西洋哲学受容が限定的受容であったかのような叙述へ繋がってしまう。[60]西がルイスのコント部分およびコント概説書を取りあげて「生性発蘊」の最後の段落を編んだのは西の限界ではない。繰り返しになるが、西は「生性発蘊」を書いたのであって、西洋哲学史を翻訳したのではない。新たな「生性」を構築するための新しい方法として現代ヨーロッパ哲学に、そしてその歴史に目をむけたのである。その意味で、ルイスの哲学史は、西にとって最高の原書であったに違いない。

大久保健晴は、西の哲学的営為の特徴について、西がオランダにいた間にだれと出会い、いかなる思想的環境の中で「Philosophie of wijsbegeerte」を摂取したかを具体的に検証する。[61]そして西が『明六雑誌』に発表した「人世三宝説」を通して、オプゾーメルという学者について明らかにする。かれによれば、オプゾーメルとは、西が「オランダの地で目撃した」「コントの実証主義やJ・S・ミル哲学の隆盛」という潮流のなかで、「コントやミルの哲学を積極的に受容した」人物であった。[62]ホブズボームの議論を参考に敷衍すれば、「進歩 progress」という概念が疑われることのなかった当時において、コントとスペンサーの影響は、マルクスとは比較にもならないほど大きいものであった。[63]コントが一八三〇年から一八四二年にかけて完成させた『実証哲学講義 *Discours Sur L'Esprit Positif*』も、出版後直ちに英語翻訳版 *A General View of Positivism* (1856) が出される。とくにコントの著作は、哲学的伝統が強く、政治的には穏健的だったフランスの実証主義者たちと違って、当時の植民地主義と「イングランドの地位」という国家的問題に積極的に関わろうとしていたイギリスの実証主義者たちにとって「予言的かつ科学的社会学への前哨」として歓迎された[64]。

ここで、イギリスの学者であったルイスがコントから受けた影響も見出されよう。ルイスは、現代哲学を概観する章において、ドイツおよびフランスの哲学者たちの態度、すなわちイギリス哲学者に対する無視――「無能で、店主、実用の遂行者（incapable, shopkeepers, pursuers of the "practical"）」、哲学的には価値がないという批判――に対し[65]、形而上学 Metaphysics はすでに知的鍛錬の道具、ないしはドイツ文学の一つの傾向にすぎなくなったと、反駁する。そして、「根拠のない（ill-founded）」「形而上学的推測（metaphysical speculation）」の代わりにルイスが唱えたのが「Positive Science」であった。この新たな学問の性質を、かれは「*show* this instead of *asserting it*」と表現する[66]。また、かれは、実証主義のもつ意味を単に哲学史に限定せず、「知的アナーキー状態」という当時の現実的問題に敏感に反応した「最新の現代哲学」として受けとる[67]。

このようにルイスは、ドイツおよびフランスの伝統的な形而上学に代わって現実問題に対抗しうる理論としてコントに注目したのであり、一八五三年には *Comte's Philosophy of Science* というコント哲学に関する単行本を出版するほど、かれの理論に早い段階から興味を示している。そして、このようなルイスの意図を真の自分の問題として受けとり、*A Biographical History Of Philosophy* の最後のエポックである「Twelfth Epoch. FINAL CRISIS IN THE HISTORY OF PHILOSOPHY, AND DEFINTIVE ESTABLISHMENT OF POSITIVISM.」の最後の章「AUGUSTE COMTE」を見事に編訳してみせたのが西周であった。

6　刊行以前の、記録を進めること

近代日本において「哲学」が完全に新しい学問として入ってき、それが何物かという議論自体が一八八〇年代まで続いたことを勘案すれば[68]、西周の西洋哲学史に関する文章は極めて先駆的で新鮮なものであっただろう。しかし「生性発蘊」が公刊されることはなかった。公刊が時期尚早だった理由については、西周個人の事情以前に、時代的背景が挙げられる。背景に関連して改めて本節では「表記」と「概念」をめぐる問題について補っておきたい。

たとえば、外来語をどう表記するかという問題がある。「百学連環覚書」において西洋哲学者の名前はアルファベットのまま記されている。それを筆記した永見も同様で、縦書きの途中に体をねじったり紙を横向きにしたりして横書きをしている姿が想像できよう。一方、「生性発蘊」では、西洋哲学者の名前が以上の引用文でみたように、全部漢字音訳となっている。蘭学において漢訳洋書の伝統を継ぐ漢字音訳の歴史は長く、たとえば、『解体新書』(一七七四年)において「斯書所直訳文字。皆取漢人所訳西洋諸国地名。而合諸和蘭万国地図相参勘。集以訳之。傍書倭訓以便読者也」と見られるように[69]、多くの蘭学者は西洋の地名などの表記問題に直面し、「漢人所訳」を受け継いだ[70]。当時の蘭学者にとって「学術の文体として権威をもっていた」のは「漢文」であったのであり[71]、このような環境のなかで、西洋の地名なども漢文体裁を崩さない漢字音訳を採択する方が自然だっただろう。つまり西もそれまでの公の文体を意識し、「生性発蘊」を公刊する予定であったと推測できる。

実際に西周以後に翻訳または編訳された西洋哲学史を一見すれば、西洋哲学者の名前の表記は、一定していない。たとえば、出版物としては最初の哲学史だといえる井上哲次郎・有賀長雄の『西洋哲学講義』（一八八三〜一八八五年）では、人名が片仮名で表記されている一方、同じ有賀長雄の『近世哲学』（一八八四年）では平仮名表記で一貫している。この時期に至れば「生性発蘊」のようなローマ字の人名の漢字表記がみられなくなったかというとそうでもなく、竹越与三郎講述・由井正之進筆記の『独逸哲学英華』（一八八四年）では「韓圖子《カント》」のように漢字音訳となっている。むろん、この時期に片仮名表記の人名の例が多数を占めるのは確かであるが、そもそも「Lincoln ハリンコント発音スベキヲリンコルント発音スルガ如キ正シカラズ」のように、(72)片仮名表記にしても一定した表記法はなく、表記に関する凡例を記している例が多数見られる。このような当時の背景を勘案すると、西洋哲学史の流行ともいえる時期よりも一〇年ほど早い時期に書かれはじめた西周の文章は、出版を念頭におく以前の問題として、個人の次元を超えた社会全般の問題を抱えていたということは想像にかたくない。

また、さらに「概念」という解決しなければならない問題があったことは間違いない。西が西洋の概念を受けいれる際に、既存の朱子学の用語や概念を拠り所にした点は、すでに強調されており、いうまでもない。「生性発蘊」を例にみてもこの点は一目瞭然である。たとえば、西がある西洋哲学者の思想を纏めているくだりを、ルイスの *Biographical History Of Philosophy* の該当部分と対照してみれば、面白いことがわかる。当然のように聞こえるかもしれないが、西は、「生性発蘊」の冒頭に登場する「性理」あるいは「性」という概念を機軸にして哲学史をまとめているのだ。例を挙げた方が早い。西は、デカルトから始まるという「新哲学」を、以下のように要約する。その一部である。

英ノ馬孔《ベーコン》、法ノ垤加爾多《デカールト》カ出テ、新哲学ノ興リシヨリハ、性理ノ論モ、精微ヲ極メタリ、中ニモ垤加爾多《デカールト》カ、疑ヒヲ以テ入学ノ門トシ、……蘭人士比瑙薩《スピノサ》、此説ヲ演繹シテ、性中固有《インネート》ノ観念《アイヂエ》ト云フコトヨリ、説ヲ立テタリ、サルヲ、英ニテハ、蒲伯斯《ホベス》、禄可《ロック》、虎謨《ヒユム》ノ三大家ノ説、大率人智ヲ以テ、五官ノ感覚《センセイシウン》ヨリ生スル者トシ、中ニモ禄可《ロック》ノ説ニ、人ノ性ハ猶白紙ノ如シ[73]

「生性発蘊」のデカルト以下の部分では、たしかに今日のわれわれが使っている哲学の用語が多数出てくる。ロックの tabula rasa を「人の性は猶白紙の如し」と述べる部分も、白紙説として馴染みがある。また「感覚《センセイシウン》」や、上の引用文の続きまでみると、「観念《アイヂエ》」「理性《リーゾン》」という概念が目に入る。西が参考にしたかどうかは不明であるが、「感覚」はすでに『英和対訳袖珍辞書』（一八六二年）に sensation の訳語としてみられる。[74]「観念」の場合、一〇世紀以前から仏教経典にその例がみられるが、idea の訳語としては「生性発蘊」が最初であると推測されている。[75] reason の訳語としての「理性」も同様で、「リショウ」としての「理性」は仏教用語にすでにあり、それをリーズンの訳語として使ったのは西周が最初ではないかと推測される。[76]だが、概念だけをみればバラバラにしかみえないし、西もそのような見方をしたはずがない。すなわち、西が「哲学の歴史」を以上のように綴ることと自体ができたのは、ロックであれ、スピノザであれ、デカルト以来の、人間の知識や意識を構成するものに関わるそれぞれの論議が、西には、「人の性」に関する対照的な捉え方だと思われたからであり、このように、「性理」という全体的な下敷きの上で可能となったに違いない。さらにいえば、西が手に取った洋書を、漢字で記録していく過程で、既存の概念である「性」のインプリケーションが崩れていったともいえる。[77]西の段階では、「東洲」と「西洲」の「性理」の違いから話を進めるしかない。しかし、話がそう進むうちに、つまり、読者や著者にとって支配的であった概念が、なじみのない新鮮な文脈で頻繁に記録されるうちに、むしろ既存の支配的概念が無化される。西の「生性発蘊」が、それ以降の西洋哲学史叙述を可能にした背景を考えるならば、このように記録するという行為自体にその解答が潜んでいるのではなかろうか。

7　それ以後

時空間をさらに広げれば、Alfred Fouillée の *Histoire de la philosophy*（1879）が中江兆民の『理学沿革史』（一八八六年）へ、『理学沿革史』が梁啓超の『飲氷室文集』（一九〇三年）へ、そしてこの『飲氷室文集』が李寅梓の『哲学攷辨』（一九一二年）へと、このような西洋哲学史の各地における変貌が可能だったのは、西の「生性発蘊」のような試みがあったからに違いない。まだまだそれは「理学」でもあり「哲学」でもあった。まだ翻訳は不可能だったかもしれない。転移といえば言い過ぎであろうか。西洋哲学史というものを、西洲における「賢哲」の歴史として、その歴史から新たな生性論を学ぼうとした姿勢が共通的な基盤となり、転移を可能にする。西洋哲学史が新たな修身書として読まれた可能性さえある。

再び西に戻って話を括ろう。「生性発蘊」においてコントの「実理上の哲学」の意義を唱えた西は、その後、ジョセフ・ヘーブンの *Mental Philosophy: including the intellect, sencibilities, and will* を訳する（『心理学』文部省、一八七六年）。この書は、「実理上」の「心性ノ学《サイエンスオフマインド》」を唱えたものだといえる。重要なのは「諸校一般ニ用井る所ノ諸本」が意識され、文部省で出版されていることだ。西が西洋哲学史から読み取った新たな生性論の可能性は、もはや国家的資源となり、それぞれ「インチレキチユフル」「センシビリナー」「井ル」の訳語として「智」「情」「意」の連係的な理論化が試みられる。

以上、明治日本の幕開けにおける西洋哲学史の記録を、西周の実践に即して検討した。概念の翻訳および定着という視点が、西の文章を読む際にどれほど役に立つか、と再三自問した。また、明治日本における西洋哲学史

という系譜のなかから西周を振り返ってみた。そうすることで、「哲学」の翻訳がもつ意義を、概念の初出という説明に回収させない形で考察した。なぜなら、新しい概念が生みだされたことに意義を見出す説明は、明治日本の思想家の偉業、さらには明治日本の近代化を称賛する語りに繋がりやすいからだ。このような在り方だと、今日の韓国における「철학哲學」関連概念、たとえば上で挙げた「관념観念」「이성理性」「감각感覚」などの概念は居場所をなくしてしまう。西洋哲学史をめぐる西周の実践を振り返ってみることの意味は、実はここにある。

注

(1) 西周「生性発蘊」大久保利謙編『西周全集』第一巻、宗高書房、一九六〇年、三一頁。

(2) 麻生義輝『西周哲学著作集』岩波書店、一九三三年、三八七頁。西周が書いた文章に対し、ある特定の思想家に関する「研究」あるいは「紹介」として位置づけることは次のような危険性を孕む。麻生は次のように続けている。「しかし西周のコムト研究はコムトその人の著作に従つて遂行されたよりも寧ろより多く、英国に於けるコムト哲学の紹介者批判者、註解者の書籍、特にレキスの如き人物の著書に依つたものと推察せられる」。つまり、「研究」および「紹介」というような捉え方は、原典による研究か、何かの媒体つまり二次的資料による研究かという捉え方と結びつきやすい(同頁)。

(3) 大久保利謙「解説」前掲『西周全集』第一巻、六二〇頁。

(4) 小泉仰「西周の『生性発蘊』とコントの人間性論」(『哲学』第五六集、一九七〇年)、『西周と欧米思想との出会い』第三章(三嶺書房、一九八九年)。

(5) 井上厚史「西周と儒教思想——「理」の解釈をめぐって」島根県立大学西周研究会『西周と日本の近代』ぺりかん社、二〇〇五年、一四七~一四八頁。

(6) 柴田隆行『哲学史成立の現場』弘文堂、一九九七年、七二頁。

(7) 三宅雄二郎『明治哲学界の回顧附記』岩波書店、一九三三年、八九頁。

（8）同上、九一頁。
（9）舩山信一『明治哲学史研究』ミネルヴァ書房、一九五九年、一二頁。
（10）近代日本における教養主義の歴史的背景と特質については竹内洋『学歴貴族の光栄と挫折』講談社、二〇一一年を参照。なお、西洋哲学史の読解や自らの翻訳が、旧制高校と講壇哲学の基礎教養をなす要件であったことは間違いない。それを大衆的な教養のレベルに拡張させたのは、岩波茂雄とかれの同僚たち、東京帝国大学哲学科出身者たちであった。詳しくは本書第二部第三章を参照。
（11）西周「西洋哲学史の講案断片」前掲『西周全集』第一巻、一七頁。
（12）大久保利謙「西周の歴史観（百学連環に於ける歴史の問題）」『帝国学士院記事』第二巻第二号、一九四三年。
（13）山本貴光『「百学連環」を読む』三省堂、二〇一六年。なお、「百学連環」に関する重要な先行研究に、小玉齊夫は「『百学連環』の英文原資料について」および同連載2・3（それぞれ『駒澤大学外国語部研究紀要』第一五巻、一九八六年三月、『駒澤大学外国語部論集』二四巻、一九八六年九月、『駒澤大学外国語部研究紀要』一六巻、一九八七年三月）において、西が「百学連環」に参照したとされるウェブスター辞書と「百学連環」を対照し、基本的な調査を行った。
（14）熊澤恵里子『幕末維新期における教育の近代化に関する研究――近代学校教育の生成過程』風間書房、二〇〇七年、三三一～三四六頁。
（15）同上、三三一頁。
（16）熊澤は、沼津兵学校では「『普通学』という名称は用いられていないが」「資業生の課程においては、専門学における基礎課程を実施し、付属小学校においては、最終的には、人民一般に共通の教育を打ち出すに至った」とし、「福井・鹿児島・徳島藩などでは、沼津に倣って教育課程を『普通学』と称している」と指摘する（同上、三五三頁）。
（17）同上、三四六頁。
（18）同上、三五六・三五八頁。
（19）同上、三五九頁。

(20)西周「百学連環覚書」大久保利謙編『西周全集』第四巻、宗高書房、一九八一年、四一四・四二二頁。
(21)「百学連環　第一総論」同上、三五頁。
(22)同上。前掲、山本『「百学連環」を読む』四一二頁。
(23)前掲、山本『「百学連環」を読む』四一七頁。
(24)「百学連環　第二編」前掲『西周全集』第四巻、一四五〜一八三頁。
(25)同上、一六九頁。
(26)相手を想定することで初めて成り立つ「翻訳」という行為の仕組みに関しては、酒井直樹『過去の声――18世紀日本の言説における言語の地位』以文社、二〇〇二年、三〇六〜三〇七頁を参照。
(27)「百学連環　第二編」前掲『西周全集』第四巻、一八一〜一八二頁。
(28)河野有理『明六雑誌の政治思想――阪谷素と「道理」の挑戦』東京大学出版会、二〇一一年、二一一頁。
(29)前掲、熊澤『幕末維新期における教育の近代化に関する研究』三五三頁。
(30)森鷗外「西周伝」『鷗外歴史文学集』第一巻、岩波書店、二〇〇一年、七七頁。
(31)同上、七八頁。
(32)前掲、熊澤『幕末維新期における教育の近代化に関する研究』二六五頁。
(33)「松平慶永『逸事史補』抄」大久保利謙編『西周全集』第三巻、宗高書房、一九六〇年、八四九頁。
(34)幕末維新期における福井藩の教育改革については、前掲、熊澤『幕末維新期における教育の近代化に関する研究』第四章を参照。なお、同時期に福井藩が推進した沼津兵学校への遊学と、西と永見の関係については、同書、一二九〜一四四頁が最も詳しい。
(35)大久保利謙「解説」大久保利謙編『西周全集』第一巻、日本評論社、一九四五年、二八頁。
(36)前掲、井上「西周の儒教思想」『西周と日本の近代』一四八頁。
(37)「百学連環　第二編」前掲『西周全集』第四巻、一七二頁。

（38）前掲、柴田『哲学史成立の現場』七四頁。

（39）大久保利謙「解説」前掲『西周全集』第一巻（一九六〇年）、六一九頁。

（40）同上、六二〇頁。

（41）本章で用いたのは、日本に所在する図書館で最も所蔵の多いラウトレッジシリーズの一九〇二年版である。G. H. LEWES, *A BIOGRAPHICAL HISTORY OF PHILOSOPHY*, LONDON: GEORGE ROUTLEDGE&SONS, LIMITES, 1902（A SELECTION FROM ROUTR EDGE'S POPULAR LIBRARY SERIES）。西が何年版を手元に置いていたかは不明である。筆者が調査した初版とそれ以降のいくつかの版は、本の体裁（判型及び一巻本か分冊本か）が著しく異なる。簡単に整理しておく。①初版：*A BIOGRAPHICAL HISTORY OF PHILOSOPHY*, VOL. I, 1845. とVOL. II, 1846. の二分冊。両方ともLONDON: CHARLES KNIGHT AND CO., LUDGATE STREET. 出版（名古屋大学所蔵）。VOLUME I（pp.1～239）とII（pp.1～256）がVOL. Iに、VOLUME III（pp.1～231）とIV（pp.1～264）がVOL. IIに収められている。判型はA6版よりも小さく、142 × 94 mm。②東京大学総合図書館所蔵本：VOL. IIだけが所蔵。頁数は344～801となっており、サイズは218 × 144 mmで名古屋大学所蔵版より大きい。NEW YORK出版で、出版年度は記載されていない。図書館の情報によると、一八五七年。③東京大学理学図書館所蔵本：PART IとPART IIの合体本。頁数は1～675となっており、229 × 152 mm。LONDON: JOHN W. PARKER AND SON, WEST STRAND. 出版で、出版年度は1857と記載されている。1902年版本との対照は以下の通りに行った。「生性発蘊」の「一篇」前半部は、SERIES I（～p.338、古代哲学）全体とSERIES II（pp.339～656、近代哲学）のElebenty Epoch（ヘーゲル部）までを纏めたと仮定した上で相互対照し、「一篇」の後半部は、ルイス同書のSERIES IIの最後の章である「Twelfth Epoch: FINAL CRISIS IN THE HISTORY OF PHILOSOPHY, AND DEFINITIVE ESTABLISHMENT OF POSITIVISM」を編訳したと推測した上で対照を行った。

（42）ルイスの哲学史に登場する哲学者を取りあげ、そのなかで「生性発蘊」にはない哲学者を括弧に入れた上で西周による当て字と原語を対応させると、次の通りである。Thales 陀列斯《ターレス》、（Anaximenes, Anaximander）、Phythagoras 比的額羅斯《ピタゴラス》、（Xenophanes, Parmenides）、Zeno 耶農《ゼノ》、（Heraclitus, Anaxagoras, Empedocles, Democritus）、

Sophist 僞学《ソヒスト》、Gorgias 哥義亜斯《ゴルジアス》、Socrates 所哥羅埵斯《ソコラテス》、(Megaric school, Cyrenaic school, Cynics)、Plato 伯拉多《プラト》、Aristotle 亜利斯多拉《アリストットル》、Epicureans 埃比古列斯《エピクレス》、Stoics 士多以可《ストイク》、(New academy: Arcesilaus, Carneades, Alexandrian schools)、Bacon 馬孔《ベーコン》、Descartes 垤加爾多《デカールト》、Spinoza 士比瑙薩《スピノサ》、Hobbes 蒲伯斯《ホベス》、Locke 禄可《ロック》、Hume 虎謨《ヒユム》、Leibnitz 莱武尼多《ライブニッツ》、Berkerey 巴古利《バルクレイ》、Condilac 孔第刺可《コンヂラック》、Reid 勅陀《レイド》、Kant 韓圖《カント》、Fichte 非布埵《ヒフテ》、Schelling 洒兒林《シエルリング》、Hegel 俾歇兒《ヘイゲル》、Comte 坤度《コント》。

(43) 岡崎文明「西洋哲学史観と時代区分」、杉田正樹「ヘーゲルにおける哲学史の時代区分について」（哲学史研究会編『西洋哲学史観と時代区分』昭和堂、二〇〇四年）を参照。引用は一三頁。

(44) 菅原光『西周の政治思想――規律・功利・信』ぺりかん社、二〇〇九年、二五四～二六六頁。

(45) 西周「生性発蘊」前掲『西周全集』第一巻（一九六〇年）、四一頁。

(46) 同上、三〇頁。

(47) 同上、二九～三〇頁。

(48) 同上、三〇～三一頁。

(49) 同上、三一頁。

(50) 同上、三二～三三頁。

(51) 同上、三三～三四頁。

(52) 同上、三四～三五頁。

(53) 同上、三六頁。

(54) 「告子曰、生之謂性、孟子曰、生之謂性也、猶白之謂白與、曰、然、白羽之白也、猶白雪之白、白雪之白、猶白玉之白與、曰、然、……」「告子曰、食色性也、仁内也、非外也、義外也、非内也、……」（小林勝人訳注、告子章句上・三・四『孟子』岩波書店、一九七二年、二二二～二二三頁）。

(55) 西周「生性発蘊」前掲『西周全集』第一巻（一九六〇年）、四〇頁。

(56) 同上、四五頁。

(57) まず「万象ノ中ニ就テ、初頭ニ、ナスヘキ差別ハ、二種ニ類別シ、無機性体ト有機性体トノ見象ナリ」と二区分した上で、「無機性」では「天上理学」である「天文学」と「地上理学」である「格物学」「化学」に、また「有機性」では「生体学」と「人間学」に区分した（同上、六一頁）。これはいうまでもなく、コントの「三段階の法則」と「分類の法則」を踏まえたものである。これについては安孫子新のコント解説を参照（『哲学の歴史』第八巻、中央公論、二〇〇七年、一四二～一五三頁）。なお、コント自身もこの段階と分類に従って『実証哲学講義』を進めた。この講義は全六巻という大作であり、和訳としてはエミール・リゴラージュによる縮約版（一九一一年）の石川三四郎による全訳、世界大思想全集二五・二六、『実証哲学』上・下（春秋社、一九二八・一九三一年）が唯一である。

(58) 西周「生性発蘊」前掲『西周全集』第一巻（一九六〇年）、五六～五七頁。

(59) 同上、六二頁。

(60) その例として麻生義輝の概説、植手通有『日本近代思想の形成』岩波書店、一九七四年、一八六～一八七頁。

(61) 西が留学に際してホフマンへ送った手紙には「私は哲学（Philosophie of wijsbegeerte）と称される学問の領域も修めたい」と書いてある（G. Vissering, *DE TROONSBESTIJGING VAN DEN KEIZER VAN JAPAN.: DE RELATIËN IN OUDEN TIJD VAN HOLLAND TOT JAPAN. (Herinneringen uit het archief van mijn Vader)*, 1928, p.7〈国際日本文化研究センター所蔵〉。訳文は沼田次郎「ライデンにおける西周と津田真道――フィッセリングとの往復書翰を通して」『東洋大学大学院紀要（創設三十周年記念号）』第一九集、一九八二年）。

(62) オプゾーメルについては、大久保健晴『近代日本の政治構想とオランダ』東京大学出版会、二〇一〇年、一二六～一二八頁を参照されたい。引用は一二七頁。

(63) Eric Hobsbawm, *The Age of Capital 1848～1875*, Vintage books New York, 1996, p.263.

(64) フィリップ・P・ウィーナー編『西洋思想大事典』第二巻、平凡社、一九九〇年、三三二～三三三頁。

(65) 前掲、G. H. Lewes, *A BIOGRAPHICAL HISTORY OF PHILOSOPHY*, p.635.

(66) 同上。

(67) 同上、p.643.

（68）西周の「生性発蘊」の場合、「哲学」という用語自体が問いの主語として顕れることはなかった。しかし、一八八〇年代に至ると、「未ダ哲学ノ何タルカヲ知ラザル人モアルベケレバナリ」と（井上哲次郎『西洋哲学講義巻之一』総論、一八八三年、二右頁）、「哲学」が何物かがわからないにしてもあえて「哲学とは」と問い始めつつ、その定義や性質を問う議論を活発に行うようになる。端的な例として一八八四年に結成された哲学会『哲学会雑誌』の一八八七年の諸論説が挙げられる（井上円了「哲学ノ必要ヲ論シテ本会ノ沿革ニ及フ」一八八七年二月、三宅雄二郎「哲学ノ範囲ヲ弁ス」同年二月、徳永満之「哲学定義集」同年三月、デニング「日本に於テ哲学上ノ急務ナル問題」同年九月等）。

（69）西村書店編『解体新書　復刻版』二〇一六年、西村書店、三四頁。

（70）徐克偉「『厚生新編』にみる蘭学音訳語とその漢字選択」近代東西言語文化接触研究会『或問』二九、二〇一六年、八三～九八頁。

（71）齋藤希史『漢字世界の地平』新潮社、二〇一四年、一六三頁。

（72）吉田五十穂『西哲小伝』吉田五十穂・土屋忠兵衛・山中市兵衛・丸屋善七・梅原龜七、一八七九年、凡一。「石川県士族」と書かれている吉田五十穂は、大聖寺藩士、吉田甚右衛門の二男、一八六九年に慶應義塾に入学。明治六年伏木小学校初代校長（『加賀江沼人物事典』一九八九年、二七九頁）。この『西哲小伝』は「近来泰西ノ学大ニ開ケ政治法律ヲ初メトシテ諸般ノ学術ニ至ルマデ皆之ニ依ラザルハナシ随テ反訳書新聞雑誌ノ類日一日ヨリ多キヲ加ヘ彼ノ国碩学哲士等ノ名其中ニ見ハル、者間亦鮮ナカラズ然レドモ横文ヲ講ゼザルノ徒ハ其人物ノ何ノ時代何ノ国ノ人ナルヤヲ審ニセント欲スルモ之ヲ捜索スルニ由ナク」（緒言）という意識のもとで「以呂波」順に西洋の学者を並べた辞典であり、タイトルから窺えるような哲学史ではない。

（73）西周「生性発蘊」前掲『西周全集』第一巻（一九六〇年）三三一頁。

（74）堀達之助『英和対訳袖珍辞書』江戸、一八六二（文久二）年、七二八頁（立教大学図書館所蔵）。

（75）石塚正英・柴田隆行『哲学・思想翻訳語事典（増補版）』論創社、二〇一三年、五一頁。

（76）同上、二八〇頁。

(77)「性」をめぐる既存の論議をここでまとめることはできない。古代の性説より、清代における実証的議論、また明末におけるキリスト教およびイスラム教の影響に伴う性説の導入まで、「性」をめぐる論議は一様に収まらない。しかし、「性」の実証的議論であれ、宗教的な次元における議論であれ、「中国の性説は善悪の範疇に結びつけて議論」され、「自己の修養あるいは他者の教化の根拠づけという面が強かった」ことは確かであろう。その意味で、西周の「性」の用例は、既存の善悪説から大きく外れているようにもみえる（溝口雄三他『中国思想文化事典』東京大学出版会、二〇〇一年、六六～七五頁）。

第四章　「哲学」の定着をめぐる当時の状況

1　西周と明治五年学制

本章では、「哲学」という概念が定着に至った契機として、まず西周と明治五年学制との関係を示唆した上で、以下の三点に注目してみたい。「理学」という言葉との関係、そして東京大学における学制編成の様子、最後に『哲学会雑誌』で現れた定義をめぐる議論の在り方である。

まず、西周と明治五年学制との関係について簡単に触れておく。

西周の一八七〇年の日記断片は、「東京帰還道中日程覚書」から始まる。[1] 東京へ向かうまで西は事実上幕府のもとで官職を受けており、一八六八年八月に開成所が東京府に引き渡された後も沼津兵学校、つまり旧幕臣及びその子弟のために沼津城内に設けられた学校の頭取を務めていた。そして翌年一度津和野へ帰郷していたかれが新政府から「其藩士西周助、津田真一郎儀御用有之候間、至急上京可被申付候也」と伝達を受けて上京したのが一八七〇年九月下旬であった[2]。西を山県有朋に推薦したのは勝海舟であり[3]、西は「兵部省少丞准席」「学制取調御用掛」として新政府の公職に就く[4]。

この「学制取調御用掛」は当時、大学の内部組織であった。当時の「大学」は今日のものと異なる。一八七一年七月に「大学ヲ廃シ文部省ヲ被置候事」と、太政官布告によって「文部省」が設置するまでの「大学」という名称は二つのことを指す。一つは一八六九年二月に「大学校」から「大学」へ改称した大学本校(昌平坂学問所→昌平学校→大学)のこと、もう一つは教育行政機関つまり「文部省」の前身としての大学である[5]。西が大学に出仕したこの時期は、大政奉還後から複雑に続いてきた大学本校の学制案が[6]、大学本校自体の閉鎖とともに西洋モデルに複合する「大学」の学制へ転換した時期でもあった[7]。実際に一八七一年一二月頃、「学制取調掛」として任命された人をみれば、箕作麟祥、岩作純、内田正雄、長光、瓜生寅、木村正辞、杉山孝敏、辻新次、長谷川泰、西潟訥、織田尚種、河津祐之と、著名な洋学者が多く含まれている[8]。このような環境のなかで出された「明治五年学制」は、基本的には「小・中・大」という一八七〇年の「大学規則」および「中小学規則」の大枠を受け継ぐものの、「大学規則」のなかで「教科」は完全に姿を消し、大学の「理・文・法・医科」という基本枠を打ち立てた。

西周が明治五年学制にどこまで係わったかは疑問である[9]。しかし、新政府に出仕する前より旧幕教育機関、つまり開成所、海陸軍所、昌平坂学問所の教政改革にも関わり[10]、沼津兵学校規則や津和野藩主亀井茲監に提出した「文武学校基本並規則書」の内容からみれば[11]、明治五年学制の制定に一翼を担ったことは想像に難くない。具体的な内容は、前節で述べた「百学連環」における普通学と専門学(西の用語は「殊別学」だった)という、一般教養ともいえる段階と専門学の区分、そしてそれに合わせた「小・中・大」という連続性をもつ教育システムである[12]。なかでも特記すべきことは、沼津兵学校においては、教育の目的を陸軍士官養成としたものの、教育内容は、たとえば「資業生の学科」は「外国語学、英仏之内壱科、究理・天文・地理・歴史大略、数学、書史講論、図画、調馬、試銃砲、操練」であったように「幅広い基礎教育」、いわゆる「普通学」であったこと[13]、そして「徳川家沼津学校追加掟書」において西は「此度当表学校ニ於而以来文学も相兼文武両道之学術教授致候様被」とし「文学之義」を主張したことである[14]。この「文学」は「小学試業」を終えた生徒が「文武両道」に分かれ、より普通学を学ぶ「資業生」と、より専門学に進む「本業生」に分かれる[15]。科目としては「政律史道医科利用の四科」に定めていた[16]。さらにいえば、西はむしろ「本来国家が兵役制度を規定」すれば「『武学校』を設置する必要はない」と[17]、学校の教育現場としては「武」を取り除いた「文」中心の「学術」を一途にすべきことを示唆している。

関連史料を詳細に紹介すべきだが、文面の制約のために西周の教育観については熊澤氏の研究に譲る。後でみるように東京大学に「理・文・法・医科」という基本枠が出来るのは[18]、大学をめぐる力関係が本校の閉鎖とともに洋学者に移っていくなかで、国家における一人の人間の教育という観念が具体的な学校制度と結合する場面を通して成り得たともいえる[19]。教育の内容が、たとえば、西の「徳川家沼津学校追加掟書」の「文学之義」の資業生学課「左氏伝、国語、史記、漢書（後略）」（会読）、「史書、書経」（輪講）、「漢文」（復文）、「万国歴史、地理之内」（訳文）でみられるように[20]、近世後期の藩校における漢学と洋学が混ざっているのは当然であろう。より重要なのは、すべての課目規定にその方面の人材養成が第一に掲げられているように（注16を参照）「学校は人材教育之地」という意識のもとで連続性をもつ教育システムが構想されている点である。ここでは前章との関係で西周の例に絞られたが、旧幕との関係から明治五年学制への連続性を見る際に西周は最も良い例だといえる。

2　ことばの移動

東京開成学校を経て東京大学哲学科を卒業し、後に志賀重昂らとともに政教社を設立する三宅雄二郎（雪嶺、一八六〇～一九四五年）は、随筆や雑文を書きながら老年を送るなか、明治哲学界について次のように回顧する。麻生義輝による『西周哲学著作集』が刊行される少し前のことである。

明治十年文部省で既に哲学を確定語とし、理学の語が行はれなかつた。「哲学」は明治七年西周が案出し、西が政府で要地を占めたので、同十年文部省で東京大学に文学部を置く時、之を採用した。[21]

前年に出た井上哲次郎の『明治哲学界の回顧』（一九三二）にも同じ内容が語られており、とくに取りあげるまでもない内容だが、この短い文章がまさに「哲学」の定着をめぐる三つの事柄を圧縮している。まず、本節で取りあげる「理学」という言葉については、既存の研究でも数多く確認されてきたし、山室氏の書いた明快な解説がある。[22]だが、哲学という造語が世に出され、それが学制名として今日までも用い続けているその歴史を描く際に、一九世紀を前後に「理学」という言葉がいかなる移動をみせているのかを一度整理する必要はあるだろう。哲学という言葉の場合は、「理学」というものがそもそもサイエンスを受け入れる側でもフィロソフィーをみている側でも受け皿として作用していたので、その両方の関係がそれぞれ整っていく過程に「哲学」という言葉が係わっていたとみなせる。さらにいえば、「学」をめぐるヘゲモニー関係の転換を、この「理学」という言葉の変動から探ることもできる。前後の因果関係や論理的な関係性を確定するのは難しいので、以下では、関連事項を拾う形でその様子を一度整理しておく。

明治の初め頃までフィロソフィーが「窮理学」あるいは「究理学」、「性理学」、「理学」などの形でいわれていたことはすでに知られている。[23] 一九世紀全般を通して「新漢語の生産と伝播に大きな役割を果たした」英華辞典のなかで「日本に最も大きな影響を与えた」W・ロプシャイト（羅存徳）の『英華字典』（一八六六～一八六九年）と、[24]中村正直によるその翻訳『英華和訳字典』（一八七九～一八八一年）において、フィロソフィーは「理学」となっている。西周の場合も同様で、一八六二年に親友松岡隣に当てた書簡の「西洋之性理之学」という言葉はフィロソフィーを指していた。[25] 西の他にもフィロソフィーの訳語として「理学」は使われ、中江兆民がその代表的な例であることは周知の通りであろう。かれは『理学鉤玄』において「『フィロゾフィー』ハ希臘言ニシテ世或ハ訳シテ哲学ト為ス固ヨリ不可ナリ無シ余ハ則チ易経窮理ノ語依リ更ニ訳シテ理学ト為ス」と、[26]「理学」に一貫しており、また、かれの『理学沿革史』（一八八六年）は Alfred Fouillée の『哲学史』の翻訳であった。[27] しかし内容からみれば、兆民が「窮理」という既存の用語を固執したとみなすよりは、たとえば「印度の理学」「支那の理学」「希臘の理学」「基督教の理学」という項目からもわかるように、むしろ既存の思想圏や教派が西洋の目線から「哲学史」として集成されるのはかれにとっても当然であって、それを表す言葉だけが「理学」となっている点に注意すべきであろう。このような現象は、一八八一年に同じく文部省から出された井上哲次郎らの『哲学字彙』からもみられ、たとえば、「Critical philosophy 批評理学」「Divine philosophy 神理学」「Economical philosophy 財理学」「Political philosophy 政理学」「Practical philosophy 実践理学」「Sceptical philosophy 懐疑理学」などの例からわかるように、[28]「理学」はフィロソフィーの対応語として使われていた。

「外来の未知の概念を受け容れていくためには既存の類似の用語をもって当てはめるしかなく[29]」、その際に「形而上下を統一するものとして捉えていた朱子学的思惟」が[30]「理学」の意味拡大を可能にしたことはいうまでもない。だが、「印度の理学」「希臘の理学」のように、既存の意味では合成できない語が西洋で書かれた哲学史のもとで語られるまでに、「理学」の意味は無くなっている。これは、フィロソフィーが「西洋の性理の学」として、または、西周の「生性発蘊」でみたように「東洲」と「西洲」の対照関係のもとで把握されていた以前の段階から再び状況が変わったことを意味する。ここに至るまでの「理学」という言葉の意味合いをもう少しみておこう。

山室が指摘するように、「フィロソフィーは哲学と、サイエンスは科学と、フィズィックスは物理学と」に定着されるまでそれぞれの言葉は複雑な対応関係を見せているが[31]、逆にいえば、一つのテキストの中で意味が重なることはなかったともいえる。たとえば、日本でも普及した「孫奇逢編『理学宗伝』や竇克勤『理学正宗』」は、「宋の区仕衡『理学簡言』、明の楊慎『理学』、清の耿介の『理学要旨』など」と同様、宋学の書籍であったのに対し、蘭学者の場合、「理学」はむしろ自然科学の方を指していた。例を挙げれば、オランダ語の natuurkunde は、「窮理本然ノ学」（前野良沢『管蠡秘言』一七七七年）、「性理学」（本木良永『星術本原太陽窮理了解新制天地二球用法記』一七九一年）、「格物窮理学」（高野長英『聞見漫録』一八三五年）と訳されたのであり、fysica（phisica）は、宇田川榕庵の『植学啓原』（一八三三年）では「窮理学」と訳されている[32]。また、川本幸民は『気海観瀾広義』（一八五一年）において「『ヒシカ』は和蘭にこれを『ナチュールキュンデ』と云い、先哲訳して理学と云ふ。天地万物の理を窮むるの学」と説き、これらの蘭学者たちの、「自然（科）学一般から天文学、植物学、科学、物理学といった諸分野にわたる訳述紹介の中で、自然科学としての西洋学術が分科の学の形態をとるものであることが認識され、それが蘭学でいう窮理学、理学に当たるものとみなされていった[33]」。

一方、西洋学術分類の紹介に目を向けると、西洋学術を「六科」と紹介したジュリオ・アレーニ『西学凡』（Giulio Aleni、艾儒略、一六二三年）では、「勒鐸理加（rhētorica）」「斐録所費亜（philosophia）」「黙第済納（medicīna）」

「勒義斯（lēgis）」「加諾搦斯（canones）」「陡禄日亜（theologia）」を、それぞれ「文科」「理科」「医科」「法科」「教科」「道科」に訳したことからわかるように、フィロソフィーが「理学」に当てはめられる。[34] その後、蘭学者青地林宗は、J. Hübner の『一般地理学』のオランダ訳を抄訳した『輿地誌略』（一八二六年）において、「払郎察《フランス》」の大学を「専ら理教治医の四科」と紹介したが、この場合の「理科」は「哲学部（facultas philosophica）」を指していた。[35] また、渡辺華山も『外国事情書』（一八三九年）において、西洋学術を「教・政・医・物理」とし、オランダ語の wijsbegeerte を「物理学（格智）」に訳した。[36] 哲学を意味し、「智に対する欲」とも直訳できる wijsbegeerte は、西周がホフマン宛に送った手紙においても「philosophie of wijsbegeerte」と出ていた。[37]

しかし、このような二つの領域に相応しうる「理」の在り方は、上で述べたように形而上下を同時に表す宋学の概念に起因しつつ、一方では当時の西洋におけるサイエンスとフィロソフィーの未分化状況をも反映するものであった。[38] ドイツのヴィッセンシャフトの明治日本における受容過程を検討した森川によれば、ドイツにおいて「教養学部から改称した哲学部が文科系の哲学部と理科系の自然科学部に分化する」のは一九世紀中葉以降であったという。[39] それ以前たとえば、I・ニュートンの *Philosophiae naturalis principia mathematica*, 1687 が「サイエンスではなく、フィロソフィーと冠していた」ことは象徴的であろう。[40] だが、漢字圏における「理」の変動は、サイエンスの分化とは根本的に違うところがあった。というのは、新造語の面において「理」は完全にその場を西洋の方に移したからである。理工学部や心理学という言葉から宋学を聯想する人はもはやいない。そして、西洋の学術全般を網羅する「理学」という用語も現れる。明治以来最初の学術総合雑誌という位置を占める『東洋学芸雑誌』の創刊号では、「我邦人ノ理学ノ思想ニ乏シキハ識者ノ常ニ憂ウルトコロナリ故ニ之ヲ救ハンカ為ニ此雑誌ニ理学ニ関係アル文章ヲ掲載シテ其性質及ヒ功用ヲ世ニ明ニセシコトヲ力メタリ」と訴えているが、[41] 全体の内容からみれば、ネーチャーだけではなく、西洋学術総合雑誌とまでいえる内容となっている。「英国に於て愛読措かなかつた通俗科学雑誌『ネチュール』のことは忘れられず、此種の雑誌の、未だ日本に一つも無いのを甚だ遺憾と」思ったという杉浦重剛の期待を裏切る如く[42]、「理学」という名称は、進化論から「ヒューム氏自由政治論」まで、西洋の学問全般を指していた。

3　一八七〇年大学規則から東京開成学校までの「理学」の定着様子[43]

ところが、杉浦もそう語ったように、かれらがネーチャー方面の雑誌を狙って「理学」という言葉を使ったのは確かであろう。一八七〇年の大学規則が出て以来、「理科」は自然科学を括る言葉として大学南校以後、変わりなく用いられていたからである。勿論、大学南校の後身に当たる東京開成学校の予科課程の「理学（心理学）」「理学（修身学）」のような例もあり[44]、学制名として完全に自然科学の方だけを指していたのではないが、「法・理・文科」という区分以上に「理学」は、学科名としての名称が「外国教授現員表」や「各学生徒等級人員表」などと連動され、統一的に用いられることで早い段階での定着をみせている[45]。本節では、学制の枠としては「理学」の方が早い段階で力を得ていく様子を追跡することで、「哲学」という新造語を掲げた学制の前史を確認しておきたい。先行研究においても「帝国大学」の専攻科目として「哲学」という訳語が選ばれ、その言葉の定着に繋がったことは指摘されている[46]。だが、学制において「理」という文字がいかなる動きを見せているのかを確認する必要はあると思われる。

幕府の洋学所は蕃書調所を経て一八六〇（万延元）年六月、「英仏二語学ヲ置キ且化学ノ学ヲ設ケ独魯二語学ヲ置ク」と、次第に蘭書以外の外国語教育を充実させながら一八六二年には洋書調所に、そして一八六三年八月には開成所となる。その後、明治政府の管轄となるまで外国語学校としての教場を整えていった。その様子が『東京開成学校第一年報』には次のように圧縮されている。「元治元（一八六四）年三月……此年蘭人『ガラタマ』ヲ以テ理化二学ノ教師トス三年河田相摸守倉橋但馬守頭取タリ……十一月是ヨリ先キ開成所ハ必陸軍奉行ヲ以テ兼テ之ヲ総理セシム是ニ至リ之ヲ廃シ更ニ外国総奉行ヲ以テ之ヲ兼理セシム此時蘭学漸ク衰ヘ英仏独ノ三学日ニ盛ナリ是ニ於テ学則ヲ更革シ外国学校ノ法則ニ倣ヒ教場ヲ広クシ教授ヲ盛ニス……明治元年東京府ノ所管トナル[47]」。そして、一八六九年一二月に改称となった大学南校時期より、外国人教師の来日も急増した。「（明治）二年正月仏人『プーセー』英人『バーリー』ヲ語学講師トス於是講読ノ科ヲ設ケ語学ヲ以テ正則トシ……四月米人『ウェルペッキ』ヲ英語学及学術講師トス（中略）五月仏人『ガロー』ヲ独語学《ママ》[48]及文学教師トス……十二月大学南校ト改称ス[49]」。

一方、後に開成学校に合併される大坂化学所が「理学所」に改称したのが一八七〇年四月である[50]。この名称変更は、同年二月に出された大学規則において大学の学科を「教・法・理・医・文科」と規定し、理科に「格致学、地質学、化学、数学、器械学」などを含めたことと連動する。ここで初めて公的教育機関の学制名としての理学および理科が打ち出されたとみてよかろう。しかし、そのなかで「法・理・文科」を担った大学南校の時期より、専門学校として昇格される東京開成学校になるまで（一八七四年）、三科という大枠は、あくまで「大学は教・法・理・医及文五学専門学科に分れ」という名目のもとで[51]、専門学科においてのみ表面に出された[52]。つまり、「大学」という名称の削除からもわかるように、「専門科」課程が中止され、「普通ノ学科」のみの教場となった「南校」（一八七一年）および「第一大学区第一番中学」（一八七二年）の教科課程は、外国語別に部を分けた［表①］のようなものであった。

［表①］にみられる「修身学」および「窮理学」の内容は推定できない。用語だけを追うと、「修身学」でたと

表① 1872（明治5）年南校学科課程[53]

例	時間	月	火	水	木	金	土	教師及教官
英一ノ部	七字ヨリ八字	図書(高)	幾何学㋒	文典㋩	窮理学㋒	幾何学㋒	文典㋩	教師：フエルベツキ、ギリフヒス、ウイードル、ハウス 教官：宇都宮少教授、柳本大助教、高橋浩
	八字ヨリ九字	窮理学㋒	算術㋒	作文㋩	算術㋒	算術㋒	作文㋩	
	九字ヨリ九字半	体操	体操	体操	体操	体操	体操	
	九字半ヨリ十字	窮理学㋒(柳)	算術㋒	文学㋖	読方㋩	文学㋖	読方㋩	
	十字ヨリ十一字	修身学㋖	化学㋖	歴史㋩	修身学㋖	化学㋖(宇)	歴史㋩	
	十一字ヨリ十二字	生理学㋖	化学㋖	代数学㋫	地理学㋖	生理学㋖	代数学㋫	
仏一ノ部	七字ヨリ八字	算術㋹	幾何学㋹	生理学㋮	修身学㋮	算術㋹	生理学㋮	教師：マイヨ、フオンテーヌ、レピシエ 教官：高橋浩
	八字ヨリ九字	図書(高)	代数学㋹	図書(高)	代数学㋹	幾何学㋹	代数学㋹	
	九字ヨリ九字半	体操㋮	体操㋹	体操㋫	体操㋮	体操㋹	体操㋫	
	九字半ヨリ十字	歴史㋮	歴史㋮	歴史㋮	化学㋮	歴史㋮	化学㋮	
	十字ヨリ十一字	窮理学㋮	作文㋮	化学㋮	窮理学㋮	作文㋮	化学㋮	
	十一字ヨリ十二字	窮理学㋮	文典㋮	化学㋮	地理学㋮	文典㋮	修身学㋮	
独一ノ部	七字ヨリ八字	文典	算術	書取	文典	算術	文典	教師：ローゼンスタン
	八字ヨリ九字	地理学	博物	窮理学	地理学	博物	窮理学	
	九字ヨリ九字半	体操	体操	体操	体操	体操	体操	
	九字半ヨリ十字	読方	読方	読方	読方	読方	読方	
	十字ヨリ十一字	作文	作文	作文	作文	作文	書取	
	十一字ヨリ十二字	算術	代数学	幾何学	算術	代数学	幾何学	

備考）英語は九部、フランス語は六部、ドイツ語は四部まで班があり、一部以下は省略した。

表② 「専門科分テ一二三四ノ四等トス其学科ハ大凡左ニ示スカ如ク」[56]（1870年）

法科	理科	文科
民法　商法　詞訟法　刑法 治罪法　国法　万国公法 利用厚生学　国勢学　法科理論	究理学　植物学　動物学　化学　地質学 器械学　星学　三角法 円錐法　測量　微分　積分	レトリツク　ロジシク　羅甸語 各国史　ヒロソヒー

えば、一八七〇年の大学規則の「教科」科目の「修身学」や、東京開成学校の法学科本科の科目に含まれた「修身学及論文」などの例がみられるが、前者は「教科」から計り知られるように、必須図書として「孝経」「論語」「大学」「中庸」「詩経」「書経」「周易」「礼記」が挙げられていた(54)。一方、東京開成学校の「修身学及論文」の「修身学」部分には「モヲラル、フ《井》ロソフ《ヒ》ー」とルビが振ってある(55)。つまり、この時期には同じ用語でも全く異なる学科目を指していたと考えられ、以上の表からは外国人教師が教える修身学とはおそらくモーラルフィロソフィーのようなものではなかったかと推測される。

一方、大学規則からその枠を取った大学南校規定（一八七〇年一〇月）における専門科「法・理・文科」は［表②］のように構成されていた。

専門科の文科のなかにはカタカナで表記された「ヒロソヒー」以外にも、レトリックとラテン語、西洋歴史が含まれている。このように、哲学は当初、西洋の分科学問として「ヒロソヒー」で始まったことがわかる。しかし、すでに述べたように、専門科を教授する大学南校は、二年後には普通科だけを教える南校に改称されるので（［表①］）、実際に専門科まで進学した生徒はいなかったと思われる。

その後、「本科」という形で専門科が復活されるのが、東京開成学校時期である。ところが、この東京開成学校における専門学科の種類および学科編成の様子をみていると、興味深いことがわかる。それは、東京開成学校期に至ると、大学南校期の専門科「三科」の一つであった「理科」は「理学校」として登場し、学科名がそのまま教授や生徒の分類名として連動される反面、「文科」は専門学科としては立てられず、たとえば、予科課程の「英語学」科目の一分野「リテラチユール」の翻訳語として登場する(57)。この東京開成学校では、「外国教師により外国語にて修むべき専門学科」を設置するという基本原則のもとで(58)、以前の南校期の方式――「英語、仏語及独語三科を設け、外国教師をして各別に之を担任」させるという方式を維持しながら(59)、専門学校に引きあげる方針を採った結果、「法学校　理学校　諸芸学校　鉱山学校　工業学校」の「五箇ノ専門学校ヲ合併シテ成ル」「官立大学校」となった[60]。以前三つの外国語を大枠としていた点に関しては、「開成学校に於ては専ら英語を以て教授すること、為せり。此れに就きて当然起り来るべき問題は従来仏語又は独語を修めたる学生の処置是れなり」とされ、「諸芸学科は専ら英語科に転じ難き仏語科生徒の爲めに設けられ、鉱山学科は……独語科生徒の爲めに設けられたるものにして、英語科生徒も其の性質学力随ひ、其の何れかに入学することを許されたり」と、それまで外国語別に教場を選択した学生に合わせてそれぞれの専門学科が設けられた[61]。

つまり、東京開成学校期に至ると、外国語を基本原則とする専門学校であったため、今日のような文系は別途設けられるまでもなく、むしろ外国語の種類にしたがって専門学科が決まるという方式となり、そのなかですでに述べたように、「理学」は西洋の自然科学系の分科学問を盛り込む「理学校」として定着し、行政的な用語としても統一されていく傾向をみせる。その反面、今日の理系に対応される文系といえるものはまだなく、外国語学習に合わせた「文典」「文学作文」「書取」などの個別科目として文という文字は痕跡を残しているが、これについては別途の議論が必要であろう。哲学という新造語の定着に関連して記憶に留めなければならないのは、以前にフィロソフィーの訳語とされた「理学」は、一八七〇年の大学規則以来、西洋の自然科学系を表す学制名として、なお、学制名のみならず行政用語としても統一される傾向を見せている点であり、一方、西洋の分科科目としてフィロソフィーを盛り込む項目はまだなかった点である。「西洋の分科科目として」といったのは、この時期におけるフィロソフィーは、後でみるように、東洋哲学までを包括する全体性を持つものではなかったからである。フィロソフィーという学制の西洋における位置はさて置いて、外国語と外国教授が前提だった当時の専門学校においてフィロソフィーは、まだ「修身学」「ヒロソヒー」など[62]、形も一定されていない、いわば「モーラルフィロソフィー」レベルの一つの西洋科目だったことは重要である[63]。

4 東京大学文学部と「哲学」の採用（一八七七～一八八二年）

以上の内容から、「大学規則」より東京大学の創立以前まで、様々な「理学」を教えに来日した外国人教師はたくさんいたが、当然ながら哲学を教えにきた外国人教師はいなかったともいえよう。一八七四年一二月現在、「エドワード・サイル」という人は「修身学」教師として来日しており、[64] 三宅や井上哲次郎らが最初の哲学教師として回想するフェノロサも、[65]「政治学理財学教授」として来日した。東京開成学校から草創期の東京大学まで来日した「理学」「化学」「物理学」「博物学」「数学」「化学」「工学」「植物学」などの教師に比べると、文系の教師の担当科目は特定できず、それぞれ異なる複数の科目を担当している。[66] これは、哲学科の整備過程と関わる問題であり、この意味において明治日本における最初の哲学教授は井上哲次郎だったともいえる。[67] またこれは、大学南校から法理文学部まで大学で行った教科書刊行目録に、哲学関係では井上哲次郎らの『哲学字彙』が唯一であったことと関連する。[68] ここで、もう一つの区切り地点がみえてくる。

以上では「理学」のサイエンスへの移動をみた。その次に以下では、文学部の新設（一八七七年）と「哲学」の科目名への採用そして、学制編成過程および教授担当科目をみていくのだが、まずは、一八八二年度まで焦点を当てる。この一八八二年という時期は、「東洋哲学」が哲学科の科目となり、井上哲次郎が助教授としてはじめてその科目を担当する年である。しかし、それはいきなり登場したのではない。つまり、一八八一年に哲学科が第一科として独立した際に「印度及支那哲学」という科目ができた（［表⑤］）。ところが、それらを担当した教員は、東京大学の創設の際から「漢文学」を担当してきた中村正直や島田重礼であった（［表⑦］）。つまり、「支那哲学」はあくまで漢文学の枠内にあったのである。一八八二年にはそれらが重なる。漢文学の枠内の「支那哲学」と、井上哲次郎が文部省御用掛の際から準備してきた「東洋哲学」が、一八八二年には同時に存在するのだ。

その後の推移を簡単に述べておく。一八八六年帝国大学期には「支那哲学」が無くなり、「東洋哲学」として「支那歴史」「支那経学」「日本歴史」に並ぶようになる[69]。そして、再び「東洋哲学」が「支那哲学」「印度哲学」に細分されたのは、井上哲次郎が帰国し帝国大学の教授に就任した直後である[70]。

つまり、一八八二年という時期は、西洋の哲学に引きよせられる形で「東洋哲学」が科目として登場したとはいえ、「東洋哲学」となる以前の何らかの状態がまだ目にみえた。それをあからさまにフィロソフィーの枠に入れてしまう段階が、井上のドイツ留学とともに始まったのではなかろうか[71]。

それでは、「東京大学法理文学部」となる一八七七年より一八八二年までを追っていこう（「表③〜⑥」を参照）。

一八七七年二月、東京開成学校綜理に任じられた加藤弘之は、次の「東京ノ二字ヲ冠スル儀」を文部省宛に提出する。

> 本校遂日盛大ニ至リ実ニ方今本邦ノ大学校ニシテ之ニ号クルニ開成ノ名ヲ以テスル上ハユニベルシチート唱フル如キ普通名詞ノ其地名ヲ付セザレハ何地ノ大学校タルヲ辨審シ難キモノト同シカラス本校ノ如キハ他ニ同名無之仮令有之モ其名遠ク歐米ニ播布セシモノユヘ決テ他校ト誤認サル、憂無[72]

すでに述べた通り、東京開成学校は一八七五年以来、一覧において「官立大学校」と明示した。引用文にもこのような名称問題がみられ、さらに「英文一覧には『ユニヴアーシテイ』と云ふ語を用ひたる」と、「大学」を冠するように求められた。そしていうまでもなく、同年三月には法理文の三科と東京医学校が合併される形で東京

表③　1877（明治10）年東京大学文学部

	第一年	第二年	第三年	第四年
第一　史学、哲学、及政治学科	英吉利語（論文、論理学、心理学（大意、欧米史学、和文学、漢文学、法蘭西語或耳曼語学（一科のみ）	和文学 漢文学 英吉利文学 哲学（哲学史　心理学） 欧米史学 法蘭西語或耳曼語	和文学 漢文学 英吉利文学 哲学（道義学） 欧米史学 政治学 経済学	英吉利文学 欧米史学 哲学 政治学及列国交際法
第二　和漢文学科	（同上）	和文学 漢文学 英吉利文学 欧米史学或哲学	和文学 漢文学 英吉利文学 欧米史学或哲学	和文学 漢文学 欧米史学或哲学

参考：［表③～⑥］は『東京帝国大学五十年史』（1932）および各年度の年報を参考にした。

表④　1879（明治12）年文学部改正

	第一年	第二年	第三年	第四年
第一　哲学政治学及理財学科	和文学（2）、漢文学及作文（4）、史学（法国史　英国史）（3）、英文学及作文（4）、論理学（/2）、心理学大意（/2）、法蘭西語或独乙語（一科のみ）（3）	哲学（哲学史　心理学）（4） 史学（英国憲史）（3） 和文学（2） 漢文学及作文（4） 英文学（文学史、作文及批評）（3） 法蘭西語或独乙語（3）	哲学（道義学）（3） 政治学（3） 理財学（3） 史学（希臘史　羅馬史）（3） 和文学（2） 漢文学及作文（4） 英文学（作文及批評）（3）	哲学（5） 政治学及列国交際公法（4） 理財学（3） 史学（3） 漢文学及作文（3） 英文学（作文及批評）（3） 卒業論文
第二　和漢文学科	（同上）	和文学及作文（5） 漢文学及作文（9） 英文学或史学或哲学（3）	和文学及作文（5） 漢文学及作文（10） 英文学或史学或哲学（3）	和文学及作文（5） 漢文学及作文（11） 英文学或史学或哲学（3） 卒業論文（和漢両文）

備）括弧の数字は一年間の毎週授業時数、「/」は半年示す。

表⑤　1881（明治14）年文学部改正

	第一年	第二年	第三年	第四年
第一　哲学	和文学（2）　漢文学及作文(4)　史学(3)　英文学及作文（4）　論理学（2）　法学通論（2）　独逸語（第一・二学科だけ）(3)	哲学（哲学史　世態学　心理学）(6) 史学（史論）(3) 和文学（2） 漢文学及作文（4） 英文学（文学史　作文及批評）(3) 独乙語（3）	哲学（近世哲学　印度及支那哲学）(7) 生理学（3） 和文学（2） 漢文学及作文（3） 英文学（作文及批評）(3) 独逸学（3）	哲学（心理学　道義学　審美学　印度及支那哲学）(10) 作文（漢文）(2) 卒業論文(邦文漢文若英文)
第二　政治学及理財学科		理財学（4） 史学（3） 和文学（2） 漢文学及作文（4） 英文学（文学史　作文及批評（3） 独逸語（3）	政治学（政治学　行政学　日本古今法制）(4) 理財学（理財学　日本財政論）(4) 万国公法（3） 和文学（2） 漢文学及作文（4） 独逸語（3）	政治学（行政学　日本古今法制）(4) 理財学（理財学　日本財政論）(4) 法理学（3） 作文（漢文）(2) 卒業論文(邦文漢文若英文)
第三　和漢文学科		和文学及作文（5） 漢文学及作文（7） 史学（史論）(3) 哲学（哲学史　世態学　心理学）(6)	和文学及作文（5） 漢文学及作文（8） 哲学（近世哲学　印度及支那哲学）(7)	和文学及作文（5） 漢文学及作文（8） 哲学（道義学　審美学　印度及支那哲学）(7) 卒業論文（和漢両文）

備）括弧の数字は一年間の毎週授業時数を示す。

表⑥　1882（明治15）年文学部改正

<table>
<tr><th></th><th>第一年</th><th>第二年</th><th>第三年</th><th>第四年</th></tr>
<tr><td>第一　哲学</td><td rowspan="3">和文学（2）　漢文学及作文(4)　史学(3)
英文学及作文（4）
論理学（2）　法学通論（3）
独逸語（第一・二学科だけ）(3)</td><td>東洋哲学（哲学史）(1)
西洋哲学(哲学史　世態学　心理学)(6)
史学（史論）(3)
和文学（2）
漢文学及作文（4）
英文学（文学史　作文及批評）(4)
独逸語（3）</td><td>東洋哲学（印度及支那哲学）(4)
西洋哲学（近世哲学）(3)
生理学（3）
和文学（2）
漢文学及作文（4）
作文（英文）(2)
独逸語（3）</td><td>東洋哲学（印度及支那哲学）(4)
西洋哲学（心理学　道義学　審美学）(6)
作文（漢文）(毎月２度)
卒業論文（邦文漢文若英文）</td></tr>
<tr><td>第二　政治学及理財学科</td><td>統計学（2）
理財学（4）
史学（史論）(3)
和文学（2）
漢文学及作文（4）
作文（英文）(3)</td><td>日本古今法制論（1）
国法学（3）
理財学（3）
日本財政論（1）
国際公法（3）
和文学（2）
漢文学及作文（4）
独逸語（3）</td><td>日本古今法制論（1）
行政学（3）
理財学（3）
日本財政論（1）
法理学（3）
作文（漢文）(毎月２度)
卒業論文（邦文漢文若英文）</td></tr>
<tr><td>第三　和漢文学科</td><td>和文学及作文（5）
漢文学及作文（7）
史学（史論）(3)
東洋哲学（哲学史）(1)
西洋哲学(哲学史　世態学　心理学)(6)</td><td>和文学及作文（5）
漢文学及作文（8）
東洋哲学（印度及支那哲学）(4)
西洋哲学（近世哲学）(3)</td><td>和文学及作文（5）
漢文学及作文（8）
東洋哲学（印度及支那哲学）(4)
西洋哲学（道義学　審美学）(3)
卒業論文（和漢文）</td></tr>
</table>

備）括弧の数字は一年間の毎週授業時数を示す。

表⑦　1874～1883年東京開成学校及東京大学文学部哲学関連教授

1874年東京開成学校

サイル	修身学	備）教授、英、月120円

1875年

サイル(推定)	修身学及歴史学

1876年

サイル(推定)	修身学及歴史学	備）教授、英、月300円

1877年9月～1878年8月東京大学文学部

	第一	第二	第三	第四
サイル	史学（一）	史学		
外山正一	心理学（二） 論理学（一） 英語	哲学史 心理学		
中村正直		漢文学		

備）括弧の（一）は一学期、（二）は二学期を示す。

1878年9月～1879年8月

	第一	第二	第三	第四
サイル	史学（一）	史学（一）	史学（一） 道義学(一)	
外山正一	英語 論理学（一） 心理学（二）	心理学（一） 哲学（二）		
フェノロサ		哲学史	政治学 理財学	
クーパル	史学（二）	史学（二）	史学（二） 道義学(二)	
中村正直			漢文学	

備）括弧の（一）は一学期、（二）は二学期を示す。

1879年9月～1880年8月

	第一(法文学)	第二	第三	第四
外山正一	英文学 心理学(前半年) 論理学(後半年)	心理学（1）		哲学（1）
フェノロサ		哲学史（1）	政治学（1） 理財学（1）	政治学（1） 理財学（1）
クーパル	史学	史学（1） 史論（1） 仏蘭西語(2)	史学（1） 道義学（1）	哲学（1）
中村正直			漢文学（1）	
島田重礼			漢文学（2）	

備）括弧の数字1は哲学政治学及理財学科、2は和漢文学科をさす。

1880年9月～1881年7月

	第一	第二	第三	第四
外山正一	論理学 心理学 英吉利語	心理学（1）		哲学（1）
フェノロサ		哲学史（1）	理財学（1） 政治学（1）	理財学（1）
クーパル	史学	史学（1）	道義学（1） 史学（1）	哲学（1） 史学（2）
中村正直			漢文学（1）	
島田重礼				漢文学（2）
岩佐巖		独乙語（1）		

備）括弧の数字1は哲学政治学及理財学科、2は和漢文学科をさす。

1881年9月～1882年7月

	第一（文学部共）	第二	第三	第四
外山正一	英吉利語	史学（2）（3） 心理学（3）		哲学（1）
フェノロサ	論理学	哲学史（3） 世態学（3）	哲学（1） 理財学（2）	哲学（1） 理財学（2）
クーパル				
岩佐巖	独乙語	独乙語（2）	独乙語（1）（2）	
セン	独乙語	独乙語（2）	独乙語（1）（2）	
中村正直				漢文学（1） 支那哲学（1）
井上哲次郎	史学			
千頭徳馬	論理学			
原垣山			印度哲学（1）	印度哲学（1）
吉谷覚寿			印度哲学（1）	印度哲学（1）
島田重礼		漢文学（3）	支那哲学（1）	

備）括弧の数字1は哲学科、2は政治学理財学科、3は和漢文学科をさす。

1882年9月～1883年7月

	第一（文学部共通）	第二	第三	第四
外山正一		英文学（1） 史学（1）（2）（3） 心理学（1）（3）		哲学（1）
フェノロサ	論理学	哲学（1）	理財学（2）	哲学（1） 理財学（2）
オツトセン	独乙語	独乙語（1） 独乙語（2）	独乙語（2）	
レーマン	独乙語	独乙語（1） 独乙語（2）	独乙語（2）	
中村正直	経学（古乙）			支那哲学（1） 漢文（1） 漢文（2）
井上哲次郎	史学	東洋哲学（1） 東洋哲学（3） 論理学（古甲）	東洋哲学（3）	東洋哲学（1）
千頭徳馬	論理学			
原垣山			印度哲学（3）	印度哲学（1）
吉谷覚寿			印度哲学（3）	印度哲学（1）
島田重礼	経学（古乙） 史学（古乙）		支那哲学（3）	

備）括弧の数字1は哲学科、2は政治理財学科、3は和漢文学科、古甲は古典講習科甲部、古乙は古典講習科乙部をさす。

参考：『東京開成学校』（1873）『東京開成学校第二年報』（1874）『東京開成学校第三年報』（1875）『東京開成学校第四年報』（1876）『東京大学法理文三学部第五年報』（1877）『東京大学法理文三学部第六年報』（1878）『東京大学法理文三学部第七年報』（1879）『東京大学法理文三学部第八年報』（1880）［『史料叢書・東京大学年報』第一巻］、『東京大学第一年報』（1880.9.～1881.12.）『東京大学第二年報』（1881.9.～1882.12.）『東京大学第三年報』（1882.9.～1883.12.）［同、第二巻］

大学が誕生する。これについては当時の年報においても「旧開成学校ニ法理文三学部ヲ置キ」とされているが[73]、実際に文学部は完全に新たに設置された[74]。

一八七七年の東京大学文学部は「第一史学、哲学、及政治学科」「第二和漢文学科」で始まる。そして、一八八一年には「第一　哲学科」に独立し、その後、三回の改正を経て一八八六年には帝国大学文学部哲学科となる。帝国大学期の哲学科のあり方は、植民地朝鮮の京城帝国大学を含めて一九二〇年代までの各帝国大学に受け継がれていくことになる。この点については第二部で論じることにして、以下では、帝国大学以前の改正のなかで「東洋哲学」という科目が誕生する一八八二年改正までの哲学科の学科編成の様子と、担当教授をまとめておく（［表⑦］）。

5　東京大学年報からみる哲学科の教授内容

帝国大学以前期においてどのような内容が哲学科のもとで教授されたかについては、すでに取りあげた三宅などの回顧からも窺われ[75]、初期の東京大学における哲学史講義をまとめた柴田の研究がある[76]。一方、「倫理学史」や「論理学史」など、個別学問の科学史研究でも東京大学の学制を触れている[77]。本節では、学制として「哲学科」が初めて置かれた初期の東京大学史に重点をおき、その看板のもとで具体的に何が教授内容として挙げられたかについて、東京大学年報の「内外教授教師等申報」を通じてみることにする。［表⑦］で取りあげた哲学関連教師を対象とする。かれらは第一科だけではなく文学部全体で共通の科目を持っていたので、哲学科に限られる内容ではないが、それぞれの教授が「受持学科」において用いた教科書や教授方式を知ることができる。また既存の研究では、本史料を各々の科学史に合わせて解釈したため、全体の様子よりは、個別の情報を与える側面が多かった。したがって本節では、今日とは異なる当時の全体像を当時の用語で提示することを目指す。

まず、外山正一の「心理学」教授に関する申報が挙げられる。かれの「受持学科」は「英吉利語」「心理学」「哲学」であったが、申報では「英吉利語」と「心理学」を中心に述べている。以下でみるように、かれの「心理学」は、メンタルフィロソフィーのようなものであった。この点は東京大学の前の時期と共通する。東京大学の初年度における外山の申報によれば、「三学部（和漢文学部：以下、括弧は筆者による注）第一年生……後半年ニハ心理学ヲ習修セシメタリ即チ教科書ニハ英国ノ学士ベイン氏ノ心理学ヲ用ヒ一週ニ二時間ヲ以テ授業ノ時間トス教導ノ法タル教科書ト口授トノ二者ヲ兼ネ用ヒタリ而テ時ニ限リアレハ其授クル所ハ前年同様専ラ感応ト智力トヲ論スルノ部ニ止マレリ（以下、傍線は筆者による）」と、そして「文学部第二学年ニ特ニ本学年中ニ於テハ毎週二時間心理学ヲ講授シ専ラ精神生理ヲ研究セシメタリ……教科書ニハベイン氏（Alexander Bain, 1818～1903、スコットランドの哲学者）ノ心理学カーペンター氏ノ精神生理スペンセル氏ノ哲学原理等ヲ用ヒタリ」という[78]。また、外山は翌年の申報においても「和漢文学科第二年生ニ毎週三時間心理学ヲ講授シタリ其方法タルヤ教科書ト口授トヲ併用シ且ツ学生ヲシテ論題ヲ撰ミ之ヲ諸大家ノ書ニ就イテ十分ニ考覈セシメタリ本学年中学生ノ専ラ履修セルモノハ精神ト身体トノ関係、注心、知覚、並ニ性情思想ノ作用、諸情慣習、精神ノ不覚ノ作用、ソムナムビユリズム（somnambulism）、メズメリズム（mesmerism）、スピリチユアリズム（spiritualism）等ナリ此外ニ又哲学原理ヲ教導セリ」と語る[79]。さらに翌年においても心理学の内容は、「前年ト大差異アル〆ナシ」とされ、第二・三年の「心理学」は上で述べた教科書が主に用いられたことがわかる。一方、第四年の教授内容については「心理学ノ高尚ナル原理ヲ授ケ又一方ニ於テハ人類ノ心力ト下等動物ノ心力トノ比較、心力ノ発達、動物及ヒ人類表情上ノ言語等ヲ研究セシメタリ本年学生ノ如キハ言訥ナルモ頗ル思想ニ富ミ其進歩ノ如キハ余ヲシテ甚タ満足セシメタリ」

とされる。(80)

次に、フェノロサは「世態学」と「近世哲学史」、「論理学」について述べる。まず、第二学年では「世態学」を講義したというが、詳細には述べていない。一方、「近世哲学史」では「第三学生ニハ全学年間ヒユーム氏著人性論并ニカント氏著純理論ニ就キテ講授シタリ第四年生ニハ全学年間カント氏著純理論及ヒワレース氏訳ヘーゲル氏著論理学ヲ講授シタリ」と記されている。(81) また、翌年の申報では次のように記録される。「第一年級ノ論理学ハ……エヴェレット氏（Joseph David Everett, 1831～1904）著論理学ヲ用ヒテ参考書トナセリ。第二年級ノ哲学ハ前年ニ於ケル如ク第一学期ニ於テ授クル世態学総論ノ講義ヲ包含スルモノナリ……近世哲学史ノ講義ヲ従前ニ比スレハ大ニ増加シ得タルニ由リ該講義ヲ完了シ更ニ韓図《カント》ノ哲学ヲ周密ニ講究セシムルニ至レリ……第三年級ノ哲学教導ノ順序方法ハ到底一変セサル可ラサルモノナルヲ以テ……棚橋（棚橋一郎）ヲシテ専ラヘーゲルノ哲学（従前ハ第四年ノ課題：原文ママ）ヲ修メシメ同時ニ韓図ノ哲学ヲ独学セシメタリ是ニ於テヤ余ノ曾テ規図シタリシ如ク棚橋ノ第四年級ニ於テ修ムヘキモノハ全ク実践哲学ノミトナレリ。第四年級ニ在テハ……第三年級ト倶ニヘーゲルヲ修メシメタリ(82)」。

また、この時期に「論理学」を担当した千頭徳馬は、申報において「教科書ハゼボンノ書」と述べている。(83) ここではジェボンズのどの本が教科書として用いられたかはわからないが、ジェボンズ（William Stanley Jevons, 1835～1882）の論理学書籍の明治初期における影響力については清水真一の研究に詳しいのでそこに譲る。(84)

一方、一八八二年より「東洋哲学」が科目名として登場することについてはすでに述べた。まず、一八七七年から東京大学の漢文学教授であった中村正直は、一八八一年より「漢文学支那哲学教授」として任じられる。申報においては「（一八八一から一八八二年までは）哲学第四年生ニシテタヽ有賀長雄一人アルノミ九月ヨリ十二月迄ハ孟子輪講詩経講義ヲ課業トナス……一月ヨリ七月迄ハ前学期ニ余ル所ノ孟子ヲ講シ畢リテ後書経ト老子トヲ合セ講シタリ」と記される[85]。一方、同じく「漢文学支那哲学教授」の島田重礼も支那哲学講義について述べており、その申報によると、二年生には論語を、三年生では孟子から老子、荀子の順に学ばせる一方、「伊藤長胤（東涯）ノ古今学変ニ依リ古今学術ノ異同ヲ講述シ……又一週四時間八大家文読本ヲ輪読シ其疑義ヲ質問セシメ且文題ヲ提シ二週間ニ一篇ヲ作ラシメタリ」と幅広く日本の儒者も取りあげたことがわかる[86]。翌年においても、中村の講義では『孟子』と『詩経』を用いており、島田の講義では一年生に『孟子』を教授したという[87]。古典講習科に関する言及ではあるが、広く漢文学の教授方式としては講義より既存の「輪読」が重視されたことが次の島田の申報からわかる。「講義ニテハ記憶甚タ難キノミナラス徒ニ口授ヲ聴受スルノミニ流レ自己ノ精力ヲ労スルヿ甚ク以テ其学識ヲ暢発スルヿ能ハス因テ講義ヲ廃シ改メテ輪講トナシ[88]」。

この時期における印度哲学の教授内容については原垣山と吉谷覚寿の申報が挙げられる。前者では「仏教ノ経論三部ヲ講ス即チ円覚経、起信論、百法明門論解是レナリ……余ノ担任スル学科書ヲ二部ト定ム即チ輪教編、維摩経是レナリ乃チ此書ニ依テ文学部哲学科三年及ヒ四年生ニ仏教ノ大意綱要ヲ講授セリ」と、後者では「第三年級ニハ凝然国師（一二四〇～一三二一年）ノ八宗綱要第四年級ニハ智者大師（智顗のこと。五三八～五九七年）ノ四教儀ト定メ」と記されている[89]。また、両方とも膨大な経典史料を短時間に学ばせることが困難であることが述べられている。翌年も同様で、原は専ら『維摩経』を取りあげており、吉谷は『八宗綱要』と『天台四教儀』をそれぞれ三年と四年生に講義したことがわかる[90]。

6 「哲学とはなにか」と問うこと

東京大学において「哲学」が看板名になってからも、その言葉が示す内容が何であるのか、判然とされなかった。井上哲次郎は「未ダ哲学ノ何タルカヲ知ラザル人モアルベケレバナリ」といいながら、西洋哲学史の叙述を進めた[91]。三宅雄二郎は当時の状況について次のように語る。

哲学の語が出来てから年数を経ず、意義の明白を欠き、東洋哲学と西洋哲学とにて宇宙の一切を包括し、秘密の鍵を握り、転迷開悟より安心立命、さては治国平天下をまで任とすべきかに心得た。啓蒙の始まる時代で、意気込の強い代りに哲学とか哲学研究とか言へるかが疑はしい。疑はしくても大に為すべきことあるを期待した[92]。

「疑はしくても大に為すべきことあるを期待した」という三宅の回想は、「哲学会」の人びとが持っていた困惑と情熱を同時に感じさせる。そのなかで出てきたのが、西周にとっての「西洲のフィロソフィーとはなにか」とは異なる問い、すなわち「哲学とはなにか」という問題であった。以下では、『哲学会雑誌』を取りあげ、哲学の定義に関わる議論を具体的にみることにする。

井上円了、井上哲次郎、有賀長雄、三宅雄二郎、棚橋一郎ら、そして顧問としては加藤弘之、西周、中村正直、西村茂樹、外山正一が中心となって一八八四年一月に結成された「哲学会」は[93]、一八八七年二月より毎月一回『哲学会雑誌』を組んだ。雑誌創刊の目的について加藤弘之は次のように述べている。

自今毎月雑誌ヲ刊行シテ毎回ノ演説ハ無論其他会員諸君ノ論説又ハ欧米哲学者ノ新説等ヲ掲載シテ之ヲ会員ニ領付シ併セテ世上ニモ公示スルコトトナセリ是亦一層ノ小進歩ト云フヘキナリ／凡ソ欧米ニアリテハ哲学ノ如キモ他諸般ノ学術ト等シク学会ヲ設立シ雑誌ヲ発行スルコト頗ル盛ニシテ各派概シテ各個ノ学会アリ各個ノ雑誌アリテ各其主義ヲ拡張シ以テ学理ノ進歩ニ就テ相競争ス。(94)

「毎回の演説」「諸君の論説」、そして欧米哲学者の新説を掲げ、一層の進歩をなす。そのためには学会を設立し、雑誌を発行するという媒体への認識も見られる。そして当初、多くの文面を占めた内容が、「哲学」の定義や範囲を定める議論、哲学という学問の必要性を訴えるものであった。その代表論者である井上円了は創刊号において次のようにいう。

人若シ世俗社会ニアリテ学界ノ全面ヲ望観スレバ、哲学ハ其一小部分ヲ占有スルニ過ギズシテ、其大部分ハ理学、工学、文学、史学、法学、政学等ノ諸学科ヨリ成ルヲ見ル。然レドモ是レ亦表面ノ浅見ノミ。若シ其深底ニ入リテ之ヲ験スレバ、理文政等ノ諸学ノ根拠トナリテ、之ヲシテ其区域ヲ保チ之ヲシテ其位置ニ安ンゼシムルモノハ哲学ナリ。哲学ノ関係実ニ大ナリト謂フベシ。……要スルニ理論ノ学ニシテ、思想ノ法則、事物ノ原理ヲ究明スル学ナリ。故ニ思想ノ及ブ所、事物ノ存スル所、一トシテ哲学ノ関セザルハナシ。(95)

諸学の根底をなし、その「位置を安んぜしむるもの」、そして思想の法則、事物の原理を究明する学が哲学だという。さらにかれは、原則の原則、原理の原理を扱う「純正哲学」という概念まで提案する。この「純正哲学」という言葉は、雑誌の表紙の裏面に毎回印刷される漢文に含まれていた。

哲学者。所以論究思想之原則事物之原理之学也。是故思想所及。事物所存。哲学莫不関焉。定心理之原則者。是為心理哲学。定論理之原則者。是為論理哲学。論政法之原理者。謂之政法哲学。論社会之原理者。謂之社会哲学。論道徳之原理者。則倫理哲学也。論美術之原理者。則審美哲学也。論宗教之原理者。則宗教哲学也。……特有所論究原理之原理原則之原則之大宗学。名之曰純正哲学也……。[96]

哲学は思想の原則、事物の原理を扱う学だとする認識はかれの前の文章と共通する。そこから心理の原則を定めるのは心理哲学となり、論理の原則を定めるのは論理哲学となるという。さらに「原理の原理」、「原則の原則」を論じる「純正哲学」という用語までくると、当時の議論が、いわゆる学術雑誌の機能、つまりある特定学問の研究を目指したというよりは、「疑わしくても大いに為すべきものと期待された（三宅）」という意気投合を表したように思われる。その意味で、明治初期における「哲学とはなにか」という問いは、ドゥルーズらが『哲学とは何か』で語るこの問いの位置とよいコントラストを為しているとみてよかろう。「『哲学とはなにか』という問いを立てることができるのは、ひとが老年を迎え、具体的に語るときが到来する晩年において、おそらくほかにあるまい[97]」。しかし、当時日本の知識人たちにとって「哲学」とは、まさにその生成の瞬間の問いを含んで肉迫してくるものであった。次の「哲学定義集」という論説は、このような状況をよく表している。

余読書ノ際遭偶セル所ノ哲学ノ定義ヲ筆記シ置タルニ今ヤ其数殆ンド三十有余ニ及ヘリ以テ泰西ノ哲学者ガ

其学ニ就テ有セル要素ノ幾分ヲ窺フニ足レリト信ス故ニ今之ヲ左ニ載シテ諸君ノ参考ニ供ス其一二ト次第スルハ哲学者ノ時代ノ前後ニ従フモノナリ

（第一）ピサゴラス氏　哲学ハ知識ヲ愛スル事ナリ
　又　哲学ハ万物ノ存在ヲ研究スルモノナリ
　又　哲学ハ天道人事ヲ研究スルモノナリ
（第二）プレートー氏　哲学ハ実在ノ事物ヲ研究スルモノナリ
　又　哲学ハ人力ノ及ブ限リ神霊ニ模倣スル者ナリ
　又　哲学ハ不滅不変ノ事理ヲ考究スルモノナリ

……

（第十九）ヘーゲル氏　哲学ハ均　及不同ノ均同ナリ
　又　哲学ハ絶対ノ弁証的化醇ヲ研究スル学ナリ

……

（第二十四）コント氏　哲学ハ諸科学全関ノ理論ナリ即チ科学ノ普通方法普通関係及特殊差異ヲ判定スルモノナリ……[98]。

時代順に沿って「哲学ハ」と始まる三一個の定義は、かれらが「哲学」の定義を強く求めていたことを端的に示している。哲学の定義を意識し、その必要性を確認する傾向はその後もしばらく続き、たとえば、翌年の雑報には徳永の本論説に回答する形で次のような記事が載せられる。

本会雑誌委員は、曾て会員徳永文学士に請ふて其蒐集せられたる哲学の定義を本誌に掲載したり其意蓋し世界の大哲学者と称せられたるものが如何なる意見を斯学に就て有せしか其一端を読者に告げんとの予望に出てたるなりき抑も哲学の学ある至難中の至難なる学科にして其定義の如き固より一致せず……／哲学の名義を濫用し前には洒落哲学言語哲学出て亜て色情哲学出て処世哲学一名世渡りの綱出て其極は変哲学を出すに至れり又或は未た曾て哲学を講究し斯学の何たるを知らさる輩にして哲学大要とか云へる書を著し或は哲学の事に就ては無学無識の輩にして哲学をこなし又は其得失を論し或は其必要不必要を論するに至れり弊害も茲に至りて極まれりと云ふべし[99]。

筆者不明のこの文章は、「洒落哲学」や「色情哲学」「処世哲学」など、哲学の定義が極端なところまで至ったと危惧する。しかし、「多少哲学の普及を妨害する者なれは早く此の如き書物の跡を絶せんとを望」むと、哲学を普及させる目的には何の変わりもない。

だが、注意すべきなのは、この「普及」とは、単なる広がりをもっていう言葉ではないことだ。以上の議論が「帝国大学令」発布の直後に行われたことは重要である。帝国大学という位相からみれば、「哲学の名義を濫用」する「無学無識の輩」がいてはいけない、原理の学として哲学を位置付けなければならないという意識が読み取られる。以下の三宅の文章をみよう。

語原既ニ大学ヨリ出デタレバ、範囲ノ事モ之ヲ大学ニ求ムルハ自然ノ勢ナルベキカ。殊ニ帝国大学ハ国家ノ須要ニ応ズル学術技術ヲ教授スルト明言シ、学理ノ標準ヲ一定スル責任ヲ有スル如クナルガ、現時哲学ノ科目トシテ教授スル所ハ、哲学、東洋哲学ヲ三年間、心理学、地質学、動物学、和文学、漢文学英語独語作文ヲ二年間、生理学、論理学、審美学、社会学、史学ヲ一年間トナスナリ、是レ我国ニテ哲学ヲ考究スルニハ、必ス斯ク履修セザルヲ得ズト認メタルナルヘシ。……／理学ト混同スルカノ恐アレドモ、原理ヲ講究セントセバ全体ヲ総括シテ一方ニ偏頗セザルヲ要スルニ、理学ハ一トシテ之ニ背馳セザル無キヨリ思ヘバ、決シテ原理ヲ考究スルニ非ズト認ムルヲ得ベシ(100)。

三宅は同論説において「フキロソフキーノ翻訳ニシテ……実ハ理学ト称スルカタ的切ナル可ケレドモ、当時理学ハ已ニサイヱンスノ訳語ト定マリ居シヲ以テ、強テ一種特異ノ訳語ヲ作リ出シタルナリ」と、翻訳の問題を認めつつも、もはや理学から哲学を切り離す。三宅によれば、哲学は「原理ヲ考究スル学」として全体に関わる学問であり、理学は「事ヲ分割」する学問である。このような転換が、制度の定着とともに行われていることは重要である。言葉がすでに「大学より出た」ので学問の範囲もそれに合わせなければならない、「学理の標準」を意識しなければならないという意識があったからこそ、哲学に関する定義も強く求められていたのではなかろうか。

このように、哲学会における「哲学」の定義づけや必要性への訴え、そしてその範囲に関する論述は、帝国大学の整備が推し進められていた当時の情況を反映するといえよう。とりわけ「哲学会」の知識人たちは、単に言葉の意味を問うただけではなく、学制そのものの樹立とも無縁ではなかった。

注

(1) 西周の日記は慶応三（一八六七）年から明治三（一八七〇）年まで書かれた「日記断片」と、明治一五（一八八二）年六月から二七（一八九四）年までほぼ毎日書かれた「日記帳」が残されている。『西周全集』第三巻には「日記断片」と明治一五年より一九（一八八六）年一二月までの分が収録されている。その外、明治二〇（一八八七）年より二七（一八九四）年までの西周日記の翻刻に、あまね会編の『西周日記』（非売品）と、川崎勝による「史料　西周日記」（『南山経済研究』）がある。

（2）森鷗外「西周伝」『鷗外歴史文学集』第一巻、岩波書店、二〇〇一年、一〇四頁。

（3）同上、一〇四～一〇五頁。

（4）日記には「（九月）廿五日、朝屋敷へ到り監正掛（静岡藩庁行政十部局の一つ：筆者注）服部氏を訪ふ、初而太政官召之事承知」と記されている（大久保利謙編『西周全集』第三巻、宗高書房、一九六〇年、四一二頁）。

（5）文部省『学制百年史』記述編、一九七二年、八一～一一三頁。

（6）明治五年学制に至る具体的な経緯については、井上久雄『増補・学制論考』（風間書房、一九九一年）、尾形裕康『学制実施経緯の研究』（校倉書房、一九六三年）、竹中暉雄『明治五年「学制」――通説の再検討』（ナカニシヤ出版、二〇一三年）を参照。

（7）森山潤『ドイツ文化の移植基盤――幕末・明治初期ドイツ・ヴィッセンシャフトの研究』雄松堂出版、一九九七年、第二章第一節を参照。

（8）前掲『学制百年史』一一〇頁。

（9）西が学制取調に関与した時期は、大学本校の閉鎖以前としてまだ国学者たちが中心だった時であった。大久保利謙は西同僚の国学者矢野玄道の文章を挙げて一八七一年七月以後激変する前の学制局の様子を伝えている（大久保利謙編『西周全集』第二巻、宗高書房、一九六二年、七五八～七五九頁）。

（10）オランダから帰ってまもなく開成所教授職に当たっていた西に「和蘭政治学の書を訳」すると幕令が下され「西は万国公法を」、津田は『泰西国法論』を翻訳したのが一八六六年四月であった。熊澤によれば、幕末期の国際的環境のなか、幕府の教育機関ではそれぞれ学政改革にとり組んだが、その一環として「開成所では洋書を収集・検閲する一方、英和辞書や語学入門書など教科書をはじめとする図書刊行を行っていた」（三九頁）。幕令による西周の『万国公法』翻訳は、以前丁韓良の中国語訳とは違って「語学の知識がなくても理解できるように配慮され」（四〇頁)、日本語による「西洋事情や近代的な諸学術」の教授を可能にした(四七頁)。また、西と津田は「それまで洋学とはほとんど無縁であった昌平坂学問所」にも「洋訳之科」を加えるように建白した(四五～四七頁)。参照および引用は、熊澤恵里子『幕末維新期における教育の近代化に関する研究――近代学校教育の生成過程』風間書房、二〇〇七年、第一章。

(11) 同上、第二章が詳しい。なお「徳川家兵学校掟書」および「徳川家沼津学校追加掟書」、「文武学校基本並規則書」は、大久保利謙編『西周全集』第二巻、宗高書房、一九六二年、四四五～五〇八頁に収められている。

(12)「学校は人材教育之地治国安民之本に而四海古今とも同一轍之急務ニ有之依而四海古今学校施設之制度ヲ比較講究仕候処時代地方ニ因り沿革有之候得共大中小三校之設ニ外ナリ候義無之即周人之大学国学小学之設古今四海とも一轍之義ニ有……」(西周「文武学校基本並規則書」前掲『西周全集』第二巻、四八六頁)。

(13) 前掲、熊澤『幕末維新期における教育の近代化に関する研究』七三頁。

(14) 西周「徳川家沼津学校追加掟書」前掲『西周全集』第二巻、四七〇頁。

(15) 同上、四七二～四七六頁。

(16)「第三条　……政律は古今律令之利害を講究し治術之基を立る所なれハ総而政令を司る役は勿論収納運上公事訴訟等ニ係る人材を致教育候事／第四条　史道は天下古今道理之本源を講究し教科之源を探うする所なれハ総而大小学之教授方は勿論使節掛合向等之人材をも此科ニて致教育候事／第五条　医科は人命之係はる所ニ而重き職分なれは尤教導之道を厳にし其器に当るものを撰挙教育し家伝秘方等之陋習を除き候事肝要ニ有之候事／第六条　利用之科は富国之源を開き民生を厚うするの根本にして総而土木之功器械之製より水利砿山樹芸農耕等之事を司り候人材を致教育候事」(同上、四七一頁)。

(17) 前掲、熊澤『幕末維新期における教育の近代化に関する研究』九三～九四頁。

(18)「理・文・法・医科」に至る過程と影響関係については別途の論稿が必要であろう。一八七〇(明治三)年二月の「大学規則」では「理・文・法・医・教科」であった。この「大学規則」におけるドイツ学制との関わりについては森川潤「『大学規則』の制定について――学問別学科制への移行過程を中心として――」『広島修大論集』第三二巻第一号、一九九一年を参照。なお、「理・文・法・医・教科」という名称は、『西学凡』(Giulio Aleni, 1623)に出てくる「欧羅巴の六科」のなか「道科(theologia)」以外に皆一致する。日本では禁書であったが、読まれたのは確かである(山室信一「日本学問の持続と転回」『日本近代思想大系10・学問と知識人』岩波書店、一九八八年、四七六〜四七七頁)。

(19) 西が描いた教育の様子として次の例が挙げられる。「西洋ニ而は右一種之目的(孝弟忠信:筆者注)は専ら法教ニ委候而日曜日毎ニ貴賎老幼之差別なく各其宗派之礼拝堂に参り説法ヲ聞キ誠意正心修己接人之要ヲ致領解候義ニ有之大中小学校ニ而は専ら芸術ヲ致講究候義ニ有之候然る所今日ニ至り右様二種之目的(立身居業之基本:筆者注)相達候ニは総而小学ニ而教候」(西周「文武学校基本並規則書」前掲『西周全集』第二巻、四八八頁)。

(20) 西周「徳川家沼津学校追加掟書」同上、四七二頁。

(21) 三宅雄二郎『明治哲学界の回顧附記』岩波書店、一九三三年、八七頁。

(22) 前掲、山室「日本学問の持続と転回」。

(23) 藤田正勝「日本における『哲学』の受容」(『岩波哲学講座14 哲学史の哲学』岩波書店、二〇〇九年、二五九頁)、菅原光「補論『哲学』の発明」(『西周の政治思想——規律・功利・信』ぺりかん社、二〇〇九年、一九四頁)。

(24) 齋藤希史『漢字世界の地平』新潮社、二〇一四年、一六七頁。

(25) 「未タ決定不仕候、右ニ付愈々日限も相定リ多少手間取候得は、一応帰省可仕と存居候所、今以テ相決不申候、尤当月中和蘭コンシユル長崎より到着ニ相成候得は決候義ニ御座候、……小生頃来西洋之性理之学、又経済学抔之一端を窺候処、実ニ可驚公平正大之論ニ而、従来所学漢説とは頗端を異ニシ候処も有之哉ニ候学申候、尤彼之耶蘇教抔は、今西洋一般之処奉ニ有之候得共、毛之生たる仏法ニ而、卑陋之極取へきこと無之と相覚申候、只ヒロソヒ之学ニ而、性命之理を説くは程朱ニも軼き、公順自然之道に本き、経済之大本を建たるは、所謂王政にも勝り、合衆国英吉利等之制度文物は、彼堯舜官天下之意と、周召制典型は心ニも超へたりと相覚申候……」(西周「西洋哲学に対する関心を述べた松岡鏻《ママ》治郎宛の書翰」大久保利謙編『西周全集』第一巻、宗高書房、一九六〇年、七〜八頁)。

(26)中江兆民『理学鉤玄』集成社、一八八六年、一頁。
(27)中江兆民『理学沿革史』上・下、文部省編輯局、一八八五年。
(28)井上哲次郎・有賀長雄増補『哲学字彙』東京大学三学部、一八八一年、六六頁。
(29)前掲、山室「日本学問の持続と転回」四六八頁。
(30)桂島宣弘「東アジアの近代と『翻訳』」『自他認識の思想史――日本ナショナリズムの生成と東アジア』有志舎、二〇〇八年、一四四頁。
(31)前掲、山室「日本学問の持続と転回」四六九頁。
(32)同上、四七二～四七三頁。
(33)同上、四七三頁。
(34)同上、四七六頁。
(35)同上、四七七頁。
(36)同上。
(37)G. Vissering, *DE TROONSBESTIJGING VAN DEN KEIZER VAN JAPAN.: DE RELATIËN IN OUDEN TIJD VAN HOLLAND TOT JAPAN. (Herinneringen uit het archief van mijn Vader)*, 1928, p.7.
(38)前掲、山室「日本学問の持続と転回」四七七～四七八頁。
(39)前期、森川「『大学規則』の制定について」一八頁。
(40)前掲、山室「日本学問の持続と転回」四七七頁。
(41)東洋学芸社『東洋学芸雑誌』第一号、一八八一年一〇月、緒言(明治期学術・言論雑誌集成のマイクロフィルム版使用)。
(42)同上、第四八七号、一九二二年、二頁。
(43)「理学」のサイエンスへの移動は、「物理」「化学」「数学」の翻訳語の定着ともかかわる。ここでは深く入らないが、これらの用語の変遷については、小澤健志「明治初期お雇い独国人科学教師による教授活動」日本大学博士学位論文、二〇一五年、第一章を参照。
(44)『東京開成学校第四年報』一八七六年(『史料叢書東京大学史・東京大学年報』第一巻、一九九三年)、四四頁。
(45)『東京開成学校第二年報』一八七四年(同上『史料叢書東京大学史・東京大学年報』)、六~一二頁。
(46)前掲、藤田「日本における「哲学」の受容」二六一頁。
(47)『東京開成学校第一年報』一八七三年(前掲『史料叢書東京大学史・東京大学年報』第一巻)、一頁。
(48)「ガロー」について「明治文化に寄与せる欧米人の略歴」では「明治二年五月より同五年三月迄大学南校仏語教師として在職し、解雇に際しその功を賞し物品を贈与せられた」と記録され、本年報の「独語学」は誤記とみられる(『明治文化発祥記念誌』大日本文明協会、一九二四年、五三~五四頁)。
(49)同上、二頁。
(50)大坂舎密局については、芝哲夫「大坂舎密局史」『大阪大学史紀要』第一号、一九八一年を参照。
(51)東京帝国大学編『東京帝国大学五十年史』上、一九三二年、一三一頁。
(52)実際に大学南校だけが「普通科」「専門科」に大別され、前者は初等・八等・七等・六等・五等に、後者は「法・理・文科」にそれぞれの学科が定まった(同上、一四〇~一四二頁)。
(53)同上、二〇七~二三二頁。
(54)前掲、森川「明治三年二月の『大学規則』における『教科』について」三〇頁。
(55)『東京開成学校第二年報』一八七四年(前掲『史料叢書東京大学史・東京大学年報』第一巻)、一一頁。
(56)前掲『東京帝国大学五十年史』上、一四一頁。
(57)『東京開成学校第二年報』一八七四年(前掲『史料叢書東京大学史・東京大学年報』第一巻)、一一頁。
(58)前掲『東京帝国大学五十年史』上、二五八頁。
(59)同上、二五七~二五八頁。
(60)同上、二六三頁、なお具体的な学科課程は『東京開成学校第一年報』一八七三年(前掲『史料叢書東京大学史・東京大学年報』第一巻)、二~四頁。

(61) 前掲『東京帝国大学五十年史』上、二五八～二六〇頁。

(62)「ヒロソヒー」と同じく一つの科目として大学南校規定の文科科目にあった「レトリック」と「ロジック」は、東京開成学校の一八七六年の改定においてそれぞれ「修辞学」「論理学」に翻訳され、予科課程の英語学の一科目として定まる(『東京開成学校第四年報』一八七六年〈前掲『史料叢書東京大学史・東京大学年報』第一巻、四三～四五頁〉)。

(63) 関連して三宅雄二郎は次のように回顧する。「米国でも moral philosophy と云ひ、mental philosophy と云ふのがあり、それを日本でも翻訳し始め、種種発行され、窮理のみが最上の学問でないと知れ、明治六年若干の窮理書が出ながら、一般に窮理の語が通用せず、窮理学の代りに理学の語を使ふ事が行はれた。明治五年に窮理書と共に『理学啓蒙』と云ふのが出て、六年より理学とするのが多く、それは物理学を意味した。同時に精神に冠する書が出で、ウェーランドの修身書が幾通りも訳され、それが後の哲学扱ひされた」。前後文脈が多少合わないが、前の箇所と合わせて読むと①明治五年前後に「窮理」は後に哲学と物理学を指す言葉として混同された、②明治六年以後物理学を意味する理学が多く見られた、③モーラルフィロソフィーの本が修身書として入ってきており、それが哲学とされた、と読み取れよう(前掲、三宅『明治哲学界の回顧附記』八八頁)。

(64)『東京開成学校第二年報』一八七四年(前掲『史料叢書東京大学史・東京大学年報』第一巻)、一九頁。なお、サイルは「明治七年十一月雇用、同十二年四月解雇、英国」となっており(前掲『東京帝国大学五十年史』上、補遺)、東京大学になる一八七七年には「修身学、歴史学」を担当している(『東京大学法理文三学部第五年報』一八七七年、前掲『史料叢書東京大学史・東京大学年報』第一巻、七四頁)。

(65) 前掲、三宅『明治哲学界の回顧附記』、井上哲次郎「フェノロサ及びケーベル氏のことども」前掲『明治文化発祥記念誌』四七～五七頁。

(66) 東京大学百年史編集委員会「四　各種年報における外国人教師・邦人教師等『申報』の掲載一覧」『東京大学百年史　資料二』一九八五年、一一五七～一一五八頁。

(67) 井上哲次郎は一八八〇年に東京大学第一科を卒業、卒業後に文部省御用掛として東洋哲学史編纂に関わる。かれの学者としての道は、この時期つまり東洋哲学史の編纂から始まっており、これは一八八二年「東洋哲学」新設の際にかれが「東洋哲学」を担当したことに繋がる。その後、一八八四年「三月十六日文部省命シテ文学士井上哲次郎ヲ哲学修業ノ爲メ……独乙国ニ派遣ス」とあり〔『東京大学第四年報』一八八三年九月〜一八八四年一二月（『史料叢書東京大学史・東京大学年報』第二巻、三三四頁）〕、一八九〇年一〇月帰国しては帝国大学哲学科教授に任命される。

（68）「一　明治期における紀要・研究書の刊行」前掲『東京大学百年史　資料二』一一二五〜一一三二頁を参照。

（69）前掲『東京帝国大学五十年史』上、一二八四〜一二九四頁、一三〇三〜一三〇八頁。

（70）同上、一三〇八〜一三一八頁。

（71）東洋哲学史編纂から学問を始めた井上が明治日本における最初の哲学教授であることは象徴的である。西洋の東洋学研究に東洋人として参与しながら、東洋哲学を西洋の哲学言説に引きあげること、これが井上の使命であった。鍾以江「『釈迦は如何なる種族なのか』――井上哲次郎と明治期東洋哲学の形成」（『アリーナ』第一九号、中部大学、二〇一六年）、今西順吉「わが国最初のインド哲学史講義（三）――井上哲次郎の未公刊草稿」（『北海道大学文学部紀要』第七八号、一九九三年）を参照。

（72）前掲『東京帝国大学五十年史』上、四五二頁。

（73）『東京大学法理文学部第五年報』一八七七年（前掲『史料叢書東京大学史・東京大学年報』第一巻）、六一頁。

（74）「本学部は明治十年法学部及理学部と共に東京大学に設置されたるものなるが、法学部及理学部が何れも旧開成学校の法学部及理学部の事業を継承せると異にして、全く新に設置せられたるものに係る。是れ三学部の順序に於て本学部が最後に位する所以なり」（前掲『東京帝国大学五十年史』上、六八五頁）。

（75）代表的なものに、前掲、三宅『明治哲学界の回顧附記』、井上哲次郎『明治哲学界の回顧』岩波書店、一九三二年がある。

（76）柴田隆行『哲学史成立の現場』弘文堂、一九九七年、七五〜七七頁。

（77）最近の研究としては「日本倫理学史」の観点から東京大学の学制に注目した江島尚俊「近代日本の大学制度と倫

理学」（『田園調布学園大学紀要』第一〇号、二〇一五年）、中国哲学の起源を、新造語「哲学」と学制としての「支那哲学」の誕生から詳細に論じた桑兵「近代『中国哲学』の起源」（石川禎浩・狭間直樹編『近代東アジアにおける翻訳概念の展開――京都大学人文科学研究所附属現代中国研究センター研究報告』二〇一三年）、「日本論理学史」の観点から明治前期の形式論理学の導入および翻訳の様子を論じた、清水真一「明治前期における論理学移入事情瞥見」（『国際文化論集』第四七号、桃山学院大学国際文化学会、二〇一三年）などがある。

(78)『東京大学第一年報』一八八〇年九月～一八八一年一二月（『史料叢書東京大学史・東京大学年報』第二巻、一九九三年）、八五頁。

(79)『東京大学第二年報』一八八一年九月～一八八二年一二月、同上、一八〇頁。

(80)『東京大学第三年報』一八八二年九月～一八八三年一二月、同上、二三二頁。

(81)『東京大学第二年報』一八八一年九月～一八八二年一二月、同上、一八三～一八四頁。

(82)『東京大学第三年報』一八八二年九月～一八八三年一二月、同上、二八六頁。

(83)同上、二九三頁。

(84)前掲、清水「明治前期における論理学移入事情瞥見」。

(85)『東京大学第二年報』一八八一年九月～一八八二年一二月（前掲『史料叢書東京大学史・東京大学年報』第二巻）、一八〇頁。

(86)同上、一八一頁。

(87)『東京大学第三年報』一八八二年九月～一八八三年一二月、同上、二八六～二八七頁。

(88)同上、二八七頁。

(89)『東京大学第二年報』一八八一年九月～一八八二年一二月、同上、一八一～一八二頁。

(90)『東京大学第三年報』一八八二年九月～一八八三年一二月、同上、二八九頁。

(91)井上哲次郎・有賀長雄著『西洋哲学講義巻之一』阪上半七、一八八三年、総論一頁。

(92)三宅雄二郎「哲学雑誌第五百号」哲学会『哲学雑誌』第四三巻第五〇〇号、岩波書店、一九二八年一〇月、三二一二〜三一三頁。
(93) 桂寿一「『哲学会』と『哲学雑誌』」『日本学士院紀要』第四〇巻第三号、日本学士院、一九八五年、二〇〇頁。
(94) 加藤弘之「本会雑誌ノ発刊ヲ祝シ併セテ会員諸君ニ質ス」哲学会『哲学会雑誌』第一冊第一号、哲学書院、一八八七年二月、一頁。
(95) 井上円了「哲学ノ必要ヲ論ジテ本会ノ沿革ニ及ブ」(前掲『日本近代思想大系10・学問と知識人』二七五頁から引用)。
(96) 前掲『哲学会雑誌』第一冊第一号、一八八七年二月、表紙の裏面。
(97) ジル・ドゥルズ・フェリックス・ガタリ著、財津理訳『哲学とは何か』河出書房新社、一九九七年、五頁。
(98) 徳永満之「哲学定義集」『哲学会雑誌』第一巻第二号、一八八七年三月、六八〜七三頁。
(99)「雑報」『哲学会雑誌』第二冊第一三号、一八八八年二月、四八〜四九頁。
(100) 三宅雄二郎「哲学ノ範囲ヲ弁ス」(前掲『日本近代思想大系10・学問と知識人』二八〇〜二八二頁から引用)。

第五章　井上哲次郎らの『哲学字彙』（一八八一年）に関する考察

――哲学関連漢字翻訳語の問題

1　完全に置き換えられた概念

『哲学字彙』という、今日からみれば何も役に立ちそうではない事典がある。(1) 一八八一年出版。当時東京大学文学部第一科（史学哲学及政治学科）を卒業したばかりの井上哲次郎（一八五五～一九四四年）が、学友和田垣謙三と二年後輩に当たる有賀長雄とともに編纂した哲学学術用語集である。一八八四年には改訂版が、一九一二年には三版まで出た。

一方、「哲学」という「完全に置きかえた」言葉が定着した例は、漢字圏しかない。たとえば、ベトナムアルファベットで表記するベトナム語において哲学を意味する「triết học」は、「哲學」を発音したものであり、ハングルで表記する韓国語においても哲学を意味する「철학」は、同じく「哲學」を発音したものである。この問題を提起した朝倉は、歴史的に「フィロソフィア」という語の翻訳を試みた例がないわけではなく、たとえばドイツ語

では「『世界の知恵』とでも訳せるWeltweisheitという語」があったが、やはり定着しえなかったという。「つまり、西洋諸語では、ロマンス諸語であろうがゲルマン諸語であろうが、フィロソフィアというギリシア語が今日でも翻訳不可能な語として用いられている」(2)。

このように、フィロソフィーを含めて西洋哲学の用語を「完全に置きかえた」歴史の一例として、井上らの『哲学字彙』をみることができる。『哲学字彙』で提案した翻訳語のなかには現在使われていないものもある。だが、まだ「国語国字問題」も形を整えなかった一八八〇年代という早い時期に西洋哲学概念を漢字語に、しかも短時間で数多い概念を「完全に置きかえる」ことができた歴史的要因及び背景は何であったか。漢字と仮名交じり表記が当たり前な今日からすれば、他の可能性は考えにくいかもしれない。しかし、当時すなわち、ローマ字表記や日本語廃止論まで提唱された時期のことを考えると、翻訳ではない他の可能性もあったに違いない。それは、井上らがそこに載っている翻訳語の模索、そして決定にだいぶ苦心したように思われるからではけっしてなく、事典の使い道が疑われるほど、『哲学字彙』は不思議なあり方を示しているからである。後述するが、この指摘は当時においてもあった。また、新たな翻訳語が定着されるまでの期間を勘案すると、その歴史はせいぜい百年程度しかならない。

当時提案された翻訳語は今日において漢字圏に属する地域で広く受け入れられ、用いられている。また、この様子が近い将来変わりそうでもない。だが、百年程度しかならないこの状勢がなぜ可能となったのか、そしていかなる背景があったか。この問題について知るためにまず、当時の国字国語問題における井上哲次郎の言説から探ってみる(3)。

2 国語国字問題からわかるもの

まず、時期の確認。井上哲次郎が国語国字問題に具体的な意見を述べたのは、『哲学字彙』の以後、そしてヨーロッパ留学から帰国した後である。つまり、国字問題に関する意見を取りあげて『哲学字彙』の文字選択の理由を探ることはできない。しかし、以下で国語国字問題をめぐる井上の言説をみれば、こう考えていたからこのような結果となったという説明より最も興味深いことがわかる。まず、井上が、『哲学字彙』の作業をいかにして無駄にさせないのかを国字問題から確認できること、また、国語国字問題を巡る様々な議論を参考したりそこに参与したりはせずに、言い換えれば、悩むよりは素早く『哲学字彙』作業に取り組むことを可能にした原動力について考えさせられる点である。この意味で、漢字語で「完全に置きかえた」というよりは、漢字語で「置き換えられた」といった方が良いかもしれない。以下では、これについて説明したい。そのためには井上が「文字」そして「漢字」についてどのような意見を述べたかをみる必要がある。

漢字についての井上の認識は、明治以来ずっと続いた「漢字批判論」そのままではある。いうまでもなく「今日では寧ろ見下げて居る国の文字から支配せらる丶と云ふことは、誠に残念である」[4]というように、「支那ハイゲキ」に裏付けられるものであった。

知られるように、近代日本における国字改良論の嚆矢といえる前島密が(「漢字御廃止之義」一八六六年[5])国字を改良せねばならない論理を、「日本の文明化」そして「国民の普及」に求めたことは漢字批判論に直結していた[6]。なぜなら、かれのいう国民が皆習いやすい文字とは、「難解多謬の漢字」ではなく、「西洋諸国の如く音符字(仮名字）」であったからである。(7) またこのような文字論は、かれが「国家の大本は国民の教育にして」と建白書で述べたように、国家意識と結びついて対中認識へ繋がる。つまり、井上にみられる「支那論」は、最初の国字改良論より芽生えたものであり、それ以降も対中認識に支えられた漢字批判論は主流をなしていった。日清戦争までの国語国字問題のあらすじについては先行研究に譲ることにして、以下では日清戦争期まで時期を下り、井上哲次郎の国語改良意見をみることにする。

上で述べたように、かれが国語問題に参加したのは、ヨーロッパから戻った後である。そのためか、当時ヨーロッパの最新言語学を学んで帰国した上田萬年までには及ばないが、井上の言説にはかれがヨーロッパで「支那研究者」との交流を通じて見聞きした知識や見通しが含まれていると推測できる。(8) この点に注意しながらかれの国字に関する意見を、一連番号をつけて要点だけおっておくと次になる。①「日新競争」というこの時に当たり「我邦の教育」は、「他国に先ちて進歩せねばなら」ない。②「西洋では如何なる国でも、僅々二十六字位の数で教育」している。③「言葉」になると、「西洋のは十二万位、支那のは幾十万」となる。④この一〇年間行われた文字改良の意見は三つに区分できるがいずれも問題が多い。⑤全世界をくるめてみれば古来から文字の改良を行った例は多くある。⑥したがって日本も文字の改良に向けるべきである。具体的な方針について思うに、今日世界中広く行われている文字は、「フヒニシヤ文字」と「支那文字」である。⑦「フヒニシヤ文字」は最初「表意的形象文字」であったが段々発音的になった。同じように「我邦の仮名」も「有意的の文字」から「段々省略して発音的に」なったので、「平仮名からして単純なる文字」に改良すべきである。(9) 具体的な話はここで終わる。平仮名についてはフェニキア文字に喩えながら具体的な改善策まで出しているのに対し、漢字については、文字数が多い、また「熟字」までとなれば、「二字並べ、或は三字並べ」の言葉がたくさんあると述べるだけで、そこまで詳しく論じない。漢字批判も前時期との温度差が感じられる。いわば、文字数の差からの批判ではない。

かれは揚雄の『訓纂』から『康熙字典』までを例に漢字の数が多いことを述べた後に、「西洋のは如何」とし、「ウェブストル事典（Webster's Dictionary：筆者注）」を例に見出し語の数を挙げているが、すぐ「併し是れは言葉である、支那の字とは少々異つて居る」と、「文字」と「言葉」の差を指摘する。

長志珠絵がすでに指摘したように、日清戦争期における国語国字論争では、一八七二年の学制を前後に換骨奪胎された初学教育の現場を背に負いつつ、さらに「国民化のプロセス」に相応しいかつ具体的な国語政策として「初等教育」の「一元化」が計られた[10]。とくに日清戦争後は、勝利感が国民的自覚を上昇させ、感情的な対中認識よりは、むしろ「国語」の方に意識が向けられた。そして「帝国の忠信、国民の慈母」とされる国語をどうにか改良せねばならぬという声が高まり、具体的な提案が出され、実行されはじめた。このような背景からみれば、井上の言説が色んな具体例を持つ落ち着いた言説であることがわかる[11]。そして、井上の意見には漢字に関する話があまりないと述べたが、それは、かれが現実的な問題として漢字語の必要性を暗黙的に認めていたことをも表す。その根拠を、同論説から説明する。

まず、上の一連番号④に当たる内容になる。井上が既存の「三派」を批判する論理をみれば、かれの漢字に関する意見が窺われる。まず、第一派「日本の言葉を羅馬字に書換へて支那字を廃して仕舞ふと云ふ」論理について、それが「非」である理由は、「日本人の感情」に反するからである。かれは「該感情は実に大切な感情で、理屈では行かぬ、国体は該感情で維持することが出来るです」という[12]。それでは感情に反しない仮名論者についてはどうか。井上が「仮名をして漢字に代らしめんとの説」と呼ぶこの説についてかれは、「是れは退歩になる、即ち支那字は一字で、仮名の長きを代表する様になつて居る、夫れを仮名に綴て仕舞ふ日には、長つたらしくて、此忙はしい時に草双紙の様なものを読んで居られない」と批判する[13]。また最後の「漢字削減の説で幾らか、数を限りて漢字を用ふると云ふ説」に関しては、「少し馬鹿気て」いると、やや叱責調で「言葉は段々増すこそすれ、減すと云ふは、是れは逆戻しと云ふもの」だと批判する。[14]

一方、漢字に関する対策案が出ないもう一つの理由は、この論説は、国民教育に向けた国語国字論争の一部だからである。そこで井上は「日本に行はれて居る支那の文字が莫大」であることを前提として受け止めた上で、[15]主に仮名文字をどう改良すれば良いかという具体案を提示したのであった。ところが、「支那の文字を用ふる間」に関する懸念は変わらない。「支那の文学に支配せられて、思想の独立が、余程妨げられて居る」と表したのは、当時の論争として共通する。[16] ここで、思想の独立を計る方便として井上が述べたのが、日本が主体になって訳語を「製造」することであった。

例へば「化学」とは、支那人の拵へた訳語である、日本では初め之れを舎密学と謂つた、処が遂にそれを捨て、支那訳を使用した、支那人が拵へた字だから雅である様だが、併し何んだ、ばけ物の学とは、(笑)そんな字は当りて居らぬ、矢張り舎密学と云ふのが原語に当りて居る、「幾何学」も同様支那人の訳語、何事だ幾何ぞとは……(ママ)日本字が基づく支那だからと云つて斯く小さい事迄も支配せらる、である、実は訳語抔は我れから製造して彼れに持ち行かねばならぬ、殊に正しきを捨て、間違つて居るものを取るとは、思想の独立に反するの最も甚しきものである、[17]

一連番号⑥でも挙げたように、井上はフェニキア文字と漢字を、世界文字の主流をなす両大勢力と認めたうえで、このように、漢字の新たな運用に日本が訳語を製造することを主張した。さらに、漢字の新たな運用というのは、本論説を発展させたかれの一八九八年の論説をみればわかる。

この「国字改良論」において井上は日本でこれまで行ってきた漢字の運用方式についてかなり激しい批判を加

えている。まず、「国字の改良」すべく所として、主に「文字」と「文体」に分けた上で、前者、「文字の錯雑」を「字体の錯雑」「字音の錯雑」「字訓の錯雑」の三項に区分をし、詳しい例を挙げて説く。それぞれが「漢字の弊害」を表すようにもみえるが、改良の対象としてかれが想定するのは「普通読者」と「児童」であり、事例も「支那の文字」ではない、国字としての漢字に向けられていることに注意すべきである。たとえば、

字訓の仮名遣を正しくすると容易ならず、鼠の訓は「子ズミ」なれども「子ヅミ」と誤り易く、水の訓さへ「ミヅ」か「ミズ」かと迷ふものあらん、単純なれども十の訓は如何「トウ」にあらずして「トヲ」なりと慥《たしか》に言ひ得るや否や、大の訓は「オホイナリ」なれども毛利貞齊の玉篇には「オホヒナリ」と誤れり、……漢字は一字にて読方種々あり、例へば、為の字の如き、第一「スル」と読み、第二「ナス」と読み、第三「ツクル」と読み、第四「ヲサム」と読み、第五「タスクル」と読み、第九「シワザ」と読み、その他尚ほ幾多読方あり[18]、

また、後者、「文体の錯雑」では、たとえば「訓点」というものが、批判の対象となる。

漢字は普通読者に読み易からざるを以て往々傍訓を付せり、是れに於てか已に十分に錯雑せる文章の間に殆んど目を害すべき微細なる假名を挿入し、音符字ならば一文にて足れる処に本文と訳文とを並べ記せり、是を以て文章の形式は漢文よりも醜悪にして、又此れより醜悪なるものを想像すること能はず、作家は之れが為めに二重の労力と時間を要し、読者は本文を読まんか、傍点を読まんか、低回昏迷に堪へず[19]、

このように、井上の議論は、明治初期の漢字批判あるいは漢字廃止論とは論調を異にする。かれは「支那の文字」から、国字の「漢字」を弁別する。また、国民普通の教育のために改良すべく、それだけに物質的なものとして把握している。たとえば、同じ文化圏を構成する漢字というような、よく分からないまま頷いてしまう抽象的な漢字論ではなく、具体的な議論となっている。

以上の井上の議論をみると、国家共同体レベルの俗語とは性格が正反対であるようにみえる学術用語に関しても、その生成には同じ原理が働いていたことを指摘できるのではなかろうか。一九世紀における国民的言語の生成に際して「俗語の辞典編纂」「印刷物における俗語化」「俗語国家語」の強力な広がりがあったことは言うまでもない[20]。俗語とは正反対に思われがちな『哲学字彙』は、漢字圏において意味疎通を可能にする文字として漢字語を選んだのではけっしてなく、具体的には「支那」に対抗する意識のもとで、強い国家意識のもとで、国字の改良を求めた結果出された産物である。

それでは、『哲学字彙』の中身はどうか。その不思議な構造はいかなるものであり、どのように生じたのであろうか。

3　井上哲次郎『訂増英華字典』（一八八三年～）と『哲学字彙』（一八八一年）との関係

井上らの『哲学字彙』と同時期に、まさに井上自身によって出されたもう一つの事典がある。『訂増英華事典』である。本節では、この『訂増英華事典』と『哲学字彙』が同じ人によって同時期に出されていることに注目し、それにもかかわらずこの二つの関連性を見出すことが難しい点を指摘したい。

事典のタイトルからわかるように『訂増英華事典』は、ドイツ礼賢会の宣教師 Wilhelm Lobscheid（1822〜1893）が香港で編纂した『英華事典』（一八六六〜一八六九年）を、井上が「訂増」したものである。モリソン（馬礼遜）の『中国語辞典』に始まる英華辞典は、「新漢語の生産と伝播に大きな役割を果たした」だけではなく「日本の英和辞典に」大きな影響を与えた[21]。英華辞典類の訂増版の刊行も、すでに福沢諭吉の『増訂華英通話（上・下）』（一八六〇年）によって行われ、その後もみられるが、このロブシャイドの『英華字典』を底本にしたものは一九〇〇年代まで断続的に刊行されている[22]。たとえば、一八七九年の津田仙・柳沢信大・大井鎌吉合訳、中村正直校正の『英華和訳字典』は、一八九四年まで版を重ねており[23]、ここで紹介する井上哲次郎の『訂増英華字典』も三回にわたって出版され、一九〇三年には上海でも刊行されている[24]。この井上の訂増版がロブシャイドの英華字典より知られていた可能性についても指摘されている[25]。

井上哲次郎の『訂増英華字典』は、『哲学字彙』初版が出された翌々年の一八八三年から刊行がはじまり、その一年後には第七分冊の形で世に出される。ところが、両者の作業は時期的に近いわりに、内容に関しては近接性を見つけることができない。ロブシャイドの『英華字典』と井上らの『哲学字彙』、そして井上哲次郎の『訂増英華字典』、この三つの事典は、井上自身が英華字典類に由来を持つ訳語と自分が創案した字彙類に区別をつけた可能性について考えさせる。以下、A部の三つの言葉を例にあげる（［表］を参照）。

［表］の『英華字典』で列挙されている漢字語は、省略されている Punti/Mandarin pronunciation まで含めて、その多様性がみられる。このような概念の多様性は、齋藤希史が指摘するように、一九世紀以降「さかんに出版される」「英華辞典」類の特徴を現している。すなわち、これらの辞書は「新漢語の生産にのみ」影響を及ぼしたのではなく、伝統的な「漢語」の範囲を超えることによって「漢語」そのものに「さまざまなバリエーション」をもたらした[26]。言い換えれば『英華辞典』も『哲学字彙』のように、漢字語が由来する漢籍の文脈から脱していく

表

	『英華字典』(1866年～) *1	『哲学字彙』(1881年)	『訂増英華字典』(1883年～) *2
Absolute	unlimited in power, free, 自主 (以下発音記号省略—Punti /Mandarin pronunciation); absolute as applied to Gob, when referring to his existence & c.,自然；complete, 全, 齊全；absolute authority, 独主其権, 自己作主, 自主権柄, 無限之権勢, 自然之権勢；an absolute estate, 小康之家；absolute promise, 無爽約, 無退違之許；an absolute refusal, 断不肯, 是必唔肯；how absolute the knave is, 個光棍咁躁暴；定, 実；arbitrary, 任意., 実；arbitrary, 任意.	絶対、按、絶対孤立自得之義、対又作待、義同、絶対之字、出千法華玄義、純全、専制（政）、Absolute right 純権	a.完全, 齊全, 全；unlimited in power, free, 自主, 凡事自主；absolute, as applied to Gob, when referring to his existence & c., 自然；complete,全, 齊全；absolute authority, 独主其権, 自己作主, 自主権柄, 無限之権勢, 自然之権勢；absolute estate, 小康之家；absolute monarchy, 君権無限制；absolute power, 全権；absolute promise, 無爽約, 無退縮之諾, 無退違之許, 定然応許；an absolute refusal, 断不肯, 是必唔肯；how absolute the knave is, 個光棍咁躁暴；定, 実；arbitrary, 任意.
Abstract	to, to take from, 除, 除去, 分別；to distil, 烝；to deduct, 除；to take out, 抽去, 抽出；to take from amongst, 拔出；to steal other people's ideas, 掠美, 抄竊；to take clandestinely, 倫竊, 竊取.	抽象、虚形、形面上、按、易繫辞、形而上者謂之道、	vt. To take from, 除, 除去, 分別, 減除；to distil, 烝；to deduct, 除；to take out, 抽去, 抽出；to take from amongst, 拔出；to steal other people's ideas, 掠美, 抄竊；to take clandestinely, 倫竊, 竊取.
Ambiguous	indistinct expression, 含糊之語、双関説、両便講得	曖昧、糊塗、滑疑、按、荘子齊物論、滑凝之耀、聖人之所圖也、口義、滑凝言不分不曉也、	a. Indistinct expression, 含糊之語, 双関説, 暗意的, 両便講得, 糊有両意義的；an ambiguous expression, 半明半暗之語；ambiguous affairs, 可疑之事.

*1 W. LOBSCHEID, ENGLISH AND CHINESE DICTIONARY, Daily Press, 1866～1869. 同志社大学所蔵の総4巻を使用（PART Ⅰ：1866, PART Ⅱ：1867, PART Ⅲ：1868, PART Ⅳ：1869)。すべての翻訳語に四声を含む発音（Punti and Mandarin pronunciation）を表記している。

*2 井上哲次郎訂増『訂増英華字典』藤本次右衛門出版、1883年。上智大学所蔵の7分冊の初版を使用（第1分冊：1883年9月、第2分冊：1883年11月、第3分冊：1884年1月、第4分冊：1884年3月、第5分冊：1884年4月、第6分冊：1884年6月、第7分冊：1884年7月)。ちなみに、第2版は1899年、第3版は1906年に刊行されている。

道程にあった。

にもかかわらず『哲学字彙』には、訳語に関しては両者からの影響関係があまりみられない。井上哲次郎が『訂増英華字典』の訂増作業において『哲学字彙』で得た成果を反映した痕跡も見当たらず、全体的にロブシャイドのものを受け入れた上で訂増作業を行ったと考えられる[27]。宮田によれば、訂増の内容は、増訂版より前に出された英華辞典と英華和辞典類を参考にしたという[28]。すなわち、井上は『訂増英華字典』の作業において訳語を増設しつつも、あらゆる概念を蓄積しようとはしなかった。この点は、一八八二年に刊行された柴田昌吉・子安峻の『英和字彙』が『哲学字彙』初版の訳語を大幅に受け入れていることと対照的である。

井上哲次郎は『訂増英華字典』の序文で次のようにいう。

我邦雖既有二三対訳辞書而大抵不完備詳于此者則略于彼備于彼者則浅于此不啻意義未尽訳語無往々欠妥意義既尽訳語又妥而最便象胥家者其唯西儒羅存徳氏所著英華字典耶世之修英学者拠此書以求意義則無字不解無文不暁左右逢原何所不通之有但此書乏坊間而価極貴学者憾其難得書肆藤本氏有見于此乃欲刷行此書以便学者謀之于余々賛其挙曰今夫修英学磨智識者益多則我邦之文運駸々乎[29]。

以上の序文からは二つのことを確認したい。まず、井上哲次郎がロブシャイドの字典を高く評価したのは、原語の意味を求める英学者にとって道具的役割を担うと考えたからである。二つ目は、『訂増英華字典』の刊行は「書肆藤本氏」によって率先されたということである。この点は、この字典の奥付に載っている新聞評説からも確認できる。その一つである『明治日報』の評説には次のような内容がある。

抑も此の書は西儒羅存徳氏の原著なるが従来此の書甚本邦に尠く且価値も極めて高貴なるに因り藤本氏これを憂ひて大学助教授井上哲次郎君に就きて増訂を請ひ印刷に付せられたるなりと云ふ世の英書を学ぶ者必一帙を几右に備へさるへからす。[30]

また、他の新聞評説でも、訂増版の「印刷鮮明」さや「簡便」さ、「廉価」等が評価される。この点も『哲学字彙』の広告を載せた『哲学会雑誌』の雑報欄の雰囲気とは対照的である。[31]

このような両者の隔たりは何を意味するのだろうか。英華字典の訂増作業が、井上哲次郎自身が意図した作業ではなく「出版兼発売人」である藤本次右衛門の決断から行われたという点とともに、次のことに留意したい。すなわち、井上哲次郎が、英学者たちにとって便利な参考資料という『英華字典』の意義に積極的に同意し、訳語を増やしながらも、見出し語を指し示すことができるようなすべての言語を訂増版に反映しようとはしなかったことである。一般的に考えると、『英華字典』と『哲学字彙』が示す漢字語は、いずれも見出し語からの訳語であるはずだ。しかしかれは、英華字典類を参照することはあったが、『哲学字彙』の訳語を取り入れることはしなかった。かれにとって両者のそれぞれの訳語は、単に原語から置き換えられたものではなかった。訳語それ自体が、原語の置き換え以上の意味空間をそれぞれの字典から与えられていると考えただろう。『哲学字彙』の作業が、一九一二年の三版に至るまで東京帝国大学哲学科を中心に行われたことも偶然ではない。

4　原語へ戻る道のない漢字語——『哲学字彙』の構図

それでは、『哲学字彙』の不思議な構造といった点について説明しよう。『哲学字彙』はローマ字の見出し語とそれに対応する漢字翻訳語となっており、意味に関する記述がない。つまり、見出し語がもつ意味を知ることはできない。井上が書いた『哲学字彙』の緒言では次のようにいう。

一　此書拠英人弗列冥《フレミング》氏哲学字典而起稿、然該書不多載近世之字、因与文学士和田垣謙三、文学士国府寺新作、并有賀長雄等、偏捜索諸書、所増加甚多、

一　先輩之訳字中妥当者、尽採而収之、其他新下訳字者、佩文韻府淵鑑類函五車韻瑞等之外、博参考儒仏諸書而定、今不尽引証独其意義艱深者、攙入註脚、以便童蒙[32]。

ここでいうように『哲学字彙』は、フレミングの哲学字典に基づいていることがわかる。かれらが用いたとされるフレミング（William Fleming）の *The Vocabulary of Philosophy, Mental, Moral and Metaphysical, with Quotations and References; For the Use of Students*（1856）をみると、井上の述べる通り「字典」の形を取っている。つまり、一定の用語がまずあって、それを説明していく過程で見出し語が用いられても良い範囲を定めていく形式となっている[33]。この点は『日本国語大辞典』が見出し語の輪郭を言葉の説明で定める方式と同様である。ところが、このような形式では見出し語とそれに対する意味が記されているため、両者は相互交換的な性格を持たな

い。このフレミングの字典を用いたとされる『哲学字彙』は、見出し語の目録を定める際にフレミングのものを使ってはいるが、そこから全く異なる方向へ進む。緒言にも書いてあるように、フレミングの哲学字典が「近世之字」の多くを落としているとし、著者たちは、見出し語を増やすとともに「先輩之訳字」等から翻訳語を定める作業に入っていった。それは、これまで蓄積された語句や熟語を「佩文韻府」「淵鑑類函」「五車韻瑞」、また、儒仏関連の書籍から採録することであった。この作業によって、ローマ字の見出し語を中心にその意味を明らかにするよりは、それに対応しうる漢字語の決定を試みることになる。このような『哲学字彙』の対称的な構図は何を意味するのだろうか。

この構図は、一見すると原語が担う文脈をそのまま表現できる漢字翻訳語のようにも思わせるが、しかしどうだろう。井上も回顧するように、当時、かれらはローマ字の見出し語が「どの漢字語に当るか」の問題に集中していた。[34]その漢字語は、経典から収集されており、当然、語彙自体がもつ文脈が交ざっている。その結果、井上らが与えた漢字語は、原語そのものを指すことはできるとしても、意味を指すことはできない。[35]つまり、酒井直樹が再度再三考察を促す「常識」としての「翻訳」が次のようなものだとすれば、『哲学字彙』の漢字語が「翻訳語」であるとは到底いえない。

私たちの常識では、翻訳を通じて私たちは、一つの原語で話され書かれたテクストを別の言語で話され書かれた対応するテクストに置き直したり、作り直したりすることになっている。つまり、原文とその翻訳とはともに同じ意味作用、事件、判断あるいは自体を指し示すことになっている。……理想的に言えば、一つの言語での原文と別の言語によるその翻訳の間には互換性が存在していて、翻訳の翻訳は原文に戻り、原文と一致すべきであるとされる。もっとも、そういった過剰な意味を生み出さない理想的な翻訳は不可能であり、翻訳が原文からずれることは避けようがないという点で、広く意見の一致がみられる。したがって、翻訳は近似化の過程、つまり、原文の意味へ向かっての近似化の過程、とみなされている。[36]

理想的に言えば『哲学字彙』の漢字語とフレミングの字典から用いた原語は、「同じ意味作用」をすべきである。また構図的にもそのようにみえる。しかしながら実際においては、フレミングに出所をもつ原語が、その言葉による実践の範囲を定める作業の周辺にあるのに対し、『哲学字彙』の漢字語は、そのままでは意味を知ることができない見出し語に向けて自分自身が意味になろうとする。その結果、『哲学字彙』においては、漢字語を再び原語へと翻訳することはできない。むしろ、ローマ字の見出し語と漢字語を、原語と翻訳語として結びつけてくれるのは、『哲学字彙』の構図自体であるともいえる。この意味で、当時井上哲次郎らが、自分たちが取り出した言葉が見出し語に対応すると信じていたことは当然であろう。齋藤希史の指摘つまり、かれらは『哲学字彙』を通して完全に新たな「言語空間」を作ろうとしたというしかない。[37]

5　記号としての訳語（一）――音韻情報の欠如

『哲学字彙』において見出し語と漢字語は、場合によっては、ただ相互に対応する二つの異質の言語にしかみえない。というのは、この『哲学字彙』は、最低限のエクリチュールだけを提示しているからである。この点は当時の他の字彙・辞書類などと比較すると、さらに明確になる。

『哲学字彙』以前に刊行された幾つかの辞書の中で、とりわけ堀達之助の『英和対訳袖珍辞書』（一八六二年、以下『袖珍』)と、[38]柴田昌吉・子安峻の『附音挿図英和字彙』(一八七三年、以下『英和』[39])における言語のあり様を『哲学字彙』と比べてみよう[40]。

これらの辞書や字彙を並べてまず目に入ってくるのは、『哲学字彙』の簡明さであろう。漢文註釈と小見出しを除くと、示されている訳語は『袖珍』と『英和』に比べると少ない方で、名詞中心になっているためか、品詞名の提示がない。これらの辞書において同じ見出し語が異なる形になっていることを確認すると、同じ単語であってもそれが『哲学字彙』の訳語なのか、それとも一般的な訳語なのかが区分される。それほど『哲学字彙』はきわめて簡単な形で概念中心に語彙をまとめている。

たとえば、以下で挙げるように、『袖珍』と『英和』の漢字語は音韻を伴う。

Absolute　n. 限リナキ、充分ナル、整フタル、自由ナル
Bad　n. 悪キ、病アル、不好ノ
Being　n. 顕ハレテ居ルモノ、形体
(『袖珍』)

Abstract　vt. 抜萃《ヌキトリ》スル、省略《ツツムル》スル、減少《スクナク》スル、除去《ノゾキサ》ル、抜出《ヌキイダ》ス
a. 異《コトナ》リタル、深意《イミフカキ》ノ、抜出シタル、難解《ケシフタキ》ノ
n. 抜萃、摘要《ヌキガキ》、畧言《ツヅメゴト》、簡約《ツヅメ》
(『英和』)

この場合の漢字語は、辞書の名称で示しているように、「和」語だといえる。勿論、音韻を伴う。また「Premise

前ニ説ク、序文凡例抔ノ如ク前ニ用ユル」(『袖珍』)のような、説明体となっているものも既存の音韻、さらには文章形式が前提にならないと理解できない。ただ、この点が直ちにエクリチュールから独立した音韻体形を肯定することに繋がるとは考えられない。Abstract の訳語に「コトナリタル」を定めたことから、当時、書かれる文字を意識しなくても翻訳が成り立つ状態を想定することが可能であるようにもみえるが[41]、書かれたものと話されたものの関係については、ここでいえるほど簡単な問題ではないので一旦は避けておく。ただし、上でも述べたように、訳語に意味作用をもつ音韻が媒介しているため、特定の音韻体系が身についていなければ原語を理解することもできない。この点から、辞書において漢字語で書かれた部分が中心であるとみなしてもよいかという疑問が生じる。つまり、漢字語の固定された位置からそれを少しずらしてみると、新造語としての漢字語を視覚的に立ち馴らせるためには、何らかの物質的条件がさらに必要となってくるということである。

ここで『哲学字彙』に話を戻すと、その語彙には音韻のような物質的な条件が付いていない。つまり、当時、井上らが語彙集を刊行した際に、その言葉は訳語として受け入れられたというよりも、いわば、記号として認識された可能性がある。たとえば『哲学会雑誌』には次のような記述がある。

凡そ何学に限らす其学問に関する完全なる字彙は講修者に必要欠く可らさるものとす……我邦に於ても近頃漸く哲学講究の要用なるを知り斯学を修めんとするもの多くなりたれとも茲に一大障碍ありて頗る講究者の学修を妨くるものなり完全善良な哲学字彙なきと之なり抑も哲学の術語は頗る多く又解しかたきものとす然るに我邦に行はるゝは元東京大学印行の哲学字彙及ひ有賀文学士の増補せられたる哲学字彙なりとす此書大に世に弘行し其訳語の如き近来著訳者の採依引用する処となりたり左れとも其目的は主として訳者の便を計りしものなれば唯英語の其語は之を漢字の何々に当るべきかを知らんとする翻訳者に取りては誠に有益なれ

ども哲学講究者には少しの便益をも与へざるなり。(42)

ここでは、『哲学字彙』は「英語の其語は之を漢字の何々に当るべきかを知らんとする翻訳者」にとっては有益であっても、哲学を勉強するものにとっては便利ではないという。つまり、言葉の置き換えは可能でも、それがどのような文脈をなすのかはまた別の問題だったのである。

『哲学字彙』の言語が一つの記号として受け入れられた可能性は、他の面からも窺える。以下に取りあげる、概念の一対一の対応関係という問題をみれば、記号のようにみえる漢字語が、抽象的でありながらもきわめて具体的なものであったことがわかってくるだろう。

6 記号としての訳語（二）——概念の一対一の対応関係

当時の術語に関するいくつかの議論をみると、学術用語の統一という問題が浮かびあがっていたことがわかる。たとえば、一八八二年に菊地大麓は「学術上ノ訳語ヲ一定スル論」という論説のなかで次のように述べている。

学術研究ニ最モ必要ナル事ノ一ハ、其名辞ノ確当ナルコト是レナリ、更ニ之ヲ云ヘハ、同一ノ名辞ハ常ニ同一ノ意義ヲ表ハサシメ、二三ノ事ニ通用セシム可カラス、又同一ノ事物ハ常ニ同一ノ名辞ヲ以テ之ヲ指シ、一物ニ数名有ラシム可ラス、若シ然ラサルトキハ学者互ニ相通シテ学術ノ進歩ヲ助クルコト極メテ難シ……所謂分業法ハ経済上ニ於ケル如ク、亦学術上ニ於テモ必要ナルモノナリ、是レヲ以テ各専門ノ学者ハ互ニ相通セサル可ラス、相通セント欲セハ、同一ノ名辞ヲ用イサル可ラサルコト明白ナリ。[43]

ここでは、学科における学術名詞の統一が主張されている。進化論的立場から「各学科」を有機物のように把握しており、学科間の円滑な疎通は術語の統一からなるという理解に立っている。『哲学字彙』においてもこの問題が重要であったことは、学科名が記されていることからわかる。

一　字彙往々従学科而異故附括弧以分別、一目瞭然易会者、及哲学之外不用者、并不附括弧其例如左
（倫）倫理学　（心）心理学　（論）論法　（世）世態学　（生）生物学　（数）数学　（物）物理学　（財）理財学　（宗）宗教　（法）法理学　（政）政理学[44]

このような学科名と分類法が、当時どれほど実践可能なものだったかについては確認できない。ただ、『報知新聞』の創刊に関わった矢野龍渓（一八五一〜一九三一年）が書いた『訳書読法』（一八八三）にみられる訳書の分類名のうちに、「生物」と「政理」が目に入る程度である。むしろここでは、この矢野の『訳書読法』に窺える訳語に関する懸念を取りあげたい。

又訳書ヲ読ムノ一困難ハ訳者カ漢字ヲ用ルコト各同シカラサルコトニテ十種ノ訳書ヲ読メハ同一ノ原語ヲ十様ノ異ナル漢字ニ訳スル者アリ故ニ訳書ニ熟セサル訳者ハ必ス皆ナ異物ノ如キ思ヲ為スナルへシ。[45]

ここで矢野は、「訳書」を読むことの困難さとして、訳語の乱れを挙げている。先に取りあげた菊地の主張と

とも通じる。このような「訳語の統一」という課題は、まさに井上らが『哲学字彙』で目指したものであった。井上は『哲学字彙』第三版の英語序文において次のように述べる。

it has been very difficult for us to find exact equivalents in our own language for the technical terms employed in it. One and the same term had sometimes been translated by various expressions which might be considered quite distinct in their signification by readers unaquinted《ママ》 with the original. It was, therefore, very necessary to settle finally the Japanese equivalents of the European technical terms.[46]

「西洋哲学が紹介されて以来」自分たちにとってそれが難解だったのは、日本語にそれと正確に対応する学術用語がなかったためであった。ここで重大な課題として、欧米語の学術用語に等価交換しうる日本語、しかも一つの概念に対して一つの訳語を作ることが要請される。つまり、この引用文からは、矛盾しているように聞こえるかも知れないが、かれらは西洋語の意味を正確に理解するよりは、原語の世界に対置しうる新たな構造を作る目的で、簡明な形の漢字語を並べたと考えられるのではなかろうか。かれらが取りあげた漢字語は、記号のようなものであると同時に、きわめて具体的かつ分明な目標点を持つものであったのだ。

以上のことからみれば、実際に『哲学字彙』において一つの見出し語に対して複数の漢字語がみられる場合も、それは他の字典における複数の訳語と性格を異にすることがわかる。『袖珍』と『英和』における一つの見出し語に対する複数の訳語は、いわゆる類義語の関係を持つといえる。むろん、これらの辞書は今日の対訳辞書のように洗練したものとはいえないが、訳語に伴う音韻情報によって各言語の関係性を汲み取ることはさほど難しくない。たとえば、Fact の訳語「所行」は、そのわけを知らなくても「シワザ」をみて他の訳語との関係性を読み取ることができる。また、そうではないとしても実際の例文から見出し語の意味がわかる。ところが、最初から一つの見出し語に対する一つの訳語を目指した『哲学字彙』の場合は状況が違う。それは、概念の一対一の対応を目的とするため、むしろ意味の関連性は問われなくなっている。この点については例をあげ、敷衍しておこう。

まず、『哲学字彙』では、フレミングの字典には詳細に書かれていた、見出し語が用いられる文脈が省略されていること、そして、複数の漢字語における互いの関係についてどのような情報も与えられていないことから、概念の一対一の関係が目指されていることがわかる。実際の例として、今まで見てきた他の辞書類と『哲学字彙』の英語とその訳語に注目してみよう。

Death　死
Fact　仕業、実
　In fact.　実ニ
Motion　動キ、運動、運ビ、進ミノ兵生物ノ働キ、内部外部ノ動キ、題
　Turbulent motion of the sea.　海ノ荒レ
Object　物、目当トスル物、主トナリテ居ル物
One　一ッ、人、或人
　It is all one to one.　ソレハ揔テ我ト一ッ者ナリ
　One another.　是モ彼モ、互ニ
　Some one, anyone.　人、或人
　One's self.　己レニ、己レト

A little one.　小児
Order　秩、次序、命令、言ヒ付ケ、昼付、示教、規則、位階、品等
In order　為メニ、故ニテ
To be in orders　教法ノ事ニ属スル
To take orders　進ム、僧ニナル

『英和対訳袖珍辞書』

Death　死亡、物故、終焉
Fact　事実
Motion　行動、動議（政）
Object　物、志向、正鵠、客観
One　泰一、按、前漢郊祀志、以大牢祀三一、注、天一地一泰一、泰一者、天地未分元炁也、泰又作太、准南詮言、洞同天地、渾沌為樸、未造而成物、謂之太一、注、太一元神、總万物者、一儀、一箇
Order　秩序、倫次、品級、命令

『哲学字彙』

Death　死《シニ》、物故《ミマカリ》、命終《メイジウ》
Fact　所行《シワザ》、事《コト》、実事《ジツジ》、事情《コトガラ》
Object　物《モノ》、意志《ココロザシ》、目的《モクテキ》、趣意《シユイ》

One　一《ヒトツ》ノ、単《ヒトヘ》ノ、或《ア》ル、独《ヒトリ》ノ、一様《ヤウ》ナル、物《モノ》、人《ヒト》

One after the other.　次第《シダイ》ニ

Every one.　各人《カクジン》

One o'clock.　第一時《ダイイチジ》

One-half.　一半《ハンブン》

All one.　同様《ドウヤウ》

To love one another.　互《タガヒ》ニ愛《アイ》スル

At one.　合《ガツ》シテ、一致《イッチ》シテ

One-fourth.　四分《ブン》ノ一

One day.　或日《アルヒ》、他日《タジツ》

Such a one.　箇様《カヤウ》ノ者《モノ》

In one.　合同《ガッタイ》シテ

One self.　自己《ジブン》

One by one.　一箇《ヒトツ》ヅ

Little ones.　小児《コドモ》

Order　次第《シダイ》、順序《ジユンジヨ》、整齊《とゝノヒ》、命令《メイレヒ》、吩咐《イヒツケ》、等級《トウキウ》、品階《ヒンカヒ》、規則《キソク》、部類《ブルイ》

To set in order　順序ヲ立《タテ》ル

Out of order　乱《ミダレ》テ

Next in order　次順《ジジユン》ノ

『英和字彙』初版

To give an order　命令ヲ降《クダ》ス
To be in orders　法教《ハウケウ》ノ事《コト》ニ関《アジカ》ル
In order　故《ユヘ》ニ、為《タメ》ニ

他の辞典に比べると『哲学字彙』では、原語のイメージを呼び起こす情報が極端に少ないことは一目でわかる。これは、『哲学字彙』の概念が一対一の対応に相応しい環境にあったことを表す。なぜなら、複数の漢字語が提示されるとしても、それらが類義関係を持ったり、例文によって文脈的に限定されたりすることがないかぎり、漢字語は互いに意識されないからである。そのために「Object」の訳語「物、志向、正鵠、客観」のなかで何かが落ちてくるのは当然である。つまり『哲学字彙』で示された言葉のなかで多くの死語が出たのは、偶然だというよりも、最初から見出し語に一つの概念を対応させようとした意図とも合致するのであり、井上らもこのような意図のもとで極めて簡明な形で字彙を集めたのであった。そして、残る概念が必ず一つだけではなく、たとえば「Object」が「対象物・客観・対象」といった複数の訳語に限定され、定着するまでには、「Object」が属する文脈の意味作用に相当する「言説形成」の時間と手間が必要となってくる。ここでは、『哲学字彙』においては、その漢字語の意味作用を予告するものすらなかったことだけ指摘しておく。

7 「清国音符」および「梵漢対訳仏法語籔」——音訳漢字の再編成

『哲学字彙』には附録として一八八一年初版に「清国音符」というものが、そして一八八四年の改訂増補版にはこれに「梵漢対訳仏法語籔」というものが加えられている。これらの附録は、『哲学字彙』のもつ重要な性質を表しているにもかかわらず、今まであまり考察されていない。

まず「清国音符」とは、「Appendix B.」——これ自体、西洋の事典の形式を踏んでいるが——の最初の頁に「Chinese Symphonious Characters. From Notitialinguæsinicæ Translated by J.G.Bridgman」と書かれていることからわかるように、ブリッジマン J.G.Bridgman 訳の *The Notitia Linguae Sinicae of Premare* (1847) から抜粋したものである。書名に「*Premare*」とあるのは原書の著者を表しており、原書は Joseph Henri De Prémare (1666〜1736) の *Notitia Linguae Sinicae* で、これはフランスの宣教師プレマールが一七二〇年に脱稿した中国語文法書である。[47] プレマールのこの本は日本でも早くから知られていた。たとえば、石田幹之助(一八九一〜一九七四年)は『欧人の支那研究』で、「始めて支那に来著せる仏蘭西の商船」であった「アンフィトリト号」が乗せた宣教師一〇人の話を記しており、そのなかでプレマールについて詳しく紹介する。[48] 石田によると、プレマールの「支那語劄記 Notitialinguæsinicæ」は「久しく写本のま、に世に行はれ」、「一八三一年に至つて漸く英国倫敦伝道教会 London Missionary Society の経営に係るマラッカの英華書院 Anglo-Chinese College から上梓されて流布するやうになり、一八四七年にはこの教会の宣教師ブリッヂマンに依つてその英訳が広東で公にせられるやう」になったという。[49]

『哲学字彙』に載っている「清国音符」を一見すると、西洋語を音訳する場合に参照されるように漢字の音をローマ字順に従って記したものにも見えるが[50]、実際に『哲学字彙』では音訳の例が示されていないので「有用性」という側面は疑わしい。

近代日本の翻訳の起点をキリシタンの渡来に設定すれば、音訳漢字の場合、明治以前の「キリシタン資料」や蘭学者によるものをはじめ、厖大な蓄積があることに気づく。分野や時期、学者によってそのあり方は多様であるが、音訳漢字自体に関する関心と整理作業は早くから行われていた[51]。とくに漢文で書かれた蘭学の場合、たとえば、よく知られている『解体新書』(一七七四年)では、人名や漢方では翻訳不可能な臓器の名称は音訳されている。大友によると、このような蘭学における音訳漢字の整理の早い例としては、新井白石の『東音譜』(一七一九年)が考えられ、その後、「本格的に、西洋語、特にオランダ語の音訳漢字について考察」したのが本木良永(一七三五~一七九四年)であったという[52]。とくに本木の場合、唐音の漢字で正確に音訳することを目指した。日本で最も古い地動説の本として知られるかれの『星術本原太陽窮理了解新制天地二球用法記』(一七九二年)では、「唐音仮借文字」という一覧表が付されており、この一覧表は本文に原則的に用いられたという[53]。一方、大和言葉に漢字を当てて一覧表を作った宇野明霞(一六九八~一七四五年)の『和漢用字式』に、さらに西洋語を記した宇田川玄真の『字韻集』や、宇田川榕庵の『華音集要』など[54]、蘭学における音訳漢字の系譜に関しては、基本的には漢学がその根底にあり、当時の唐音まで意識されていたと理解できよう。

ところが『哲学字彙』の場合、どうみても音訳を目的に「清国音符」を設けたとは考えにくい。勿論、実際に音訳を行う際に参照されたかもしれないが、それは別の問題であろう。井上らは、西洋の目線で漢字を見直しているのである。

そもそもプレマールが *Notitia Linguae Sinicae* の序文において述べている漢字とは、「エレガントな」「古い書物」に書かれた文字としてではなく、「会話でよく用いられる」「日常会話」の「中国語」の文字として重要視されている。[55] このような意図からプレマールは、第一部でまず「俗語」「口語」としてよく使われる「漢字」をローマ字順に並べた上でラテン語の意味を記している。ローマ字順に並べるというのは、まず漢字を音として認識しないとできない。このような他者による漢字の脱文脈といえる現象が、西洋の宣教師たちによって早くからなされていた点については周知の通りであろう。『哲学字彙』は、このような宣教師による脱文脈化された漢字を抜粋し、ローマ字を前に漢字を並べているのだ。

このような西洋を規準とした漢字蓄積は、一八八四年の改訂増補に付された「梵漢対訳仏法語籔」をみても明らかである。改訂増補の緒言を加えた有賀長雄は、井上の洋行を知らせる一方で「近時印度哲学」の流行を意識し、梵漢対訳語をつけるという。だが、それは「学友生駒」がドイツ出身のイギリス宣教師であったエルネスト・アイテル（Ernest J. Eitel、中国名は歐徳理、1838～1906）の *Hand-book for the student of Chinese Buddhism*（1870）を「抜抄」したものであった。それも、最初は「英国伝教師愛啼兒氏」の「支那仏法要領」を参照しようとしたが、絶版で得ることができなかったという。最初から専ら西欧の東洋学を念頭にしたということになる。そこで、西洋の「中国の宗教的文学を勉強する学生」の参考書として編纂されたエルネストのサンスクリット語・中国語対訳辞典を『哲学字彙』に取り入れる。[56]

注意すべきなのは、西洋の宣教師たちが中国学の索引として新たに構造化した「清国音符」および「梵漢対訳仏法語籔」を、井上らが『哲学字彙』に取り入れたこの時期は、東京大学の「哲学科」が独立し、「印度及支那哲学」科目が追加された一八八一年という時期と一致することである。また『哲学字彙』の初版が、その扉に編者たちの名前を挙げず、「東京大学三学部印行」と記している点も見逃してはいけない。この時期に井上は文部省編輯局に在任していた。[57] 今西も指摘するように、文部省の「編輯局は大学から小学校までの教科書その他を管掌し、大学で使用することを目的とする書籍の編纂翻訳等については東京大学に諮ることとされていた」[58]。すなわち、『哲学字彙』の編纂をめぐる問題は、単に新生語の誕生という問題ではなく、構図の変化にかかわる。しかも、単なる西洋哲学という学知の受容ではなく、フィロソフィーをきっかけに自分らの「過去」をひっくり返す、構造の生産であった。いわば「印度及支那哲学」の生産である。井上が東京大学を卒業して以来、ずっと「東洋哲学史」の編纂に力を注いでおり、ドイツ留学に立つ際にもこの「東洋哲学史」の草稿を「大事に抱えて」いたことも[59]、偶然ではない。かれは西洋のフィロソフィーに「哲学」として参与するため、「過去」を「印度及支那哲学」としてカテゴリー化したのであり、『哲学字彙』の二つの附録はこのことを如実に表す。

8 『哲学字彙』が志向したもの

見出し語は、英語あるいはローマ文字、ローマ字に表記されたサンスクリット語。つまり規準は西洋にあったという点からみれば、柴田らの『英和字彙』と井上らの『哲学字彙』は共通している。前者が俗語の和語を意識させた反面、後者は翻訳語こそ「我れから製造」するものという新たな試みを浮上させた。

自己の言語と他者の言語、このように言語だけに着目し、対立的な構図の上で漢字翻訳概念の問題を問うならば、これまでみてきた井上哲次郎らの『哲学字彙』を理解することはできない。まず、日清戦争期の国字問題における井上の意見、なかんずく漢字に関するかれの見解を単に漢字批判とまとめることはできない。漢字が日本語でもあり、「支那」のものでもあるのは、何も矛盾していない。それを張り切って「不可避な他者」と「他者」をつけるのは何故だろうか[60]。そして、自国語に対して「漢字」をどう位置付けば良いのかに悩む現代の国語学者より[61]、井上の方が余っ程自由であったようにも思われる。

一方、『哲学字彙』の漢字語を見出し語に戻すこともできない。ひいては『哲学字彙』においてフレミングの哲学辞典から取り出されたのは、簡略な単語だけであった。『哲学字彙』は、言葉を極端なところまで持っていく。文脈や音韻の排除によって、見出し語とそれに対応する漢字語は、綺麗なところでただ相手だけを目的として立つ。井上が願望した「正確に対応」する関係とはそのようなものであった。

『哲学字彙』を取り巻く歴史的背景、そして『哲学字彙』の構図を一度吟味することなく翻訳語の不正確さや日本製漢語の出処を責めることは無意味であろう。果たして日本製漢語を「わが言語」に替えれば主体的に「哲学する」ことが可能になるのか。問題はさほど簡単ではない。最初から目指されたのは西洋哲学だったからである。このような事柄からは、何を持ちだしても構図を逆に変えることはできない。

【附記】『哲学字彙』の漢文註釈

※備考

①漢文註釈の漢字表記は史料のまま、常用漢字と異体字が混在する場合もそのまま記す。英語以外であることを表すイタリック体の言語はそのままイタリック体にしておく。

②同じ原語に対して漢註が付いていない漢字翻訳語も一応記載しておく。区分しやすくするために漢註は括弧のなかに入れる。

③同じ原語における漢字翻訳語の追加など、特記すべき事項は適宜記す。

④傍線は、その版においてはじめて登場した原語を示す。

○初版

1. Absolute 絶對（按、絶對孤立自得之義、對又作待、義同、絶對之字、出千法華玄義）、純全、専制（政）

2. Abstract 抽象、虚形、形而上（按、易繫辞、形而上者謂之道）

3. Acosmism 無宇宙論（按、不信宇宙之存在者、古来不為少、瘳燕曰、有我而後有天地、無我而亦無天地也、天地附我以見也）

4. Afflux 朝宗（按、書禹貢、江漢朝宗于海）

5. Agnosticism 不可思議論（按、苟究理、則天地万象、皆不可思議、此所以近世不可思議論之大興也）

6. Ambiguous 曖昧、糊塗、滑疑（按、荘子齊物論、滑凝之耀、聖人之所圖也、口義、滑凝言不分不曉也）

7. *A prior* 先天（按、易乾、先天而天弗違、後天而奉天時、天旦弗違）

8. *A posteriori* 後天（仝上）

9. Aretology 達徳論（按、中庸、智仁勇三者、天下之達徳也、注謂之達徳者、天下古今所同得之理也）

10. Becoming 轉化（按、淮南原道、轉化推移得一之道以少正多）

11. Beginning 元始、太初（按、列子天瑞、有太易、有太初、有太始、有太素、太易者未見氣也、太初者氣之始也、太始者形之始也、太素者質之始也）

12. Category 範疇（按、書洪範、天乃錫禹洪範九疇、範法也、疇類也）

13. Change 變更、萬化（按、陰符經、宇宙在乎手、万化生乎身、又荘子大宗師、若人之形者、万化而未始有極也）

14. Coexistence 倶有（按、倶有之字、出于倶舎論、又唐杜甫詩、向竊窺數公、經綸亦倶有、又用共存之字可）

15. Complex　錯繆（按、淮南原道、錯繆、相紛、而不可靡散）、繁雑
16. Concentration　凝聚（心）（按、傳習録、久則自然心中凝聚）
17. Concrete　具体、實形、形事下（按、易繫辞、形而下者、謂之器）
18. Conflux　會同（按、書禹貢、四海會同）
19. Deduction　演繹法（論）（按、中庸序、更互演繹、作為此書）
20. Deism　自然神教（按、自然神教、與信神教差異、信神教、拠經典而説理外之理、自然神教、唯信天地之流行、而不信天啓）
21. Deontology　達道論（按、達道之字、出于中庸注、達道者、天下古今所共由之路）
22. Docetism　度設得教（按、基督教之一派）
23. Ebionitism　以彼阿尼教（按、基督教之一派）
24. Egoistic altruism　兼愛主義（按、墨子兼愛、欲天下之治、而悪其乱、當兼相愛交相利、此聖王之法、天下之治道也）
25. Emancipation　解脱（按、名義集、縱任無礙、塵累不能拘、解脱也）
26. Ethics　倫理学（按、禮樂記、通于倫理、又近思録、正倫理、篤恩義）
27. Evolution　化醇（按、易繫辞、天地絪縕、万物化醇、疏、万物変化而精醇也、又淳化之字出于史五帝本紀）進化、開進
28. Existence　萬有成立（按、現象之外、別有廣大無邊不可得而知者、謂之万有成立、成立之字、出于李密陳情表）、存体、存在、生物
29. Gnosticism　諾斯士教（按、基督教之一派、今亡矣）
30. Gymnosophist　赤脚仙人（按、昔者印度有一種之学派、裸体而漫遊、故時人呼曰赤脚仙人、恐是佛家所謂裸形外道）

31. Heterogeneity　厖雑（按、厖雑也、書周官、不和政厖、厖一作龐）
32. Homogeneity　純一（按、法華經、純一無雜、又朱子語録、純一無僞）
33. Idealism　唯心論（按、人之於物、止知其形色而已矣、至其實体毫不能窺、故古来有唯心之論、王守仁曰、心即理也、天下又有心外之專心外之理乎）
34. Induction　帰納法（按、歸還也、納内也、韻書、以佐結字故云歸納、今假其字而不取其義）
35. Intelligence　睿智、虚霊（按、傳習録、心之虚靈明覺、即所謂本然之良知也）
36. Magianism　邁実教（按、邁實教、行于波斯國）
37. *Mahayana*　摩訶衍（按、起信論、摩訶衍者、總說有二種、一者法、二者義、所言法者、謂衆生心是、心則攝一切世間出世間法、依於此心、顯示摩訶衍義）
38. Materialism　唯物論（按、物一而已、以其流行而言、謂之氣、以其、凝聚而言、謂之体、以其妙用而言、謂之心、以其變化而言、謂之光、謂之熱、謂之鏰、謂之電、其他凡在覆載間者、無一不自物而生、此唯物論所以緣起也）
39. Metaphysics　形而上学（按、易繫辞、形而上者、謂之道、形而下者、謂之器）
40. Metempsychosis　輪廻（按、圓覺經、始終生滅、前後有無、聚散起止、念々相續循環往復、種々取舍、皆是輪廻）
41. Modification　變化、化裁（按、易繫辞、化而裁之、謂之變）
42. Naturalism　唯理論（按、人心不迷、則天下無復妖怪、唯有斯大道理而存焉耳）
43. Nature　の小見出し語 Human nature　性（按、陳淳曰、荀子便以性為悪、楊子便以性為善悪渾、韓文公又以為性有三品、都只是説得気、近世東坡蘇氏又以為性未有善悪、五峯胡氏又以為性無善悪、都只含糊就人與天相接處、捉摸説箇性）、人性
44. Necessitarianism　必至論（按、荘子林注、死生猶夜旦皆必至之理）

45. *Nirvana* 涅槃（按、楞伽經、我所説者、妄想識滅、名為涅槃、大經、涅言不生、槃言不滅、不生不滅、名大涅槃、事詳于名義集）

46. One 泰一（按、前漢郊祀志、以大牢祀三一、注、天一地一泰一、泰一者、天地未分元炁也、泰又作太、淮南詮言、洞同天地、渾沌為樸、未造而成物、謂之太一、注、太一元神、總万物者）、一儀、一箇、

47. Perfectionism 全成教（按、眚菑禍患、人所自招、若夫終身翼々、順天理而無所違、則或可以達于圓満至極之域矣）

48. Reality 實体、眞如（按、起信論、當知一切法不可説、不可念、故名為眞如）

49. Relativity 相對（按、莊子林注、左與右相對而相反、對又作待、相待之字、出于法華玄義釋籤）

50. Revolution 革命、顚覆（按、興國謂之革命、亡國謂之顚覆）

51. Rosicrucians 錬金万士（按、昔者獨逸有一方士、遊于東洋、經數歳而歸、告郷人曰、吾知錬金之術、徒弟漸集于其門、時人呼此輩、曰魯失屈留士、盖錬金方士之義也）

52. Rudiment 元形（按、文仲子、天統元炁、地統元形）、基本、起端

53. Sage 至人（按、莊子田子方、得至美而遊乎至樂、謂之至人）

54. *Samadhi* 三昧（按、名義集、此云調眞定、又云正定、亦云正受、故事成語、儒家曰精一、釋家曰三昧、道家曰貞一、總言奥義之無窮）

55. Seclusion 隠遁、沈冥（按、楊子門明、蜀莊沈冥、呉注、晦迹不仕、故曰沈冥）

56. Substance 本質、太極（按、易繫辞易有太極、是生兩儀、正義、太極謂天地未分之前、元氣混而為一、即太初太一也）

57. Suggestion 點出、暗指、剔醒、提起、張本（按、左傳隠公注、預為後地曰張本）

58. Supranaturalism 超理論（按、天地之元始、邈矣茫矣、非人智之所及、故未可以為無神、假令窮理之極、至知天地

之元始、天地之間、尚有一點之不可知者、則奉之以為神、猶且可矣、而況於天地之與物皆不可知乎）

59. Transubstantiation　化体（宗）（按、加特力教、有以餅與酒為基督之血肉之禮）

60. Trinity　三位一體（按、基督教徒中、有以天父神子聖靈、為三位一体者、天道溯原、固一而三、三而一者也）

61. Unconditioned　脱礙、自然、無碍（按、心經、菩提薩埵、依般若波羅密多故、心無罣碍、無罣碍故、無有恐怖）

62. Unification　冥合（按、冥合謂與天神冥合也、冥合之字、出于柳宗元西山記）

63. Vanity　虚誇、浮華、盗夸（按、老子、服文綵帯利劍、厭飲食、財貨有餘、是謂盗夸、非道也哉）

64. Vision の小見出し語 Infinite vision　無限観（按、莊子大宗師、朝徹而後能見獨、見獨而後能無古今、無古今而後能入於不死不生）

○再版

65. Asceticism　嚴肅教、制慾主義、嚴括主義（按、揚子修身篇、其為外也、嚴括則可以禔身）

66. Obscurantism　絶智学（按、老子、絶聖棄智、民利百倍）

○3版

67. Common sense　常識（按、常識之字、出于語孟字義）、通識、普通感、普通感覚、普有感覚

68. Conscience　良心、本心（按、良心、本心、皆出于孟子）、道心（按、書大禹謨、人心惟危、道心惟微、注、指其發於義理者而言、則謂之道心、道心之字、又出于荀子解蔽篇）、道念（按、宋旡寄山中僧詩、道念有時憐老病、塵縁勿計間眞如）、恒心、良知、眞心（明儒學案巻四十、夫曰眞心者、虞廷之所謂道心也）

69. Consciousness　意識（按、勝鬘經、於心相續、愚闇不解、不知刹那間意識境界、起於常見、妄想見故）、識感

70. Education 教育（按、教育之字、始出于孟子盡心上、育又作毓、音義並同）、教養、養育、訓育
71. Law 法、法律（按、淮南子主術訓、事不法律中在、而可以便國佐治）、規制、条例、理法、格率、準則
72. Motive 動因、動機（列子天端篇云、萬物皆出於機、皆入於機、注、機者羣有始動之所宗云云、今取其字而不取其義）
73. Nation 国、国民（按、無量義經、國王王子、國臣國民、註、言國民者、無位貢調、八方兆民）
74. Necessity 必至、必然（按童子問、天有必然之理、人有自取之道）
75. Perception 知覚（中庸序、心之虚靈知覺一而已矣、而以為有人心道心之異者、則以其或生於形氣之私或原於性命之正、而所以為知覺者不同）〔※初版：知覚力〕
76. Philosophy 哲理、哲學（按、西周譯利學説曰、哲學即欧洲儒學也、今譯哲學、所以別之於東方儒學也）
77. Political economy 經濟學〔※第三版で追加〕、理財學（文中子云、是其宗侍、七世矣、皆有經濟之眞。易繫辭云、理財正辭）
78. Principle 道、原力、原理、大本、原儀、主義（按、汲冢周書謚法解、主義行徳、曰元、主義謂口義為主、今日主義者、主要之義也）
79. Religion 宗教（按、宗鏡録云、融會宗教之旨）
80. Right 正、正經、應當、公平、合理〔※正～合理まで3版ではじめて登場〕、公道、通義、權利（荀子勸學篇、及至其致好之也、目好之五色、耳好之五聲、口好之五味、心利之有天下、是故權利不能傾也、云々。萬國公法、始假用此字）
81. Society 會社、學會、結社〔※會社～結社まで3版ではじめて登場〕、社會（近思錄巻九、二程全書巻二十九云、鄉民為社會、為立科條、旌列善悪、使有勸有耻）
82. Universe 宇宙（按、淮南子齊俗訓、往古來今、謂之宙、四方上下、謂之宇、又見于尸子）

83. Volition　執意（佛書所謂勤勇是也、十句義論云、勤務云何、謂一實我和合、待欲瞋、我意合所生策勵、是名勤勇）

注

（1）『哲学字彙』の各版の書誌事項及び重要事項について記しておく。⑴一八八一年版（松村明所蔵本、飛田良文『哲学字彙訳語総索引』収録）：①標題紙に「明治十四年四月／東京大學三學部印行／哲學字彙 全／附清國音符」、著者名無し（緒言の内容から、井上哲次郎、和田垣謙三、國府寺新作、有賀長雄であることがわかる）②緒言の「弗列冥《フレミング》氏哲學事典而起稿」は、William Fleming, *The Vocabulary of Philosophy, Mental, Moral and Metaphysical, with Quotations and References: For the Use of Students*. 1856. を指す。⑵一八八四年版（国立国会図書館所蔵参照）：①標題紙に「明治十七年五月再版／東京大學三學部御原版／文學士 井上哲次郎 有賀長雄 增補／改訂增補 哲學字彙 全／附 梵漢對譯佛法語藪 清國音符／東洋館發兌」②装丁の形及び奥付の相違から、少なくとも三つ以上の版本が存在する。版本ごと内容は同様。⑶一九一二年版（東京大学文学部図書室所蔵参照）：①標題紙に「文學博士 井上哲次郎 文學博士 元良勇次郎 文學博士 中島力造 共著／英獨佛和 哲學字彙／東京 丸善株式會社」②標題紙の次の頁に英語の標題紙が付されている。③漢文の緒言ではなくPREFACE。

（2）朝倉友海「『東アジアに哲学はない』のか」岩波書店、二〇一四年、二九～三〇頁。

（3）『哲学字彙』に関する先行研究は、とくに国語学史分野において活発に行われてきた。とくに飛田良文は史料の整理および解説、翻刻に力を注いできた（「『哲学字彙』について」『哲学字彙訳語総索引』笠間索引叢刊、一九七九年、「『哲学字彙』の成立と改訂について」『英独佛和　哲学字彙』名著普及会、一九八〇年、「研究編『改訂増補　哲学字彙』について」『改訂増補　哲学字彙訳語総索引』港の人、二〇〇五年、「『改訂増補　哲学字彙』の版種」佐藤喜代治博士追悼論集刊行会『日本語学の蓄積と展望』明治書院、二〇〇五年）。また、真田治子は当時の歴史的背景に基づき、各版の成立過程を明らかにしている（「『哲学字彙』改版にあたっての訳語の変動」『国文学論考』三七、都留文科大学国文学会、二〇〇一年以来の諸研究）。以外にも翻訳語の造語法を詳しく論証した高野繁男「『哲学字彙』の和製漢語――その語基の生成法・造語法」『人文学研究所報』三七、神奈川大学、二〇〇四年等がある。示唆に富むところも多いが、これらの研究における「近代日本語への定着」や「近代日本語の成立」という捉え方は違和感を感じさせる。たとえば、「(『哲学字彙』は)多くの学術用語や抽象的な漢語を近代日本語に定着させた(飛田)」等の評価は、日本語の歴史というものを単線的に規定しているように思われる。

(4)井上哲次郎「文字と教育の関係(一八九四年)」『国語国字教育史料総覧』国語教育研究会、一九六九年、五四頁。

(5)本史料の原物の不在とそれを巡る議論については、安田敏朗『漢字廃止の思想史』平凡社、二〇一六年、四四~四五頁を参照。

(6)同上、四三頁、平井昌夫『国語国字問題の歴史』昭森社、一九四八年、一六一頁。

(7)前掲、平井『国語国字問題の歴史』一六二~一六三頁から再引用。

(8)井上哲次郎『懐旧録』春秋社松柏館、一九四三年、三〇四~三一〇頁、三二五~三三〇頁。

(9)前掲、井上「文字と教育の関係」五三~五八頁。

(10)長志珠絵『近代日本と国語ナショナリズム』吉川弘文館、一九九八年、六三~七一頁。

(11)小熊英二が指摘する、井上哲次郎の「『日本人』を完全に劣等人種と規定し、排外主義と民族的団結で独立を維持しようと」する、いわば自信なきナショナリズムは、井上の国字改良問題を考える際にも参考になる。具体的には小熊英二『単一民俗神話の起源』新曜社、一九九五年を参照。引用は四〇頁。

(12)前掲、井上「文字と教育の関係」五五頁。

(13)同上。

(14)同上。

(15)同上、五四頁。

(16)同上。

(17)同上、五四~五五頁。

(18)自治館『国語改良異見』自治館出版、一九〇〇年、三八五~三八六頁。

(19) 同上、三八九頁。
(20) ベネディクト・アンダーソン著、白石隆・白石さや訳『想像の共同体――ナショナリズムの起源と流行』第五章、リブロポート、一九八七年、一二五～一三四頁。
(21) 齋藤希史『漢字世界の地平――私たちにとって文字とは何か』新潮社、二〇一四年、一六七頁。
(22)「近代初頭の日本に最も大きな影響を与えた英華辞典としては、W・ロプシャイト(羅存徳)『英華事典』(一八六六～一八六九)を挙げねばなるまい」(同上、一六七頁)。
(23) 飛田良文・宮田和子『十九世紀の英華・華英辞典目録――翻訳語研究の資料として』ICU語学科飛田研究室、一九九七年、八六～一〇一頁。
(24) 金敬雄「井上哲次郎の『訂増英華字典』に於ける訳語の削減についての考察」『行政社会論集』福島大学行政社会学会、第一一巻第四号、三四頁。
(25) 沈国威は『近代来華外国人名辞典』のロプシャイドの項目に『英華字典』の言及がないことを指摘し、さらに上海図書館と北京図書館には『英華字典』の所蔵がなく、井上哲次郎の『訂増英華字典』の所蔵が確認されることを述べている(沈国威『近代日中語彙交流史――新漢語の生成と受容(改訂新版)』笠間書院、二〇〇八年、一四〇頁)。また、日本国内で所蔵が確認できる英華・華英辞典の目録を、一九世紀を中心に調べた宮田和子によれば、高価だったロプシャイドの原本より和刻本がよく利用されたという(宮田和子「井上哲次郎『訂増英華字典』の典拠――増補訳語を中心に」『英学史研究』第三二号、日本英学史研究、一九九九年、五三頁)。
(26) 齋藤希史「近代漢字圏の成立――翻訳と漢文脈」韓国日本研究団体第二回国際学術大会発表文から引用、二〇一三年八月二三日、於韓国嘉泉大学校、二三七頁。
(27) 井上哲次郎による訂増の詳しい様相に関しては金敬雄の研究を参照。「井上哲次郎の『訂増英華字典』に於ける訳語の削減についての考察」(『行政社会論集』福島大学行政社会学会、第一一巻第四号、一九九九【以下、同雑誌で巻号年度だけ記す】)「井上哲次郎の『訂増英華字典』に於ける訳語の修訂についての考察(I)――符号に関わる訳語の修訂」(第一二巻第二号、一九九九年)「井上哲次郎の『訂増英華字典』に於ける訳語の修訂についての考察（Ⅱ）――字順の変更による訳語の修訂」（第一三巻第一号、二〇〇〇年）「井上哲次郎の『訂増英華字典』に於ける訳語の修訂についての考察（Ⅲ）――同義語・類義語の入れ替えによる訳語の修訂」（第一三巻第二号、二〇〇〇年）「井上哲次郎の『訂増英華字典』に於ける訳語の修訂についての考察（Ⅴ）――訳語の訂正」（第一三巻四号、二〇〇一年）「井上哲次郎の『訂増英華字典』に於ける訳語の増設についての考察」（第一七巻第二号、二〇〇四年）。

（28）前掲、宮田「井上哲次郎『訂増英華字典』の典拠――増補訳語を中心に」を参照。

（29）井上哲次郎「英華字典叙」『訂増英華字典』（上智大学所蔵）、一八八三～一八八四年。

（30）同上、井上『訂増英華字典』第五回分（一八八四）表紙。

（31）『哲学字彙』編纂に関しては実用性以前に「字彙」自体の必要性が唱えられた。『哲学会雑誌』第二冊第一四号（一八八八年三月、一一五～一一六頁）の雑報を参照。

（32）『哲学字彙附清国音符（以下『哲学字彙』）』東京大学三学部印行、一八八一年、緒言。

（33）たとえば、

ABSOLUTE (absolutum, from ab and solvo, to free or loose from) signifies what is free from restriction or limit. "We must know what is to be meant by absolute or absoluteness; whereof I find two main significations. First, absolute signifieth perfect, and absoluteness, perfection; hence we have in Latin this expression……. And in our vulgar language we say a thing is absolutely good when it is perfectly good. Next absolute signifieth free from tie or bond, which in Greek is……"

1. As meaning what is complete or perfect in itself, as a man, a tree, it is opposed to what is relative.

2. As meaning what is free from restriction, it is opposed to what exists secundum quid. The soul of man is immortal absolutely; man is immortal only as to his soul.

3. As meaning what is underived, it denotes self-existence, and is predicable only of the first cause.

4. It signifies not only what is free from external cause, but also free from condition. (William Fleming, *The Vocabulary of Philosophy, Mental, Moral and Metaphysical, with Quotations and References; For the Use of Stu-*

dents, Second Edition, PUBLISHERS TO THE UNIVERSITY OF GLASGOW, 1858, pp.2-3)

（34）井上哲次郎『井上哲次郎自伝　三十年祭記念』冨山房、一九七三年、三三頁。

（35）『哲学字彙』で提示した漢字語に付けてある漢文の註釈は、まだ原語の方より漢文の方が理解されやすい使用人にとっては紛れもなく大きな文脈として作用する。

（36）酒井直樹『過去の声』以文社、二〇〇二年、三〇六～三〇七頁。

（37）前掲、齋藤『漢字世界の地平』一六九～一七四頁を参照。

（38）ここで用いた『英和対訳袖珍辞書』は再版の第二刷を底本に一八六九年に刊行した蔵田屋清右衛門版のもので、近代デジタルライブラリーの掲載版を利用した。初版と再版の関係は次である。初版（一八六二）改正増補→改正増補版（一八六六）内容同→第二刷（一八六七）内容同→本史料（一八六九）。初版は洋書調所から、改正増補と第二刷は開成所で刊行されている反面、本史料は官版ではなく、第二刷に関与した蔵田屋清右衛門の刊行であることが明確になっている。印刷事情に関するさらに詳しい内容は、杉本つとむ『辞書・字典の研究Ⅱ』八坂書房、一九九九年、四九一～五〇〇頁を参照。

（39）柴田昌吉、子安峻『附音挿図英和字彙』日就社、一八七三年（近代デジタルライブラリー掲載版）。

（40）『附音挿図英和字彙』に関しては、永嶋大典『蘭和・英和辞書発達史』（講談社、一九七〇年）の第四章を参照。

（41）書かれた文字が意識されない意味伝達とはありうるのだろうか。小松英雄の次のような指摘を参照。「キジョウユという語を知らなければ「生醤油」は読めないが、その語を知っていればほかに読みようがない。日本語にナマショウユ／イキショウユ／ショウジョウユなどという語はないからである。／先に語があって、それに対応する表記があるという当然の関係が、しばしば逆転して把握されている」（小松英雄『日本語書記史原論・補訂版・新装版』笠間書院、二〇〇六年、一三頁）。

（42）前掲『哲学会雑誌』第一冊第一四号、一一五～一一六頁。

（43）菊地大麓「学術上ノ訳語ヲ一定スル論」『東洋学芸雑誌』第八号、マイクロフィルムリール五六、一八八二年五月、一五四頁。

（44）前掲『哲学字彙』緒言。

（45）矢野文雄『訳書読法・全』報知社発兌、一八八三年、八〇頁。

（46）井上哲次郎・元良勇次郎・中島力造『英独仏和哲学字彙』丸善、一九一二年、PREFACE。

（47）何群雄編『初期中国語文法学史研究資料——J・プレマールの「中国語ノート」』（三元社、二〇〇二年）、西山美智江「Prémare（1666～1736）の *Notitia Linguae Sinicae*, 1720」（『或問』一四号、二〇〇八年）。

（48）石田幹之助『欧人の支那研究』現代史学大系第八巻、共立社書店、一九三二年、一八四～一八七頁。

（49）同上、一八六～一八七頁。

（50）当時、学術用語の統一という主張をともに、固有名詞の表記法の統一という指摘もなされていた。たとえば、矢野龍渓は「地名人名ノ如キハ何ノ意味モ無キ言葉ナレハ左迄種々ノ字ヲ用ヒストモ済ムヘキニ訳書ニ由テハ或ハ片假名或ハ漢字ヲ用ヒ又漢字ヲ用ルニモ種々ノ字ヲ用ヒルアリ例ヘハ有名ナル英京ロンドンノ如キモ或ハ龍動ト書セルアリ又倫敦ト書セルアリ尚ホ其他種々ノ異ナル文字ヲ用ヒタリ其他仏京パリーヲ巴里又ハ巴黎ナドト書スル如キノ類ハ枚挙ニ暇アラス」と述べている（前掲、矢野『訳書読法・全』八〇～八一頁）。

（51）音訳漢字の多様な方式を江戸期の「キリシタン資料」「蘭学資料」「宇田川三代」の括りで取りあげた大友信一の研究は参考になる。大友信一「蘭学者はどのように工夫して西洋語を音訳したか」『辞書・外国資料による日本語研究』和泉書院、一九九一年。

（52）大友信一「津山洋学資料館蔵『字韻集』『華音集要』なるもの——その背景と評価」『洋学資料による日本文化史の研究』一、吉備洋学資料研究会、一九八八年、七頁。

（53）同上。

（54）前掲、大友「蘭学者はどのように工夫して西洋語を音訳したか」四三五頁。

（55）前掲、西山「Prémare（1666～1736）の *Notitia Linguae Sinicae*, 1720」四四頁。

（56）E. J. EITEL, HAND-BOOK FOR THE STUDENT OF CHINESE BUDDHISM, LONDON: TRÜBNER, 1870, PREFACE.

(57)「(一八八〇年)二十六歳　七月、東京大学に於て哲学政治学を卒業し、文学士となる。十月二十三日、文部省御用掛被仰付。編輯局並官立学務局勤務」(前掲、井上『井上哲次郎自伝　三十年祭記念』七四頁)。

(58)今西順吉「わが国最初のインド哲学講義(三)――井上哲次郎の未公刊草稿」『北海道大学文学部紀要』七八号、一九九三年、五七~五八頁。

(59)同上、六一頁。なお、今西は井上哲次郎の「基本的課題」が東洋哲学の樹立であったと指摘する。「(井上)は『東洋哲学史』の草稿を携えて旅立った。……彼はドイツ留学中に何度も小旅行を試みて、多数の学者に会っているが、『東洋哲学史の草稿』を大事に抱えて歩き、面談する時には東洋哲学史の研究者として自己紹介をしていた」(同頁)。

(60)子安宣邦『漢字論――不可避の他者』岩波書店、二〇〇三年。なお、この子安の本は、日本思想史の分野で『哲学字彙』及び明治日本における西洋哲学関連漢字翻訳語の問題を俎上に載せた唯一のものだといえる。そのなかでもかれは「倫理学」という新たな翻訳語を取りあげ、この訳語について「儒学的概念としての意味合いを抑圧して、ただEthicsのはるかなシニフィアンとして成立しようとした」と、「その新訳語は消しがたい表意性を帯びた漢語によって構成され」「近代ヨーロッパ文明の導入移植の言語的媒体として使用された」と語る(同書、一三〇~一三一頁)。見事な指摘である。だが、「新たな他者性を帯びた新漢語」というように、漢字およびヨーロッパを他者と捉える視点については、少し注意したい。この違和感については前掲、齋藤『漢字世界の地平』二〇二~二〇七頁をも参照。

(61)前掲、安田『漢字廃止の思想史』第一章を参照。

第2部 京城帝国大学における哲学という学知

第一章　京城帝国大学法文学部の哲学関連講座
――帝国大学との関連性を重視して

1　京城帝国大学の哲学関連講座という問題

本章では、植民地朝鮮において唯一の官立大学であった京城帝国大学の哲学関連講座について論じる。京城帝国大学（以下、京城帝大）については多くの研究があり、個別学科や人事に関する研究も進んでいる。[1] ここでは、これまでの先行研究を参考にしながら制度として哲学科が初めて置かれた場所として、京城帝大に注目する。

趙要翰の一九七二年の論文をはじめ、韓国における西洋哲学受容という側面から京城帝大の哲学科を言及した論考は多くある。[2] なかでも金載賢は、植民地朝鮮における西洋哲学の制度化について、「検閲」「監視」といった帝国日本の植民地政策のなかで把握しつつ、教授たちの自由主義的特徴を指摘する一方、学生たちの動向については、三木清などマルクス主義的影響を指摘した。[3] しかし金は、「京城帝大哲学科」といいつつ、履修科目および学生に関しては「哲学、哲学史」講座を中心に論じる一方、教授に関しては「哲学、哲学史」講座担任に、「心理学」「美学」講座担任の一部、そして「朝鮮語学文学」講座担任であった高橋亨を取りあげている。議論の中心を「哲学、哲学史」講座に置いたとはいえるものの、「京城帝大哲学科」といった場合、その全体像がいかなるものであったかについては、やはり気になる。

そもそも戦前日本の帝国大学は、講座制であった。「職務俸による教官待遇改善」と「専門性の強調による研究・教授の充実」を図る目的で一八九三年、帝国大学に導入された講座制は、それ以降すべての帝大に適用されることになる。[4] 京城帝大の場合、「京城帝国大学法文学部ニ法学科、哲学科、史学科及文学科ヲ置キ大正十五年五月一日ヨリ授業ヲ開始ス」(「法文学部学科設置並授業開始ノ件」[5]) という学科に関する規定はあったものの、[6] 実際には「各学部ニ於ケル講座ノ種類及其ノ数」を明示し、医学部と法文学部の両体制で各講座を開設した。したがって厳密には哲学関連講座を問うべきだが、そういっても哲学関連講座とは何かという問題は依然として残る。「美学、美学史」講座は含むべきか、「教育学」講座はどうか、などの問題を避けるために、本章では『京城帝国大学一覧(以下、一覧に略記する)』「卒業生姓名」の「文学士–哲学科–〇〇専攻」という記載方式を参考に、この「哲学科」が包括する専攻を一旦「哲学関連講座」とみ、場合によって両名称を一緒に用いる。また、専攻ではなかった「社会学」講座も先行研究の通り哲学関連講座に含むことにする。

2 二つの争点

京城帝大は六番目の帝国大学として一九二四年に予科を開設し、一九二六年から法文学部と医学部をもって開学した。ここでは、問題の争点について確認しておく。

第一に、多くの先行研究が否定できないという「東洋・朝鮮研究」を設立趣旨とする京城帝大の性格に照らしてみれば、京城帝大の哲学講座は例外だったといえる。当時の京城帝大の設立趣旨については、三代朝鮮総督・齋藤實と初代総長に就任した服部宇之吉の祝辞──「……殊に朝鮮に於ては大学教育は創始の業に属するのみならす東洋文化朝鮮特殊の疾病薬物等の研究に重大なる使命を有するに……」（齋藤）[7]、「……朝鮮の研究を行ひ東洋文化研究の権威となると云ふことが本学の使命であると信じて居る……」（服部）[8]──から窺われる通り、「東洋・朝鮮研究」という使命が付与された。この点について近年の研究では、初代総長・服部が東洋研究における最高権威者として、実際に法文学部の学制と人事を決めた人物であり、そんなかれが「二年ほどの期間を通じて植民当局との葛藤まで甘受しながらまで」訴えた「東洋文化研究の権威」という「大学の使命」は、断じて上滑りの発言ではなかったと前提した上で、京城帝大の「東洋文化研究」の具体的な知的装置を批判的に検証する作業が行われている[9]。一方、「朝鮮・東洋文化研究」という建学理念の重さに比べれば京城帝大の「東洋文化研究」という性格づけから語られてきた「支那哲学」「朝鮮史学」「東洋史学」「朝鮮語学朝鮮文学」「支那語学支那文学」講座の在籍者は、「わずか一三・九％に過ぎ」ず、「過半数以上の学生（五八・二％）は法科系学科に在籍し」「行政官僚となること」を期していた点[10]、「東洋文化の権威を担う」朝鮮人の教授は一人も輩出されなかった点[11]、また、一九二四年時点での教科担任内定では朝鮮関連講座が一つもなく、朝鮮関連講座は比較的後から遅れて設置された点なども指摘されている[12]。このように、京城帝大に関する近年の研究では、「朝鮮研究や『東洋学』の研究者、関連講座に着目した研究」が論旨の中心となっている[13]。

以上の点からみれば、京城帝大の哲学関連講座は例外的であったといわざるをえない。後でみるように、哲学関連講座に「朝鮮史」や「朝鮮語学、朝鮮文学」のような講座はなかった。

第二の問題は、「帝国大学」と「植民地アカデミズム」との関係である[14]。西洋哲学──philosophy、近代日本の学制名称としてはこの単語をカタカナで音訳した「ヒロソヒー」が最初の形であった――が最初に「哲学科」という看板を通じて学制化したのは、すでに論じたように、一八七七年の東京大学（一八八六年より帝国大学）であるが、京城帝大の哲学科は、それぞれ「朝鮮語学、朝鮮文学」と「朝鮮史学」講座が新設された文学科と史学科とは違って、内地の帝国大学をそのまま移す形で設置された。この点から植民地朝鮮に哲学科ができた現象は、「東洋文化、朝鮮特殊の疾病」といった京城帝大の使命から説明されない点については上で述べた通りである。しかし、当時の帝国大学というものが普遍学問たる哲学科を皆持っていたので植民地朝鮮でも哲学科ができたという説明もできない。なぜならば、一九一八年に始まった北海道帝大及び大阪帝大（一九三一年〜）、名古屋帝大（一九三九年〜）は、そもそも戦前に法・文学部を持たなかったからである。さらに、出帆から哲学科をもった帝大は東京帝大しかなかった。京都学派で有名な京都帝大哲学科ですら、一八九七年に京都帝大理・工科大学で始まって以来、二年後に法・医科大学が、一九〇六年になってようやく文科大学が新設された[15]。一九三〇年代の戦時体制まで行かなくても、帝国大学の新設過程は、理系中心で行われていた[16]。つまり、一九二六年当時京城帝大に法文学部が設置されたことは当然の出来事だったとはいえない。

以上の二点すなわち、京城帝大における哲学関連講座の設置は、京城帝大の設立趣旨からも、そして、単純に帝国学知の植民地への受容を確認することでは説明しきれないところがある。それでは、京城帝大法文学部の歴史的背景は何か。

そこで、同じく「法文学部」という形をとった東北帝国大学の法文学部（一九〇七年〜、一九一〇年に新設された九州帝大もそうだった）の設置背景を参考にする必要がある。一九〇七年に理・農科大学で始まった東北帝大に法文科系が増設された（一九二二年）背景としては、一次世界大戦がもたらした経済的好況のなかで原内閣が断行した高等学校増設と大学教育の方向改善が挙げられる[17]。以前では中等教育卒業生を収容するのに東京・京都両帝大で充分だったのが、高等学校卒業者の増加によってかれらを収容する帝大の拡張が必要となったのである。しかし、なぜ法文学部という統合体制であったのか。最初の増設計画は法学部だけであったという。次の記述を参照しよう。「従来の帝国大学の法学部の教育は法律に偏するきらいがあるから、広く人文系の学科をとりいれて、円満な知識をもつ人間を養成するように要請した」。「デモクラシー・人文主義の波もたかまり、明治の官僚国家が変質しつつあつた……」。「デモクラシーが高揚しはじめた第一次大戦後といつても、まずその当時としてはむしろ驚くべきことであつた。法文学部という、既に固定している学部ではない新構想をもつて出発しようとした事情が、このような自由の風をもたらしたのであろう[18]」。帝国大学の法文学部という例を通じてみれば、人文学による人格形成という観念は、後発型資本主義国家において短期間でできあがった現象であるといえる。法文学部という体制は、それほど新しいかつ画期的なものであったのであり、法学士も「幅広い教養をもつように」要求された。第一回卒業生を輩出した一九二九年の京城帝大の『会報』には、次のような「研究室報」がみられる。「成程私達はノートリアスな役人や商人は持つてゐた。然し、私達は詩人や哲学者の言葉に接することが出来なかつた。然るに、我が大学には、詩人や哲学者が雲集し、彼等の下には許多の青年法人、少壮哲学徒が詩想に思索に耽つてゐるのである。実に京城帝大の誕生は、否、大学の文科（詳しく云へば文学科、哲学科及史学科——原文のママ）の存在こそは、近代都京城の、否オール朝鮮の内的生活に於ける一大炬火であり、革命でなければならない。私達の今までの内的生活は、我が文科の存在に依つて、如何ばかり、質に於て量に於て豊富となり、光を増したことだらう[19]」。生気に満ちた京城帝大の会報も以上のような背景から考えるべきである。

　このように、帝国大学の法文学部という現象に付け加えねばならないのが「植民地」である。一次世界大戦がもたらした総力戦は日本の経済全体を揺さぶった。最小限の軍事負担で最大の利益を得た日本はその気勢で断行したシベリア出兵当日に米騒動をうける。一九二〇年以後経済不況は固まり、帝大卒業生でも就職難を経験するようになる。[20] 当時、京城帝大哲学科に著名な岩波グループの学者たちが集まったのも、このような経済的な背景が大きかったと考える。また、尹大石も指摘したように、植民地朝鮮の知識人にとって内地の「エリート教養主義」は、それ自体が乗り越えねばならないものであったと同時に――だからかれらはマルクス主義の方へ行ったと思われるが――、「植民地的差別」という矛盾を乗り越える精神的武器でもあった。[21]

以上の争点を確認した上で、以下ではまず、京城帝大の哲学関連講座が、帝国大学といかに連動しているかを、旧東京大学史を通して確認しておく。

3 哲学科の学制定着過程――東京大学から帝国大学へ、そして京城帝国大学まで

京城帝国大学は帝国大学であった。この事実だけで京城帝大にはその設立趣旨以上の意味があったといわねばならない。鄭駿永が指摘したように「朝鮮人に敢えて法文学部を作り、法律、政治、哲学などを教える必要があるかという疑問」は早くから提起されていたが、帝国という位相の前で払拭された。[22]「京城帝国大学は、帝国大学を直接的なモデルとした以上、制度、組織、文化の面において他の帝国大学と基本的に同一にせざるを得なかった。法文学部、医学部、理工学部などの複数の学部に構成された大学制度、政治権力より与えられる集中的な大学財政の支援、分科学問の講座を中心に結合される教員と学生の大学組織、自治志向、実証的科学観、教養主義によって特徴づけられる特有のエリート的大学文化などは、他の帝国大学に劣らなかった」。[23] 京城帝大法文学部の学友会『会報』でみたように、それは「学問」を通してであった。同校「哲学、哲学史第一」講座担任の安倍能成の次のような発言も、このような帝大たる京城帝大の位相を確認させてくれる。かれは京城帝大開学記

念式で次のように語る。「ギリシヤの小亜細亜に有したミレトスの町が、ギリシヤ哲学の誕生地であつた事を思へば、京城帝国大学の使命も亦軽からぬものがあることを覚ゆるのである」[24]。ギリシヤ哲学の誕生地であつた事を思へば、ここではまず、次のような意図として読んでおこう。

古代都市国家の植民市 apoikia を近代の植民地に喩えるほど、安倍の現実感覚が鈍かったとも読めるが、ここではまず、次のような意図として読んでおこう。つまりかれは、西洋哲学におけるギリシャの持つ権威を植民地朝鮮に移入することによって、植民地朝鮮における学問の普遍性を担保しようとした。

それでは、西洋 the West とその他 the rest の分割過程に注目しつつ、哲学が最初に制度化されていく過程を探ってみる。南校から東京大学の草創期までにおける学制の変遷過程についてはすでに第一部第四章で取りあげたので、ここでは、本章の議論に必要な内容を簡単に繰り返しながら、帝国大学期の様子を付け加える形で論じていく。主眼点は、内地の学制が京城帝大の哲学関連講座編制といかに連動しているかをみることである。

まず、植民地の帝国大学をみる際にも、すでに強調したように、東京大学の前身から考える必要がある。［表①］では、京城帝大の開設年度である一九二六年度の東京帝大学科体制の形が現れはじめる一九学科制までを概観した。近代学知として哲学が始まる瞬間を歴史的に把握するためには、天野が指摘する帝国大学の性質をもう一度留めておく必要がある。知られるように、東京大学は、東京開成学校と東京医学校が合併する形で一八七七年に開設されるが、ここで天野は、法・理・文科を含むこの東京開成学校について次のように指摘する。「明治六（一八七三）年に追加された『学制』の規定には、『大学』の他に、その『専門学校』に関する奇妙な条項がある。専門学校とは法学・医学等の西欧の学術技芸を『外国教師ニテ教授スル高尚ナル学校』であり、『師範学校同様ノモノニシテ其学術ヲ得シモノハ後来我邦語ヲ以テ我邦人ニ教授スル目的ノモノ』だというのである。つまり、この規定による東京開成学校、それに医学校は、将来設置されるべき『大学』の教員養成機関とされていたのであり、明治一〇年に統合されて『東京大学』になった後も、その性格は基本的に変わらなかった[25]」。なお、一八七

		1886			1887	1897	1900.6.	1904.9.	1919.4.
1879東京大学文学部	1881東京大学文学部		帝国大学文科大学	文科大学内容	文科大学増設内容		文科大学内容	文科大学変遷内容	文科大学→文学部
			法科大学						
			理科大学						
第一　哲学政治学及理財学科／第二　和漢文学科	第一　哲学科／第二　政治学及理財学科／第三　和漢文学科	帝国大学	文科大学	第一　哲学科／第二　和文学科／第三　漢文学科／第四　博言学科	第一　哲学科／第二　和文学科／第三　漢文学科／第四　史学科／第五　博言学科／第六　英文学科／第七　独逸文学科	東京帝国大学	哲学科、国文学科、漢学科、国史科、史学科、言語学科、英文学科、独逸文学科、仏蘭西文学科の9学科制	3学科制へ。哲学科、史学科、文学科。'学科—専修科目'という形	19学科制へ。国文学科、国史学科、支那哲学科、支那文学科、東洋史学科、西洋史学科、哲学科、印度哲学科、心理学科、倫理学科、宗教学宗教史科、社会学科、教育学科、美術美術史科、言語学科、梵文学科、英吉利文学科、独逸文学科、仏蘭西文学科。
			医学部→医科大学						
			工科大学増設、1890年農科大学増設				詳細：1889国史学科、仏蘭西文学科増設、和文学科→国文学科、漢文学科→漢学科／1900博言学科→言語学科		

表① 旧東京大学哲学科変遷様相

上位項目年度		1868	1869		1870.7.	1871	1872	1873	1874	1877		
下位項目事項				1870.2.大学規則による教科内容							東京大学四学部	1877 東京大学文学部
①各変遷事項 ②文学科の変遷事項	昌平黌	昌平学校	大学	教科	閉鎖	以来廃止						
	開成所	開成学校	大学南校	法科（民法・商法・訴訟法・刑法・治罪法・国法・万国公法・利用厚生法・国政法・法科理論）		南校	第一大学区第一番中学	第一大学区開成学校	東京開成学校	東京大学	法学部	
				理科（究理学・博物学・動物学・化学・地質学・器械学・星学・三角法・円錐法・測量法・微分・積分）							理学部	
				文科（レトリツク・ロジツク・羅甸語・各国史・ヒロソヒー）							文学部	第一　史学、哲学、及政治学科／第二　和漢文学科
	医学所	医学校	大学東校	医科		東校	第一大学区医学校		東京医学校		医学部	
備考												

参考：『東京帝国大学五十年史』(1932)

二年に出された「学制」の中の「大学」規定も、「『大学ハ高尚ノ諸学ヲ教ル専門科ノ学校』で、置かれる学科は『理学・化学・法学・医学・数理学』」であった。[26] 天野の指摘をしたがえば、東京大学は外国教師のもとで西洋の諸学を学ぶ機関として始まったといえる。

一方、すでに述べたように、一八七七年の東京大学文学部は大学南校から継承される形で「第一史学、哲学、及政治学科」「第二和漢文学科」で始まる。一八七〇年に出された大学規則による大学南校の教科内容は、法・理・文科の区分のもと、文科は「レトリック、ロジック、羅甸語、各国史、ヒロソヒー」を含んでいた。つまり、リベラル・アーツを含む西洋の人文学方面を文科で教えていたのが、東京大学文学部になると、第一は西洋方面を、第二は和漢方面を独立学科として編成するようになる。中身を一見しておく。まず「第一史学、哲学、及政治学科」の各学年別科目をみると、「史学」は「欧米史学」のことを、「哲学」は、大学南校期の「ヒロソヒー」から翻訳語「哲学」に名称を替えただけで、「論理学」「心理学」「道義学」「哲学史」という個別領域を指していた。また「政治学科」という名称に含まれる関連科目には「政治学」「経済学」「政治学及列国交際法」があった。また、「第二学科ハ三年間和漢古今ノ文学ヲ専修セシムルヲ旨トシ且二年間英吉利文学及ヒ三年間欧米史学或ハ哲学ヲ兼学セシム」と、「和漢古今ノ文学」を専門にする傍ら「和漢文ノミニテハ固陋ニ失スルヲ免レサルノ憂アレハ並ニ英文哲学西洋歴史ヲ兼学セシメ」とし、「欧米史学或哲学」を兼修するようにした。[27]

ここで「哲学科」という学科が一八八一年に登場したことはすでに述べた。「第一　哲学科」「第二　政治学及理財学科」「第三　和漢文学科」と、哲学科が分かれた第二科では、史学科が一旦廃止され、理財学科が新設される。また、この第一科の一八八二年の改訂では「東洋哲学」と「西洋哲学」という区分がなされたことについても上述した通りである。具体的な改正内容は、第一部第四章の［表⑥］に詳しい。

具体的な改正背景をみると、前年度に「従来哲学と称したるものは、専ら西洋哲学を内容とせるものなりしに、新に印度及支那哲学を科目中に加へられた」とされたのが、一八八二年には、「哲学とあるを西洋哲学と改め、新に東洋哲学の科目を増設したることとなり」と、学科目自体に区分がなされる[28]。だが、ここで注意すべきなのは、それぞれが含む内容の非対称性である。第一部第四章の［表⑥］のなかで該当部分だけ拾っておこう。

東洋哲学（哲学史）
西洋哲学（哲学史　世態学　心理学）
東洋哲学（印度及支那哲学）
西洋哲学（近世哲学）
東洋哲学（印度及支那哲学）
西洋哲学（心理学　道義学　審美学）[29]

ここには、「西洋 the West」と「残余／それ以外 the Rest」という図式が正しく適用される[30]。すなわち、西洋哲学は、西洋という名称を冠するだけで哲学史や下位分野を表す一方、東洋哲学は「印度及支那哲学」という地域のものを括弧に入れているのだ。言い換えれば、「西洋という仮想の統一体」のもとで「それ以外」としての東洋哲学が整えられる[31]。次の酒井直樹の指摘も参照できよう。「学問としての『哲学』には場所や民族の限定がないことです。これに対して『インド哲学』には、インドという地域あるいはその地域の住民の名前がつけられています。同じような例として、『中国哲学』を考えることもできるでしょう[32]」。人文科学 the humanities とエスニック・スタディーズの間における「不規則性や歴史的諸事件の堆積作用」、そして人文科学と地域研究における奇妙な不均等性については、すでに二〇年前になされた議論を参考しよう[33]。以上の例からは、明治初期の一八八二年、すでに西洋を中心とした学門の地政学的配置が、哲学科の学制編成を通じて具体的に起こっていたことをあらためて指摘しておく。

一八八六年、東京大学が「帝国大学」になると、「東洋哲学」は哲学科の下位履修科目の一つとして「論理学」「心理学」「哲学」「審美学」に並置される[34]。この帝国大学期のあり方が、一九二〇年代までの各帝国大学の哲学科における学科目編制に受け継がれることになる。一八八六年の帝国大学文科大学の四学科制（哲学科、和文学科、漢文学科、博言学科）は、それ以後、七学科制と九学科制を経て一九〇四年（東京帝国大学）には文・史・哲学科の三学科体制となるが、哲学科の中身は一八八六年の様子を維持しながら次のように定着する。三学科体制の哲学科の専修学科に当たる一九〇四年度の「受験学科」は、「哲学及哲学史」「支那哲学」「印度哲学」「心理学」「倫理学」「宗教学」「美学」「教育学」「社会学」であった[35]。「印度哲学」を除く全ての学科目が、一九二六年の京城帝大哲学関連講座類と一致することがわかる。京城帝大の設立当時、「印度哲学」講座がなかった帝国大学は、京城帝大のみであった。

「帝国大学」という観点から哲学科の定着過程を探る際に重要なもう一つの点がある。それは、いわゆる国家学との関係である。帝国大学における哲学科の定着過程と国家学の成立とが内在的に連動していたかについてここで論証するのは難しいが、それらが時期的に一致することは指摘できるのではなかろうか。つまり、哲学科が哲学という名称の下に東洋を編制し、東・西洋哲学に分け始めた時期は、学科編制に国家意識が結びつく時期と同じ流れに属することである。哲学科の場合、「東洋」を哲学の下位分野に収めることで地域性を越える普遍学門として帝国大学に定着した。しかし、他の学科はどうか。結論からいえば、帝国大学期になると、機能的側面すなわち、近代的主権国家の形成に必要な人材養成という側面より、さらに、国家的アイデンティティが学門的権威と結びつく現象が生じる。「古典講習科」が良い例として挙げられる。これについては、品田悦一の研究が詳しい[36]。かれによると、この「古典講習科」は一八八二年に東京大学の附属機関として設置されるが、これは「伝統」を受け継ぐという認識から生まれたものではない。最初に提案された名称が「和書講習科」であったことからもわかるように、これは漢文および作文に通じ、実際に公文書を自由自在に書ける実務的な人材養成が目的であった。この古典講習科は、和漢文学科との関係の中で一八八八年には二回目の卒業生を輩出して完全廃止される一方、和漢文学科は一八八九年に「国史学科」と「国文学科」に再編され、「漢学科」と分けられる。また、第二科において政治学科目に「日本古今法制」を、理財学科科目に「日本財政論」を新設したのが一八八二年であり、帝国大学令の直前には政治学科に変更され、法学部に移転される。よく知られるように、穂積陳重が初代教頭に選ばれた東京帝大法科大学に「国家学会」が創設されたのも一八八七年であった。具体的に論じる紙面はないが、帝国大学において哲学科が東洋を収斂しつつ、独立した学科として形を備えていったちょうどその時期に、いわば国家学も帝国大学を通して権威を伴っていったことを指摘しておきたい。

4　京城帝国大学法文学部の哲学関連講座

こうして京城帝大法文学部には［表②］のように八種類の哲学関連講座が設置される。担任教授の学歴および助教授についてはそれぞれ［表③］［表④］でまとめた。

京城帝大法文学部の講座制の特徴として、同じ講座でも多数の講座を置くことで教授陣を確保しようとした点はすでに指摘されている[37]。哲学関連講座を例に挙げると、一九二六年初年度に京城帝大哲学科に入学した学生数は全部一二名で[38]、同時期の東京帝大の哲学関連学科に入学した学生総数一六三名に比べると、学生規模は東京帝大の一割にも満たないが、[39]講座数は東京帝大に匹敵した。講座制の形を備えた一九二七年代の京城帝大の哲学講座八種類の講座数は全部で一三個、同類に当たる東京帝大の講座数は一七個で、あまり差はない。むしろ東京帝大の「教育学」講座五個と、「支那哲学支那文学」講座のような京城帝大にはなかった講座を除くと、京城帝大の講座数は同じか多いほどであった。

京城帝大法文学部の講座制の特徴としてもう一ついえるのは、先述したように、植民地という地域性が顕れることだが、哲学講座では支那哲学以外は、講座名から地域性を読み取ることができない点である。たとえば、京城帝大史学科の場合、他の帝国大学の国史・東洋史・西洋史という三区分に朝鮮史を加える形で（東京帝大の朝鮮史講座は一九一四年に新設される）、そして文学の場合は、国・支那・梵・英吉利・独逸・仏蘭西語文学のなかで「自国」・朝鮮・支那・英吉利語文学を取るという形で講座が編成された。しかし哲学科の場合、多少の差はあるが内地の帝国大学と大きく変わらない。

表②　京城帝国大学哲学関連講座と担任教授

<table>
<tr><th colspan="2">講座名</th><th>講座担当</th><th>在任期間</th><th>前歴及備考（数字は西暦）</th></tr>
<tr><td rowspan="5">教育学</td><td>講座</td><td>松月秀雄</td><td>1926.4.1.〜1928.3.</td><td rowspan="2">24 年〜京城第一高普教師
45.3.31. 法文学部長任</td></tr>
<tr><td>第一講座</td><td>松月秀雄</td><td>1928.4.1.〜1945.</td></tr>
<tr><td rowspan="3">第二講座</td><td rowspan="2">田花為雄</td><td>1928.4.18.〜1930.6.24.（助）</td><td rowspan="2">前、熊本県女子師範学校教諭</td></tr>
<tr><td>1930.6.25. 教授任〜1945.</td></tr>
<tr><td>松月秀雄</td><td>1932.3.31.〜1934.3.31. 兼</td><td>田花は欧米留学</td></tr>
<tr><td rowspan="9">倫理学</td><td>講座</td><td>島本愛之助</td><td>1926.4.1.〜1927.6.</td><td>13 年〜東京外国語学校教授</td></tr>
<tr><td rowspan="6">第一講座</td><td>島本愛之助</td><td>1927.6.2.〜1931.4.5. 死亡</td><td></td></tr>
<tr><td>安倍能成</td><td>1932.3.31.〜1934.3.31. 兼</td><td>安倍は哲学哲学史第一講座担任</td></tr>
<tr><td>×</td><td>1934.4.〜1938.11.</td><td></td></tr>
<tr><td rowspan="2">小島軍造</td><td>1938.11.30.〜1939.5.（助）</td><td rowspan="2">29〜31 年ドイツ留学、31〜34 年日本大学等で講師
34〜35 年法文学部講師、35〜39 年倫理学助教授</td></tr>
<tr><td>1939.5.19. 教授任〜1945.</td></tr>
<tr><td rowspan="2">第二講座</td><td>白井成允</td><td>1927.6.2.〜1940.4.24. 免</td><td>22 年〜第二高校教授</td></tr>
<tr><td>宮島克一</td><td>1941.6.6.〜1945.4.12. 免（助）</td><td>38〜41 年国民精神文化研究所</td></tr>
<tr><td rowspan="2">心理学</td><td>講座</td><td>速水滉</td><td>1926.4.1.〜1927.6.</td><td>前、山口高校・第一高校教授</td></tr>
<tr><td>第一講座</td><td>速水滉</td><td>1927.6.2.〜1936.1.</td><td>26.9.〜28.9. 法文学部長
36.1.〜40.7. 京城帝大総長</td></tr>
</table>

<table>
<tr><th colspan="2">講座名</th><th>講座担当</th><th>在任期間</th><th>前歴及備考（数字は西暦）</th></tr>
<tr><td rowspan="6">心理学</td><td rowspan="3">第一講座</td><td>×</td><td>1936.～1938.11.</td><td></td></tr>
<tr><td rowspan="2">天野利武</td><td>1938.11.30.～1939.5.（助）</td><td rowspan="2">28～30年京城帝大法文学部助手、31～35年法文学部講師、36～38年心理学助教授</td></tr>
<tr><td>1939.5.19. 教授任～1945.</td></tr>
<tr><td rowspan="3">第二講座</td><td>黒田亮</td><td>1928.1.13.～1942.9.23. 免</td><td>27年心理学助教授任</td></tr>
<tr><td>×</td><td>1942.10.～1945.3.</td><td></td></tr>
<tr><td>和田陽平</td><td>1945.3.31. 任</td><td>？</td></tr>
<tr><td rowspan="6">哲学哲学史</td><td>講座</td><td>安倍能成</td><td>1926.4.1.～1927.6.</td><td>前、一高・法政大学等で講師
28.9.～30.9. 法文学部長</td></tr>
<tr><td rowspan="3">第一講座</td><td>安倍能成</td><td>1927.6.2.～1940.9.4. 免</td><td></td></tr>
<tr><td rowspan="2">田邊重三</td><td>1940.10.23.～1941.4.（助）</td><td rowspan="2">28～41.4. 哲学哲学史助教授、29～32年在外研究員、哲学研究会主任</td></tr>
<tr><td>1941.4.28. 教授任～1945.</td></tr>
<tr><td rowspan="2">第二講座</td><td>宮本和吉</td><td>1927.6.2.～1944.11.18. 免</td><td rowspan="2">前、新潟高校教授
37.8.～39.8. 法文学部長</td></tr>
<tr><td>×</td><td>1945.</td></tr>
<tr><td rowspan="3">支那哲学</td><td rowspan="3">講座</td><td>藤塚鄰</td><td>1926.4.1.～1940.4.22. 免</td><td>09～21年第八高講師～教授、21年～中国留学</td></tr>
<tr><td rowspan="2">阿部吉雄</td><td>1941.6.6.～1943.10.（助）</td><td rowspan="2">30年～東方文化学院服部助手及び35年～同研究員</td></tr>
<tr><td>1943.10.21. 教授任～1945.</td></tr>
<tr><td rowspan="2">社会学</td><td rowspan="2">講座</td><td rowspan="2">秋葉隆</td><td>1926.11.27.～1928.4.（助）</td><td rowspan="2">21年～モリソン文庫
24～26年予科教授として在外研究員</td></tr>
<tr><td>1928.4.18. 教授任～1945.</td></tr>
<tr><td rowspan="4">宗教学宗教史</td><td rowspan="4">講座</td><td>×</td><td>1926.</td><td></td></tr>
<tr><td>赤松智城</td><td>1927.8.13.～1941.3.15. 免</td><td>前、仏教大学・龍谷大学教授</td></tr>
<tr><td rowspan="2">佐藤泰舜</td><td>1941.4.10.～同11.（助）</td><td rowspan="2">前、駒澤大学・東洋大学教授</td></tr>
<tr><td>1941.11.30.～1945.</td></tr>
<tr><td rowspan="8">美学美学史</td><td>講座</td><td>上野直昭</td><td>1926.4.1.～1927.6.</td><td>32.5.～35.4. 九州帝大兼任
35.2.～37.8. 法文学部長</td></tr>
<tr><td rowspan="2">第一講座</td><td>上野直昭</td><td>1927.6.2.～1941.1.31.</td><td></td></tr>
<tr><td>矢崎美盛</td><td>1941.8.6.～1945.</td><td>前、法政大学・東京帝大・九州帝大等で講師、27年～九州大学教授、41年～京城帝大を兼任</td></tr>
<tr><td rowspan="5">第二講座</td><td>×</td><td>1927.</td><td></td></tr>
<tr><td>田中豊蔵</td><td>1928.6.12.～1942.4.22.</td><td>20年～文部省古社寺保存計画調査、21年～慶應義塾大学講師、26年～東京美術学校講師</td></tr>
<tr><td>×</td><td>1942.5.～1944.3.</td><td></td></tr>
<tr><td>田中梅吉</td><td>1944.3.30.～同3.31. 免</td><td>16年～朝鮮総督府臨時教科用図書編輯事務嘱託、24.6.～29.4. 京城帝大予科教授（独語）、28年～43年法文学部助教授</td></tr>
<tr><td>×</td><td>1944.4.～1945.</td><td></td></tr>
</table>

参考：鄭根埴他『植民権力과 近代知識——京城帝国大学研究』（ソウル大学出版文化院、2011年）346～349頁、『朝鮮総督府官報』、『京城帝国大学一覧』、『京城帝国大学予科一覧』各号。

表③　京城帝国大学哲学関連講座担任教授学歴

氏名	生没年	出身学校	出典に記載されている専攻	卒業年度
松月秀雄	1892～1993	東京帝大	哲学科	1917.7.
田花為雄	1896～1983	東京帝大	教育学科	1922.3.
島本愛之助	？～1931	東京帝大	哲学科（倫理学専修）	1905.7.
小島軍造	1901～1980	東京帝大	倫理学科	1927.3.
白井成允	1888～1973	東京帝大	哲学科（倫理学専修）	1913.7.
宮島克一	？	東京帝大	倫理学科	1929.3.
速水滉	1876～1943	東京帝大	哲学科	1900.7.
天野利武	1904～1980	東京帝大	心理学科	1927.3.
黒田亮	1890～1947	東京帝大	哲学科（心理学専修）	1915.7.
和田陽平	？	東京帝大	心理学科	1932.3.
安倍能成	1883～1966	東京帝大	哲学哲学史	1909.7.
田邊重三	1895～1975	東京帝大	哲学科（哲学専修）	1919.7.
宮本和吉	1883～1972	東京帝大	哲学哲学史	1909.7.
藤塚鄰	1879～1948	東京帝大	哲学科（支那哲学専修）	1908.7.
阿部吉雄	1905～1978	東京帝大	支那哲学科	1928.3.
秋葉隆	1888～1954	東京帝大	社会学科	1921.3.
赤松智城	1886～1960	京都帝大	哲学科（宗教学専修）	1910.7.
佐藤泰舜	1890～1975	東京帝大	印度哲学科	1923.3.
上野直昭	1882～1973	東京帝大	哲学科（心理学専修）	1908.7.
矢崎美盛	1895～1953	東京帝大	哲学科（哲学専修）	1919.7.
田中豊蔵	1881～1948	東京帝大	文学科（支那文学専修）	1908.7.
田中梅吉	1883～1975	東京帝大	文学科（独逸文学専修）	1908.7.

参考：『東京帝国大学卒業生氏名録』(1939)、『京都帝国大学卒業生名簿』(1936) など。

表④　京城帝国大学法文学部哲学分野助教授

氏名	出身学校	出典に記載されている専攻	卒業年度	『京城帝国大学一覧』科目	生没年	在任期間	備考
加藤常賢	東京帝大	支那哲学科	1920.7.	支那哲学	1894～1978	1928～1933	
鈴木栄太郎	東京帝大	倫理学科	1922.3.	社会学	1894～1966	1942～1945	
寺澤智了	東京帝大	哲学科（宗教学専修）	1915.7.	支那哲学	?～1968	1927～1929	
本多龍成	東京帝大	支那哲学科	1929.3.	支那哲学	?	1935～1940	
西順藏	東京帝大	支那哲学支那文学科	1937.3.	支那哲学	1914～1984	1942～1943	
小林英夫	東京帝大	文学部選科	※1923東京帝大文学部選科入学	言語学	1903	1929～1931講師、1932～1942助教授	卒業生氏名録にない（選科卒業による学士無）。
手島文倉	京都帝大	印度哲学史専攻	1917.7.	宗教学宗教史	?	1928講師、1929～1930助教授	1931年に死亡
諸戸素純	東京帝大	宗教学宗教史学科	1931.3.	宗教学宗教史	1907～1970	1942～1943	1944.9.22東北帝大教授に転任
福富一郎	京都帝大	心理学専攻	1918.7.	心理学	1893～1946	1926～1933	予科教授として本科助教授を34年1月25日迄兼任、21年京城師範学校教諭～30年3月まで兼任、22年京城医学専門学校教授数ヶ月兼任
高田真治	東京帝大	哲学科（支那哲学専修）	1917.7.	支那哲学	1893～1975	1927	予科教授から転任
谷信一	東京帝大	美学美術史（美術史）	1930.3.	?	1905～1991	1945.3.3.任命	

参考：①鄭根埴他『植民権力과 近代知識――京城帝国大学研究』（ソウル大学出版文化院、2011年、358頁）、『東京帝国大学卒業生氏名録』（1939）、『京都帝国大学卒業生名簿』（1936）、『東京帝国大学一覧』（1923～24）、『京城帝国大学一覧』（1926～42）など。
②福富一郎については、稲葉継雄「京城帝国大学予科について」『九州大学大学院教育学研究紀要』第7号、2004年を参照。
③小林英夫については、板垣竜太「金壽卿の朝鮮語研究と日本――植民地、解放、越北」『社会科学』102号、同志社大学、2014年を参照。

表⑤　講座担任の在任期間中雑誌及び法文学会論纂発表論説

講座担任	赴任期間論説	法文学会論纂（第二部）及文学会論纂活動物
松月秀雄	・「世界腕長脚長膝栗毛」『朝鮮及満州』1928.2. ・「歐米教育膝栗毛」『朝鮮及満州』1928.3. ・「勤労の教育學的概念」『文教の朝鮮』1928.6. ・「新時代の女性と其の教育」『朝鮮及満州』1929.1. ・「エーリッヒ・シュテルン氏の教育本質觀」『朝鮮の教育研究』1929.8. ・「ペルゾナリストの國際聯盟觀」『朝鮮及満州』1929.12. ・「ハンブルグの冬を想ふ」『朝鮮及満州』1930.2. ・「石潭遊記」『文教の朝鮮』1930.5. ・「教育勅語渙發 40 年記念に際して」『文教の朝鮮』1930.10. ・「職業科一元の新學校」『文教の朝鮮』1930.12. ・「宇野博士の Die Ethik des Konfuzianismus を讀む」『文教の朝鮮』1931.1. ・「ウォッシュバーン氏の來城に就て」『文教の朝鮮』1931.3. ・「個性調査簿の作製について」『朝鮮の教育研究』1931.5. ・「全北の旅より歸りて」『文教の朝鮮』1931.5. ・「愛と光に浴する貧民の兒」『警務彙報』1931.5. ・「生産學校と其の批判」『文教の朝鮮』1931.6. ・「教育者の生活形式」『朝鮮の教育研究』1931.7. ・「勤労主義の教育と教育者の人格」『文教の朝鮮』1931.8. ・「藝術教育と勤労教育」『朝鮮の教育研究』1931.10. ・「印度に於ける全亞細亞教育會議と教育勅語」『文教の朝鮮』1931.10. ・「ケルシェンシュタイナー逝く」『文教の朝鮮』1932.3. ・「教育に依つて甦る朝鮮の農村」『朝鮮』1932.6. ・「陶冶の語源と其の本質」『朝鮮の教育研究』1932.7. ・「亞米利加に於ける進歩的教授法の概觀」『朝鮮の教育研究』1932.9. ・「獨逸の文化教育學者と論語」『文教の朝鮮』1932.11. ・「慶南卒業生指導視察印象記」『文教の朝鮮』1933.1. ・「朝鮮に於ける農村振興の一形態 」『朝鮮及満州』1933.3. ・「教科目としての公民科」『朝鮮の教育研究』1933.7. ・「李栗谷の處世訓」『朝鮮』1934.1.	・「教育の本質」『第二部　第二輯』1930. ・「日鮮支固有教学論著概観」『文学会　第四輯』1936. ・「明治以降の学校令に於ける皇国教学目的観顕現の史的考察」『文学会　第九輯』1940.

講座担任	赴任期間論説	法文学会論纂（第二部）及文学会論纂活動物
松月秀雄	・「全村學校運動と農村振興運動」『朝鮮の教育研究』1934.4. ・「今後の教育動向」『朝鮮の教育研究』1935.1. ・「半島現下の教育問題私考」『朝鮮の教育研究』1935.9. ・「禪と報德學とに於ける心田の意義」『朝鮮の教育研究』1936.2. ・「世界の大戰より觀たる朝鮮の複式と單級」『朝鮮の教育研究』1936.4. ・「廣田弘毅傳を讀む」『朝鮮及満州』1936.8. ・「朝鮮に於ける普通教育の回顧と展望」『朝鮮の教育研究』1937.9. ・「第七回世界教育會議報告」『文教の朝鮮』1938.3. ・「小學校令第１條と小學校規定第１條」『朝鮮の教育研究』1938.8. ・「アメリカの單級小學校」『朝鮮の教育研究』1939.1. ・「學制時代に於ける教育の實際」『朝鮮の教育研究』1939.5. ・「皇國の學的」『文教の朝鮮』1939.6. ・「時局下の大學生」『朝鮮』1939.11. ・「二宮金次郎の誕生地を訪ふ」『朝鮮の教育研究』1940.8. ・「教育勅語渙發當時を想ふ」『朝鮮の教育研究』1940.10. ・「京城帝大의 全貌」『三千里』1941.3. ・「國民學校教育要旨の獨創性」『朝鮮の教育研究』1941.5. ・「臨時体制下に新年を迎へて　半島青年に寄す」『半島の光』1942.1. ・「國民學校令と體育」『文教の朝鮮』1942.5. ・「瑞雲満洲と懿風朝鮮」『朝鮮』1942.9. ・「教育勅語と國民教育」『文教の朝鮮』1942.10. ・「皇民錬成の意義」『朝鮮』1942.12. ・「戰時下隨想‐半島東海岸ところどころ」『朝鮮』1944.6.	
田花為雄	・「ウイルヘルム，ライン逝く」『文教の朝鮮』1929.12. ・「勤労教育の場所的竝に時間的形態」『朝鮮の教育研究』1931.4. ・「新獨逸の教育」『文教の朝鮮』1934.1. ・「入學試驗を廻る諸問題」『文教の朝鮮』1936.2. ・「複式教育としてのエナ案（1）」『朝鮮の教育研究』1936.10. ・「ナチ・ドイツの新教育」『朝鮮及満州』1936.12. ・「第七回世界教育會議狀況報告（眞摯に終始せる初等教育部會、大學及專門學校部會）」『文教の朝鮮』1937.11.	・「初期人文主義教育思想に見えたるクヰンティリアヌスの影響」『第二部　第二輯』1930. ・「ドイツに於ける文化科論」『文学会　第四輯』1936. ・「活動課程叢考」『文学会　第九輯』1940.

講座担任	赴任期間論説	法文学会論纂（第二部）及文学会論纂活動物
田花為雄	・「不問語」『朝鮮及満州』1940.3. ・「初等國語教育の比較考察」『文教の朝鮮』1940.8. ・「僧空海の師論」『朝鮮の教育研究』1940.10. ・「宮参り」『朝鮮及満州』1940.11. ・「注連の内」『朝鮮及満州』1941.1. ・「京城帝大의 全貌」『三千里』1941.3. ・「國民皆勞の倫理性」『朝鮮』1941.11. ・「道義朝鮮の建設と家庭教育」『文教の朝鮮』1942.11. ・「朝鮮に於ける義務教育の發芽と開花」『朝鮮』1942.2. ・「擊蒙要訣十種」『朝鮮』1943.10. ・「六諭と朝鮮」『朝鮮』1944.8. ・「安順菴の教民法と教民精神」『学叢』1944.10.	
島本愛之助	・「教育勅語と我國民的精神」『文教の朝鮮』1930.10. ・「社會主義から理想主義へ（上）」『文教の朝鮮』1931.1.	・「実践的目的概念」『第二部　第二輯』1930.
小島軍造	・「京城帝大의 全貌」『三千里』1941.3. ・「學者論の一つの類型」『学叢』1944.10.	・「シェーラーの所謂「道徳的認識」『文学会　第三輯』1936.
白井成允	・「廻向」『警務彙報』1931.5. ・「獨乙の大學生の生活」『朝鮮及満州』1931.7. ・「自律他律の辯」『文教の朝鮮』1932.2. ・「日本の道の淵源」『文教の朝鮮』1935.1. ・「和の教と和の國」『朝鮮の教育研究』1936.4. ・「教育勅語によりて大御心を仰ぎ奉る」『文教の朝鮮』1936.12. ・「人格の理想とその實現」『文教の朝鮮』1938.3. ・「教育勅語を承はる心」『朝鮮の教育研究』1940.10.	・「プラトンの初期の諸篇の根本精神について」『第二部　第五輯』1933. ・「日本的性格としての和」「第六回公開講演会」1939.
宮島克一	・「古典に現はれた空」『国民総力』1943.9. ・「霊異記的世界に就いて」『学叢』1944.10.	
速水滉	・「教育勅語と明治大帝」『文教の朝鮮』1936.12. ・「日本學術振興會朝鮮委員會の設置」『朝鮮』1939.3. ・「日本文化の大陸進出」『文教の朝鮮』1940.2.	・「ディルタイの心理学に於ける構造の概念」『第二部　第二輯』1930.

講座担任	赴任期間論説	法文学会論纂（第二部）及文学会論纂活動物
天野利武	・「心理學者の随想斷片」『朝鮮及満州』1928.9. ・「心理學者から觀た赤穂浪士」『朝鮮及満州』1929.1. ・「京城の自然と人 」『朝鮮及満州』1929.7. ・「龍井村及びハルビンを旅行して」『朝鮮及満州』1931.12. ・「素質，傾性，性格，個性等の概念に就いて」『朝鮮の教育研究』1936.7. ・「影繪」『朝鮮及満州』1937.4. ・「随筆 蒙古人と支那人」『朝鮮の教育研究』1940.4. ・「京城帝大의 全貌」『三千里』1941.3.	・「比較過程に関する心理学説の発展」『文学会 第三輯』1936. ・「継時的比較に於ける副印象・過渡経験の意義」『文学会　第九輯』1940.
黒田亮	・「猿の生活」『朝鮮及満州』1928.3. ・「思想史から見た日本人の獨創」『朝鮮及満州』1936.6. ・「時局と學徒の使命」『朝鮮及満州』1937.12. ・「六疊氣象學」『朝鮮の教育研究』1941.2. ・「京城帝大의 全貌」『三千里』1941.3.	・「「勘」の辨」『第二部　第二輯』1930. ・「学習説批判」『文学会　第四輯』1936.
和田陽平		
安倍能成	・「批判的精神」『文教の朝鮮』1926.12. ・「朝鮮所見二三」『朝鮮』1927.11. ・「卒業生に餞す」『文教の朝鮮』1926.6. ・「一冊の手帳」『朝鮮及満州』1930.4. ・「學校の往復」『朝鮮』1932.1. ・「プラトンの理想國」『文教の朝鮮』1932.7. ・「海印寺を訪ふ」『朝鮮』1933.6. ・「船を待つ間」『朝鮮及満州』1934.1. ・「歐洲の街路樹と日本街路樹」『朝鮮及満州』1934.6. ・「ハイデルベルヒた二三日」『朝鮮及満州』1934.7. ・「ローマの新年」『朝鮮及満州』1935.1. ・「百濟の古都扶餘」『朝鮮』1935.8. ・「ヴエルサイユ宮を訪ふ」『朝鮮及満州』1935.10. ・「羅馬テイヴオリに遊ぶ記」『朝鮮及満州』1936.1. ・「ハムブルヒの印象」『朝鮮及満州』1937.1.	・「カントの根本悪説」『第二部　第二輯』1930. ・「スピノザ哲学に於ける直観知の問題」『文学会 第四輯』1936. ・「朝鮮文化門外観」「朝鮮文化公開講座」1936.

講座担任	赴任期間論説	法文学会論纂（第二部）及文学会論纂活動物
安倍能成	・「教育者と學問」『文教の朝鮮』1937.1. ・「事變中の年頭所感・冬期の生活」『朝鮮及満州』1938.1. ・「竹嶺を越えて浮石寺に遊ぶ」『朝鮮』1938.4.	
田邊重三	・「京城帝大의 全貌」『三千里』1941.3.	・「個体の認識」『文学会　第九輯』1940.
宮本和吉	・「京城帝大의 全貌」『三千里』1941.3.	・「現実意識に就いて」『第二部　第二輯』1930.
藤塚鄰	・「宋儒の自由研究と朱晦庵の態度」『朝鮮及満州』1928.7. ・「高麗版龍龕手鏡解開設」『文教の朝鮮』1930.1. ・「朱子と論語」『文教と朝鮮』1931.12. ・「五倫教義發展の史的考察」『文教の朝鮮』1933.1. ・「禮と中庸」『警務彙報』1933.2. ・「中庸懐疑説の再検討」『朝鮮』1933.3. ・「漢文講習講話 清鮮文化交流研究の動機及其過程」『文教の朝鮮』1935.10. ・「御講書初漢書進講控御奉仕の重任を果し奉りて」『文教の朝鮮』1937.3. ・「「阮堂集」及び「阮堂先生全集」に誤入せる清儒の名文」『朝鮮』1938.5. ・「阮堂集及び阮堂全集の検討」『青丘学叢』1935.8. ・「漢書進講御奉仕の大任を果し奉りて（謹話）」『文教の朝鮮』1938.6. ・「『阮堂集』誤入文の再検討と清儒阮元・梁章鉅の展望」『朝鮮』1938.8. ・「教學と道德」『文教の朝鮮』1939.9.	・「李朝の学人と乾隆文化」『第二部　第一輯』1929. ・「金秋史の入燕と翁・阮二經師：清朝文化東漸の一断面」『文学会　第一輯』1935. ・「翁覃渓の研究指導と金秋史：蘇齋手札四封の考覈」『文学会　第四輯』1936. ・「清朝文化東漸史上に於ける李月汀と金阮堂」『文学会　第七輯』1936. ・「日・鮮・清に亙る文化交流の一考察」「朝鮮文化公開講座」1936.
阿部吉雄		・「李退渓と山崎闇斎：阿部吉雄」『文学会　第十二輯』1945.8.未刊行
秋葉隆	・「社會學之現況」『警務彙報』1927.9. ・「朝鮮民族の研究に就て」『朝鮮』1928.4. ・「性解放の機會」『文教の朝鮮』1930.2. ・「ロンドンの冬の想ひ出」『朝鮮及満州』1930.2. ・「車窓から眺めたヨーロツパの春」『朝鮮及満州』1930.4. ・「朝鮮の巫称に就て」『青丘学叢』1931.2. ・「朝鮮巫俗に於けるデュアリズム」『朝鮮』1931.5. ・「堂山の話」『警務彙報』1931.7. ・「巫人乞粒の歌」『青丘学叢』1931.11.	・「朝鮮の婚姻形態」『第二部　第二輯』1930. ・「大興安嶺東北部オロチョン族踏査報告（一）」『文学会　第四輯』1936. ・「原始社会の流動性」『文学会　第九輯』1940. ・「朝鮮の社会と民俗」「京城帝国大学文学会第一回公開講演会」1934. ・「朝鮮の民俗に就いて」「朝鮮文化公開講座」1936.

講座担任	赴任期間論説	法文学会論纂（第二部）及文学会論纂活動物
秋葉隆	・「松竹を立てる民俗」『文教の朝鮮』1932.1. ・「済州島における蛇鬼の新興（遮帰文化圏の試み）」『青丘学叢』1932.2. ・「山の人谷の人」『朝鮮』1932.4. ・「（書評）松本信広著、日本神話の研究」『青丘学叢』1932.11. ・「母から聞いた話：郷土の民俗」『文教の朝鮮』1933.2. ・「朝鮮の巫祖傳説」『朝鮮』1933.5. ・「滿洲人の文化と社會」『朝鮮』1934.1. ・「朝鮮の秋祭」『警務彙報』1934.10. ・「松隅里の長栍（チャンスン）」『朝鮮』1934.12. ・「見學日記より」『朝鮮』1935.1. ・「朝鮮巫俗文化圏」『朝鮮』1935.4. ・「大興安嶺の旅」『朝鮮』1936.3. ・「島の自然と女性」『朝鮮』1936.10. ・「蒙古人と漢文化（文化伝播の一統計）」1937.2. ・「德物山と鷄龍山」『朝鮮』1937.8. ・「滿蒙民俗踏査の旅」『朝鮮行政』1937.9. ・「江原道踏査紀行」『朝鮮』1938.9. ・「雨の午後」『朝鮮の教育研究』1938.11. ・「儒教以前の祖先崇拜」『朝鮮』1940.2. ・「故事學童の内地化の測定」『文教の朝鮮』1940.3. ・「京城帝大의 全貌」『三千里』1941.3. ・「民俗の研究と社會學」『朝鮮』1942.10. ・「君が征く」『朝鮮』1943.2. ・「總出陣の研究室」『朝鮮』1943.12. ・「同族部落とは何か」『朝鮮』1944.6.	
赤松智城	・「世界宗教史上より見たる眞言宗の地位」『朝鮮の教育研究』1929.8. ・「弘法大師に就て」『朝鮮及満州』1929.7. ・「京城帝大의 全貌」『三千里』1941.3.	・「宗教現象学の対象に就いて」『第二部　第二輯』1930. ・「蒙古薩満の行事」『文学会　第四輯』1936.
佐藤泰舜	・「京城帝大의 全貌」『三千里』1941.3.	・「経典成立史の立場と天台の教判」『文学会　第三輯』1936.

講座担任	赴任期間論説	法文学会論纂（第二部）及文学会論纂活動物
佐藤泰舜		・「大乗精神の一面」「京城帝国大学文学会第二回公開講演会」1935.
上野直昭	・「金剛山の一夏」『朝鮮』1938.6. ・「京城帝大의 全貌」『三千里』1941.3.	・「エレクテイオンのカリアティデに就いて」『第二部　第五輯』1933.
矢崎美盛		
田中豊蔵	・「京城帝大의 全貌」『三千里』1941.3.	・「佛師定朝」『第二部　第三輯』1931.
田中梅吉	・「受験生の顔 」『朝鮮及満州』1930.4. ・「(書評) アンドレアス・エツカルト著、朝鮮美術史」『青丘学叢』1930.11. ・「不動の詩人トマス・マン」『朝鮮及満州』1931.1. ・「この大人格を正視せよ」『文教の朝鮮』1932.5. ・「京城帝大의 全貌」『三千里』1941.3.	・「猶太系文芸家の独逸文学克服の限度に関する一考察」『文学会　第六輯』1936. ・「独逸気性と独逸文学」「第五回公開講演会　西洋文化の研究」1938.

備）①当時朝鮮発行雑誌のみを対象とした（韓国歴史情報統合システム〈http://www.koreanhistory.or.kr〉を基に『文教の朝鮮』『青丘学叢』『朝鮮及満州』等を確認）。
②同じ題目の連載論説については時期が早いものを挙げた。
③『京城帝国大学法文学会論集』は、第一部が法科系、第二部が文科系の研究を中心とした。1935年からは『京城帝国大学文学会論纂』として独立した。

5　哲学関連講座担任教授について

それでは、具体的に哲学関連講座の担任教授および助教授についてみてみよう。法文学部における講座設置の経緯と教員の経歴および主な研究目録については、既存の研究によっても整理されている[40]。筆者が作成した「表②～④」は、松田の論文とソウル大学の成果を参考にしながら、哲学科の講座担任と助教授の出身学校および彼等自身の専攻科目や抜けている情報を加えたものである。これをみると、①京都帝大を宗教学専修で卒業した赤松智城（「宗教学、宗教史」講座担任）と、京都帝大で心理学を専攻した助教授・福富一郎、そして同じ助教授で京都帝大で印度哲学史を専攻した手島文倉を除けば全員が東京帝大出身であること、②担任講座と担当教授の専攻が必ずしも一致しないこと、③ほとんどの者が京城帝大の設立とともに朝鮮に渡っていることがわかる。②に関しては、内地で印度哲学を専攻した人が京城帝大の「宗教学、宗教史」講座に勤めた例や、内地では文学科で外国文学を専攻した人が「美学、美学史」講座を担当した例がみられる。また③に関しては、予科教授としての在任期間が目立つ福富一郎と田中梅吉以外の全員が京城帝大の開設とともに朝鮮に渡ったことがわかる。しかし、福富と田中も、京城帝大開設以前の経歴は朝鮮と関わりがなく、学問的履歴はあくまで内地にあったことを勘案すれば、哲学講座の教員の全員がいわゆる「輸入組」であったといえる[41]。

終戦まで単一講座であった「支那哲学」「社会学」「宗教学、宗教史」以外の「教育学」「倫理学」「心理学」「哲学、哲学史」「美学、美学史」講座は一九二七年から二つの講座に増設された。以下では、『一覧』の記載の順序にしたがって講座担任について概観する。

5・1 教育学講座

まず、「教育学」では一九二六年に赴任した松月秀雄と、一九二七年からは講座が増設され、二講座では田花為雄が全期間にわたって講座を担当した。とくに松月秀雄は京城帝大の開設と同時に任命され、終戦後一九四五年一一月に引き揚げるまで京城帝大にいた人物である。かれは、東京帝大哲学科を卒業した後、就職難のなかで成蹊中学の寄宿舎の舎監と英語教師をしていた際に(一九一七〜一九一八年)、東京帝大の主任教授・吉田熊次の紹介で関東部督府に行くことになる。そして一九二四年まで旅順の中学校で修身を教えるかたわら舎監をしていた際、再び吉田の推薦で服部と大連で会い、京城帝大の教授職が内定したという。当時京城帝大の任用が決まった人のほとんどが京城帝大任命の際に留学を命じられたように、松月も内定後一九二四年一一月、ハンブルク大学に留学するために神戸で船に乗る。そして一九二六年一〇月末に「教育学」講座担任として京城帝大に赴任する。[42]

一方、田花為雄が赴任するまでの具体的な経緯については不明であるが、かれは東京帝大教育学科を一九二二年に卒業した後、一九二八年の京城帝大教育学講座増設の際に担任講座として任命され、やはり官費留学生としてドイツに留学する。[43] かれは松月と違って戦後も朝鮮の教育を研究テーマとしており、代表的な著作に『朝鮮郷約教化史の研究』(一九七二年)がある。京城帝大で「朝鮮語学、朝鮮文学第二」講座を担当した高橋亨が死去した翌年に出された『朝鮮学報』記念号には「李朝仁祖代の郷約教化」(一九六八)という論文を発表している。田花の朝鮮教育研究の内容について阿部洋は、「同氏(田花—引用者注)が京城帝国大学に赴任されて以来、西洋教育史の研究のかたわら、精力的に研究資料の収集・解明に尽力されていた」と評価しつつも、「日本型近代教育=植民地教育の導入を、歴史的必然として容認する」「朝鮮教育『停滞』観」に基づいていると指摘する。[44]「教育学」講座を担当した二人とも京城帝大に赴任していた時期に『朝鮮の教育研究』『朝鮮及満州』『朝鮮』『文教の朝鮮』などに教育学関連の論文を載せているが、とくに松月に関していえば、一九三〇年代後半には教育勅語の朝鮮における意義、一九四一年に「国民学校令」が朝鮮および台湾まで全面的に適用された際にはその意義を論じる時評を多数発表している（[表⑤]を参照）。

5・2　倫理学講座

つぎに、開学初年度から一九三一年四月、五三歳で死去するまで[45]京城帝大で「倫理学」講座を担当した島本愛之助は、一九〇五年に東京帝大を倫理学専修で卒業した。卒業後には数年間米国で邦字新聞の記者をした後帰国し、『東亜の光』の編輯主任を務め、盛岡の農林学校に勤めた後、一九一三年から一九二四年までは外国語学校で勤務したという。[46]『東京外国語大学一覧』を見ると、一九一五〜一九一六年分から「修身教育学教授」としてかれの名前が確認され、一九一九年からは主任、一九二〇年からは文科主幹を務めている。[47]また、一九二三〜一九二四年度の同校の一覧に、「修身・文科主任・馬来語部及ヒンドスタニー語部主幹・修身哲学及教育学主任」と書かれていることから、どの程度かは不明であるがマレー語とヒンドスタニー語も修めていたと推測される。

そしてこの時期、かれに京城赴任の話が来た際、まだ「決心が充分つかない時、是を勧めたのは」「心理学」講座担当の速水滉であったという。[48]島本が京城への赴任を悩んだ理由としては、速水の追悼文が参考になる。「君の主義学説と朝鮮統治の方針との間に矛盾するやうなことが起つて、困難な立場に置かれるやうなことはないかと云ふことに就ては君はかなり慎重に考慮され夫に就て屢私に、心理学などはそんな心配はいらないであらうが、倫理学の講座を担任する以上は其点が一番気になる旨を語られて、暫らく其決心を躊躇されたやうであつた」という。[49]島本が京城帝大に赴任して最初に発表した論文は「朝鮮文化建設の第一歩への原理としての人文主義」（『丁酉倫理講演集』一九二七年）という論文で、その後『朝鮮の文教』には「社会主義から理想主義へ」（一九三一年）などを発表した。赴任前の代表的な単行本である『自然派の倫理学』（一九一九年）や『人格の出発』（一九二二年）にみられる「理想主義」かつ「自由主義」的な倫理観は朝鮮赴任直後までみられる。[50]だが「一民族を形成する絶対必然的条件」を否定しつつ「明治大帝の大御心」によって「民族」や「歴史」を越える「日鮮融合」を主張したかれの論文「教育勅語と我国民的精神」をみると、「理想主義」的倫理説というものが、かれ自身が心配したほど植民地統治と矛盾してはいなかったように思われる。[51]

島本の死後、その空席は「哲学、哲学史第一」講座担任の安倍能成が兼任しており、その後一九三八までは空席のままであった。そして一九三八年から戦後まで「倫理学第一」講座担任を勤めたのが小島軍造である。しかし、かれの京城帝大赴任時期も倫理学講師を始めた一九三四年からすると一〇年以上になる。小島は東京帝大倫理学科を一九二七年に卒業、一九二九年からはフンボルト基金によってドイツへ留学、帰国後は日本大学の講師を経て一九三四年から京城帝大で倫理学を担当する。[52]戦後は民主主義的観点から教育哲学を論じる論稿を多数発表しているが、京城帝大赴任時期の研究論文としては、「人格概念の一考察」（『速水博士還暦記念心理学哲学論文集』一九三七年）、「シェーラーの所謂『道徳的認識』」（『哲学論集――法文学会第二部論纂第三輯』一九三六）などがある。一九四〇年の文学会公開講演会では「非常時と倫理」というタイトルで講演を行っている。[53]

一九二七年には「倫理学」講座も二つに増設される。その講座担任として赴任した白井成允は、東京帝大哲学科を倫理学専修で一九一三年に卒業した。かれの赴任経緯については不明であるが、第二講座の開設当初から一九四〇年まで京城帝大に勤めた。かれはカントの『道徳哲学 Metaphysische Anfangsgründe der Tugendlehre』を翻訳する一方、京城帝大赴任の時期から聖徳太子や日本仏教について書いているが、[54]このような関心は戦後まで変わらず、聖徳太子や、日本の浄土真宗の僧侶の生涯および仏経に関心を表しつつそれを倫理的な生き方と結びつける作業を続けた。[55]東京帝大の仏教青年会を作ったメンバーでもあり、京城帝大から移った広島文理科大学（一九五三年の定年まで在職）では、「日本精神史」講義を担当するかたわら、広島仏教青年会を創立している（一九四五年）[56]。また、かれも京城帝大赴任期間中に『朝鮮の教育研究』『朝鮮及満州』『文教の朝鮮』に教育勅語の時代的意義を訴える論説を多数発表している（［表⑤］を参照）。

白井成允が広島文理科大学に移った後、「倫理学第二」講座を担当したのは宮島克一である。生没年度は不明であり、東京帝大倫理学科を一九二九年に卒業した後、一九三八年から一九四一年六月京城帝大に赴任する直前まで、国民精神文化研究所の思想国防科で「思想動向の調査」を担当したことがわかる[57]。そして京城帝大ではかれの「日本道徳史」という講義題目が確認されている[58]。在任中に発表した文章としては、古典を根拠に空を「神聖の故郷」と訴える「古典に現はれた空」（『国民総力』一九四三年九月）、『日本国現報善悪霊異記』に関する論文がある（「霊異記的世界に就いて」『学叢』三、一九四四年）。大まかにいうと、以上概観したように、「倫理学」講座では、一講座が主に西洋を、二講座が日本をフィールドにした「倫理学」の講義を行っていたといえる。

5・3　心理学講座

「心理学第一」講座は、速水滉と、続いて天野利武が担当した。速水は初代法文学部長と五代総長を歴任した人でもある[59]。かれは東京帝大に日本初の心理学実験室が創設された一九〇〇年に同校の哲学科を卒業した。卒業後約一年間その実験室の整備に努め、その後は山口高等学校の教授を約六年、そして第一高等学校では講師および教授として一七年間勤務した。学問的特徴としては、京城帝大に赴任する前より感情に関する研究を『哲学雑誌』に発表するかたわら『心理学』（一八九二年）や岩波哲学叢書として最も売れた『論理学』（一九一六年）などの概論書を書いた[60]。一方、天野利武については、一九二七〜一九二八年分の『一覧』から名前がみられ、助手から講師、助教授、教授まで一八年間朝鮮にいた人である。天野は赴任する間「主に知覚の研究と民族心理学的な研究を手がけ」た。「三五ミリ録画システム」を用いた「感情表出の民族差のような研究」も行われていたほど[61]、当時の京城帝大心理学研究室は、「実験室、講義室、図書室、実験機械室、工作室等を含む大小一八の部屋からなるものであり当時の他大学の実験室を凌駕し」ていたという。このような評価は、速水に関する回顧及び先行研究においても共通してみられる。[62] 京城帝大における「心理学」講座に関してはサトウタツヤらの論文があるので具体的な話はそこに譲り、第二講座担任まで概観しておく。「心理学第二」講座担任は、一九二七年に心理学助教授として赴任した黒田亮が一九四二年まで務めた。『朝鮮及満州』にも紹介されたように[63]、黒田の研究成果は「海外の研究者にも認められ」ていた。[64] とくにかれの京城帝大での講義をまとめた著述『動物心理学』(一九三三年)は、後学にも多くの影響を与えたのみならず、当時の京城帝大「心理学」講座の設立趣旨すなわち、動物実験を中心とした実験心理学を発達させる目的とも合致する。また、講座担任ではないが、一九二六年から一九三三年まで心理学の助教授を務めた福富一郎も、速水と黒田とともに京城帝大心理学研究室を率いたメンバーであった。[65]

5・4 哲学、哲学史講座

続いて「哲学、哲学史」講座である。この講座は当時「純哲学」とも呼ばれており[66]、安倍能成はこの講座だけを「哲学科」と呼んでいる。[67] まず、本講座も、開学とともに赴任していた安倍能成が第一講座を、そして、一九二七の増設につれて宮本和吉が第二講座を担当する。この二人は第一高から東京帝大まで同級生であり、宮本は安倍の妹婿である。第二部三章で述べるように、安倍は桑木厳翼の推薦で服部と会うことで赴任が決まる一方、宮本は、講座の増設に際してすでに得能文(一八六六〜一九四五年)が担任教授として名前に載ったものの、そこで安倍が宮本を服部に推薦したことで採用が決まる。[68] 三章でも述べるように、京城帝大の「哲学、哲学史」講座は、東京帝大のケーベル教授と夏目漱石という人的関係を持ちながら岩波グループの一員として学問的活動を行ったこの二人が担当することになる。そこで安倍が主に西洋哲学史全般を担当し、宮本が哲学概論を中心にフッサールの現象学を取りあげたという[69]。京城帝大の後には、安倍は母校である第一高校長を、宮本は武蔵高等学校校長を務める。

第二部三章の内容と関連して宮本と田邊に関して少し詳しくみておくと、まず、宮本の講義について次のような津田剛の回顧がある。「当時の京城帝大は全教官が赴任前にそれぞれ三ヶ年のヨーロッパ留学を了えて着任されるということで、全学が未だヨーロッパ気分が抜けないまま講義されるというきわめて特異な状態にあった。世界の新しい傾向はそのまま生の形で講壇に持込まれ、おそらく日本の中で一番新しい学風につつまれた大学だった。哲学の方からいっても、未だ日本では充分消化されていなかったE.Husserlや Heidegger 或は Brentano, Jaspers 等が講義された。例えば宮本先生はフライブルグで Husserl の下に三年間居られて、帰朝された最初の講義から私は聞く事が出来た。……哲学科の教授陣は岩波派といわれ、例えば当時としては画期的な仕事であったカントの著作集の日本語訳の半数近くは、京城帝大の教授陣の仕事であった[70]」。

一方、安倍の後に第一講座を担当したのは田邊重三であった[71]。講座担任としては一九四〇年一〇月からになるが、京城帝大の在職期間は安倍より長い。かれは一九二七年に「哲学、哲学史」助教授に任命されて朝鮮に渡った。一九二九年から一九三二年まで朝鮮総督府の在外研究員として欧米に留学し、一九三三年から助教授、一九四〇年から担任を務める。一九四五年七月三日の『官報』に教授在職の事実が確認されるが、いつ内地に戻ったかは不明である。戦後は九州大学で定年まで勤めた。主な翻訳としては『リッケルト歴史哲学』(一九二二年)、岩波カント著作集の『論理学』(一九二九年)がある。赴任の間には『判断論』(一九三三年)『イデオロギー誕生』(一九三三年)『知識の問題』(一九三一年)などの岩波講座哲学シリーズを執筆している。また、一九三二年当時、京城帝大には一六個の研究室があったが、そのなかで「哲学研究会」の主任を務めたのは田邊であった[72]。

5・5　支那哲学講座

単一講座であった「支那哲学」講座は、藤塚鄰と、かれに次いで阿部吉雄が担当した。かれらについては李暁辰がすでに述べている[73]。李が指摘したように、かれらは東京帝大の「漢学科」が「支那哲学・支那歴史・支那文学」に改定されていく時期に「支那哲学」を学んだ人たちであり[74]、二人とも東京帝大で支那哲学を専修した。京城帝大赴任期には二人とも朝鮮儒教に関する研究を行い、とくに藤塚は金正喜について、阿部は李退渓について論文を書いた。とくに後者に関しては、阿部の李退渓研究が京城帝大赴任期と戦後期に大きく変わっているとされ、朝鮮総督府の儒教利用政策による皇道儒学言説との関連性からの分析が行われている[75]。赴任契機に関連しては、藤塚は服部宇之吉の弟子に当たる一方[76]、阿部も一九三〇年から東方文化学院において服部の助手を務めた経歴を持つので、二人の京城帝大への赴任は服部によって決まったと思われる。

5・6　社会学講座

「社会学」講座を初年度から一九四五年まで担当したのは秋葉隆である。かれは東京帝大の社会学科を一九二一年に卒業した後、モリソン文庫（現、東洋文庫）で勤務、一九二四年に大学院を退学して京城帝大予科教授としてイギリスに留学する[77]。二〇年間の京城生活を終えた後、「帝国」という文字が消された京城大学の看板を目にして一九四五年一一月にリュックサック一つで引き揚げることになる。戦後は九州大学の教授となり、一九四九年以来は愛知大学文学部長に就任する。愛知大学の綜合郷土研究所を作った。

『一覧』の学科規程に「社会学」はない。講座としてあったのであり、独立した学科ではなかった。京城帝大を卒業した後に東京大学東洋文化研究所に勤めた泉靖一は、「社会学」講座を「倫理学科」のコースとして回顧する[78]。この「倫理学科のうちの一コース」という言及については坂野徹の研究で補っておく。「京城帝大において朝鮮の文化や社会を対象とする人類学研究を担ったのが、法文学部の宗教社会学教室（通称）である[79]」。通称・教室というのは、当時法文学部に設置されていた「社会学、宗教学研究室[80]」のことである。京城帝大の「社会学」講座は講座よりも、研究教室という単位で「宗教学」講座担任であった赤松智城とともに朝鮮をフィルドーに調査・研究を行い、後学を育成した。京城帝大の「地域」研究において、いわゆる「支那」や「朝鮮」のような地域名を冠する講座の以外に、「研究室」という存在は大きい。秋葉隆に話を戻すまでもなくかれについては、一九三〇年代と四〇年代を中心に、満州と朝鮮の民族学および民俗学を率いた「植民地民俗学者」として多くの研究がなされている[81]。また、同じ「社会学」講座の助教授として一九四二年に赴任して終戦までいた鈴木栄太郎と、秋葉の京城帝大における最初の弟子であった泉靖一についても、「植民地大学の人類学者」「京城人類学派」として多く研究されている[82]。かれらについては先行研究に譲り[83]、続いて「宗教学、宗教史」講座についてみてみる。

5・7　宗教学、宗教史講座

「宗教学、宗教史」講座は、赤松智城が開設初年度から一九四一年三月まで、その後は一九三四年からすでに同講座の助教授を務めていた佐藤泰舜が担当した。二人とも僧侶である。赤松智城は、浄土真宗本願寺派の徳応寺（山口県徳山町）で生まれ、第五高と京都帝大宗教学を卒業、仏教大学と龍谷大学の教授を経て一九二〇年から約三年間ヨーロッパおよび近東に留学する。留学中は「ドイツの宗教学とフランスの社会学」を勉強し、一九二二年五月には「エジプトへの旅行証明書を発給され」、イスラム文献に多く接したという[84]。かれの母方の祖父・連城は「仏教大学総理を歴任し、防長維新の背景をもつ僧侶」であり、父・照憧は「京都の願成寺の僧侶である与謝野禮厳の息子で、詩人・思想家として有名な与謝野鉄幹」はかれの兄にあたる。照憧は連城の婿養子となり「徳應寺の住職を受け継いだ[85]」。また、赤松智城の母・安子は、徳山女学校を設立した人物であり、安子の妹は参議院議員を歴任した常子、社会運動家・克麿は安子の弟にあたるなど、かれの家族環境は多彩である[86]。赤松の京城帝大での「宗教学」講座について、泉靖一は次のように回顧する。「キリスト教史と仏教史を隔年におこなわれたが二つの講義は表裏一体のものである。……セミナーでは、オットーの『聖なるもの』と、デュルケームの『宗教生活の原初形態』をそれぞれドイツ語とフランス語で読んだが、学生がドイツ語やフランス語を知っているかどうかはおかまいなしである。むずかしい外国語の本を読むときには、五〇ページに一枚ずつ五圓札をはさんでおき、ページをくつて読んでいるうちに、その札がでてきたら、それをもつて町にとびだし、大いに飲んでくる……。これが一番よいというのが、赤松先生の勉強法であつた。赤松先生はよく酒を飲まれた」[87]。一九四〇年には満州の建国大学で宗教論を教えた経歴をもつ。一九四一年三月、京城を去って京都帝大に戻り、一九四三年には九州帝大の宗教学講座を担当する。朝鮮での主な著述に関しては、すでに述べたように、秋葉との共著である『朝鮮巫俗の研究』(一九三八年)と『満蒙の民俗と宗教』(一九四一年)がある。これは一九三〇年代からこの二人が帝国学士院の研究助成金を受けながら「朝鮮及び満州における巫俗の研究」に着手した結果である。「社会学」講座と「宗教学、宗教史」講座が、当時それぞれ「法文学部本館の二階」で、朝鮮社会の「俗と聖の寄合世帯」を構成」したという表現は見事である[88]。

一九四一年から終戦まで「宗教学、宗教史」講座を担当したのは佐藤泰舜である。かれは禅宗の一派である曹洞宗派勝楽寺(愛知県東郷村、現新城市)で一〇歳の際に出家し、二四歳に同寺の住職となった僧侶である。一九一五年に曹洞宗大学を卒業、一九二〇年には東京帝大印度哲学科に選科入学し、一九二三年に卒業する。駒澤大学、東洋大学教授を経て一九三四年に京城帝大「宗教学、宗教史」助教授に就任する。就任期間には岩波講座東洋思潮(東洋思想の諸問題)シリーズの『自力道と他力道』(一九三六)と、緑旗聯盟より『大乗精神講話』(一九三七年)を出版した。終戦後には学界をはなれ、「五九年永平寺監院、六八年同寺貫首・曹洞宗管長となり、教化者として活躍」する。[89]

5・8　美学、美学史講座

「美学、美学史」講座は一講座を上野直昭が一九四一年一月まで、二講座を田中豊蔵が一九四二年まで担当した。上野は「哲学、哲学史」講座の安倍と宮本の一高および東京帝大の一年先輩に当たる人であり、かれらとは夏目漱石、ケーベル教授、岩波茂雄という人的関係を共有する。東京帝大を心理学専修で卒業した後[90]、一九一一年から一九二一年までは大塚保治教授の主宰する美学研究室の副手となり、この間に絵巻物の調査研究に従事した[91]。またかれは同時期、安倍と宮本、速水らとともに岩波茂雄の出版事業に参加し、哲学叢書を刊行した初期メンバーでもあった。哲学叢書では『精神科学の基本問題』（一九二二年）を著した。これは「当時心理学界の大御所であり近世心理学の建設者でもあるヴントの心理学」を「忠実に、平易に、邦語に書き改めた」本である[92]。当時、内地におけるヴント流行という現象は、東京帝大哲学科の心理学専修卒業生が結成し、後にはヘーゲル会やリプス会などの哲学読書会へ形を替えた「ヴント会」とも関わる。また、京城帝大の「心理学」講座を含め、当時の心理学界を理解するにも重要である。この点については詳述できないが、かれが美学講座担任として京城帝大に赴任した背景には、新カント学派の中でも西南学派と呼ばれる潮流の影響が強くあった点だけ指摘しておく。

上野を服部に推薦したのは松本亦太郎であり[93]、速水と安倍の支持を得て講座担任が決まる。一九二七年に「美学、美学史」講座が増設されてからは、上野が主に「西洋方面」を、「東洋方面は田中豊蔵がうけもつてゐた」という[94]。講義内容については「先づレオナルド・ダ・ヴィンチを取上げた。ギリシャ美術や欧州中世の建築を題目とした」と記録されている[95]。一九四四年には東京美術学校の校長、一九六六年には愛知県立芸術大学の学長を務める。

第二講座担任の田中豊蔵は東洋美術の方を講義したと上述した。かれは東京帝大で支那文学を専攻した。一九一二年に岡倉天心らが創刊した『国華』に入社することから美学界に入ったと思われる。一九二〇年からは文部省古社寺保存計画調査を嘱託され、その翌年には慶応義塾大学文学部講師として日本および支那美術史を、一九二六年には東京美術学校講師として西域美術史を講じた[96]。一九二七年より一九四二年までの京城帝大赴任期には、「昭和四（一九二九）年国宝保存会委員、同五（一九三〇）年美術研究所嘱託、同八（一九三三）年朝鮮総督府宝物古蹟名勝天然紀念物保存会第一部員、同一四（一九三九）年李王家美術館評議員に就任した」。戦後は、「国立博物館の新設に際し、その附属美術研究所長に任ぜられ、また東京都美術館長を兼ねその逝去まで在任した[97]」。

「美学、美学史」講座のそれぞれの後を継いだのは矢崎美盛と田中梅吉である。矢崎美盛は一九一九年に東京帝大を哲学専修で卒業し、京城帝大に赴任するまで法政大学、東京帝大、九州帝大などで教鞭を執った。一九二七年より勤務していた九州帝大教授として一九四一年からは京城帝大を兼任する[98]。「哲学、哲学史」講座担任の田邊重三とは「ずっと同級」だったという[99]。

一方、田中梅吉は一九〇九年に東京帝大文学部を「独逸文学」で卒業した後、一九一一年に創刊された『少年雑誌』の主幹担当をきっかけに児童文学に関わる。一九一六年、東京帝大助教授・保科孝一の推薦で当時朝鮮総督府編修課長であった小田省吾の勧誘を受けて朝鮮総督府臨時教科用図書編輯事務嘱託となり、同年一一月「朝鮮児童のための通俗的な読本を草案編纂のために渡鮮[100]」となる。朝鮮に渡った背景については『紺碧遙かに』でも語られている[101]。一九二一年には京城帝大予科教授の資格でドイツに留学する。一九二四年から京城帝大予科教授、一九二六年から法文学部講師、そして一九二七年からは助教授兼予科教授、一九四一年には理工学部講師に任ぜられるなど、京城帝大とは多方面にわたって関わり、一九四四年三月三〇日に「美学、美学史」講座担任に任ぜられるが、同月三一日、定年による退官となり、同講座担任としては教鞭を執らずに内地へ戻る[102]。しかし予科教授としては勿論、朝鮮の民間説話や童話、民謡などの蒐集および調査という側面においては、当時の民俗学との関わりを持ち、朝鮮説話蒐集に没頭したことが知られている[103]。

以上が京城帝大法文学部における哲学関連講座の担任に関して概観したものである。人事構成については、初代総長である服部宇之吉が人事を決めたことが鄭駿永の研究で知られており、とくに西洋哲学系では、岩波グループとも呼ばれる東京帝大出身の、自由主義的性向をもつ学者たちが集まったことについてもすでに知られている。それにも関わらずここでは、植民地朝鮮に置かれた哲学関連講座で職を得ていた全員の担任を概観しようとした。哲学講座といっても「教育学」や「心理学」、「支那哲学」「社会学」などのように自分の専攻に地域性を付け加えることができた講座の方が多かった。また、かれらの方が朝鮮発行の雑誌に多数の文章を残している(［表⑤］)。一方、「哲学、哲学史」講座や、東京帝大のケーベル教授の下で岩波茂雄との同僚愛を手段に西洋哲学の大衆化・資本化に寄与した「美学、美学史」講座の上野、「心理学」講座の速水の場合、かれらが持った権威に比べると、朝鮮に残された文章はほとんどない。唯一、安倍は多数の論稿を寄せてはいるが、ほとんどが朝鮮の風景を書いたものか紀行文である。これについては第二部第三章で述べることにする。

6 講座運営と開設科目

ここで、哲学〝関連〟講座といっているのは、「哲学科」という学科規程と個別講座との間には必然的な関連性がないからである。つまり「法文学部規程」の「授業」条目では「法文学部ニ左ノ四学科ヲ置ク」と明示しつつも、実際の講座運営においては「法学科」と「哲学科、史学科及文学科」と二つに区分した上で、専攻科目にによる履修単位数の差はあるにしろ、履修講座の選択の幅は広かった。上述したように、帝国大学の学制編制のなかで、哲学科は、一八八一年に独立した形で現れてはいるが、一八九三年に講座制が導入して以来、「哲学科」「哲学科〇〇専修」「〇〇専攻」など、一定した形はない。また一九二六年時点で哲学関連講座を持ったすべての帝国大学を一覧してみても、一九〇四年東京帝国大学時期の枠を共有しつつも、それぞれの形は大きく異なる（［表⑥］）。東北帝大と九州帝大の場合は学科に関する規程もなく、「学生生徒氏名」も「法文学部」の括りで示している。このような構図を念頭において、本節では実際の講座運営についてみてみる。

『一覧』の「京城帝国大学法文学部規程」では、授業、外国語学修課程、試験、在学期間、聴講生及専攻生に関する規程を載せており、そのなかで授業項目をみれば当時の哲学科履修科目がわかる。史学科が『一覧』とは別に『京城帝大史学会報』（一九三二〜一九三五年。一九三六年には『京城帝大史学会誌』に変更され一九四二年まで発行）において開設科目と担当教授を毎年記録しているのと違って[104]、哲学科に関しては講座の性格が様々であったためでもあるが、そのようなまとまった媒体は持たなかった[105]。したがって哲学科の場合、文学士の授与のための試験に必要な科目と単位数を明示した『一覧』以外の詳細な開設科目については、当時刊行された雑誌の彙報などの断片的な記録をたどるしかない。幸いに断片的ではあるが幾分かの記録が残っている。以下では、『一覧』の履修科目規程を一覧した上で、詳細な開設科目については、雑誌の記録と、金桂淑（哲学科第一回卒業生）の学籍簿を通して当時の京城帝大哲学科の講座運営の再現を試みる。

まず［表⑦］は、一九三一年度における哲学科の専攻別学修科目と単位数、そして一九三五年度の改定様相を整理したものである。一九三一年度は、初年度であった一九二六年度の規程内容を元に科目名を具体的に挙げているので、開設された大体の科目がわかる。まずは哲学科の講座運営の全体イメージを、「哲学科−専攻学科目−哲学科ニ属スル科目」の連関性に注意しつつ整理しておく。①「哲学科」には「哲学、哲学史」「倫理学」「心理学」

「宗教学、宗教史」「美学、美学史」「教育学、教育史（あるいは教育学）」、「支那哲学」という「専攻学科目」があった[106]。②「哲学科ニ属スル科目」は、①の科目に「社会学」が加わった八つとなり[107]、この八つの科目名が教授の立場からすると講座名に当たる。③講座担任が各講座において該当科目を開設する。この該当科目の大枠が［表⑦］の専攻別学修科目になる。おおむね概論、概説、演習（心理学専攻は実験演習を、宗教学と支那哲学専攻は原典講読を含む）、特殊講義で行われた。また、単位数については一九二六年度では必須・選択科目の区分があったが（「京城帝国大学法文学部規程–第一章授業–第四条」）、一九二七年度からは一九三一年度『一覧』のように、必須と選択の区分を無くし、科目ごとにばらけさせて具体的に表している。また、一九三五年からは以上の全体枠をもとに「哲学科共通科目」を定めている。

続いて断片的ではあるが、実際の開設科目の様子を整理したのが［表⑧］である。管見のかぎり、初年度、一九三一年度、一九四二年度および四三年度の様子がわかる[108]。すでに述べたように、哲学科の全科目を大きく概論、概説、演習（講読及び実験）、特殊講義で区分できるので、「その他」を含めて五つの項目に分け、講座別に示した。講座担任名の前についている番号「①」は第一講座、「②」は第二講座、「〇」は担任または講座以外の助教授および講師を示す。名前だけのものはまだ第二講座が設置される以前であること、そして単一講座であったことに起因する。「〇」に該当する人のなかで助教授に当たる西順藏、鈴木栄太郎、手島文倉、諸戸素純は［表④］で一覧したので、その外の人だけに注を付けた。また、初年度の開設科目については『東亜の光』の彙報（一九二六年九月）「京城帝国大学法文学部本年度講義題目（文学関係のもの）」を参考にしたが、「教育学」「社会学」「宗教学、宗教史」「美学、美学史」の開設科目は見当たらない。その理由として、初年度の「宗教学、宗教史」講座は空席であったこと、「社会学」講座担任の秋葉は一一月から在任していること、そして「美学、美学史」の上野は欧米から一九二七年に帰国していること、「教育学」の松月も欧米から一九二六年一〇月三〇日に京城に帰っていることが挙げられる。しかし、担任教授の講座開始日がどう決まったかは不明であり、学友会『会報』にも「大正十五年度開設講座名」に「哲学、哲学史第一」と「支那哲学」講座、そして「昭和二年度開設講座名」には前年度に加えて「哲学、哲学史第二講（座が欠か：引用者）」としか記載がないことから、講座は設置されても実際の授業は徐々に開始されたと推測できる。(109)

最後に、金桂淑の学籍簿を通して開設科目を窺うことにする。学籍簿によれば金桂淑は、京城帝大予科を出て一九二六年五月に「本科生」として入学。「哲学科」を「哲学、哲学史」専攻で一九二九年三月三一日に卒業した。合格月日、科目、成績及単位順に記載されている表において、科目は全部三四個。紙の端が折れて判明できない部分を除くと［表⑨］のようにまとめられる。これを見ると、専攻科目では哲学概論と哲学史概説を基礎として、宮本に推定される認識論、四つの演習科目、特殊講義を履修している。また外国語履修単位が専攻科目と同じくらい多いことが目を引く。専攻科目以外の哲学科科目としては「美学、美学史」以外のすべての科目を「概論／概説」と「演習」というパターンで履修しており、専攻以外の法文学部全体の科目に「経済学」と「政治史」が見られる。四年分の記録そして一人の学籍簿だけで講座の開設科目の全体像を把握するのは無理があるので、今後さらなる追跡が必要である。

表⑨　1929年度卒業生金桂淑の学籍簿記載科目

専攻科目	外国語	専攻外哲学科科目	法文学部全体科目
哲学概論	英語	倫理学概論	経済学
哲学演習	英語	カントの倫理学的思想	政治史
哲学演習	独逸語	心理学概論	
哲学特殊講義	独逸語	心理学演習	
認識論	仏蘭西語	心理学演習（黒田）	
哲学史概説	仏蘭西語	支那倫理学概論	
哲学演習	独逸語	支那哲学史概説	
哲学演習	英語後期	支那唐代詩経講義	
		教育学概論	
		教育学演習	
		社会学概論	
		社会学演習	
		宗教学概論	
		宗教学特殊講義	

表⑥　1926年度帝国大学文学部または法文学部比較

京都帝大（1897年～）

上位項目	講座名	講座数	学科	哲学科正科目
文学部	国語学国文学	2	哲学科	哲学
	国史学	2	史学科	西洋哲学史
	史学地理学	3	文学科	印度哲学史
	考古学	1		支那哲学史
	東洋史学	3		心理学
	哲学哲学史	4		倫理学
	心理学	1		教育学教授法
	宗教学	3		美術美術史
	社会学	1		宗教学
	教育学教授法	1		社会学
	倫理学	1		仏教学
	美学美学史	1		
	支那語学支那文学	2		
	西洋文学	3		
	言語学	1		
	梵語学梵文学	1		

①参考：『京都帝国大学一覧』1926～1927年度。
②講座については「文学部規程　勅令十五号　京都帝国大学各学部ニ於ケル講座ノ種類及其数左ノ如シ」に従った。
③学科については「文学部規程」「第一條　本学部ニ哲学科、史学科、文学科ヲ置ク」に従った。
④学科と科目の相関性については次の規程を参照。「文学部規程」「第二條　各学科ニ属スル科目ヲ分チテ正科目及副科目トナス」。

東京帝大

上位項目	講座名	講座数	学科
文学部	国語学国文学	3	国文学
	国史学	3	国史学
	支那哲学支那文学	3	支那哲学
			支那文学
	東洋史学	2	東洋史学
	西洋史学	2	西洋史学
	哲学哲学史	2	哲学
	印度哲学	2	印度哲学
	心理学	1	心理学
	倫理学	1	倫理学
	宗教学宗教史	1	宗教学宗教史
	社会学	2	社会学
	教育学	5	教育学
	美学美学史	2	美術美術史
	言語学	1	言語学
	梵語学梵文学	1	梵語学
	英吉利語学英吉利文学	2	英吉利文学
	独逸語学独逸文学	2	独逸文学
	仏蘭西語学仏蘭西文学	1	仏蘭西文学
	朝鮮史	1	
	史学地理学	1	
	神道	1	

①参考：『東京帝国大学一覧』1926～1927年度。
②講座については「東京帝国大学各学部講座　勅令十四号　東京帝国大学各学部ニ於クル講座ノ種類及其ノ数左ノ如シ」に従った。
③学科については「文学部規程」「第二　規程第一條　本学部ニ左ノ学科ヲ設ク」に従った。

東北帝大（1907年〜）

上位項目	講座名	講座数	科目標準類別	※文学士諸科目	
法文学部	（法学系省略）		（法学系省略）	（法学系省略）	史学概論
	社会学	1	社会学	社会学	国史
	史学	5	哲学	科学概論	古文書学
	哲学	3	倫理学	哲学概論	日本思想史
	印度学	2	美学	論理学及認識論	東洋史
	心理学	1	東洋美術史	西洋古代中世哲学史	西洋古代史
	倫理学	1	宗教学	西洋近世哲学史	西洋中世史
	美学	1	心理学	倫理学	西洋近世史
	教育学	1	教育学	倫理学史	外交史
	文化史学	2	国史	美学及芸術学	考古学
	支那学	2	日本思想史	日本芸術史	人類学
	宗教学	1	東洋史	東洋芸術史	印度哲学史
	国文学	2	西洋史	西洋芸術史	仏教史
	西洋文学	2	印度学	音楽論及音楽史	梵語梵文学及巴利語
			支那哲学	宗教学	支那哲学史
			支那文学	宗教史	支那文学
			国文学	基督教史	国文学
			国語学	普通心理学	国語学
			英文学	発達心理学	英文学
			独逸文学	比較心理学	独文学
				趨異心理学	仏文学
				心理学実習	比較文学
				生理学	文学概論
				精神病学	言語学
				教育学	希臘語
				教育史	羅甸語
					英語
					仏語

①参考：『東北帝国大学一覧』1926〜1927年度。
②講座については「法文学部規程　勅令十六号　東北帝国大学各学部ニ於ケル講座ノ種類及其ノ数左ノ如シ」に従った。
③※学科についての明確な規程はなく、「東北帝国大学法文学部規程説明」の「科目標準類別」を参照した。「科目標準類別」での二つの類型、ⅰ「…ヲ専攻シ若クハ行政官又ハ政治化タラントスル者ハ…」（主に法学系）ⅱ「将来次ニ記載セル学科ヲ専攻セムトスル者ハ…」（主に文学系）で示している「例ノ（番号）（学科名）」に従い、文学系に当たる「例ノ五　社会学」から「例ノ二十三　独逸文学」までを順番に表記した。ちなみに「学生生徒氏名」は「法文学部」の括りで年度別に、「卒業生氏名」は「文学士」の括りで年度別に示している。
④学部と科目の相関性については次の規程を参照。「法文学部規程」「授業　第五條　本学部ニ於テ授業スル科目名左ノ如シ」。

九州帝大（1911年～）

上位項目	講座名	講座数	※学科	※文学士諸科目
法文学部	（法学系省略）		—	（法学系省略）
	哲学哲学史	3		哲学
	倫理学	1		西洋哲学史
	社会学	1		論理学及認識論
	西洋史学	1		国家及社会哲学
	心理学	1		倫理学及倫理学史
	教育学	1		心理学
	英文学	1		社会学
	独文学	1		教育学及教育史
	国史学	2		宗教学
	宗教学	1		美学
	支那哲学史	1		東洋美術史
	印度哲学史	1		西洋美術史
	国文学	1		支那哲学史
	仏文学	1		印度哲学史
				日本思想史
				史学概論
				国史
				西洋史
				東洋史
				地理学
				言語学概論
				文学概論
				国語学及国文学
				支那文学
				英文学
				独文学
				仏文学
				外国語学

①参考：『九州帝国大学一覧』1926年度。
②講座については「法文学部規程　勅令十七号　九州帝国大学各学部ニ於ケル講座ノ種類及其ノ数左ノ如シ」に従った。
③※学科についての明確な規程はなく、「法文学部規程」の「試験」項目には「法学士」「文学士」「経済学士」に学士を分けてそれぞれ取得科目と単位数を示している。ちなみに「学生生徒氏名」は「法文学部」の括りで年度別に示している。
④学部と科目の相関性については次の規程を参照。「法文学部規程」「授業　第三條　本学部ニ於ケル授業科目及各科目ノ単位数左ノ如シ」。

京城帝大（1926年～）

上位項目	講座名	講座数	※講座数	学科	哲学科専攻科目
法文学部	(法学系省略)			法律学科	哲学哲学史
	哲学哲学史	1	27年→2	政治学科	支那哲学
	支那哲学	1	1	哲学科	倫理学
	倫理学	1	27年→2	史学科	心理学
	心理学	1	27年→2	文学科	宗教学宗教史
	宗教学宗教史	1	1		美学美学史
	美学美術史	1	27年→2		教育学教育史
	教育学	1	28年→2		
	社会学（※）	1	1		
	国史学	1	28年→2		
	朝鮮史学	2	2		
	東洋史学	1	27年→2		
	西洋史学		28年→1		
	国語学国文学	1	27年→2		
	朝鮮語学朝鮮文学	2	2		
	支那語学支那文学	1	1		
	外国語学外国文学	1	27年→2		

①参考：『京城帝国大学一覧』1926～1927年度、1928年度、1932年度。
②講座については「法文学部規程　勅令四十七号　京城帝国大学各学部ニ於ケル講座ノ種類及其数左ノ如シ」に従った。なお、※講座数：講座数の増設と増設年度を表示した。
③学科については「法文学部規程」「授業」「第三條　法文学部ニ左ノ四学科ヲ置ク　法学科　哲学科　史学科　文学科」に従った。
④学科と科目の相関性について、法文学部の「授業」規程では第六條で、文史哲三学科それぞれ専攻科目を明示している。

台北帝大（1928年～）

上位項目	講座名	講座数	学科	哲学科専攻科目
文政学部	国語学国文学	1	哲学科	東洋哲学
	西洋文学	1	史学科	西洋哲学
	東洋史学	1	文学科	倫理学
	哲学哲学史	1	政学科	心理学
	東洋倫理学西洋倫理学	1		教育学
	心理学	1		
	土俗学人類學	1		
	憲法	1		
	行政法	1		
	経済学	1		
	民法民事訴訟法	1		
	刑事刑事訴訟法	1		

①参考：『台北帝国大学一覧』1928年度。
②講座については「七　台北帝国大学講座令　勅令第三十三号　台北帝国大学各学部ニ於ケル講座ノ種類及其ノ数左ノ如シ」に従った。
③学科については「文政学部規程」「学科及授業」「第一條　文政学部に四学科ヲ置ク　哲学科　史学科　文学科　政学科」に従った。
④学科と科目の相関性について、「文政学部規程」では各学科ごとに専攻別必須科目を挙げている。具体的な必須科目については同『一覧』46～51頁を参照。

表⑦　1931年及び1935年度哲学講座専攻別学修科目及び単位数

1931年度

哲学、哲学史		倫理学		心理学	
科目	単位数	科目	単位数	科目	単位数
哲学概論	1	倫理学概論	1	心理学概論	1
西洋哲学史概説	2	倫理学史	2	心理学演習	4
論理学認識論	1	倫理学特殊講義	2	心理学実験演習	1
哲学演習	3	倫理学講読及演習	2	心理学特殊講義	2
哲学特殊講義	2	哲学科及法学科ニ属スル科目中別ニ定ムルモノ	11	哲学科ニ属スル科目中別ニ定ムルモノ	6
哲学科ニ属スル科目中別ニ定ムルモノ、希臘語及羅甸語ノ中	8			生理学、精神病学及生物学ノ中	2
史学科、文学科及法学科ニ属スル科目ノ中	2			史学科、文学科及法学科ニ属スル科目ノ中	2

宗教学、宗教史		美学、美学史		教育学	
科目	単位数	科目	単位数	科目	単位数
宗教学概論	1	美学概論	1	教育学概論	1
宗教詩概説	1	美学演習	2	教育学概説	1
宗教哲学	1	美学特殊講義	1	各科教授論	1
宗教学、宗教史特殊講義	4	西洋美術史	2	教育行政	1
宗教学、宗教史講読及演習	3	東洋美術史	2	教育学演習	2
哲学科、史学科及法学科ニ属スル科目中別ニ定ムルモノ	8	哲学科、史学科、文学科及法学科ニ属スル科目中別ニ定ムルモノ	10	教育学特殊講義	1
				哲学科ニ属スル科目中別ニ定ムルモノ、生理学、精神病学及生物学ノ中	10

支那哲学	
科目	単位数
支那哲学史概説	1
支那倫理学概論	1
支那哲学、支那哲学史特殊講義	3
支那哲学、支那倫理学講読及演習	3
支那語	1
哲学科、史学科、文学科及法学科ニ属スル科目中別ニ定ムルモノ	10

①参考：『京城帝国大学一覧』1931年度、52～56頁。
②外国語学修については「第四条　学生ハ第五条及第六条ニ定ムル科目ノ外ニ外国語ヲ修ムヘシ」とし、法文学部規程第二章に「外国語学修課程」を別途定めている。

1935年度における学修科目の変化

哲学専攻		倫理学専攻		心理学専攻	
科目	単位数	科目	単位数	科目	単位数
哲学普通講義	2	倫理学普通講義	2	心理学普通講義	1
論理学認識論	1	倫理学特殊講義及演習(※)	5	心理学特殊講義及演習	6
哲学特殊講義及演習	5	支那倫理学概論	1	心理学実験演習	1
希臘語、羅甸語	1	仏教概論	1	生理学	1
哲学科、史学科及文学科ニ属スル科目	4	社会学	1	精神病学	1
		哲学科、史学科及文学科ニ属スル科目	3	哲学科、史学科及文学科ニ属スル科目	3
		※倫理学特殊講義及演習五単位に代え、倫理学特殊講義及演習三単位、社会学普通講義一単位、社会学特殊講義又は演習一単位学修可。			
宗教学専攻		美学美術史専攻		教育学専攻	
科目	単位数	科目	単位数	科目	単位数
宗教学普通講義	2	美学、美術史普通講義	3	教育学普通講義	2
宗教学特殊奥義及演習	5	美学、美術史特殊講義及演習	4	教育学特殊講義及演習	4
哲学科、史学科及文学科ニ属スル科目	6	考古学	1	教育行政	1
		哲学科、史学科及文学科ニ属スル科目	5	哲学普通講義	2
				心理学実験演習	1
				生理学、精神病学	1
				哲学科、史学科及文学科ニ属スル科目	2
支那哲学専攻		共通科目			
科目	単位数	科目			単位数
支那哲学普通講義	1	哲学普通講義（哲学概論、西洋哲学史概説）			1
支那哲学特殊講義及演習	6	倫理学普通講義（倫理学概論、西洋倫理学史概説、日本道徳史）			1
支那語	1	心理学普通講義（心理学概論、心理学史）			1
東洋史学普通講義	1	宗教学普通講義（宗教学概論、仏教概論、宗教史概説）			1
国語学、国文学、朝鮮文学	2	美学、美術史普通講義（美学概論、美術史）			1
支那文学	2	教育学普通講義（教育学概論、教育史概説、各科教授論）			1
		支那哲学普通講義（支那哲学史概説、支那倫理学概論）			1
		社会学普通講義（社会学概論、社会学史概説）			1
		史学概論、文学概論			1

①参考：『京城帝国大学一覧』1935年度、71～75頁。
②外国語学修については、法文学部規程第三章第二節「外国語学修」(81頁) 参照。

表⑧　京城帝国大学哲学関連講座開設科目一例

専攻科目	年度	概論	概説	演習	特殊講義	その他
教育学	1926					
	1931	①松月秀雄：教育学概論	①松月秀雄：教育史概説	①松月秀雄：教育学演習	②田花為雄：教育学特殊講義（人文主義ト実学主義）	②田花為雄：各科教授論 ○神尾弌春：教育行政
	★ 1934	①松月秀雄：教育学概論	①松月秀雄：教育史概説（Frank P. Graves, A Student's History of Education.）	①松月秀雄：教育学演習（1）Willy Moog, Philosophische und pädagogische Strömungen der Gegenwart.（2）Max Frischeisen-Köhler, Philosophie und Pädagogik. ②田花為雄：教育学演習（1）Salzmann, Ameisenbüchlein.（2）Salzmann, Krebsbüchlein.	②田花為雄：教育学特殊講義（現代の教育及教育学）	②田花為雄：各科教授論
	1942	①松月秀雄：教育学概論	①松月秀雄：教育史概説	①松月秀雄：教育学演習（青年期の教育） ②田花為雄：教育学演習（比較教育学）	②田花為雄：教育学特殊講義（明治教育史）	②田花為雄：各科教授論
	1943	①松月秀雄：教育学概論	①松月秀雄：教育史概説	①松月秀雄：教育学演習 ②田花為雄：教育学演習（武家家訓）	②田花為雄：教育学特殊講義（日独教育制度の比較研究） ②田花為雄：教育学特殊講義（教育方法史研究）	②田花為雄：各科教授論
倫理学	1926	島本愛之助：倫理学	島本愛之助：倫理学史			
	1931	②白井成允：倫理学概論	②白井成允：倫理学史（近代独逸）	①島本愛之助：倫理学演習（アリストテレス倫理学演習）	①島本愛之助：倫理学特殊講義（現代の倫理哲学思想）	

専攻科目	年度	概論	概説	演習	特殊講義	その他
倫理学	1942		①小島軍造：西洋倫理学史概説 ②宮島克一：日本道徳史	①小島軍造：倫理学演習（Kant: Kritik der praktischen Vernunft.（前学年の続き） ②宮島克一：倫理学演習	①小島軍造：倫理学特殊講義（共同体倫理の問題）	
	1943	①小島軍造：倫理学概論	①小島軍造：西洋倫理学史概説 ②宮島克一：日本道徳史	①小島軍造：倫理学演習 ②宮島克一：倫理学演習		
心理学	1926	①速水滉：心理学				
	1931	①速水滉：心理学概論		①速水滉：心理学演習 ②黒田亮：心理学演習 ②黒田亮：心理学実験演習（下級）	②黒田亮：心理学特殊講義（変態心理学）	○大塚藤吉：生理学
	★1934				①速水滉：児童心理学 ○天野利武：教育心理学	
	1942	②黒田亮：心理学概論		①天野利武：心理学演習（外国雑誌） ①天野利武：心理学実験演習 ②黒田亮：心理学演習（現代心理学演習） ②黒田亮：心理学演習（東洋心理思想研究）	①天野利武：心理学特殊講義（教育心理学）	○服部六郎：精神病学
	1943	①天野利武：心理学概論	①天野利武：心理学史	①天野利武：心理学実験演習 ①天野利武：現代心理学演習 ①天野利武：児童心理学演習	②黒田亮：心理学特殊講義（感情の心理） ○和田陽平：心理学特殊講義（心理学実験法）	

専攻科目	年度	概論	概説	演習	特殊講義	その他
哲学、哲学史	1926	安倍能成：哲学概論		安倍能成：哲学演習		
	1931	②宮本和吉：哲学概論	①安倍能成：西洋哲学史概説	①安倍能成：哲学演習 ②宮本和吉：哲学演習（前年度ノ続キ）	①安倍能成：哲学特殊講義（独逸観念論の哲学）	②宮本和吉：論理学認識論（認識論）
	1942	②宮本和吉：哲学概論		①田邊重三：哲学演習（Brentano: Versuch über die Erkenntnis.） ②宮本和吉：哲学演習（Kant: Kritik der reinen Vernunft. 前学年ノ続キ）	①田邊重三：哲学特殊講義（アウグスティヌスの哲学） ②宮本和吉：哲学特殊講義（独逸観念論の哲学・カントよりヘーゲルまで）	①田邊重三：論理学
	1943	②宮本和吉：哲学概論	①田邊重三：中世哲学史 ②宮本和吉：近世哲学史（独逸観念論の哲学）	①田邊重三：哲学演習 ②宮本和吉：哲学演習		①田邊重三：論理学史
支那哲学	1926			藤塚鄰：支那哲学演習		藤塚鄰：儒教倫理 藤塚鄰：論語講義
	1931		藤塚鄰：支那哲学史概説	藤塚鄰：支那哲学演習（支那哲学支那倫理学講読及演習）		
	△1932	藤塚鄰：支那倫理学概論	藤塚鄰：清朝経済史	藤塚鄰：支那哲学演習（論語正義） ○加藤常賢：支那哲学演習（周礼注疏）	○加藤常賢：後漢の経学	
	△1933	藤塚鄰：支那倫理学概論	○加藤常賢：支那哲学史概説	○加藤常賢：演習（尚書古文疏証）	藤塚鄰：清朝経学の研究（主として論語学）	本年度に藤塚鄰は文学講座で「詩経講読演習」も持っていた。
	△1934	藤塚鄰：支那倫理学概論		藤塚鄰：演習（清代経師論集）	藤塚鄰：李朝に於ける清朝文化の移入	

専攻科目	年度	概論	概説	演習	特殊講義	その他
支那哲学	△1935	藤塚鄰：支那倫理学概論			藤塚鄰：李朝ニ於ケル清朝文化ノ移入	
	△1936	藤塚鄰：支那倫理学概論（前学年ノ続キ）			藤塚鄰：李朝に於ける清朝文化の移入（前学年ノ続キ）	
	1942	阿部吉雄：支那倫理学概論		阿部吉雄：支那哲学演習		
	1943	阿部吉雄：支那倫理学概論	阿部吉雄：支那哲学史概説	阿部吉雄：支那哲学演習 西順藏：支那哲学演習	○西順藏：支那哲学特殊講義（支那上代に於ける天人の思想）	
社会学	1926					
	1931	秋葉隆：社会学概論		秋葉隆：社会学演習（フランス社会学・既ニ概論ヲ聴講シタル者ニ限ル）	秋葉隆：社会学特殊講義（原始社会・前学年ノ続キ）	
	△1933				秋葉隆：朝鮮民俗の研究	
	△1935				秋葉隆：朝鮮民俗	
	1942	秋葉隆：社会学概論		秋葉隆：社会学演習 Maciver [Robert Morrison MacIver: 筆者注]: Society.	秋葉隆：社会学特殊講義（民俗の研究）	
	1943	秋葉隆：社会学概論	秋葉隆：社会学史	秋葉隆：社会学演習	秋葉隆：社会学特殊講義（原始社会） ○鈴木栄太郎：社会学特殊講義（農村社会学） ○鈴木栄太郎：社会学特殊講義（家の研究）	

専攻科目	年度	概論	概説	演習	特殊講義	その他
宗教学、宗教史	1926					
	1931	赤松智城：宗教学概論		赤松智城：宗教学宗教史講読及演習	赤松智城：宗教学宗教史特殊講義（現代の宗教哲学） ○手島文倉：宗教学宗教史特殊講義（華厳哲学） ○手島文倉：宗教学宗教史特殊講義（大乗仏教概論）	
	△1935	佐藤泰舜：仏教概論		佐藤泰舜：天台学講読（天台四教儀集註）		
	1942	佐藤泰舜：仏教概論		佐藤泰舜：宗教学演習（仏典講読）	佐藤泰舜：宗教学特殊講義（華厳十句章研究）	
	1943	佐藤泰舜：宗教学概論	佐藤泰舜：仏教概説 ○諸戸素純：宗教史概説	佐藤泰舜：宗教学演習 ○諸戸素純：宗教学演習	○諸戸素純：宗教学特殊講義（日本宗教史）	
美学、美学史	1926					
	1931	①上野直昭：美学概論	①上野直昭：美術史（西洋美術史） ②田中豊蔵：美術史（東洋美術史）	①上野直昭：美学美学史演習（美学講読） ②田中豊蔵：文選講読	②田中豊蔵：日本上代美術史（平安朝を主として） ②田中豊蔵：支那古文辞説	
	△1932		②田中豊蔵：東洋美術史 ②田中豊蔵：日本美術史（平安期） ②田中豊蔵：印度美術史	②田中豊蔵：東洋美術史演習		本年度に田中豊蔵は文学講座で「支那文学史」も持っていた。
	△1933		②田中豊蔵：東洋美術史	②田中豊蔵：東洋美術史演習（日本美術代表的作品）		本年度に田中豊蔵は文学講座で「漢詩講読」も持っていた。

専攻科目	年度	概論	概説	演習	特殊講義	その他
美学、美学史	△1934		②田中豊蔵：東洋美術史 ②田中豊蔵：日本上代美術史		②田中豊蔵：仏教美術常識	
	△1935		②田中豊蔵：東洋美術史 ②田中豊蔵：日本美術史（奈良時代）			
	△1936		①上野直昭：西洋美術史（注） ②田中豊蔵：東洋美術史 ②田中豊蔵：日本美術史（平安期）			
	1942	①矢崎美盛：美学概論	②田中豊蔵：東洋美術史 ②田中豊蔵：日本美術史	②田中豊蔵：美学美術史演習（美術史籍講読）	②田中豊蔵：美学美学史特殊講義（日本上代美術史平安期ヲ主トス）	
	1943	①矢崎美盛：美学概論	①矢崎美盛：東洋美術史 ○児島喜久雄：西洋美術史			

①担任教授名の前の数字①は第一講座を、②は第二講座を示す。○はその他で、助教授で一覧した人以外の人物については以下の番号を参照。
②○神尾弌春：「朝鮮総督府事務官神尾弌春ニ対シ法文学部講師ヲ嘱託シ…」（『朝鮮総督府官報』1293号、1931.5.1.、8面）、『一覧』1931年度に「教育行政　朝鮮総督府事務官法学士　神尾弌春」が確認される（146頁）。
③○大塚藤吉：京城帝大医学部生理学教室担任教授。生没年は1898～？、在任期間は1928～1945。1924年に京城医学専門学校教員の在外研究員として欧米留学（前掲、鄭根埴他『植民権力과 近代知識——京城帝国大学研究』359頁）。
④○服部六郎：京城帝大医学部神経科学精神科学教室助教授。生没年は1888～？、在任期間は1928～1942（同上、368頁）。
⑤○児島喜久雄：現在1942年度まで確認できる『京城帝国大学一覧』1942年度に「講師　西洋美術史　東京帝国大学教授文学士　児島喜久雄」が確認される（187頁）。生没年は1887～1950。京城帝大法文学部講師は1939年に任用される（前掲『日本美術年鑑』1947～1951年版、144頁）。
⑥参考：「学界彙報」（『東亜の光』1926.9.、80～81頁）、「彙報」（『文教の朝鮮』1931.5.、110～111頁）、『哲学年鑑』第一輯（1942、385～386頁）、同第二輯（1943、429～430頁）。一部しか分からない△と★については、△は『青丘学叢』4・8・12・16・20・24号の「彙報」を、★は京城帝国大学教育学会『会報』2号（1934）を参照。
⑦注：1936年度の上野直昭の「西洋美術史」は、「東方文化に関係ある講義題」を載せた『青丘学叢』に珍しく記載があったので記入した。

7　学生

一九四二年九月まで確認できる『一覧』の卒業者のなかで、法文学部の卒業生の総数は、法学科六八九名、哲学科八九名、史学科八五名、文学科一九六名である。通堂あゆみも指摘したように、当時、京城帝大の哲学科は「文科系のなかでももっとも講座数が多」く、[110]「城大創立当時」「金看板」といわれた。[111] これに比べると実際の志望率は哲学科の方が最も低かったといえる。[112] だが、法文学部の四つの学科のなかで朝鮮人の数が内地人の数を越える学科は哲学科しかなかった。[113]「朝鮮学生ハ法学方面ニ志望スル者甚タ多キニ由リ之ニ対シテ朝鮮ニ於テ一通リノ研究ヲ為シ得ル様ニシ以テ成ルヘク内地遊学者ヲ減少スル」目的で設置された法学科さえ、内地人のほうが多かった。[114]

専攻別分布の様相についてもみておく。［表⑩］では、学士称号を得ていない選科修了生と、「支那哲学」を卒業した後に「哲学」（「哲学、哲学史」の名称変更に起因）も卒業した「金龍培」のダブりまで全一三〇名のリストが得られる。専攻がわからない一九四一年一二月以降の卒業生と選科修了生の中でも、李忠雨の研究により専攻がわかる者は分布表に含めた。また、おそらく創氏改名に起因すると推測される一九四〇年以降の名前の混同については、明らかに朝鮮人学生だと判断できるもの以外は本籍に従った。専攻別の分布度（［表⑪］）をみると、一目で桁が違うのは「哲学、哲学史」専攻しかない。その総数は三六名で、「哲学科であっても就職と直接結びつきうる教育学」が次に多い一七名であるが、[115] その二倍ほどの人が「純哲」を専攻に文学士を得たことがわかる。また朝鮮人学生の四五％が七つの専攻の中で「哲学、哲学史」専攻を選んでいる。

一方、内地出身の学生という問題がある。興味深いことに、朝鮮人学生のほとんどが戦後韓半島に名前を残している反面、内地出身の学生の、とくにかれらの戦後の生い立ちについては一々本籍地と内地の出身校を尋ねて調査するしかない[116]。これ自体が京城帝大の植民性を表しているように思われるが、ここでは一旦「中等教員養成」という側面から哲学科出身の内地人の特徴を確認しておく。

通堂あゆみが指摘したように「京城帝大は教員無試験検定の指定を受け、法文学部学士試験合格者には専攻に応じた教科の高等学校教員免許状、師範学校・中学校・高等女子校教員免許状、私立学校教員資格が与えられることになっていた[117]」。また「選科修了のみでも師範学校、中学校、高等女学校無試験検定の対象とされ中等教員資格を得ることができた[118]」。実際に哲学科を卒業した内地出身者の七割以上が中等以上の学校教員として朝鮮で就職している。その中には専攻を生かして戦後日本で学者として活動した者もいる。若山尚と小竹武夫は「支那哲学」を専攻した後に朝鮮では中等教員を勤め、それぞれ戦後には愛知大学文学部教員と漢籍翻訳に従事している。その中で小竹は「支那史研究者として名高い小竹文夫」の弟に当たる人で、一九三二年から二年間北京に留学、三四年からは東方文化事業総委員会主事を命じられ、北京人文科学研究所図書館主任を、四〇年から再び朝鮮に戻り、京城と京畿道で教鞭をとっている。戦後は金沢美術工芸大学で教えるかたわら兄と漢書の現代語訳に努める[119]。また「美学、美学史」専攻の西本順は戦後、東京美術学校教授を、倫理学専攻の泉靖一は戦後東大東洋文化研究所教授を勤めている。特に泉は京城帝大法文学部の「社会学、宗教学研究室」出身者として当時、赤松と秋葉との満蒙及び朝鮮フィールド調査に同行した弟子であり、すでに述べたように、かれについては京城出身

表⑪　哲学関連講座専攻別分布様相

教育学	内地人	8
	朝鮮人	9
倫理学	内地人	7
	朝鮮人	7
心理学	内地人	4
	朝鮮人	7
哲学哲学史	内地人	9
	朝鮮人	27
支那哲学	内地人	6
	朝鮮人	8
宗教学宗教史	内地人	3
	朝鮮人	1
美学美学史	内地人	1
	朝鮮人	1

の人類学者に焦点を当てた研究が出ている。そして、渡部学は戦後まで朝鮮をフィールドに教育学を専門にしており、かれの生い立ちや学問的特徴についても分析されている。[120] 教員となった七割以外に最も多い就職先は京城帝大法文学部助手であった。この点は朝鮮人学生も同じであり、助手を経て教員になった場合も多い。その他には京城帝大図書館、朝鮮総督府、刑務所、新聞社、宗教関係に就職している。

一方、他の学科も同様であろうが、哲学科の場合も内地出身学生の七割以上が植民地朝鮮で中学校を卒業している。例えば、渡部学は一九二一年、普通学校長として朝鮮へ赴任した父に連れられて八歳の時に朝鮮に渡っており、花村美代子も、一九一八年に朝鮮総督府司法官試補として来朝した父の元で（花村美樹、後、京城帝大刑法刑事訴訟法第一講座教授）朝鮮で生まれている。このような例は、京城帝大全体の七割以上が日本人学生であったことを考えると当然であろう。学校と専攻を選んだそれぞれの背景があるだろうが、外地との縁がなく、内地で生まれて内地の中学校を卒業してからなぜ京城帝大哲学科に進学しているかは疑問である。

最後に、法文学部研究室について概観しておく。京城帝大法文学部には一九三二年当時一六個の研究室が置かれていた。[121] 哲学関連講座の研究室を設立年月及び主任とともに記すと、「心理学研究室」（一九二九年二月、黒田）、「美学、考古学研究室」（同前、田中）、「哲学研究室」（一九三〇年一〇月、田邊）、「支那哲文学研究室」（一九三一年五月、辛島）、「倫理、教育学研究室」（一九三二年三月、田花）、「社会学、宗教学研究室」（同前、秋葉）があった。[122] 法文学部研究室は医学部の一講座＝一教室のような存在であって、講座運営においても「公的性質ヲ有スル」組織として、とくに「図書ノ備付」「閲覧」「研究室外貸付」などの図書の共有や「それぞれの研究結果を発表する」「実質的な研究単位」であった。[123] また研究室によっては『京城帝国大学教育学会報』『京城心理学彙報』のような機関誌を発行する場合もあり、秋葉と赤松が主導した「社会学、宗教学研究室」は一九三二年に設立された満蒙文化研究会（一九三八年に大陸文化研究会へ名称変更）とも深く関わっていた。

表⑩　1929～1945年間京城帝国大学哲学科卒業及修了者

予科修了	名前	本籍	出身校	学部卒業	専攻	学部卒業2	卒業論文	履歴	生没年度	備考
1926.3.	麻生勝利	大分	大分中学校	1929.3.	倫理学			32年現在東京日日新聞社		
1926.3.	權世元	慶北	大邱高普	1929.3.	哲学哲学史		ボルツァーノの現象学源流※	30年現在京城帝大法文学部助手、△ソウル大商大、成鈞館大教授		
1926.3.	金桂淑	咸南	咸興高普	1929.3.	哲学哲学史		○ヘルマン・コーエンの純粋論理学	32年現在京城儆新学校、東京帝大哲学科進学、戦後ソウル大師範大学教授	1905～1989	
1926.3.	朴東一	忠北	中央高普	1929.3.	哲学哲学史			32年現在京城仏教専修学校、僧侶、卒業後俗離山法住寺に入る。解放後大田中学校校長		
1926.3.	裵相河	慶北	大邱高普	1929.3.	哲学哲学史			32年現在京城中央仏教専門学校、△梨花女大教授		
1926.3.	趙容郁	全北	専検	1929.3.	支那哲学			29年中東学校教師（32年現在同様）、中央仏教専教師、35年松都中教師、40年金川中教師、43年同徳女中教師、50年同徳女大教授及梨花女大教授、61～80年同徳女大学長など60年間女性教育に尽力	1902～1991	
1926.3.	韓悌泳	咸南	中央高普	1929.3.	教育学			30～39年平壌師範学校、△ソウル大師範大学教育学教授		
選科26入	玄俊爀		延喜専門文科	選科修29	△教育学			卒業後大邱師範校教師、読書会事件で6年間服役・免職後平南に帰郷。45年9月15日平南地区拡大会議で批判され、同月28日平壌市庁の前で暗殺される。		
1927.3.	高祐燮	江原	寶城高普	1930.3.	美学美術史			32年現在京城帝大法文学部研究室、△開城博物館長	1905～1944	

予科修了	名前	本籍	出身校	学部卒業	専攻	学部卒業2	卒業論文	履歴	生没年度	備考
選科26入	金容河	全南	平壌二高普	選科修30	△教育学			31～33年度鏡城高普通教諭、34年度京城高普教諭、35～39年大邱師範校教諭、戦後ソウル大教授	1896～1950	
1927.3.	金亨喆	黄海	平壌中	1930.3.	支那哲学	法学科32		32年現在平壌道庁、△驪州女高校長		
1926.3.	石松楨樹	福岡	八幡中学校	1930.3.	教育学			33～37年大邱師範学校教諭、38年青松郡属、39年慶北内務部学務課、40～41年晋州女高教諭		
1927.3.	安龍伯	全南	専検合格	1930.3.	倫理学			30～41年総督府学務局勤務、41年宜寧郡守、42年河東郡守、45年慶南高初代校長、文教部高等教育局長、64～68年全南教育監	1901～1977	
1926.3.	廉廷權	京畿	養正高普	1930.3.	支那哲学			32年及35年現在大邱師範学校教諭が確認される		
1927.3.	若山尚	大分	宇佐中	1930.3.	支那哲学			30年朝鮮公立実業学校教諭、38年朝鮮総督府師範学校教諭、43年同教授、53～82年愛知大学文学部教授（愛知大学文学会『愛知大学文学論叢』69、1982年）	1906～？	予科一覧には尚、一覧には勝大
1926.3.	任晳宰	全北	培材高普	1930.3.	心理学			32年現在平北宜川信聖学校、42～45年養正中学校、46～67年ソウル大師範大学心理学教授、46年韓国心理学会結成メンバー、67～71年中央大心理学教授	1903～1998	
1927.3.	小松鳳三	佐賀	龍山中	1930.3.	心理学			31～32年法文学部助手、35～36年西大門刑務所教官		
1927.3.	草野勲夫	佐賀	海草中	1930.3.	教育学			32年現在京城師範学校、『朝鮮の教育研究』に34～35年間投稿、34年京城師範学校訓導、35～41年京城女師範学校教諭、43年海州師範学校教諭		

予科修了	名前	本籍	出身校	学部卒業	専攻	学部卒業2	卒業論文	履歴	生没年度	備考
1927.3.	韓基駿	京畿	培材高普	1930.3.	教育学			32年現在京城培材高普、45年8月連合軍歓迎準備会委員	1904～?	予科一覧には江原、一覧には京畿
1927.3.	韓載經	平南	京城一高普	1930.3.	倫理学			30～37年平南内務部学務科、38～39年陽徳郡守		
1928.3.	權稷周	咸南	松都高普	1931.3.	倫理学		ジョンヂュヰーの社会的倫理思想	32年現在京城帝大法文学部研究室、△以北		
1928.3.	金文卿	京畿	京城第一高普	1931.3.	宗教学宗教史		東学の歴史と根本教説	32年現在京城帝大法文学部研究室		
1928.3.	金宅源	咸北	咸興	1931.3.	教育学		リットの精神科学的教育学	32年現在朝鮮総督府警務局図書課、40年京城師範学校教諭、46年朝鮮文化団体総聯盟教育部分報告(『朝鮮日報』46.2.25.)、△越北		
1928.3.	徐丙瑆	京畿	京城第一高普	1931.3.	教育学		フイヒテの教育理論に就て	京畿高、徽文高校長、58年現在京東中高校長	1905～?	
1928.3.	申南澈	京畿	中央高普	1931.3.	哲学哲学史		ブレンタノに於ける志向的対象と意識との関係に就いて	32年現在京城帝大法文学部研究室、32年哲学研究会設立メンバ、33～36年東亜日報社、37年中央高普教師、45年朝鮮文学家同盟、ソウル大教授、47年朝鮮科学者同盟、49年金一成大学哲学科教授、50年ソウル市文化部長、57年最高人民会議大委員(申南澈著、金載賢解題『歴史哲学』EJB、2010、292頁)	1907～1958?	
1927.3.	石本清四郎	広島	龍山中	1931.3.	倫理学			32年現在京城高普教諭		

予科修了	名前	本籍	出身校	学部卒業	専攻	学部卒業2	卒業論文	履歴	生没年度	備考
1928.3.	尹泰林	京畿	京城第一高普	1931.3.	心理学	法学科35	朝鮮人に於ける色彩選択と之に関係する二三の問題	32年現在鍾路東亜商会、38年廣海道内務部地方書記、40年同社会書記、40年緑旗聯盟加入、41年高等文官試験合格、43～45年金川郡首、45年11月京城地方法院司法官試補、48年ソウル地方警察庁検事、ソウル大師範大学教授、63～64年文教部次官、69年延世大学教授、82年慶南大総長	1908～1991	
1928.3.	李鐘駿	慶北	大邱高普	1931.3.	哲学哲学史		A.Meinongの"ÜberAnnahmen"について	32年現在朝鮮総督府文書課、瑞興郡首、52年釜山商高校長、京東中校長、4代国会議員	1907～？	
1928.3.	李俊夏	忠北	培材高普	1931.3.	教育学		労作教育の発達及び原理	32年京城府蓮池洞貞信女学校、38年赤裳尋常小学校教諭、52年公州師範学校教師、ソウル大師範大教授、△拉北		
1928.3.	鄭麟澤	京畿	京城第一高普	1931.3.	倫理学		ホップハウスに於ける倫理的理想と社会発達との関係	32年現在京城中央基督青年学校、公州中教諭、38年忠清南道道視学、同保寧郡勧業課長、内務課長、44年唐津郡守、47年大田公立中校長、忠清南道内務局長、54年慶尚南道内務局長などを経て58年現在忠清北道道知事	1907～？	
1928.3.	田中一郎	東京	龍山中	1931.3.	支那哲学		荀子研究	32年現在京城帝大法文学部研究室、34～光州中学校教諭、36～京城第一高普教諭、禮安普通学校教諭、37～京城第一高普教諭		
1929.3.	河内富榮	大阪	京城中	1932.3.	宗教学宗教史			32年現在京城居住		
1929.3.	兒玉三男	岡山	龍山中	1932.3.	教育学			32年現在京城居住		

予科修了	名前	本籍	出身校	学部卒業	専攻	学部卒業2	卒業論文	履歴	生没年度	備考
選科28入	小竹武夫	石川		1932.3.	支那哲学		支那目録学の発達に就いて	●31年京城中東学校、32年中国留学、40年学務局社会教育課嘱託、戦後『史記』『漢書』などを翻訳、金沢美術工芸大学教授	1905～1982	
1927.3.	黒岩健二	佐賀	京城中	1932.3.	倫理学		本居宣長の思想	32年～京城高等工業学校教諭、37年～同助教授、39年～同教授		
1929.3.	閔泰植	忠南	培材高普	1932.3.	支那哲学		陳澧及其治経方法	32年現在培材高普教諭（33年同様）、37年延喜専専任講師、41年同教授、43年開城博物館長、45年公州中校長、ソウル大教授、忠南大教授、同総長、62年成鈞館大教授、68年同儒教大学初代学長	1903～1981	
1929.3.	安田總次	東京	龍山中	1932.3.	心理学			32年現在朝鮮総督府学務局		
1929.3.	元興均	忠北	京城第一高普	1932.3.	倫理学	法学科34		32年現在法学科再入学、戦前には平壌崇仁商高、全州女高、徳成女高教師、49年江陵女高、江陵師範校、龍山高、京畿高などで教師、68～72年ソウル教育大学学長、視聴覚教育新聞社社長など	1907～1997	
1929.3.	生沼逸郎	京都	京城中	1932.3.	哲学哲学史			32年現在岡山県金光教教理講習所、34年現在京城帝大法文学部助手		
1928.3.	津田剛	三重	錦城中	1932.3.	哲学哲学史			32年現在京城居住、42年～国民総力朝鮮聯盟事務局宣伝部長（永島広紀『戦時期朝鮮における新体制と京城帝国大学』ゆまに書房、2011）、45年4月～8月京城帝大予科教授、46～50年3月別府女子専門学校講師・教授、50年4月～52年8月別府女子大学教授及び図書館長、52年9月～71年3月宮崎大学教授、71年4月～福岡大学教授	1906～1990	京城帝国大学予科教授の津田栄は実兄（永島前掲本参照）

予科修了	名前	本籍	出身校	学部卒業	専攻	学部卒業2	卒業論文	履歴	生没年度	備考
選科28入	中野己之吉	石川		選科修32	教育学		教育者の生活型	●32年光州小学校、33～34年光州尋常高等小学校訓導、34年光州産業実習学校教諭、35～38年京城女師範学校訓導・教諭		
1930.3.	高亨坤	全北	裡里農林	1933.3.	哲学哲学史		○シェリングはいかにフィヒテを乗り越えたか	38～44年延喜専教授、47～59年ソウル大学哲学科教授、59年全北大総長、63年第6代国会議員、70年東国大訳経院審査委員	1906～2004	
選科28入	●佐々木高美男	日本								
1930.3.	中山岩光	福岡	福岡中	1933.3.	教育学			33～34年京城帝大法文学部助手、34年文科助手会結成、34年6月6日同会にて第二回例会講演「ナチスの教育と国民教育」[李暁辰「京城帝国大学文科助手会と会報『学海』」(『関西大学東西学術研究所紀要』50、2017、278・282頁)]、37年現在光州尋常小学校教導		
選科29入	朴鐘鴻	平南	平壌高普	1933.3.	哲学哲学史		ハイデッカーに於けるSorgeについて	21年寶城高普教師、22年大邱壽昌高普教師、26年大邱高普教師、29年京城帝大選科入学、34年同大学院卒業及助教、35年梨花女専講師、37年同教授、45～68年ソウル大学教授、韓国哲学会長、国民教育憲章基礎委員	1903～1976	
1930.3.	朴致祐	咸北	京城第一高普	1933.3.	哲学哲学史		ニコライ、ハルトマンの存在論に就いて	33～34年京城帝大法文学部助手、38年崇義失業専教授、朝鮮日報主任、同時期評論活動、戦後朝鮮文学家同盟、△越北、49年(?)太白山でパルチサン活動中射殺される。	1909～1949	

予科修了	名前	本籍	出身校	学部卒業	専攻	学部卒業2	卒業論文	履歴	生没年度	備考
1930.3.	篠原茂雄	山口	萩中	1933.3.	倫理学	法学科36		36～41年京城女子師範学校教諭、43年朝鮮総督府師範学校助教授、44～45年同教授		
1930.3.	李甲燮	咸南	培材高普	1933.3.	哲学哲学史			33年朝鮮日報入社、同調査部長・論説委員・政治部長、40年朝鮮日報閉刊の際『朝光』編集部長へ、49年朝鮮日報主筆、49年思想問題で警察に送致、50年（？）越北、金一成綜合大学新聞学講座との関係、『력사론문집歴史論文集』第二輯に「조선 신문의 원형으로서의 기별지에 관하여」という論文発表発表［鄭ジンソク「京城帝大卒業したエリート、何故北韓は名前を消したか」(『新東亜』603、2009)］	1914～？	
1930.3.	李鎭淑	京畿	徽文高普	1933.3.	心理学			33年京城帝大法文学部助手、京城帝大予科助教授、46～62年ソウル大教授、46年朝鮮心理学会創設メンバー、59年日本心理学会会員	1908～1962	
1926.3.	洪鼎植	平南	平壌高普	1933.3.	教育学			45年朝鮮教育審査委員会第一分科委員会員（『ソウル新聞』45.11.23.）、49年特殊教育協会理事、△以北		
選科29入	習田達夫	京都		選科修33	哲学哲学史		●カントに於ける実践の概念と実践の実践的展開	34～35年京城帝大法文学部助手、36年3月31日～京城薬学専門学校教授、44年8月22日神宮皇學館大学予科講師、42年九州帝大法文学部倫理学科卒業、50～69年3月九州大学教授、69～福岡大学教授		
選科30入	●出海偉佐男	日本								
1927.3.	十時末雄	福岡	中学修	1934.3.	心理学					

予科修了	名前	本籍	出身校	学部卒業	専攻	学部卒業2	卒業論文	履歴	生没年度	備考
1931.3.	庄司秀一	宮城	龍山中	1934.3.	支那哲学		支那上代に於ける忠孝論の起源及び発達	34～36年京城帝大法文学部助手、38～41年京城城東中学校教諭	1912～?	
1931.3.	碓井隆次	山口	龍山中	1934.3.	教育学		知識獲得の三要件	34～37年京城第二高等女学校教諭、38～40年京城女子師範学校教諭、『保育小辞典』(1971)		
1931.3.	井上快男	愛知	京城中	1934.3.	哲学哲学史			37～39年京城帝大附属図書館嘱託		
1932.3.	松村宣夫	山口	徳山中	1935.3.	支那哲学		阮元之文化的工作	35～36年新義州商業学校教諭		
1932.3.	有賀文夫	長野	釜山中	1935.3.	哲学哲学史			38～39年京城帝大法文学部助手		
1933.3.	具本明	京畿	京城一高普	1936.3.	哲学哲学史			戦後延世大・成鈞館大教授		
1933.3.	金本主一	富山	龍山中	1936.3.	哲学哲学史	文学科38				
1933.3.	盧大奎	平南	平壌高普	1936.3.	哲学哲学史			開城松都中講師、平壌高普講師、戦後金一成綜合大学創立メンバー、同英語担当、朝鮮戦争後行方不明［板垣竜太の同志社大学ゼミ「朝鮮半島の社会と文化2」(2015年10月学期)で得た情報である］		
1933.3.	西本順	広島	広島一中	1936.3.	美学美学史		來迎芸術の研究	36年京城帝大法文学部助手、37～40年兵役、41年文部省教学局、42年多賀工業専門学校講師、42～44年兵役、46年東京美術学校教授、49年東京芸術大学助教授、63年同教授（『日本美術年鑑』1966年版、108頁）	1912～1965	
1932.3.	宮本義時	山口	山口一中	1936.3.	教育学			36～37年京城帝大法文学部助手		

予科修了	名前	本籍	出身校	学部卒業	専攻	学部卒業2	卒業論文	履歴	生没年度	備考
1932.3.	朴義鉉	咸南	咸興高普	1936.3.	哲学哲学史			高裕燮と共に京城帝大美学考古学研究室で研究活動（38 年現在京城帝大法文学部助手）、戦後ソウル大教授、68 年韓国美学会創設及初代会長	1909～?	
1933.3.	生沼豐	京都	京城中	1936.3.	哲学哲学史					
1931.3.	鄭近永	京畿	京城一高普	1936.3.	哲学哲学史	法学科40		37 年地方官署属、△戦後弁護士		
選科33入	●磯秀夫	日本		選科修36						
1933.3.	崔教鉉	平南	平壌高普	1936.3.	哲学哲学史			△以北		
1934.3.	金永起	京畿	京城二高普	1937.3.	支那哲学			35～37 年平海高普教師、38～40? 年朝鮮総督府学務局編修科及水洞尋常小学校訓導、52 年景福高校長、54 年現在文教部教育局長	1908～?	
1932.3.	徐廷徳	慶北	大邱中	1937.3.	教育学			47 年大邱師範大教授、48 年大建中校長、54 年現在慶尚北道学務局長	1910～?	
選科33入	●高月亮太	日本		選科修37				39 年春川師範学校教諭、● 44 年咸興公立中教諭		
選科33入	●田所光一郎	日本		選科修37						
1935.3.	河野藏之助	山口	龍山中	1938.3.	宗教学					
1929.3.	桝中健毅	山口	龍山中	1938.3.	哲学	法学部32		39～41 年会寧商業学校教諭		1935年より専攻名称変更

予科修了	名前	本籍	出身校	学部卒業	専攻	学部卒業2	卒業論文	履歴	生没年度	備考
選科34入	大塚鐙	徳島		1938.3.	心理学		●座禅に関する一実践的寄与	●23年寿昌公立普通学校訓導、25～28年安東公立普通学校訓導、29年大邱本町尋常小学校訓導、30～33年尚州普通学校訓導、38～41年京城帝大法文学部助手、44年京城師範学校助教授		
1935.3.	李根雨	京畿	京城中	1938.3.	支那哲学			△大鮮？鉱業社長		
1935.3.	李義喆	忠南	龍山中	1938.3.	心理学			46～52年梨花女大教授、52～57年中央大教授、57～79年ソウル大学教授、63年韓国心理学会長	1913～1995	
1935.3.	泉靖一	北海道	京城中	1938.3.	倫理学			38年京城帝大法文学部助手、43年京城帝國大學學生主事補、戦後東京大学東洋文化研究所教授・文科人類学者として著名	1915～1970	
1935.3.	渡部學	愛媛	京城師範	1938.3.	教育学			32年京城師範学校卒業、32年黄州尋常小学校訓導、38年朝鮮総督府学務課囑託、39年京城龍山尋常小学校訓導、40～41年京城師範学校教諭及附属第一小学校（41年は国民学校）訓導、44年5月京城帝大附属理科教員養成所教授、45年終戦を際に在京城日本人世話会出活動、45年11月頃引揚（洪宗郁「植民者 渡部學의 教育論―韓国教育史 研究⊠原点」）、戦後朝鮮教育研究に尽力（阿部洋「戦後における朝鮮教育研究の動向」末端資料1919～1964までの朝鮮教育目録60数の中で渡部學著・編数は17数『A.A地域総合研究連絡季報』15、1966、34～36頁）		

予科修了	名前	本籍	出身校	学部卒業	専攻	学部卒業2	卒業論文	履歴	生没年度	備考
1935.3.	崔載喜	慶北	大邱高普	1938.3.	倫理学			39～40年京城帝大法文学部助手、42年京城女医専講師、46年ソウル大高師、47年高麗大教授、52年～ソウル大教授	1914～1984	専攻記載の不一致(『一覧』には倫理学、△には西洋哲学)
選科33入	李鐘達			1939.3.	哲学			39年京城帝大図書館嘱託、戦後釜山大教授、63年大韓哲学会設立メンバー		
選科34入	金龍培	京畿		1939.3.	支那哲学	哲学41	孔子教に於ける知の研究	37年京城帝大図書館嘱託、卒業後京城帝大予科及恵和専講師、47年東國大教授	1895～1961	
甲1937.3.	近藤時雄	広島	大連一中	1940.3.	宗教学					1935年より専攻名称変更
甲1937.3.	金壽卿	江原	群山中	1940.3.	哲学			40年東京帝大大学院言語学講座入学(「朝鮮語の比較言語学的研究」)、43年ソウル帰省、44年～解放京城帝大朝鮮語学研究室嘱託、46年8月越北、金一成総合大学文学部教員・図書館長［板垣竜太編『北に渡った言語学者・金壽卿の再照明』(同志社コリア研究叢書、2015)、板垣竜太「リュックのなかの手帖：越北した言語学者・金壽卿の朝鮮戦争と離散家族」(『日記からみた東アジアの冷戦』同志社コリア研究叢書、2017)		
乙1937.3.	金洪吉	忠北	清州高普	1940.3.	哲学			41年京城帝大法文学部助手、△以北		
甲1937.3.	丁海珎	全南	光州高普	1940.3.	哲学			△越北		
選科35入	林三雄	富山		1940.3.	倫理学			●40～41年咸興師範学校教諭		

予科修了	名前	本籍	出身校	学部卒業	専攻	学部卒業2	卒業論文	履歴	生没年度	備考
	金龍培			1941.3.	哲学			39年卒業生金龍培を参照		
?	松村光義	京畿	?	1941.3.	哲学					
乙 1938.3.	池田實	宮城	京城中	1941.3.	支那哲学					
甲 1938.3.	小野勝雄	香川	京城中	1941.12.	専攻記載無					
選科35入	李本寧	慶北		1941.12.	△心理学	国史39		●戦後ソウル大教授、△以北		芹川本寧
乙 1938.3.	△李鐘夏	京畿	京城一高普	?	△西洋哲学			△京畿高英語教師		
乙 1939.3.	伊藤隆之	神奈川	京城中	1941.12.						
選科38入	●澤田善朝	日本		選科修41.12.				● 50年朝鮮学界発足時に幹事・当時天理教本部勤務		
甲 1940.3.	岩崎文雄	静岡	青山学院中学部	1942.9.						
?	國本態秀	慶北	?	1942.9.						
乙 1940.3.	金奎榮	平北	新義州商業	1942.9.				△西江大教授		金山榮？
選科38入	大空應洙	咸南		1942.9.	△支那哲学			35年咸南下碣普通学校嘱託教員、36～37同校訓導、△以北、『金笠詩集』(学芸社、1939等)『풍자시인 김삿갓』(平壌国立出版社、1956)〔魏尚復2012、109～110頁〕		李應洙
選科38入	●△李丙周	慶北		1942.9.	●倫理学		●環境	△戦後大邱大教授		

予科修了	名前	本籍	出身校	学部卒業	専攻	学部卒業2	卒業論文	履歴	生没年度	備考
選科38入	●△李鍾律			40本科入	△西洋哲学		●「独逸観念論ニ於ケル認識主観」ノ唯識論的解釈	●21～22年博川公立普通学校教導、△以北、後医学部に入学（魏尚復2012、109頁）		
乙 1941.3.	裵宗鎬	慶南	眞珠中	1943.9.	△西洋哲学			△延世大・円光大教授、韓国東洋哲学会設立及び初代会長、栗谷研究の基礎を固める。		
選科39入	●横田三郎	日本								
選科39入	●渡邊孫太郎	日本								
選科40入	●石川泰三	日本		41年本科入	●社会学		●朝鮮に於ける内地農民の流動性について			
選科40入	●千葉一也	日本		1943.9.	●倫理		●初期資本主義の倫理思想	●37年龍山普通学校訓導、38～39年度京城衿井尋常小学校訓導		
『一覧』に41本科入で予科一覧にはない人	茂野満 平山博一 松村二郎	京畿 慶南 全南								
選科40入	●申泰植［申大植］	京畿		42年本科入						
乙 1942.3.	淵上昻	鹿児島	京城中							

予科修了	名前	本籍	出身校	学部卒業	専攻	学部卒業2	卒業論文	履歴	生没年度	備考
『一覧』に42.10.本科入で予科一覧にはない人	島本彦次郎	和歌山								
乙1942.3.	内田知己	宮崎	第一鹿児島中							
乙1942.3.	田中豊	広島	三次中							
乙1942.9.	仁木國秋	神奈川	釜山中							
乙1942.9.	稲田稔	福岡	豊津中							
乙1942.9.	菁川元容	忠南	京畿中							
選科41入	●金東哲	朝鮮								
選科41入	●宋達鎬	朝鮮								
選科42入	●花村美代子	日本		選科修44.9.					1923～？	花村美樹[26～45年京城帝大刑法刑事訴訟法第一講座教授、1918年に朝鮮総督府司法官試補となり来朝]の長女

予科修了	名前	本籍	出身校	学部卒業	専攻	学部卒業2	卒業論文	履歴	生没年度	備考
選科42入	●伊達和歌子	日本						●朝鮮総督府官僚伊達四雄の娘		
	△金昌洙		△海洲東中	1944.9.	△哲学					
	△李相昱		△京畿中	1944.9.	△社会学			△越北		
	△崔東熙		△京畿中	1944.9.	△西洋哲学			△学兵戦史		
	△李馨雨		△寶城中	1944.9.	△心理学			△越北		
	△鄭鍾冕		△京畿中	1945.9.	△社会学			△韓国保険開発員事務局長		
42本科入	△張河亀			1946.7.	△哲学			△崇實大教授、鐘路書籍会長、55年ハイデルベルク留学、独逸語教本著		
	△徐明源		△公州中	1946.7.	△心理学			△53年米国で博士習得（教育学）、梨花女大教授、ソウル師範大教授、77年淑明女大総長、77〜85年忠南総長、87〜88年文教部長官など	1919〜2006	
	△申鍾湜		△養正中	1946.7.	△社会学			△首都工高財団常務理事		
	△権炳浩		△徽文中	1946.7.	△哲学			△以北		

①参考：『京城帝国大学一覧』各号、『京城帝国大学予科一覧』各号、京城帝国大学学友会『会報』1932年度、25〜30頁、朝鮮総督府『官報』、韓国歴史情報統合システム（http://www.koreanhistory.or.kr/）。
②参考：前掲、鄭根埴他5『植民権力과 近代知識――京城帝国大学 研究』、李忠雨・崔鍾庫『다시 보는 京城帝国大学』（푸른思想、2013年）、通堂あゆみ「『選科』学生の受け入れからみる京城帝国大学法文学部の傍系的入学」（『お茶の水史学』60、2016年）、金載賢「韓国에서 近代的 学門으로서 哲学의 形成과 그 特徴――京城帝国大学 哲学科를 中心으로」（『時代와 哲学』18-3、2007年）。
③△は、李忠雨・崔鍾庫の同上本より、●は、通堂あゆみの同上論文、○は金載賢の同上論文からの引用である。
④『一覧』による卒業生の専攻別記載は1941年3月まで見られ、1941年12月の卒業生からは専攻の確認ができないので「専攻記載無」と記した。
⑤『一覧』による卒業生の確認は1942年9月の卒業生まで可能であり、それ以後の卒業生・選科生・修了生については②の先行研究を参考にした。

注

（1）鄭圭永「京城帝国大学に見る戦前日本の高等教育と国家」（東京大学博士学位論文、一九九五年）、馬越徹「第Ⅰ部第四章日本型植民地大学としての京城帝国大学――『帝大モデル』の移植過程」『韓国近代大学の成立と展開』（名古屋大学出版会、一九九五年）、丁仙伊『京城帝国大学研究』（文音社、二〇〇二年）、鄭駿永「京城帝国大学과 植民地へゲモニー」（ソウル大学校博士学位論文、二〇〇九年）、鄭根埴他五編『植民権力과 近代知識――京城帝国大学研究』（ソウル大学校出版文化院、二〇一一年）、酒井哲哉・松田利彦編『帝国日本と植民地大学』（ゆまに書房、二〇一四年）。

（2）注目に値する研究として魏尚復は、『不和 그리고 不穏한 時代의 哲学』（길、二〇一二年）において朴致祐の思想的背景として京城帝大哲学科に注目し、そこにいた朝鮮人学生たちが京城帝大法文学部の機関誌『新興』と哲学研究会の『哲学』に書いた論文や、当時新聞に投稿された哲学関連論説まで詳細に分析している。

（3）金載賢「韓国에서 近代的学問으로서 哲学의 形成과 그 特徴――京城帝国大学哲学科를 中心으로」『時代와 哲学』一八巻三号、二〇〇七年。

（4）寺崎昌男『東京大学の歴史――大学制度の先駆け』講談社学術文庫、二〇〇七年、八八、九七頁。講座制の実態については、天野郁夫『帝国大学――近代日本のエリート育成装置』中公新書、二〇一七年、一六一〜一七二頁を参照。

（5）『京城帝国大学一覧』一九三一年度、二六頁。

（6）同時期の同じ法文学部の体制を取った東北帝国大学と九州帝国大学では学科規定がなかった。

（7）「京城帝国大学始業式に於ける齋藤総督告辞」『文教の朝鮮』京城帝国大学開学記念号、朝鮮教育会発行、一九二六年六月、二頁。

（8）同上「京城帝国大学始業式に於ける総長訓辞」三〜四頁。

（9）鄭駿永「国史と東洋史の挾間――京城帝国大学と植民地の『東洋文化研究』」シンポジウム「東アジア史学史のために」（二〇一八年一月二八日、於立命館大学、近刊予定）。

（10）通堂あゆみ「京城帝国大学法文学部の再検討——法科系学科の組織・人事・学生動向を中心に」『史学雑誌』一一七編二号、史学会、二〇〇八年二月、五九、六四頁。
（11）張信「京城帝国大学史学科의 磁場」『歴史問題研究』二六号、二〇一一年、四六〜四七頁。
（12）前掲、鄭他五編『植民権力과 近代知識』三一五頁。
（13）前掲、松田「京城帝国大学の創設」『帝国日本と植民地大学』一〇八頁。
（14）洪宗郁「'植民地アカデミズム'의 陰、知識人의 転向」『問 SAI』第一一号、二〇一一年。洪は一九三〇年代末における植民地朝鮮の共産主義知識人の転向という問題を「植民地アカデミズム」という観点から捉える。植民地朝鮮の知識人たちは転向書の前で、アカデミズムの世界を中心に自ら構築してきた抵抗の論理を、もう一度民族協化という形にこね上げなければならなかった。洪は、植民地におけるアカデミズムを積極的に捉えることで、転向の問題を民族的主体性の放棄としてではなく、植民地を生きることの意味として問い直そうとする。
（15）前掲、天野『帝国大学』二四頁。
（16）同上、四九頁。
（17）一九一八年六月、臨時教育会議では大学改善に関する二〇項目、希望事項八項目を提示した。そのなかで希望事項として追加された内容は次である。「大学では従来『人格ノ陶冶、国家思想ノ涵養』がなおざりにされていたと指摘し、その充実を望みつつも、しかしその方法は、高等学校の場合のように修身科を置くなどの方法で行ってはならないと述べている。外国の大学におけるように荘厳な講堂や立派な学寮を備えることなどによって、学生の学問的精神の陶冶を図ることが、ひいては国民思想に与える大学の影響を正しくさせる方法であるとした」（文部省『学制百年史』記述編、ぎょうせい、一九七二年、四八四頁）。
（18）東北大学『東北大学五十年史』上、一九六〇年、一〇〇五〜一〇〇八頁。
（19）京城帝国大学学友会『会報』一九二九年、一一〇〜一一一頁。
（20）遠山茂樹・今井清一・藤原彰『新版　昭和史』岩波書店、一九五九年、三一〜一九頁。
（21）尹大石「京城帝大의 教養主義와 日本語」成均館大学校大東文化研究院『大東文化研究』第五九集、二〇〇七年。

(22)前掲、鄭「京城帝国大学과 植民地ヘゲモニー」一〇五頁。
(23)同上、一一五頁。
(24)安倍能成「京城帝国大学に寄する希望」前掲『文教の朝鮮』一九二六年六月、一七頁。
(25)前掲、天野『帝国大学』一七〜一八頁。
(26)同上、一七頁。
(27)東京大学百年史編集委員会『東京大学百年史　資料二』一九八五年、六三五頁、前掲『東京帝国大学五十年史』上、四七三頁。
(28)前掲『東京帝国大学五十年史』上、六九七・七〇二頁。
(29)同上、七〇三〜七〇五頁。
(30)酒井直樹「西洋の脱臼と人文科学の地位」『別冊思想トレイシーズ』1、岩波書店、二〇〇〇年、一一〇頁。
(31)同上。
(32)酒井直樹『ひきこもりの国民主義』岩波書店、二〇一七年、xii〜xiii。
(33)西谷修・酒井直樹『世界史の解体』(以文社、一九九九年)、前掲『別冊思想　トレイシーズ』1。
(34)前提『帝国大学五十年史』上、一二八四〜一二八六頁。
(35)東京帝国大学『東京帝国大学五十年史』下、一九三二年、三七二〜三七三頁。
(36)古典講習科および和漢文学科については、品田悦一「国学と国文学」齋藤希史編『近代日本の国学と漢学――東京大学古典講習科をめぐって』東京大学グローバルCOE、二〇一二年を参照。
(37)前掲、鄭「京城帝国大学研究과 植民地ヘゲモニー」一五〇〜一五二頁。李忠雨『京城帝国大学』多楽園、一九八〇年、一〇八頁。
(38)『京城帝国大学一覧』一九二六〜一九二七年度、八九頁。
(39)『東京帝国大学一覧』一九二六〜一九二七年度、四七六〜四八六頁。
(40)講座設置様相については前掲、鄭他五編『植民権力과 近代知識』三四六〜三四九頁、前掲、松田「京城帝国大学

の創設」『帝国日本と植民地大学』一二〇、一二二頁。なお、担任教授の単行本目録については鄭他五編のⅦ章を参照。

(41) 教授の類型区分については、同上、鄭他五編『植民地権力과 近代知識』三二七〜三三一頁参照。

(42) 馬越徹「〈インタビュー記録〉回想の京城帝国大学――松月秀雄氏の教授生活」『国立教育研究所紀要』国立教育研究所、第一二一集、一九九二年、一五四〜一五七頁。なお、松月秀雄の教授赴任に関しては『紺碧遙かに――京城帝国大学創立五十周年記念誌』(一九七四年)九五頁にも回想記録が残されている。

(43) 前掲、馬越「〈インタビュー記録〉回想の京城帝国大学」一五九頁。

(44) 阿部洋「田花為雄著『朝鮮郷約教化史の研究(歴史編)』」『教育学研究』第四〇巻第三号、一九七三年九月、六六頁。

(45) 井上哲次郎「島本愛之助君を追憶す」『丁酉倫理講演集』三四三輯、一九三一年五月、九七頁。

(46) 同上、九七〜九八頁。

(47) 『東京外国語大学一覧』一九一三〜一九一四年度。

(48) 速水滉「島本君を憶ふ」『丁酉倫理講演集』三四四輯、一九三一年六月、九二頁。

(49) 同上、九三頁。

(50) かれのこのような思想的特質については、同上『丁酉倫理講演集』三四三、三四四輯の追悼論文で共通して述べられている。

(51) 島本愛之助「教育勅語と我国民的精神」『文教の朝鮮』一九三〇年一〇月号、五〇〜五一頁。

(52) 讃岐和家「小島軍造先生を偲んで」『教育研究』二三号、国際基督教大学、一九八〇年三月、iv〜v頁。なお、略歴については同雑誌一六号「小島軍造の略歴及び業績」(一九七二年三月)を参照。

(53) 田川孝三「京城帝国大学法文学部と朝鮮文化」前掲『紺碧遙かに』一六二頁。

(54) 代表的なものに、白井成允『日本精神叢書第十六・聖徳太子の十七条憲法講義』(日本文化協会、一九三七年)、『島地大等和上行実』(明治書院、一九三三年)。

(55) 代表的なものに、白井成允『歎異抄領解』(大蔵出版、一九五一年)「聖徳太子の浄土観」(『広島大学文学部紀要』四、一九五三年一二月)「生死と如来蔵——聖徳太子の人間観」(『哲学』四、広島哲学会、一九五四年六月)「蓮如上人の生涯と御一代聞書」(『大法輪』二二巻八号、一九五五年七月)など。
(56) 宮永孝「西洋哲学伝来小史」『社会志林』五七巻一・二号、法政大学社会学部学会、二〇一〇年九月、一四二頁。
(57) 前田一男「国民精神文化研究所の研究——戦時下教学刷新における『精研』の役割・機能について」『日本の教育史学』教育史学会紀要25、一九八二年九月、八〇~八一頁。
(58) 前掲、宮永「西洋哲学伝来小史」一五〇頁。
(59) 速水滉の総長選出の例に注目し、京城帝大の大学自治や教授自治という問題を扱った論文に鄭駿永「京城帝大における『大学自治』の試みとその限界」『植民地朝鮮と帝国日本——民族・都市・文化』勉誠出版、二〇一〇年。
(60) 天野利武「速水滉」『日本の心理学』日本文化科学社、一九八二年、一一~一二頁。
(61) サトウタツヤ・車載浩「京城帝国大学における心理学研究の展開——特にソウル大学所蔵『初期実験心理学機器』と『実験実習レポート』を手がかりに——」『心理学史・心理学論』4、二〇〇二年一一月、一三頁。
(62) 同上、一一頁。
(63) 春秋子「城大教授物語(其四)——今西教授・黒田教授・四方教授」前掲、鄭他五編『植民権力과 近代知識』一七九~一八〇頁参照。
(64) 前掲、サトウタツヤ・車載浩「京城帝国大学における心理学研究の展開」一三頁。
(65) 同上、一一頁。
(66) 「……来年(昭和六年)には、純哲学専攻が三人、宗教専攻が一人ばかり出る……」(京城帝国大学学友会「研究室報」『会報』一号、一九二九年、一一一頁)。
(67) 安倍能成『我が生ひ立ち』岩波書店、一九六六年、五四九頁。
(68) 同上。
(69) 同上、五五七頁。

(70) 永島広紀『戦時期朝鮮における「新体制」と京城帝国大学』ゆまに書房、二〇一一年、一〇九頁から再引用。
(71) 田辺に関しては、九州大学在任期のものではあるが、九州帝大出身の法学者である荘子邦雄の次のような回想がある。「九州大学に学徒出陣から戻って、昭和二十一年十月に、大学院の特別研究生になりました。その当時、哲学の田辺重三という教授がおられましたが、この田辺先生も〝哲人〟とよぶべき人でした。私は田辺教授の研究室にしょっちゅう出入りして、哲学する者の態度を学んだと思っています」(『法学部開設記念論集』『札幌学院評論』第一号、札幌学院大学、一九八四年、三頁)。
(72) 前掲、鄭他五編『植民権力과 近代知識』五四頁。
(73) 李暁辰『京城帝国大学の韓国儒教研究——「近代知」の形成と展開』勉誠出版、二〇一六年、第二部第二・三章を参照。
(74) 同上、一四〇頁。
(75) 同上、一七五〜一九八頁。
(76) 対談「先学を語る」『東方学』六九、一九八五年一月、一六九頁、なお、藤塚の京城帝大赴任経緯については藤塚明直「服部宇之吉先生と父藤塚鄰」『斯文』五八、一九六九年、二九頁が詳しい。
(77) 島本彦次郎「秋葉隆博士の生涯と業績」『朝鮮学報』九、一九五六年三月、三〇四頁、阿久津昌三「鈴木榮太郎論——『辺境』の地座からみた社会学原理の構築」『三田社会学』第一〇号、二〇〇五年、七二頁。
(78) 泉靖一『遥かな山やま』新潮社、一九七一年(同上、阿久論文、七三頁から再引用)。
(79) 坂野徹『帝国日本と人類学者』勁草書房、二〇〇五年、三二〇頁。
(80) 京城帝国大学法文学部『教務例規集』一九三六年、五五頁(渡部学・阿部洋編『日本植民地教育政策史料集成(朝鮮篇)』第四六巻、一九八九年)。
(81) 前掲、坂野『帝国日本と人類学者』三二〇〜三三九頁、崔吉城「植民地朝鮮の民族学・民俗学」(国際日本文化研究センター『世界の日本研究二〇〇二——日本統治下の朝鮮研究の現状と課題』九巻、二〇〇三年、六七〜九四頁)、崔吉城「秋葉隆의 植民地主義 朝鮮観」(『韓国民俗学』四〇、二〇〇四年、五〇九〜五三六頁)、南根祐「秋葉隆の

『朝鮮民俗学』と植民地主義」（『神奈川大学評論』六六、二〇一〇年、六六～七七頁）を参照。なお、秋葉隆の業績目録に関しては前掲、島本「秋葉隆博士の生涯と業績」三一七～三二二頁を参照。

(82) 坂野徹の前掲本、中生勝美『近代日本の人類学史――帝国と植民地の記憶』風響社、二〇一六年、なお『季刊民族学』三九巻四号、二〇一五年では「特集・生誕百年記念泉靖一が歩いた道」が編まれた。

(83)「社会学」講座担任秋葉隆に関して附言しておくと、坂野徹が指摘するように、①『朝鮮巫俗の研究』（赤松智城と共著、一九三八）に代表される「二重構造」などで有名なかれの学問的立場と、②かれの「君が征く」などの「時局に沿った発言」がもつ植民者としての停滞史観や暴力性を見出すのは難しくない（前掲、坂野『帝国日本と人類学者』三二三頁）。

(84) 全京秀（板垣竜太訳）「〈特別寄稿〉赤松智城の学問世界に関する一考察――京城帝国大学時代を中心に」『韓国朝鮮の文化と社会』四、二〇〇五年、一六〇頁。

(85) 同上、一五九頁。

(86) 同上、一五九～一六〇頁。菊池暁「ブッディスト・アンソロポロジスト赤松智城人類学史からみた近代仏教」『近代仏教』一八、日本近代仏教史研究会、二〇一一年、四六頁。

(87) 泉靖一「赤松智城先生」（一九六九）（前掲、全「〈特別寄稿〉赤松智城の学問世界に関する一考察」一六〇～一六一頁より再引用）。

(88) 以和明基「研究室通信」（一九四三）（同上、全、一六七頁より再引用）。

(89)『日本仏教人名辞典』法蔵館、一九九二年、二八九頁。

(90) 上野は最初法科大学に入ったが「大塚先生の美学に引かれて、文科に転じた」と書き残している。なお「美学其物を専攻するには、私の力が及びさうもないやうな気がした。むしろ心理学を専攻し、これを基礎にして、美学に入り込むなり、範囲を限定することが、よささうに思へた。大塚先生の美学が心理学的美学であり、其心理学的の面を掘り下げて置けば、美学に入り込むのにも都合がよく、また応用も利きさうに見えた」と、心理学を専攻しつつ美学に入り込んだ背景を述べている（上野直昭「学究生活の想ひ出」『邂逅』岩波書店、一九六九年、三二九頁）。

(91) 東京国立文化財研究所美術部『日本美術年鑑』一九七四・一九七五年版、二三五頁。
(92) 前掲、上野「安倍能成追憶」『邂逅』二六六頁。上野直昭『精神科学の基本問題』岩波書店、一九一六年、一頁。
(93) 松本亦太郎(一八六五〜一九四三):明治哲学界の第二世代に当たる元良勇次郎とともに草創期の同志社英学校を卒業した。私費でイェール大学に留学し、博士号を取り、後には官費留学生としてライプニッツ大学でヴントの指導を受けた。心理学研究室の創立を率いた。一九〇六年から京都帝大の心理学講座を、一九一三年から東京帝大の心理学講座を担当した。
(94) 前掲、上野「学究生活の想ひ出」『邂逅』三四九頁。
(95) 同上、三五〇頁。
(96) 文化財保護委員会美術研究所『日本美術年鑑』一九四七〜一九五一年版、一三七頁。
(97) 同上。
(98)『九州帝国大学一覧』一九三六年度の「美学美術史講座担任」に矢崎美盛の名前が確認される(一〇五頁)。
(99) 河野與一「若い頃の矢崎」『図書』四四、岩波書店、一九五三年五月、一〇頁。
(100) 高橋健二「田中梅吉先生略年譜」『ドイツ文化』第二一号、中央大学ドイツ学会、一九七六年、七頁。
(101) 田中梅吉「城大予科の生誕前の昔がたり」前掲『紺碧遙かに』七七頁。
(102) 前掲、高橋「田中梅吉先生略年譜」四〜六頁。
(103) 田中梅吉と朝鮮総督府刊行『朝鮮童話集』との関係、当時の朝鮮説話集刊行における田中梅吉の位置付け、また柳田国男との関係やグリム研究者という主体性による相違点に関しては、金廣植の研究が詳しい。金廣植「近代における朝鮮説話集の刊行とその研究——田中梅吉の研究を手がかりにして」前掲『植民地朝鮮と帝国日本』、「帝国日本における日本説話集の中の朝鮮と台湾の位置付け——田中梅吉と佐山融吉を中心に」『日本植民地研究』二五、二〇一三年を参照。
(104) 前掲、張「京城帝国大学史学科의 磁場」七九〜八一頁。
(105) 各教室ごとに会報はあった。たとえば、京城帝国大学国語国文学会が出した『会報』のように、心理学教室では

『京城心理学会報』を、教育学教室では『京城帝国大学教育学会会報』を発行した。

(106)「第六条　哲学科ニ属スル専攻学科目左ノ如シ」『京城帝国大学一覧』一九二六～一九二七年度、五八頁。

(107)「第七条　哲学科ニ属スル科目単位数左ノ如シ」同上、五八頁。

(108)それぞれの出典は以下。「学界彙報」(『東亜の光』一九二六年九月、八〇～八一頁)、「彙報」(『文教の朝鮮』一九三一年五月、一一〇～一一一頁)、『哲学年鑑』第一輯(一九四二年、三八五～三八六頁)、『哲学年鑑』第二輯(一九四三年、四二九～四三〇頁)、『青丘学叢』該当号、京城帝国大学教育学会『会報』(第二号、一九三四)。なお、一九三一年度の資料に記載されている単位数及び毎週時数、『哲学年鑑』第二輯の前期後期の区分は省略した。

(109)京城帝国大学学友会「雑報」『会報』一九二九年、一六八頁。

(110)通堂あゆみ「『選科』学生の受け入れからみる京城帝国大学法文学部の傍系的入学」『お茶の水史学』第六〇号、二〇一六年、三四頁。

(111)駱駝山人「城大法文学部の展望(四)」『朝鮮及満州』一九三五年(同上、三五頁から再引用)。

(112)同上、三五頁。

(113)一九二九年より一九四二年九月までの法文学部卒業生数の分布は以下である(『京城帝国大学一覧』一九四二年度、二八二～二八三頁)。

区分	法学科	哲学科	史学科	文学科
内地人数	350	37	56	129
朝鮮人数	339	52	29	67

(114)前掲、通堂「京城帝国大学法文学部の再検討」六〇頁より再引用。

(115)前掲、通堂「『選科』学生の受け入れからみる京城帝国大学法文学部の傍系的入学」三五頁。

(116)文献としては京城帝国大学創立五十周年記念紙である前掲『紺碧遙かに』と、一九五四年から一九七三年まで京城帝大同窓会によって刊行された『紺碧』がある。
(117) 前掲、通堂「『選科』学生の受け入れからみる京城帝国大学法文学部の傍系的入学」三七頁。
(118) 同上。
(119) 榎一雄「小竹武夫氏のこと」『東洋文庫書報』第一四号、東洋文庫、一九八二年、引用は二頁。
(120) 洪宗郁「植民者 渡部學의 教育論——韓国教育史 研究의 原点」『東方學誌』第一七九集、二〇一七年六月。
(121) 前掲、鄭他五編『植民権力과 近代知識』五五頁。
(122) 前掲『教務例規集』五四~五八頁。
(123) 前掲、鄭他五編『植民権力과 近代知識』五五頁。

第二章　京城帝国大学予科「修身、哲学概論」教授、横山將三郎について

1　京城帝国大学予科

本章では、一九二四年に京城帝国大学に赴任し、一九四五年一一月一二日に釜山を去るまで予科で「修身」と「哲学概論」を教えた横山將三郎について論じる。目的は、京城帝大の予科において「修身」と「哲学概論」が具体的にどのように教えられたかをみることであったが、入手した資料が不足したために実際の授業の詳細を知ることはできなかった。

周知のように、京城帝大の予科においては「修身」と「哲学概論」が教えられていた（一九四三年には「道義科」と「哲学科」に変更）(1)。だが、その内容に関しては具体的に知られていない。ただ、「修身」という科目と帝国大学が合致され、「国民道徳充実」の観点が強調されるのみであった(2)。その具体的な内容を知るには、教授主体と内容に関する資料が必要となるが、本章では教授主体である横山將三郎に重点を置き、予科の修身、哲学概論に関

する具体的な歴史像を提示することを目的とする。

一方、横山將三郎に関しては、宮里も指摘するように[3]、これまでほとんど知られていない。宮里は、一九二〇年代から三〇年代における朝鮮の石器時代の調査研究の例に横山將三郎を挙げている[4]。一方、愛知大学綜合郷土研究所における発掘調査の歴史を辿るかたわら、横山將三郎が残した遺物を調査、整理した荒木の論稿がある[5]。

横山將三郎について論じる前に、まず、京城帝大の予科とは何か、そして予科で行われた「修身」「哲学概論」の背景について帝国日本の教育制度との関わりから確認しておく。

内地では第一次高等学校令（一八九四年）により、既存の第一（東京）、第二（仙台）、第四（金沢）、第五（熊本）高等中学校が「専門学部」と「大学予科」に分離・運営されることで帝国大学の予備機関、つまり「大学予科」としての骨組みを備えた。また、大学令（一九一八年）と第二次高等学校令（一九一九年）以降、専門学部が専門学校に独立されるか廃止されることで、旧制高校は完全に帝国大学の予備機関として定着した。だが周知のように、内地において大学予備教育を定める高等学校令は植民地朝鮮では適用されず、植民地朝鮮の大学教育および予備教育は、大学令に従うようになっていた[6]。京城帝大の予科というシステムは、大学予備教育という側面からみれば、内地の旧制高校と連続的に把握することもできるが、基づく法令自体が異なり、また、植民地朝鮮では、そもそも高等学校の設立は念頭になく、帝国大学の設立に合わせてその予備機関を置く目的で予科が設置されたので、制度的に旧制高校と大きく異なった。そして、一九二〇年より朝鮮教育令の見直しが行われたが[7]、その際に総督府は大学予科を設立する理由として、内地からの入学と朝鮮人学生の内地への流出を防ぐということを挙げた。この点から、京城帝大予科は、内地で唯一予科があった北海道帝大の「周辺化された領域」という性質を持っていた[8]。

旧制高校そして、北海道帝大の予科の教科課程のなかで最も多い授業時数は外国語に割り当てられており、「修身」は毎学年に週一時間ほど設けられていたのに対し、「哲学概論」はそこまでもなかった。たとえば、北海道帝大が独立した後、一九一九年の附属予科の教科課程では、第一学年から三学年まで「修身」が週一時間設けられただけで、この時期に同校には文学部がなかったので「哲学概論」授業はなかった(9)。一方、第一高では、第二次高等学校令の後、尋常科から分離され高等科と専攻科だけで高等学校となった一九二〇年の文科課程表をみると、第一学年から三学年まで「修身」が週一時間、「哲学概論」が第三学年に週三時間と割り当てられていた(10)。このように、外国語授業に比べればその授業時数はきわめて少なかったが、それにしても文科系の大学予備課程として「哲学概論」は必須だったのであり、第一高の岩元禎（一八六九～一九四一年）のように旧制高校の歴史上名物教師として名を馳せた人もいた(11)。

　このような背景を念頭に置きながら、まず、甥・光治の四男、正治氏とのインタビュー内容と自筆履歴書を基に(12)、横山將三郎の生涯を辿ることから話をはじめよう。

2　横山將三郎（一八九七～一九五九年）の生涯——一九四五年一一月まで

　横山將三郎は一八九七年一〇月一〇日、三重県松阪市魚町で父・文次、母・まつの次男として生まれた。父・文次は、一八六一年三重県安芸郡椋本村生まれで一八九二年に金光教関教会で入信、松阪市で布教活動をしていた最中の一九〇三年に教会設立の認可をうける。金光教松阪教会の初代会長となる(13)。教会を魚町の方に移転した一九〇六年当時、横山は九歳だった。正治氏によれば、民衆宗教に対する厳しい社会的雰囲気のなかで生きるために、横山は幼い頃から最高学府を目指していたという。父・文次は一九三一年、七一歳で亡くなった(14)。

横山の自筆履歴書によれば、かれは一九一六年に第六高に入学した。一九一八年九月には「組長を命じられ特待生となる」と記録されており、実際に『第六高等学校一覧』から、「三重第四中学校」卒業、「一部三年乙類」所属が確認され、名前の前の「特」という文字から特待生だったことがわかる。[15] 一九一九年七月に第六高を卒業し、同年八月東京帝大文学部に入学、[16] 一九二二年三月に倫理学科を卒業した。[17] そして同年四月には大学院に入る。これについて自筆履歴書には、「特選給費生として日本古代道徳の研究に従事す」と書かれており、外にも「東京大学卒業後直ちに大学院特選給費として千葉県小櫃川流域の史前遺蹟の調査に従事した」と記載されていることから、横山が専攻した倫理学と考古学方面での活動が関係していることがわかる。「上古ヨリ奈良朝ニ至ル道徳史ノ研究」というテーマで一九二四年三月に大学院を卒業、[18] 同年二月には「高等学校教員規程第一条に依り修身、哲学概論、心理及論理の教員たることを免許す」と、高等学校教員免許を取得する。そしてすぐ次の行に「一九二四年五月一日釜山上陸」と書かれている。

横山がいかなる契機によって朝鮮に赴任したかに関して、かれが残したもののなかでもとくに旧石器遺物について考察した張ヨンジュンと李鎔賢は、かれが小田省吾の勧誘によって京城帝大に赴任したことを述べている。[19] 関連して、横山は小田省吾の六〇歳を記念する論集で「凡そ十年前、原始文化を探ねて朝鮮に渡り、小田先生の宅に草鞋を解いた私が、先生の資料と御尽力とを以て調査したる油坂貝塚に就ての拙稿を未熟ながらも今茲に先生に捧げることは、全く先生の深き慈愛の賜物であると共にまた誠に深き因縁であることを思ふ」と書いている。[20] かれ自身も「大学では倫理学を専攻する一方考古学もやり、古代倫理学を研究する際、考古学の講義でセミナーである（原文ママ）」と回顧したように、[21] 東京帝国大学の考古学講座に関わっていた人物との関係から朝鮮に渡ったことがわかる。赴任契機およびかれの東京帝大時期の人的関係を確認するために、同時期の東京帝大文学部の考古学講座について簡単に触れておく。

当時、東京帝大文学部で考古学講義を担当したのは「東洋考古学の創始者とされる」原田淑人(一八八五〜一九七四年)であった[22]。同校では一九一四年より考古学講師として勤めており、横山が在学した時期に注目すれば、一九一九年から一九二一年までの『東京帝国大学一覧』に、「講師 考古学 原田淑人」が確認され、一九二三〜一九二四年度には「助教授」となったことがわかる。また、一九一五年の朝鮮総督府博物館創設以来に本格化・制度化された朝鮮考古学研究および発掘においても、原田は一九一八年から古蹟調査委員として活動した。

一方、愛知大学綜合郷土研究所の発掘調査記録に含まれている「発掘担当者の氏名及経歴」の「横山將三郎」項目には、「東京大学に在学中鳥居博士、大山柏氏の指導によつて考古学を学習し、大学院に於てゼンプル(ママ)の研究法に従つて千葉県小櫃川流域の遺蹟を河口よりさかのぼり、史前文化の推移を調査し研究報告を発表した」と記されている[23]。つまりこの資料では、横山が鳥居龍蔵と大山柏から考古学を学び、大学院において発掘を行ったと記されている。鳥居龍蔵に関していえば、横山が東京帝大で学んだ時期に鳥居は理学部助教授として在任していたので、鳥居の講義を聞いたと推測できる[24]。だが、大山柏(一八八九〜一九六九年)に関しては東京帝大での任免記録がない。大山についてはあまり知られていないので簡単に触れておく。

大山の父・大山巖は薩摩藩の砲兵隊出身で日露戦争では満州軍総司令官として活躍した後に、陸軍大臣を歴任した人物であり、母・捨松は一八七一年岩倉使節団の洋行に同行した五人の女子留学生のなかの一人であった[25]。エリート軍人の家系で次男として生まれた大山は、一九一〇年に陸軍士官学校を卒業した後には陸軍大学の職人として勤務し、一九二三年には同校の図書館で機密級書類係として勤めたという。考古学方面では次のように伝わる。「大山が考古学への興味を深めたのは、陸軍幼年学校の課外特別授業で中澤澄男の考古学の講義を聴いたときであったと述懐している。陸軍大学での職務の合間に独学で考古学を学び、当時としても一流の学会誌として評価が高かった『人類学雑誌』に、自ら発掘した縄文時代貝塚の論文を投稿したり、大正一一(一九二二)年には単独で発掘調査をおこなって『琉球伊波貝塚の研究』を自費で出版するなど、この頃の大山はすでに、考古学の世界で若手研究者として知られるまでになっていた。……東京大学や京都大学の人類学や考古学の研究室に足繁く通い、さらにマンローなど多くの研究者との交流をもった」[27]。評伝なので多少誇張はあるにせよ、一九二三年よりドイツに留学した後、一九二五年には史前研究室を設立するなど、大山が近代日本の考古学界に残した足跡も小さくない。横山の経歴に話を戻せば、二人は東京人類学会で出会ったと思われる。実際に横山は、大山が設立した史前研究室（一九二九年）の『史前学雑誌』にも論文を載せていた（[表④]参照）。このように、横山が朝鮮に赴任した契機としては、東京帝大の考古学方面の人的環境が挙げられる。

一方、釜山に着いた次の日である一九二四年五月二日、横山は「京城帝国大学予科教授叙高等官七等」に任命される[28]。

一九二四年より一九四五年まで京城帝大予科教授という履歴に変動はない。自筆履歴書によると、高等官三等まで上がり、一九二八年に大札記念賞を、一九三六年および一九四〇年には瑞宝章を受けた。兼任事項としては、一九三五年「彰徳女学校研究科講師」、一九四〇年「叔明《ママ》女子専門学校講師」、一九四一年「京城歯科医学専門学校講師」、一九四五年五月「京城帝国大学附属理科教員養成所講師」に嘱託された。一九三九年には「内地留学を半年間命せられ、日本道徳特に『親切』につきての研究をな」した。この研究の結果は、翌年『思想』に「親切（上、下）」として載せられ、具体的な内容を確認することができる。同様に、自筆履歴書によれば、一九四五年一一月一二日に釜山を立っており、一九四六年三月三一日付で「退職（勅令第二百八十七号ニヨリ）」となる。

ちなみに、横山が京城帝大に赴任する間、かれの甥・光治も京城帝国大学に在学していた。一九三二年当時、予科「文科第二学年B組」として「横山光治」の名が確認される[29]。また、一九三四年に法文学部史学科に入学した一〇名のなかにもかれの名前が確認され、一九三六年度には「奈良時代に於ける賤民に就いて」という卒業論

文を提出した。(30)

3　京城帝国大学予科「修身」「哲学概論」科目をめぐるいくつかの資料

［表①］は京城帝大予科教科のなかで「修身」「倫理」「哲学概論」「心理及論理」科目と、その担当教授そして、その他の任命事項についてまとめたものである。『京城帝国大学予科一覧』に表示されている科目名は毎年少し変わってはいるが、これをみると、横山將三郎は二〇年間京城帝大予科で「修身」「哲学概論」を教えたといえる。一九三一年までは科目名に「倫理」が含まれたりもした。また、一九三四年からは「哲学概論」が「哲学概説」に変わった。

横山が「修身」「哲学概論」を教えていた一方、かれとともに一九二四年五月二日付けで予科教授に任命された「心理及論理」担当の福富一郎も目を引く。この福富も哲学方面の予科教授だった。だが、かれは京都帝大心理学を専攻に卒業しており（一九一八年）、一九二六年の法文学部開校に際しては、心理学講座助教授を兼任しながら京城帝大の心理学研究室を率いた人物であった。この福富に関しては、京城帝大心理学研究室という観点からの議論が必要となるのでここでは論じない。

それでは当時、京城帝大予科で横山が教えた「修身」および「哲学概論」はいかなる内容であったのか。

すでに知られているように、一九二二年朝鮮教育令の改訂に伴い、大学教育およびその予備教育に関する規程が新たに加えられた。そこで大学予備教育については内地の大学令に従うと明示する一方、「京城帝国大学ニ関シテハ帝国大学令ニ依ル」とされ、予科に関しては大学令と京城帝国大学官制を法的根拠とした。そして、「同

表① 京城帝国大学予科哲学分野教授

一覧年度	一覧記載科目	教授	組監督教官及事務分掌	本籍	大学総長	予科部長
1924	修身、歴史	小田省吾		三重		小田省吾
	心理及論理	福富一郎	文科第一学年Ｂ組	兵庫		
	修身、哲学概論	横山將三郎	生徒課・寮務課　生徒監	三重		
1925	修身、朝鮮史	小田省吾				小田省吾
	心理及論理	福富一郎	文科第二学年Ｂ組			
	修身、哲学概論、倫理	横山將三郎	生徒課・寮務課　生徒監			
1926	修身、朝鮮史	小田省吾			服部宇之吉	小田省吾
	心理及論理	福富一郎				
	修身、哲学概論、倫理	横山將三郎	生徒課・寮務課　生徒監			
1927	心理及論理	福富一郎	文科第一学年Ｂ組		松浦鎭次郎	戒能義重
	修身、哲学概論、倫理	横山將三郎	文科第二学年Ａ組			
1928	心理及論理	福富一郎	文科第二学年Ｂ組		松浦鎭次郎	戒能義重
	修身、哲学概論、倫理	横山將三郎	文科第一学年Ｂ組			
1929	心理及論理	福富一郎	文科第一学年Ａ組		松浦鎭次郎	戒能義重
	修身、哲学概論	横山將三郎	文科第二学年Ｂ組			
1930	心理及論理	福富一郎	心理及論理学科主任 文科第二学年Ａ組		志賀潔	戒能義重
	修身、倫理、哲学概論	横山將三郎	修身、哲学概論学科主任 文科第二学年Ｂ組			
1931	心理及論理	福富一郎	心理及論理学科主任 文科第一学年Ａ組		志賀潔	戒能義重
	修身、倫理、哲学概論	横山將三郎	修身、哲学概論学科主任 文科第二学年Ｂ組			
1932	心理及論理	福富一郎			山田三良	戒能義重
	修身、哲学概論	横山將三郎	文科第二学年Ｂ組			
1933	心理及論理	福富一郎	心理及論理学科主任		山田三良	戒能義重
	修身、哲学概論	横山將三郎	修身、哲学概論学科主任 文科第二学年Ａ組			
1934	修身	中村寅松		東京	山田三良	中村寅松
	在学研究中	福富一郎	心理及論理学科主任			
	修身、哲学概説	横山將三郎	修身、哲学概説、法制及経済学科主任 文科第二学年Ａ組			
1935	修身	中村寅松			山田三良	中村寅松
	在学研究中	福富一郎	心理及論理学科主任			
	修身、哲学概説	横山將三郎	修身、哲学概説、法制及経済学科主任 文科第二学年甲組			
1936	修身	中村寅松			速水滉	中村寅松

一覧年度	一覧記載科目	教授	組監督教官及事務分掌	本籍	大学総長	予科部長
	心理、論理	福富一郎	心理及論理学科主任 文科第二学年甲組			
	修身、哲学概説	横山將三郎	修身、哲学概説、法制及経済学科主任 文科第三学年甲組			
1937	修身	中村寅松			速水滉	中村寅松
	心理、論理	福富一郎	心理及論理学科主任 文科第三学年甲組			
	修身、哲学概説	横山將三郎	修身、哲学概説、法制及経済学科主任 文科第三学年乙組主任			
	修身、獨語	佐藤得二	生徒課　生徒主事兼教授	岩手		
1938	修身	中村寅松			速水滉	中村寅松
	心理、論理	福富一郎	心理及論理学科主任 文科第二学年甲組主任			
	修身、哲学概説	横山將三郎	修身、哲学概説、法制及経済学科主任 文科第一学年甲組			
	修身、獨語	佐藤得二	生徒課　生徒主事兼教授			
1939	修身	中村寅松			速水滉	中村寅松
	修身、哲学概説	横山將三郎	修身、哲学概説、法制及経済学科主任			
	修身、論理、獨語	佐藤省三	文科第三学年甲組	愛知		
1940	修身、哲学概説	横山將三郎	修身、哲学概説、法制及経済学科主任 文科第一学年甲組		篠田治策	黑田幹一
	修身、論理、獨語	佐藤省三				
	心理、獨語	和田陽平	心理及論理学科主任	神奈川		
1941	修身、哲学概説	横山將三郎	修身、哲学概説、法制及経済学科主任 文科第三学年甲組		篠田治策	黑田幹一
	修身、論理、獨語	佐藤省三				
	心理、獨語	和田陽平	心理及論理学科主任 文学（科の誤字？）第二学年乙組			
1942（欠）					篠田治策	
1943	道義、哲学	横山將三郎	道義科、哲学科学科主任 図書課課長	三重		黑田幹一
	哲学、人文	和田陽平	文科第二学年甲組学級主任	神奈川		
1944					山家信次	
1945					山家信次	

・参考：『京城帝国大学予科一覧』各年度。

表② 京城帝国大学予科各学科目

		修身	国語及漢文	第一外国語	第二外国語	歴史	哲学概論	心理及論理	法政及経済	数学	自然科学	体操	
文科	第一学年	1	5	8	4	4	0	2	2	2	2	3	
	第二学年	1	5	10	4	4	3	2	2	0	0	3	
理科		修身	国語及漢文	第一外国語	第二外国語	羅甸語	物理	心理	植物及動物	数学	化学	体操	図書
	第一学年	1	2	10	2	0	3	2	3（講義 2 実験 1）	4	3	3	1
	第二学年	1	0	10	2	1	5（講義 3 実験 2）	0	4（講義 2 実験 2）	3	5（講義 3 実験 2）	3	0

・参考：『京城帝国大学予科一覧』1925 年度、14～17 頁。
・数字は毎週教授時数

旧制高校高等科各学科目例）第六高等学校

		修身	国語及漢文	第一外国語	第二外国語	歴史	地理	哲学概論	心理及論理	法政及経済	数学	自然科学	体操	
文科	第一学年	1	6	9	(4)	3	2	0	0	0	3	2	3	
	第二学年	1	5	8	(4)	5	0	0	2	2	0	3	3	
	第三学年	1	5	8	(4)	4	0	3	2	2	0	0	3	
理科		修身	国語及漢文	第一外国語	第二外国語	数学	物理	化学	植物及動物	鉱物及地質	心理	法政及経済	図書	体操
	第一学年	1	4	8	(4)	4	0	0	2	2	0	2	2	3
	第二学年	1	2	6	(4)	4	3	3	2	0	2	0	2	3
	第三学年	1	0	6	(4)	4 (2)	5（講義 3 実験 2）	5（講義 3 実験 2）	4（講義 2 実験 2）	0	0	0	(2)	3

・参考：『第六高等学校一覧』1919～1920 年度、29～33 頁。
・数字は毎週教授時間、括弧は任意で他学科目に振り替え可。

表③　京城帝国大学予科細則学科課程表

文科		修身	国語及漢文	英語	独語	歴史	哲学概論	心理及論理	法制及経済	数学	自然科学	体操		計
	第一学年	国民道徳	国語講読、国文学史、漢文講読、作文	読方、訳解、話方、作文、文法	発音、綴字、読方、解訳、書取、文法	東洋史、西洋史		心理	法制	諸論大要	生物、地質、物理、化学	教練及体操		
		1	5	8	4	4		2	2	2	2	3		33
	第二学年	倫理学	国語講読、国文学史、漢文講読、作文	読方、訳解、話方、作文、文法	読方、訳解、話方、作文、文法	西洋史	東洋、西洋ノ哲学、宗教等ノ大意	論理	経済			教練及体操		
		1	5	10	4	4	3	2	2			3		34
理科		修身	国語及漢文	独語	英語	羅甸語	数学	物理	化学	植物及動物	心理	図書	体操	計
	第一学年	国民道徳	国語講読、作文、漢文講読	発音、綴字、読方、訳解、文法、話方、作文、書取	読方、訳解、文法		代数、初等解析幾何			植物 講義2 実験1		自在書	教練及体操	
		1	2	10	2		4	3	3	3	2	1	3	34
	第二学年	倫理学		読方、訳解、文法、話方、作文	読方、訳解、文法	読方、訳解	微分、積分	講義3 実験2	講義3 実験2	動物 講義2 実験2			教練及体操	
		1		10	2	1	3	5	5	4			3	34

・参考：『京城帝国大学予科一覧』1925年度、34～36頁。

令（帝国大学令）中文部大臣ノ職務ハ朝鮮総督之ヲ行フ（「第三章　関係法令」「四　京城帝国大学ニ関スル件」）」とされ、予科に関する規程はすべて朝鮮総督府令によって出された。

一方、大学令をみると、「大学ニハ特別ノ必要アル場合ニ於テ予科ヲ置クコトヲ得」とされ、「大学予科ノ授業年限ハ三年又ハ二年」とした。そして内容については「大学予科ニ於テハ高等学校高等科ノ程度ニ依リ高等普通教育ヲ為スヘシ」とし、実際の「設備、編制、教員及教科書ニ付テハ高等学校高等科ニ関する規程ヲ準用ス」とした[31]。したがって、京城帝大予科の教科編制と内容については、わりと簡単に学科課程と授業時数、任免事項を示した朝鮮総督府令の外に、内地の高等学校高等科の規程を参照することができる。実際に文科の場合、「地理」を除く全ての科目が旧制高等学校の学科課程と一致する（［表②］）。そして、旧制高等学校高等科の教授要目をみれば、京城帝大予科一覧に載っている学科課程表の具体的な内容を補うことができる。

まず、京城帝大予科細則の学科課程表である（［表③］）。文科および理科において、第一学年で「国民道徳」を内容とする「修身」が週一時間、二学年では「倫理学」をその内容とする「修身」が同じく週一時間設けられていたことがわかる。また、「哲学概論」授業は文科だけ第二学年に割り当てられており、その内容は「東洋、西洋ノ哲学、宗教等ノ大意」であった。だが、この内容では横山が教えた「修身」「哲学概論」の具体的な内容を知ることはできない。以下では、大学予備教育として修身および哲学概論の内容に関して、周辺的な史料ではあるが、旧制高等学校の教授要目、そして実際に横山が第六高で学んだ教科書を挙げておく。

3・1　哲学概論教授要目（大正一二年二月八日文部省訓令第二号）

○第三学年（約九〇時間）

○教授方針

主要ナル哲学問題発生ノ理路ヲ説明シ、之ニ関スル顕著ナル所説ヲ挙示且批評シ、哲学上重要ナル基礎概念ヲ与ヘ、学語ノ明確ナル意味ヲ知ラシムルヲ主トスルコト但シ現代ノ哲学及一般学術並文化ニ関係アル点ニ重キヲ置クコト

○教授要目

一　哲学ノ概念　二　哲学ト科学　三　哲学ト宗教　四　哲学ト芸術　五　研究法一般ノ問題　六　弁証法方法　七　直観的方法　八　先験的方法　九　独断論、懐疑論、批判論等　一〇　実在ノ問題（形而上学一般）　一一　一元論、二元論、多元論等　一二唯物論、唯心論等　一三　機械観、目的観等　一四　知識ノ問題（認識論一般）　一五　唯理論、経験論、実証論等　一六　実在論、観念論等　一七　絶対論、相対論等　一八　論理主義、心理主義等　一九　主知説、主意説等　二〇　人生ノ問題（文化哲学一般）　二一　人生観（楽天観厭世観等）　二二　自由論、必然論等　二三　道徳ニ関スル諸哲学説　二四　宗教ニ関スル諸哲学説　二五　芸術ニ関スル諸哲学説　二六　歴史、法律等ニ関スル諸哲学説　二七　孔子及先秦諸子ノ学　二八　漢唐宋明ノ学　二九　日本ノ儒教　三〇　印度古代ノ哲学及宗教　三一　印度ノ仏教　三二　支那ノ仏教　三三　日本ノ仏教　三四　希臘哲学　三五　基督教及中世哲学　三六　カント以前ノ近世哲学　三七　カント哲学　三八　カント以後ノ独逸哲学　三九　十九世紀之英仏哲学　四〇　現代ノ哲学

○備考

一　本要目ハ哲学概説ノ教授上主トシテ準拠スヘキ教材ヲ挙ケタルモノニシテ、其ノ選択及配列ハ必スシモ之ニ依ルヲ要セス

二　要目中他ノ学科ト重複スルモノ（例ヘハ道徳ニ関スル諸哲学説ノ如キ）ハ之ヲ省略スルコトヲ得

三　歴史的叙述ハ成ルヘク簡単ナルヲ要ス且必スシモ体系的論述ト分離シテ之ヲ説クヲ要セス

四　要目中ニ掲ケサル学説及学語ニシテ重要ナルモノハ適当ナル場所ニ於テ之ヲ説明スルヲ要ス[32]

3・2　修身教授要目（昭和五年六月五日文部省訓令第一二号）

○教授方針

修身ノ教授ハ高等学校令第一条及高等学校規程第五条ノ趣旨ニ基キ青年期ニ於ケル精神生活ノ実際ニ鑑ミソノ健全ナル発達ヲ助成シ特ニ道徳的自覚ヲ深クシ国民道徳ニ関スル信念ヲ篤クシ道徳問題ニ対スル正確ナル批判力ヲ養フコトニ努ムヘキモノトス

○教授事項

前項ノ趣旨ニ依リ教授スヘキ事項大凡左ノ如シ

実践道徳ニ関スル事項（約三〇時間）

一　高等学校生活、学校生活ト家庭、交友等　一　修身ノ態度　一　青年期ノ心理、体育ト保健、情操ノ涵養　一　道徳ノ意義、自覚、人格価値　一　自由ト自治、自立ト他律、責任感　一　社会生活ノ意義、社会連帯　一　正義、人道　一　遵法ノ精神、立憲国民ノ本務

国民道徳ニ関スル事項（約三〇時間）

一　国民道徳ノ意義、国史ト国民道徳　一　国家、国体、政体　一　家族制、祖先尊崇、忠孝一致　一　国民性、国民意識　一　神道、武士道　一　外来思想ト国民道徳　一　国際道徳、国家主義ト国際　一　日本国民ノ使命、東西文化ノ融会、世界平和ヘノ貢献

倫理学ニ関スル事項（約三〇時間）

一　倫理学ノ問題、対象及方法　一　道徳的判断、善、正　一　行爲、品性　一　良心、人格、自由　一　個人、社会　一　理想、本務、徳　一　倫理学説批判、功利主義、唯理主義、人格主義等　一　道徳ト宗教、芸術、政治、経済等

○教授方法

前記実践道徳ニ関する事項、国民道徳ニ関スル事項、倫理学ニ関スル事項ハ各之ヲ一学年ニ配当シ教授スルヲ便トスルモ適宜分合ヲ行ヒ又順序ヲ変更スルコトヲ得
教授ノ目的ヲ達センカタメ権威アル典籍ヲ用ウルコトヲ妨ケス[33]

3・3 第六高等学校使用教科書

第六高等学校では、横山の在学時期に当たる一九一八年当時、修身教科書として第一学年で「論語」を、三学年で「岡野著倫理学輯要」を使用したことがわかる[34]。これは岡野義三郎[35]が書いた『倫理学輯要』（寳文館、一九〇九年）を指す。一方、哲学概論に関しては不明である。

4 横山將三郎と考古学

すでに述べた通り、横山は上古日本道徳史をテーマにして大学院に進学しており、この時期に東京帝大で鳥居龍蔵のゼミと発掘調査に参加した。また、かれが小田省吾の勧誘によって京城帝大予科に赴任したことについても、先行研究で指摘されている通りである。そして、一九二四年から一九四五年まで、かれは京城帝大予科で「修身」と「哲学概論」を教える傍ら、先史時代の遺跡の発掘に没頭した。それでは、かれの考古学的活動とはいかなるものであったか。

宮里はすでに、横山が一九二四年の洪水をきっかけに岩寺洞遺跡の発掘に参加して以来、ソウル郊外の遺跡や釜山の貝塚などを調査したことに言及した。また、横山が残した報告書から、かれの調査と分析方法の特徴につ

いても指摘している。[36] その後、宮里の論文では時期不詳とされた部分が、二〇一〇年の韓国国立博物館の成果によって明らかになった。[37] その報告書には、横山が朝鮮半島で調査し採集した先史時代の遺物の図版と発掘の日程まで非常に詳しく記されており、横山の植民地朝鮮における考古学的成果に関しては、これが現時点で最も詳しい資料であるといえる。しかし、考古学者・斎藤忠のインタビュー内容にみられる横山に対する消極的な評価、そして横山とかれの遺族との関係に関する誤記という問題も指摘されよう。以下では、この二点を補う形で、植民地朝鮮におけるかれの考古学的活動をもう一度整理しておきたい。

韓国国立博物館の成果では、横山の考古学的活動について「遺物のほとんどはソウル・京畿地域の採集品であり、数量は残片まで含むとおよそ五千点にのぼる。……かれが残した三冊の手帖には遺物の採集地と地形が大まかにスケッチされているのみならず、地表の住居地や支石墓の規格なども測定されている」と、横山の成果を「好事家の遺物蒐集ではない考古学的地表調査」であったと評価する。[38] また、かれの遺族から提供された資料に基づいて履歴を記しており、[39] 一九二三年一〇月から一九四四年一〇月まで横山が行った発掘路程についても詳しい日付および場所と遺物の数まで整理している。[40]

ところが本資料では、一九二〇年代に慶州での発掘作業に参加し、後に総督府博物館慶州分館館長を勤めた斎藤忠とのインタビューを載せているが、興味深いことに、斎藤がインタビューで評価する横山は、国立中央博物館の評価と非常に対照的である。そこで斎藤は、「(横山將三郎は:筆者注、以下同様)民間レベルの作業を行ったのであり、私達は官にいたので交流がなかった。……かれが正式に考古学を学んだり教えたりした話を聞いたことがない。……(かれは)考古学を正式に教えたことがない」と述べている。[41] 斎藤が述べるように、横山は朝鮮総督府に雇用された考古学者ではなかった。[42] 斎藤と同じく当時京都帝大の学生として慶州での発掘調査に参加した考古学者有光教一も、自分の考古学人生を振り返る著作において横山に関する回顧を残してはいるが、当然ながら「朝鮮考古学概説」(『世界考古学事典』平凡社、一九七九年)で横山のことには触れていない。[43] だが、横山を朝鮮の考古学史から切り離すような評価は、植民地朝鮮の考古学が歴史時代の古蹟調査事業に集中していたからであり、このような構図のもとで横山の考古学研究が消極的に評価されてしまえば、京城帝大予科の「修身」と「哲学概論」の性格も問い直されることはないと思われる。したがって以下では、横山が東京帝大の在学中に考古学を学んだ鳥居龍蔵と原田淑人、そしてその外の横山と関連する人物を中心に「植民地考古学」について簡単に振り返った上で、これまで言及されたことのなかった横山の講演資料を取りあげ、京城帝大予科教授でありながら考古学者でもあった一人の人間の言説を検討する。

アルノは、帝国日本における「植民地考古学」について次のように時期区分を行っている。[44] 第一期は一九〇二年から一九一五年まで、第二期は一九一五年から一九二四年まで、そして第三期が一九二五年から一九四〇年までである。それぞれの特徴とフィールド調査の詳細に関しては先行研究に譲り、ここでは鳥居と原田、斎藤、有光が植民地考古学においてどのような位置に属するかを確認し、そのなかに横山を位置づける。

まず、鳥居龍蔵は八木奘三郎、そして関野貞、今西龍らと同じく第一期の主要人物である。鳥居は、朝鮮総督府学務局より「人類学・先史学的調査を委嘱」された一九一一年から朝鮮半島で調査しはじめ、その後も朝鮮で活動することになる。[45] 植民地考古学は最初から楽浪郡および三国時代を中心とする古代史文献を考古学的に確認する作業に集中していた。歴史時代の考古学に比べて先史時代の調査が十分に行われなかった理由については宮里の先行研究に譲る。[46] そこで鳥居は、一九一〇年代から朝鮮の石器時代調査を独占した。[47] 一方、この時期には「独立研究者」もいた。主な人物に、後に京城帝大予科部長となる小田省吾や鮎貝房之進などがいる。[48] その後、第一次大戦前後の時期に発掘調査は拡大され、一九一五年朝鮮総督府博物館の創設、朝鮮半島史編纂への着手などを経て、小田や鮎貝らの「韓国研究会」のような私的研究組織も次第に学務局を中心とした公的機関に吸収されていった。後でみるいわゆる公的研究者たちもこの第二期に著しく増加し、この時期に活動した主要人物に原田淑人がいた。原田は一九一八年「朝鮮総督府古蹟調査委員」に任命されたと述べたが、この「古蹟調査委員会」が発足され「古蹟及遺物保存規則」が発布されたのが一九一六年であった。また京城帝大予科が開校した一九二四年以来、同校の周辺には「朝鮮史学会」「青丘学会」「書物同好会」のような集まりが生まれた。横山を具体的に覚えている有光や斎藤など、当時京都帝大の学生たちが自分らの指導教官のもとで慶州での発掘調査を始めたのも一九二二年頃であった。

以上のような背景のなかで一九二四年、京城帝大予科教授として朝鮮に渡り二〇年のあいだ膨大な石器時代の遺物を採集したのが横山であった。横山正治氏が記憶している横山もまた、当時中学生ぐらいであった正治氏に和辻哲郎の『倫理学』を薦める一方[49]、遺骨をよく見せてくれたという。

一方、［表④］で整理した著作目録のほとんどが考古学方面の論文であるが、そのなかでも興味を引く論稿がある。それは一九四二年に朝鮮総督府図書館で主催した名士講演の論稿である。その講演でかれは、記紀の神武天皇条に登場する古代軍歌「久米歌」について、特に「久治良」の解釈をめぐる自分の見解を述べる。「私はこの御製を茲に謹解致すつもりではなく、これが記紀に書きとどめられるまでに、既に永く語り伝へられてゐたといふ点から、この伝承主体にまで降りて行くことによりまして、この久米歌の中にある色々の疑問・問題を説明しようと思ふのであります」という[50]。そして結論としては、「久治良」が何かに関しては様々な説が提起されてきたが、自分の考えではこの歌は「海辺の人の共同態に於いて鯨が得られと云う感激」を表したものだという。

釜山には暗礁もない。だから、こんな鯨の座礁と云ふことは我等の想像の線を越えた稀なことである。一般に考へられることは鯨の敵は鯱でありまして鯨が鯱に襲はれると砂濱にやつて来て、コロコロとすると鯱がつぶれる。鯨が気持よく寝てゐると、潮が干いて海岸の砂の上に置き去りになり、次の満潮期まで泳ぎ出ることが出来ない。これをみつけた村人が男も女も総出になつて引つぱりあげて捕獲する。海辺の人の共同態に於いて鯨が得られと云う感激は何物にもたとへがたいものであつて、永くその海人共同態に伝統として生きつづける。海人族たる久米共同態にもまたかうした伝統があつたと見て何等差支ないと思はれます[51]。

ここで、かれが「概念的に色あせた机の上で考へてゐる学者の話」として批判する「久米歌」の既存の解釈は、「何れも個人意識の立場から観てゐるもののみしかない」とされる[52]。横山の考古学的活動も、「概念的に色あせた」学者の話ではない原始時代の共同体的生を求めて成り立ちうるものだったとみることはできないだろうか。以上の講演文からは、かれが朝鮮に渡り探そうとした「原始文化」とはいかなるものだったのかが窺われる[53]。

5 横山將三郎の戦後

ひとまず横山の戦後経歴まで確認しておく。

かれは一九四五年一一月一二日日本へ帰還した後、一九四六年一一月三〇日、愛知大学予科教授に任命される。愛知大学は同年一一月二〇日付の『毎日新聞』に「来月開校」「授業開始は十二月廿日の予定である」という内容とともに予科生を募集しているが、注目されるのは記事の最初の文章である。「引揚げ学生二万人の待望してゐた豊橋市の愛知大学……は十八日文部省から正式認可があつた」。周知のように、愛知大学は上海にあった東亜同文書院大学から戦後帰った教員たちが中心となって、最後の学長・本多喜一をリーダに[54]、同じ状況に置かれていた京城帝大や台北帝大の帰還者を結集する形で創立された学校であった[55]。学生も上海から帰還した学生たちが中心となった。このように戦前からの連続性という側面からみれば、学生を募集する記事において「語学に特に力を入れる異彩のある教育を施す」という特色を打ち出していることが目に付く。京城帝大関係者としては横山將三郎以外にも、秋葉隆、竹井廉、森谷克己、花村美樹、四方博、戸澤鐵彦、松坂佐一、田中梅吉、そして横山の甥・横山光治が愛知大学教員として赴任した[56]。

当時愛知大学の三年制の予科では倫理、古典、外国語、歴史、自然、哲学、体育、社会が学科課程として編制されていたが、そこで横山は「倫理」と「哲学概論」を担当した[57]。その後、一九四七年の学制改革による帝国大学令と大学令の廃止に伴い、愛知大学も一九四八年、「法経学部」と「文学部」の両体制をもつ新制大学となる。この際、両学部には「一般教養科目」というカリキュラムが置かれていたが、そこで横山は「人文科学関係主任」として「倫理学」「哲学史」「論理学」「考古学」を教えた[58]。ちなみに、この時期の初代文学部長は、前京城帝大の社会学講座教授の秋葉隆であった。また、斎藤のインタビュー内容とは違ってこの時期の愛知大学教授陣の紹介では「横山將三郎（考古学）」と、横山は考古学担当として挙げられている[59]。

一九四七年五月より翌年三月までは安城女子専門学校講師を兼任した。そして一九四七年一〇月、横山によって愛知大学考古学会が設立される。当時中部日本新聞の「愛大に考古学会」という記事でかれは「学術的に郷土を研究したい」と答えている[60]。その後、この地域の発掘および調査は、実質的に横山將三郎が率いていく。一九五〇年三月には愛知大学綜合郷土研究室委員となり、一九五四年、同研究所所長であった秋葉の死去によって横山がその後を継ぐことになる。そしてそのあいだ、一九四八年五月三〇日には、横山の伴侶で、終戦後かれとともに引揚船に乗って帰還した横山錦子が亡くなった[61]。

横山の研究目録をみてわかるように、かれは戦後、豊橋市とその地方を中心に遺蹟を発掘調査し、愛知大学綜合郷土研究所を通じてその成果を発表した。そしてそのなか、一九五九年二月四日に死去した。かれの最後の発掘地となった一宮村の上長山に関する研究成果は、かれの訃報とともに『愛知大学綜合郷土研究所紀要』に載った(62)。

6 おわりに

本章では、二〇年間京城帝大予科で「修身」と「哲学概論」を教えた横山將三郎について論じた。横山については、これまで植民地朝鮮における石器時代の調査研究の一例、そして戦後、愛知大学綜合郷土研究所を築いた考古学者として論じられてきた。また、韓国国立中央博物館の成果によってかれが戦前、朝鮮半島で行った発掘調査の全貌が明らかになっている。

一方、京城帝国大学における西洋哲学の制度化という問題を提起する場合、予科で教えられた「修身」と「哲学概論」、「心理及論理」の教授内容が問題となる。そのなかで本章では、倫理学方面の「修身」教科と、「哲学概論」に注目した。しかし、資料不足のためにそれらの授業の詳細については知ることができなかった。その代わりに、横山將三郎という人物が京城帝大予科の全時期において該当科目を担当した事実に重点をおき、かれの履歴を全体的に整理した。その過程において以下のことが明らかになった。

まず、京城帝大の予科で行われた「修身」科目の内容に関しては、これまで、植民地にあった帝国大学という性格が浮き彫りにされ、「国民道徳充実」という側面が強調されてきた。むろん、それは「高等学校令（一九一八年）」の第一条の内容であったので、否定することはできない。しかし、「国民道徳」とは何か。ただ「国民道徳」

表④　横山將三郎著作目録

年月	論文名	収録雑誌	巻数	団体名
1930	京城府外鷹峰遺蹟報告	史前學雑誌	2巻5号	史前學會
1931.1.	上総國小櫃川流域に於ける石器時代遺跡に就いて	史蹟名勝天然記念物	6巻1号	史蹟名勝天然記念物保存協會
1931.2.	常陸考	民俗学	3巻2号	民俗學會
1931.11.	京畿道高揚郡國祀峰の遺蹟に就いて	史蹟名勝天然記念物	6巻11号	史蹟名勝天然記念物保存協會
1932.4.	薩摩國西市來貝塚	史蹟名勝天然記念物	7巻4号	史蹟名勝天然記念物保存協會
1933	釜山府絶景島東三洞貝塚調査報告	史前學雑誌	5巻4号	史前學會
1934	油坂貝塚に就て	小田先生頌壽記念朝鮮論集		小田先生頌壽記念會
1939.1.	人像を彫った石斧	ドルメン	5巻1号	人類學民族学考古学日本民俗学綜合雑誌
1939	朝鮮の史前土器研究	人類學先史學講座	9巻	雄山閣
1940.3.	親切（上）	思想	214号	岩波書店
1940.6.	親切（下）	思想	217号	岩波書店
1942.3.	久米の子等の感激	文献報國	8巻3号	朝鮮総督府圖書館
1942.10.	石包丁について	古代文化	13巻10号	日本古代文化學會編
1943	不作為の倫理性	吉田博士古希祝賀記念論文集		寶文官
1943	朝鮮社会構造の実践的了解	日本諸學振興委員會研究報告	19篇	文部省教學局編
1943.4.	古代島の民俗	民族學研究	8巻4号	日本文化人類學會
1949	國府遺蹟発掘調査報告	愛知大学文学論叢	1輯	愛知大学文学会
1952.5.	考古学とは？	所報・愛知大学綜合郷土研究所	3号	愛知大学綜合郷土研究所
1953.2.	ソウル東郊外の史前遺蹟	愛知大学文学論叢	5・6輯	愛知大学文学会
1953.2.	田原町大久保遺蹟概報	所報・愛知大学綜合郷土研究所	6・7号	愛知大学綜合郷土研究所
1953.6.	大久保遺蹟の住居址	所報・愛知大学綜合郷土研究所	8・9号	愛知大学綜合郷土研究所

年月	論文名	収録雑誌	巻数	団体名
1953.12.	大久保遺蹟の植物種子	所報・愛知大学綜合郷土研究所	10・11号	愛知大学綜合郷土研究所
1954.6.	大久保遺蹟の土器	所報・愛知大学綜合郷土研究所	14・15号	愛知大学綜合郷土研究所
1954.12.	大久保雁合遺蹟概報	所報・愛知大学綜合郷土研究所	16号	愛知大学綜合郷土研究所
1955.12.	渥美半島の考古学的調査研究―田原町遺蹟群―	愛知大学綜合郷土研究所紀要	2輯	愛知大学綜合郷土研究所
1956.3.	豊橋市野依町仏餉遺蹟発掘報告	愛知大学文学論叢	12輯	愛知大学文学会
1957	第二部発掘及び調査・古墳文化時代編・愛知県渥美郡向山古墳	日本考古学年報・昭和27年度	5	日本考古学協会
1957	同編・愛知県渥美郡宮西遺跡	同上	同上	同上
1957	同編・愛知県渥美郡籠田遺跡	同上	同上	同上
1957.3.	豊橋市南高田遺跡発掘報告	愛知大学綜合郷土研究所紀要	3輯	愛知大学綜合郷土研究所
1958.3.	一宮村炭焼平古墳発掘調査報告	愛知大学綜合郷土研究所紀要	4輯	愛知大学綜合郷土研究所
1959.3.	一宮村徳台遺蹟	愛知大学文学論叢	18輯	愛知大学文学会
1959.9.	一宮村上長山古墳発掘調査報告	愛知大学綜合郷土研究所・紀要	5輯	愛知大学綜合郷土研究所

備）本表は、荒木亮子「考古学者 横山将三郎」『愛知大学綜合郷土研究所紀要』（63巻、2018年）の「横山将三郎著作一覧」（73頁）をもとに、抜けている論説を加えたものである。

と唱えるだけでそれが実現されるだろうか。横山が第六高で学んだ「修身」は『論語』と『倫理学概説』であった。また、教授要目からみたように、「修身」の教授方針として最初に置かれた内容は「青年期における精神生活」そして「健全なる発達」であった。事項の先頭に挙げられた「実践道徳」は、いわば国民道徳以前の問題として個人の修養に関わるものだったとも考えられる。

一方、その教授主体である横山將三郎は、考古学者でもあった。これまでの先行研究では、考古学者という側面においても消極的に捉えられてきたのである。しかし、かれの一生において考古学者という側面と予科教授という側面はそれぞれ個別に存在するものではない。

また、本章では深入りすることができなかったが、横山將三郎が当時、民衆宗教の厳しい状況のなかで金光教松坂教会を築いた教会の息子であったということも看過できない。

残された課題は多くあるが、京城帝大における「修身、哲学概論」の予科教授についてその担当教授の履歴を綿密に追うことで、京城帝大予科における西洋哲学学知の姿がより立体的に浮かび上がってくると思う。

附記：本章の執筆にあたり、横山正治氏は魚町に残っている横山將三郎の資料を提供してくださった。この場を借りて感謝申し上げたい。

注

（1）朝鮮総督府発刊の『京城帝国大学予科教授要綱・京城帝国大学予科修練要綱』（一九四三年）から具体的な教授要目を知ることができる（『日本植民地教育政策史料集成（朝鮮篇）』第六四巻）。
（2）たとえば、馬越徹『韓国近代大学の成立と展開』名古屋大学出版会、一九九五年、一一五～一一六頁。
（3）宮里修「戦前の朝鮮における石器時代の調査研究について」『朝鮮史研究会論文集』四二巻、朝鮮史研究会、二〇〇四年、八九頁。

（4）同上、八九～九〇頁。

（5）荒木亮子「考古学者 横山将三郎」『愛知大学綜合郷土研究所紀要』六三巻、二〇一八年。本章の執筆に当たり、荒木さんは綜合郷土研究所を案内してくださり、横山に関する様々な資料も提供してくださった。この場を借りて深く感謝を申し上げたい。

（6）帝国日本の高等教育制度は一九一八年の大学令を前後に大きく変わる。大学令以前の高等教育機関は①帝国大学（唯一の大学）、②高等学校、③専門学校、④実業専門学校に大別される。このなかで②高等学校が通常「旧制高等学校」と呼ばれるものであり、事実上帝国大学の進学者が入る「大学予科」であった（天野郁夫『近代日本高等教育研究』玉川大学出版部、一九八九年、一七～一八頁）。植民地朝鮮においては、唯一の大学ができる一九二四年までは①と②がなかったのであり、①が設立された一九二四年以後も高等学校はなかった。

（7）馬越徹「京城帝国大学予科に関する一考察」広島大学『大学論集』第五号、一九七七年を参照。

（8）鄭駿永「京城帝国大学과 植民地へゲモニー」ソウル大学校博士学位論文、二〇〇九年、一一七～一二三頁。

（9）北海道大学編『北大百年史・部局史』ぎょうせい、一九八〇年、四九頁の課程表Cを参照。

（10）『第一高等学校一覧』一九二〇～一九二二年度、一一～一二頁。

（11）岩元禎：鹿児島県生。第一高の前身である第一高等中学校卒業。東京帝大哲学科を一八九四年に卒業した。同校ではケーベル教授から学んだ。近代中国学の父とも呼ばれる狩野直喜、西田幾多郎とは同級生であり、夏目漱石とは第一高の同僚教師であった。四二年間第一高で独逸語と哲学概論で教鞭を取っており、多くの弟子を残したが、たった一冊の著書も書いていない。かれの名前で残された唯一の本『哲学概論』（近藤書店、一九四四年）は、かれの死後、かれの弟子三谷隆正などが弟子たちのノートやかれの講義録を基に刊行したものである。岩元禎については高橋英夫『偉大なる闇倉』（新潮社、一九八四年）を参照。

（12）横山将三郎自筆の履歴書は全部三通ある。①三〇〇字ほどの短い文章でB5サイズのもの、②本籍と現在地の記載、第六高卒業から昭和二三年一一月まで表形式で書かれたA4サイズ三枚分のもの、③②の履歴書に基づいて昭和二五年五月まで書かれたＢ５サイズ縦線の紙五枚分のものがある。引用に当たっては区別せずに「自筆履歴書」と明記する。

(13) 金光教近畿布教史編纂委員会『資料 金光教近畿布教史――慶応四年から明治三十三年まで』一九九一年、三五七頁。

(14) 金光教本部教庁『金光教年表』一九八六年、教主・教監等歴代一覧を参照。

(15)『第六高等学校一覧』一九一八～一九一九年度、二〇二頁。

(16)『東京帝国大学一覧』一九一九～一九二〇年度、学生生徒姓名五三頁。

(17) 東京帝国大学『東京帝国大学卒業生氏名』一九二六年、二四〇頁。

(18)『東京帝国大学一覧』一九二三～一九二四年度、学生生徒姓名七頁。

(19) 장용준『旧石器時代의 石器 生産』(진인진、二〇一五年、一五六頁)、이용현「日帝強占期 横山将三郎의 考古学的 活動」(国立中央博物館『日帝強占期資料調査報告4 漢江流域 先史遺物――横山将三郎 採集資料』二〇一〇年、一四九頁)。

(20) 横山將三郎「油坂貝塚に就て」小田先生頌寿記念会『小田先生頌寿記念朝鮮論集』大阪屋號書店、一九三四年、一〇四三頁。

(21)「せいしゅん 横山教授の巻 超模範的模範生」『愛知愛学新聞』八八号、一九五七年一一月二日、二面。

(22) アルノ・ナンタ「植民地考古学・歴史学・博物学――朝鮮半島と古代史研究」坂野徹編『帝国を調べる――植民地フィールドワークの科学史』勁草書房、二〇一六年を参照。引用は五八頁。

(23)「野田村の古墳」『村史研究関係綴』渥美郡野田史談会、一九五〇年一一月。

(24) 鳥居龍蔵（一八七〇～一九五九年）と東京帝大人類学教室との関係をまとめておく。①一八九三年東京帝大人類學教室標本整理係として坪井正五郎教授に師事する。②一八九八年同校理科大学助手、③一九〇五年同校理科大学講師、④一九二二年東同校理学部助教授、⑤一九二四年六月同校を辞職し、鳥居人類學研究所を設立。なお、東京帝大の調査派遣として、一八九六～九八年台湾調査、一九〇二年中国西南地方調査、一九〇五年以降の満州地方調査、一九一〇年以降の朝鮮半島調査、一九一九年のシベリア調査がある（中薗英助『鳥居龍蔵伝』岩波書店、一九九五年を参照）。
（25）阿部芳郎『失われた史前学——公爵大山柏と日本考古学』岩波書店、二〇〇四年、三五～三九頁。
（26）中澤澄男（一八七二?～一九四五年）：近代以来『日本考古学』というタイトルの書物を初めて出した人物が初期朝鮮考古学者としても活動した八木奘三郎であり、この八木と共に一九〇六年に『日本考古学』を刊行した人が中澤澄男である。一八九三年七月に東京帝大史学科を卒業（『東京帝国大学卒業生氏名録』一九二六年、二五五頁）。八木との共著『日本考古学』の外に、『日本歴史大綱』（吉川半七、一九〇二年）、『国史綱領』（弘文館、一九〇三年）、『日本歴史』（吉川弘文館、一九〇五年）などの共著があり、一九一八年には陸軍教授として三輪徳三と『西洋史教程全』（陸軍士官学校、一九一八年）を刊行、これは陸軍士官学校の西洋史修習に使われた。
（27）前掲、阿部『失われた史前学』四五頁。
（28）『朝鮮総督府官報』三五一九号、一九二四年五月九日、四面。
（29）『京城帝国大学予科一覧』一九三四年度、一九八頁。
（30）「彙報」『青丘学叢』二七号、一九三七年二月、一四五頁。
（31）文部省『学制百年史 資料編』一九七二年、一五六頁。
（32）旧制高等学校資料保存会『資料集成　旧制高等学校全書』第三巻、昭和出版、一九八一年、一二七～一二九頁。
（33）同上、一五八～一五九頁。
（34）同上、四四八頁。
（35）一八七四～一九三九年。大阪生。一八九七年東京帝大哲学科卒業。高知県尋常中学校教諭などを経て、第六高教授、第八高校長、第二高校長、第六高校長などを歴任。横山が第六校に入った一九一六年に「修身、論理学、心理学、法律及経済学」学科の主任教授であった（『第六高等学校一覧』一九一六～一九一七年度、一八八頁）。
（36）前掲、宮里「戦前の朝鮮における石器時代の調査研究について」八九頁。
（37）前掲、国立中央博物館『日帝強占期資料調査報告4　漢江流域先史遺物』二〇一〇年。なお、横山將三郎が朝鮮

で蒐集した遺物が韓国国立中央博物館に来た経緯については、有光教一の次の回顧を参照されたい。「京城大学予科で哲学を講義しておられた横山将三郎教授は戦前の朝鮮考古学界を代表する研究者の一人でもあった。戦後初めて教授が私を訪ねて博物館事務所に来られたのは十月二十二日（月）であった。教授は、過去二十年にわたって蒐集した遺物―ほとんどが石器時代の土器や石器―を関係の写真や記録とともに一括国立博物館に寄贈すると申し出られ、明日にでも受けとりに来てほしいと要請された。この申し出をうけることに金載元館長に異論のあろうはずはなく、M中尉とW軍曹に事情を話したところ、運搬のため軍用トラックを手配すると約束してくれた。／翌二十三日朝、私は米兵運転のトラックに乗って横山教授宅に行ったが、蒐集品の量は予想を遙かに超えて多く、借用時間が十一時三十分までのトラックでは半分も運び切れなかった。次の日（二十四日）は午後再びトラックで横山教授宅に着き、屋根裏の部分に堆く格納された蒐集品を運び出したが、完形土器も含めてトラックの荷台一杯になった。／軍用トラック二台に満載の石器時代遺物の分量は、それまで総督府博物館に集まっていた石器時代遺物の総量を優に凌ぎ、より多くの貴重な資料を含んでいた」（有光教一『朝鮮考古学七十五年』昭和堂、二〇〇七年、八八～八九頁）。

(38) 前掲、国立中央博物館『日帝強占期資料調査報告4 漢江流域先史遺物』一一頁。

(39) 同上資料一四二頁の「附記」は、横山将三郎と光治および正治氏との関係について、光治に対しては「将三郎の兄」、正治氏に対しては「将三郎の甥」と、間違って記録している。次のように修正しなければならない。「かれの甥・横山光治氏が作成した文章に基づいて……横山正治（横山将三郎の甥の四男）から提供されたものである」。

(40) 同上、一五四～一五七頁。

(41) 同上、一四四頁。

(42) 張ヨンジュンは、横山が主に調査、蒐集した先史時代の遺物と当時の国家施策との関わりについて次のように述べる。「先史時代の遺物の場合、政治的目的とも合わず、政治的関連性もあまりないため、調査の対象から外された。同時に、先史時代の遺物はお金にもならなかったので盗掘者の関心の対象にもならなかっただろう」（장용준『旧石器時代의 石器 生産』진인진、二〇一五年、一四五頁）。

(43) 有光教一『有光教一著作集 第二巻 朝鮮文化の黎明』同朋社、一九九二年、三～三三頁。
(44) 植民地考古学に関してはアルノの論文を参照した。アルノの「植民地考古学」という概念と時期区分は次の二点で非常に重要である。まずかれは、朝鮮王朝をめぐる国際的緊張が高まった一八八〇年代から一八九〇年代という時期と、日本において近代考古学が誕生した一九世紀末という時期は一致するものであり、この事実は直ちに帝国日本の誕生と植民地拡張の始まりを表すと指摘する。また、したがって、植民地における考古学的調査は日本における考古学史の下位テーマとして分類されるべきではなく、日本考古学史そのものが植民地学知としての性質を有するとかれは示唆する。
(45) 李成市「コロニアリズムと近代歴史学」寺内威太郎・永田雄三・矢島國雄・李成市『植民地主義と歴史学』刀水書房、二〇〇四年、八七頁。
(46) 前掲、宮里「戦前の朝鮮における石器時代の調査研究について」七八頁。
(47) 同上、八一～八四頁を参照。
(48) 前掲、アルノ「植民地考古学・歴史学・博物学」五二頁。
(49) 横山の本籍地に残っている五冊の所蔵図書のなか、三冊が和辻哲郎の著作である。参考までに横山の所蔵図書を挙げておく。高山岩男『哲学的人間学』（岩波書店、一九三八年）、和辻哲郎『鎖国 日本の悲劇』（縮刷版、筑摩書房、一九五一年）、寺田彌吉訳『アロイスミユーアラ 最新哲学概論』（第一書房、一九三三年［Aloys Müller, *Einleitung in die Philosophie*, Berlin und Bonn, 1925：筆者注］、和辻哲郎『倫理学 中巻』（岩波書店、一九四二年）、和辻哲郎『日本倫理思想史 下巻』（岩波書店、一九五二年）。
(50) 横山將三郎「久米の子等の感激」朝鮮総督府図書館『文献報国』六九号、一九四二年三月、九二頁。
(51) 同上、九四頁。
(52) 同上。
(53) 横山は日本に戻り、京畿道の史前遺跡をまとめる論文において次のように付け加えている。「雨の日も、風の日も、この漢江の河原の砂を踏んで歩き、或は砂防工事を待つ丘陵に立ち、史前遺蹟を訪ねて、古代人の語るところに耳を傾けた。その響が今なお私の耳底に残っている」（横山將三郎「ソウル東郊外の史前遺蹟」愛知大学文学会『愛知大学文学論叢』第五・六輯、一九五三年、八八頁）。

（54）戦後、多くの京城帝大の教員を取り入れることができたのは、東亜同文会をめぐる人脈と風聞があったからだ。東亜同文会、そして同会が設立した東亜同文書院、その後身である東亜同文書院大学については一次史料に『東亜同文書院大学史』（滬友会、一九五五年）があり、一九六五年に発表された竹内好の文章は良い参考になる。竹内好「東亜同文会と東亜同文書院」『日本とアジア』筑摩書房、一九九三年。

（55）戦後、前京城帝大の教員たちの吸収過程に注目しながらその経過を簡単に整理しておく。①一九四五年八月一五日当時、東亜同文書院大学は上海の本校と富山県の呉羽に分かれていた。終戦直前の学生数は四〇名、終戦直後には部隊の解除により人びとが本校に戻り約三〇〇名となる。②一九四五年九月、上海の虹口地区の青年会館で集団生活が始まる傍ら、九月二〇日には本多学長の下で卒業式が行われる。この卒業式をもって事実上廃校となる。③一九四五年一二月末、約一三〇名が帰還する。④一九四六年二月二六日、本多の引率のもとに約二〇〇名が帰還。この際、同校の学生および卒業生の学籍簿と成績簿が中国の許可のもとで日本へ戻る。⑤一九四六年三月一日博多到着直後、本多前学長は東亜同文書院大学の清算事務と新設大学の設立に着手。⑥一九四六年五月三〇日、新設大学の設立のため旧東亜同文書院大学の教職員一三名を東京九段坂下の若喜旅館に招集し、新設大学の開校を決める。愛知県豊橋にあった第一予備士官学校地を適地として決定。教員組織確定会議にて京城帝大および台北帝大の帰還教員に視野を広げる。⑦本多前学長が前京城帝大学長・山家信次の紹介を得て前京城帝大法文学部長・大内武次に連絡。⑧大内を中心に前京城帝大教員たちに連絡がいくことにより、同年六月、教員名簿がほぼ決定される（大島隆雄「東亜同文書院大学から愛知大学への発展」愛知大学東亜同文書院大学記念センター『オープン・リサーチ・センター年報』第三号、二〇〇九年三月、二九九～三三八頁）。

（56）愛知大学に赴任した前京城帝大教員については、京城帝大教授たちの戦後という問題を取りあげた、鄭駿永「京城帝国大学 教授들의 帰還과 戦後 日本社会」韓国社会史学会『社会와 歴史』九九、二〇一三年を参照。教授リストは一〇九～一一〇頁から引用。

(57) 愛知大学五十年史編纂委員会『愛知大学五十年史』資料編、一九九七年、四〇〜四七頁。
(58) 愛知大学五十年史編纂委員会『愛知大学五十年史』通史編、一九九七年、一二五頁。
(59) 愛知大学創設期からの想い出写真文集編集部『愛知大学創設期からの想い出写真文集』一九九七年、二九頁。
(60) 愛知大学考古学会および綜合郷土研究所に関する新聞記事はすべて荒木亮子氏が提供してくださった。この場を借りて感謝申し上げたい。
(61) 横山と横山錦子二人の特別輸送乗車船証明書が魚町に残っている。「一九四五年十一月八日、アーノルド少将、朝鮮総督府」発行となっている。また一九四五年一〇月二一日付の予防接収証明書もかれと錦子二人のものがかれのノートに貼ってある(横山正治氏提供)。
(62) 横山將三郎「一宮村上長山古墳発掘調査報告」『愛知大学綜合郷土研究所紀要』第五輯、一九五九年九月、一〜一四頁。同号の横山の論文には次の内容の「追記」が付されている。「私の一宮村には沢山の遺跡があり、幾多の考古学者が来られて研究せられましたが、どうもまとまつた線が出ていないので、郷土誌を作つて見たいと思う私は常に不満を感じていました。そこで横山教授の考古学を導入せようとの村の世論もあり、旁々先生の御骨折をお願いすることになつた……先生が私の村に残された偉大なる業績であつて村民の深く感謝する所である。尚本年も竪穴古墳と住居趾研究のプランをたて愛大考古学の御協力を得んものと期待していましたのに、先生の御急逝遊ばすこととなり悲痛の極みであります」(同、七頁)。

第三章　京城帝国大学「哲学、哲学史第一」講座と大正教養主義

1　金桂淑（一九〇五〜一九八九年）という問題設定

金桂淑については、すでにかれの学籍簿に記載されている受講科目を紹介した（第二部第一章、［表⑨］）。本籍地は咸鏡南道洪原郡。一九〇五年に生まれ、一九二三年に咸興普通高等学校を卒業した後に一九二四年に京城帝大予科に入る。そして一九二九年、「哲学、哲学史」専攻で同校を卒業する。卒業した後には儆新學校（一八八六年、宣教師 H. G. Underwood によって設立された）で一〇年間教鞭をとり、一九三九年の春には東京帝大大学院に入学するために内地へ渡る。(1) 一九四二年に朝鮮に戻り、解放直後から一生ソウル大学校師範大学教授を務める。ところが、金桂淑は朝鮮戦争の直後である一九五四年に出版した最初の著作『近世文化史』について次のような回顧を残している。

私の専門分野は哲学史、そのなかでも西洋近世哲学史であったため、大学でもその講座を担当するようになった。ところが私は、西洋近世哲学史の講義において、とくにその文化史的背景と関聯させた多少変わった哲学史講義の計画を立てた。しかし、ちょうど解放直後だった当時は、文化史に関する専門教授もおらず、自分がその文化史の一部を担当することになったため、その教材の準備として原稿作成が必要となった。しかし、韓国戦争のために出版も後れ、避難する際に持った原稿を避難地の馬山と釜山で整理し、戦争の後に出版したのが一九五四年の『近世文化史』であった。(2)

この引用文の後部分では次のことも書かれている。西洋近世哲学史とは、西洋「近世文化」の「形成」、「発展史」であり、それは一九三〇年代、「独裁政治」という「民主主義の試練」を耐えた後、やがて民主主義を獲得したというのである。金はこの原稿をもって当時、朝鮮人民軍が入ることのなかった、連合軍の保護を受けていた馬山と釜山で非難生活を送った。

本章では、かれの「西洋近世哲学史＝近世文化史」という図式がいかなる歴史的背景をもつのかについて、京城帝大の「哲学、哲学史」講座を通じて答えることを目的とする。具体的には、当講座で一五年間西洋哲学史を教えた安倍能成について論じる。

京城帝大に在職していた日本人教授のなかでも安倍能成については、ある程度研究がなされている。韓国の知識人たちが残した回顧や兪鎮午の小説「金講師とT教授」(一九三五年)、そして李忠雨の『京城帝国大学』(一九八〇年)などによって早くから知られた。(3)また、日本の学界では、安倍のリベラリスト知識人としての側面が共有されつつも、戦後日本におけるエリート知識人の現実認識が批判される一方、(4)敗戦直後の教育界の再建に寄与した教育者という評価も併在する。(5)最近では、鄭駿永の京城帝国大学「自治」に関する研究、(6)尹大石、朴光賢、車承棋などの研究によって、京城帝大の思想的背景として「岩波グループ」が指摘され、「リベラリスト」知識人の植民地認識が批判されたりもした[7]。また、戦後の平和問題談話会にみられる安倍の朝鮮半島認識を批判的に捉えた南基正の研究など[8]、密度の高い研究が蓄積されている。

だが、近代学制としてのフィロソフィーが植民地ではいかに制度化されたかという観点からみれば、安倍に関してはまだ重要な問題が残っている。すなわち、安倍は西洋哲学研究者として植民地朝鮮の官立大学に赴任してきた人物である。これまで「岩波グループ」は指摘されても、そのグループを支える思想的背景や特徴については具体的に論じられていない。

以下では、戦前から、解放後の大韓民国の哲学界に至る連続性を重視しつつ、京城帝国大学「哲学、哲学史」講座の思想的背景、また、大正期の思想的特質が植民地朝鮮といかなる関係をもつのかについて、安倍能成という人物を通じて論じる。

2 安倍能成の生涯そして、伝記にみられる消極的記述

安倍能成は、一八八三年一二月、松山市小唐人町に父義任と母品の八男として生まれた[9]。祖父の允任は松山で初めて種痘を実施した人であり、広島生まれの安倍の父義任も一四歳から大坂などで医学を修め、三三歳で安倍家に入った医者の家系であった。一八九六年に愛媛県尋常中学校に入学、一九〇二年には第一高等学校に入学したが、この時期にドイツ語の勉強に没頭した[10]。一九〇六年に東京帝国大学文科大学哲学科に入学し、一九〇九年、卒業と同時に日本済美学校で教員となり、『ホトトギス』を皮切りに文筆活動に従事する。一九一三年には友人

の岩波茂雄の書店経営に参加、哲学叢書の編集を担当したが、その年の四月に日蓮宗大学（現在の立正大学）から講師の嘱託を受け、はじめて西洋哲学史の講義を受け持った。この頃から、慶応義塾大学、法政大学、一高で、ドイツ語、倫理学、西洋哲学概論、西洋哲学史などを教える。

一方、安倍が京城帝国大学（以下、京城帝大）法文学部教授に任命されたのは、一九二四年のことである。[11] 予科教授の資格で一年半ヨーロッパに滞在した後、一九二六年に「哲学、哲学史」講座を、一九二七年からこの講座が二つに増設されたのを受け、一九四〇年まで「哲学、哲学史第一」講座を担当した。ちなみに、一九二七年から一九四四年まで「哲学、哲学史第二」講座を担当した宮本和吉は、安倍の一高、東京帝大の同期にして義弟である。

一九四〇年九月、安倍は内地に戻り、母校である一高の校長に就任した。敗戦直後の一九四五年一二月には貴族院議員に勅選され、翌年一月には幣原内閣の文部大臣に、一〇月には学習院の院長に就任した。一九四八年一二月の平和問題談話会では議長を務めた。一九五二年一一月から五三年三月までは「日米知的文化交流」の目的でアメリカのコロンビアを訪問したが、この時期にアメリカの主要大学を訪問して帰国する。一九四六年に宮内省から分離して一九四九年に私立大学になった学習院で、安倍は死に至るまで学長の座にあった。[12] 葬儀には皇太子夫妻が参列した。

安倍能成について公刊された資料の外に、次のような資料がある。愛媛県生涯学習センター発行の『安倍能成――教育に情熱を注いだ硬骨のリベラリスト』という冊子である。「教育の情熱を注いだ硬骨のリベラリスト」という副題から感じられる通り、この本では、資本主義と帝国主義が本格化し、「個人」と「国民」が「自覚」されはじめた日露戦争の直後という時代に青年期を生き、五〇代後半に太平洋戦争を経験し、戦後日本まで生き抜いたエリート知識人の物語が生き生きと描かれている。[13] だが、内容の構成と分量の不均衡が目につく。すなわち、歴史と社会のなかで孤軍奮闘するエリート男性のイメージが、同僚の知識人たちと一緒に撮った写真、同僚たちとやりとりした書簡、当時の日本社会に向けて発信した文章、自筆原稿や写真などを通じて本全体を貫いている一方、「京城帝国大学教授時代」に関する叙述は、事実に関する一段落と安倍の回想の一段落、そして三行の感想に圧縮されている、という事実である。約一五年の歳月を整理する三行の感想は、次の通りである。「安倍は、京城で過ごした約十五年間は、勉強や仕事が一番出来た時期であり、また、よき友を得て愉快に過ごすことが出来た時期だったと振り返っています[14]」。

一高、東京帝大を卒業して一高校長、文部大臣まで歴任した当代最高のエリート男性にとって、植民地朝鮮の経験は、安倍が四〇代という人生の盛りに当たる時期を植民地で過ごしたにもかかわらず、非常に私的で消極的に記述されているのである。これは、そのすぐ次の一四頁から五六頁まで日本の社会と国家の教育のために孤軍奮闘するかれの姿が羅列されているのとは対照的である。

以下では、このような消極的な記述をさけて、安倍能成の学問的特徴を大正期と関連づけ、大正という時代が植民地朝鮮とどのような関連性をもつのかについて指摘する。

3　安倍の学問的背景と研究成果――京城帝大赴任以前

安倍は、大正期に青年期を過ごし、大正期の思想的特徴をそのまま体現した西洋哲学研究者であった。本節では、この点について具体的に論じる。

安倍の学問的成果は、大正期という時間的背景、東京帝大という空間的背景と切っても切り離せないという表現が最も似つかわしい。その理由としては、第一に、安倍が自身の専攻について著述した研究書の大部分が、かれが東京帝大を卒業した一九〇九年から京城帝大予科教授の身分でパリに向かった一九二四年の秋の間に出版された。第二に、おおよそオイケン、ニーチェ、カントの翻訳および紹介に集約される安倍の研究は、とくに東京帝大哲学科という磁場ぬきには説明できない。これらの内容を簡単にみてみよう。

まず、安倍は東京帝大を「哲学及哲学史」専攻で一九〇九年に卒業した。[15] かれは、入学年度の一九〇六年から一九〇九年まで、「哲学、哲学史第一」講座の教授の井上哲次郎、「哲学、哲学史第二」講座の教授のケーベル(Raphael von Koeber, 1848～1923)、「古代中世哲学」講義を担当していた波多野精一(一八七七～一九五〇年)から西洋哲学を学んだ。[16] なかでも安倍はケーベルについて多くの回想録を残しているが、一九二八年にはケーベルの随筆を集めた『ケーベル博士随筆集』(岩波書店)を出版する。また、波多野も安倍に多くの影響を与えた人物であり、安倍は波多野の練習講義である「スピノザの『倫理学』」を聴き、卒業論文にはスピノザについて書いた(「スピノザの本体論と解脱論」)。[17] 一方、井上哲次郎については、「井上教授の『日本武士道の哲学』といふのが、必修の講義だつたが、これが実に無準備な出鱈目の粗笨極まる講義であつた。……この哲学のての字もない人が、スエズ以東第一の哲学者といはれ、その現象即実在論が彼の独創だといふ者があつたのだから、あきれる外はない」と辛辣に非難した。[18]

安倍が西洋哲学という専攻を生かして出版した最初の本は、オイケン(Rudolf Christoph Eucken, 1846～1926)の西洋哲学史の本である『大思想家の人生観 *Die Lebensanschauungen der grossen Denker*』(一九一二年)であった。この翻訳本の序文を書いたのが、安倍が東京帝大在学中に最も多くの影響を受けたケーベルと波多野の二人であった。安倍は、かれらの学問的権威に頼り、ドイツでさえまだ公刊されていなかった最新の九版原稿をケーベルから直接入手したと明かしている。また、一九一五年に出版された安倍の『オイケン』は、オイケンの「新理想主義」をアカデミックに解説した最初の本であった。船山が指摘している通り、オイケンの新理想主義の哲学は当時の思想界の「人生観的雰囲気」によくマッチし、大正思想界に大きな影響を及ぼした。[19] しかし、日本にオイケンを初めて紹介した金子筑水とその弟子の稲毛詛風が『太陽』のような大衆雑誌でオイケン思想を審美的、宗教的に解説したのに対して、[20] 安倍は原典に忠実であった。かれはオイケンの「精神生活Geistesleben」を現実的問題として強調し、「積極的」な「行為」の問題と捉えた。[21] また、自身の概説書『オイケン』が新理想主義の影響力が消えた後で公刊されたことを意識し、「オイケンの名声は……今や殆ど我が国人に忘れ去られようとして居る。しかも私の小著は漸くこの時になつて出来て、恐らくはオイケンに関する著述の殿を務めようとして居る。書肆の為めにこのことは或は不利益かも知れぬ、私にとつてはむしろ愉快である。私はオイケンを以て単なる一時の流行に尽きてしまふものとは信じないからである」と記した。[22]

次に、安倍の『この人を見よ』（南北社、一九一三年）は、漢字圏でニーチェの *Ecce Homo* を初めて翻訳した本であった。日本におけるニーチェの流行は、時期が早く、独特であった。一八九三年『心海』（四号）に掲載された作者不詳の文章――「欧州に於ける徳義思想の二代表者フリデリヒ、ニツシェ氏とレオ、トウストイ伯との意見比較」によってニーチェが初めて紹介された後、一九〇〇年代から本格的にニーチェが流行し始め、「一九〇〇（明治三三）年には、たった二本だけであったニーチェに関する新聞・雑誌・紀要等の記事が、一九〇一（明治三四）年には四十本も上梓され」た。[23] 安倍がニーチェを翻訳したのは、一九〇一年にニーチェブームを起こした高山樗牛の影響が大きかった。[24] しかし、当時のニーチェブームは文字通りブームであって、抄訳が多かった。その例として、『ツァラトゥストラはかく語りき』を抄訳して関心を惹きそうなタイトルをつけた「夜の歌」、『ニイチェ美辞名句集』などがあり、[25]「Übermensch」を「超人」と翻訳したように、Übermenschをイエスや釈迦に譬えることもあった。[26] これに対して安倍の翻訳は帝大哲学科の学生がニーチェを翻訳した最初の例だったが、和辻哲郎の『ニイチェ研究』も同じ年に出版され、ニーチェが帝大哲学科の学問的対象として定着する契機となった[27]。

一方、カントについて安倍が行った研究も、当時の「カント流行」という学問的背景と一致する。日本のカント研究の歴史については、牧野英二のすぐれた論文があるので[28]、安倍に関する核心的な事項のみをみておこう。まず、大正期はカントの翻訳と研究が爆発的に生産された時期であった。その主役を担ったのは、波多野精一、桑木厳翼、元良勇次郎、宮本和吉などだが、いずれも安倍と東京帝大時代をともに過ごした教師や同僚、先輩後輩の間柄であった。また、安倍と同じ年に東京帝大を卒業した六名の学生のうち四名がカントをテーマにして卒業論文を執筆した[29]。安倍もこのような潮流に乗っていたのであり、まず一九一九年にカントの *Grundlegung zur Metaphysik der Sitten* (1785) を日本で初めて翻訳し（藤原正共訳『道徳哲学原論』岩波書店）、カント生誕二百周年を記念した各種の企画雑誌に参与した[30]。カント生誕二百周年は一九二四年だが、この年は安倍が一五年間在籍することとなる京城帝大が六番目の帝国大学として設立された年であり、日本ではカント著作集が初めて出版された。安倍はこの年に『実践理性批判』の解説を書くのだが、この解説で、カント哲学は何よりも「実践理性の優位」としての意味をもち、人間の本質としての「道徳的原理」をえたという理解を確立した[31]。このような「道徳」中心の理解は、以後安倍がカントについて書く論文でも一貫してみられるのだが[32]、安倍がカントを概説した唯一の単行本である『カントの実践哲学』（岩波書店、一九二四年）も、タイトルを「カントの道徳説」に替えてもよいといえるほど、実践理性の優位と普遍的道徳法則を強調している。

このように、安倍のオイケン、ニーチェ、カントの翻訳や概説書などは、いずれも大正期に出た。それ以降に刊行された西洋哲学研究の書籍としては、『カント著作集5　宗教哲学』（一九三二年）と『道徳思想史』（一九三三年）のような岩波講座哲学シリーズ、『大思想文庫10　スピノザ倫理学』（岩波書店、一九三五年）があるが、これらは大正期にかれが行った研究の延長線上にあった。新しくみえる『道徳思想史』も、一九一六年から二年わたって岩波哲学叢書から出した二冊の西洋哲学史の本から倫理思想史の部分を抜粋・補充したものであり、『スピノザ倫理学』は岩波書店の大思想文庫企画をきっかけにして自身の卒業論文を単行本として完成させたものであった。西洋哲学研究の外には、『大教育家文庫2　孟子・荀子』（岩波書店、一九三七年）のような古典の概説書や、上述したケーベルの随筆集、そして何よりも自身の「随筆――時代的評論、ヨーロッパ旅行の紀行文、日常の感想」を頻繁に出版した[33]。これらの本も、ほとんどが友人の岩波茂雄によって出版された。

このように、安倍の学問的背景は東京帝大哲学科を通じて窺うことができるが、もう一つ指摘すべきなのは、やはり岩波書店である。京城帝国大学法文学部教授に任命された西洋哲学系列の学者全員が、この東京帝大と岩波書店を介して繋がっていた。鄭駿永が指摘している通り、かれらは草創期の岩波書店が力を入れていた西洋哲学書の翻訳と概説書の出版事業の陣頭に立っていた。かれらはいずれも旧制高校と東京帝大を卒業したエリート青年だったが、当時は帝大を卒業しても貧しい新生学校に就職することが多かったため、「教員をやつて月給をもらひ、それを原稿料で補ふといふ」卒業直後の生活において[34]、岩波書店は物質的な意味が大きかった。岩波書店自体が大正期の始まりと同時に創業したのであり（一九一三年）、当時の東京帝大哲学科出身者たちが礎を築いていったといえるほど、その時代的な意味は一致する。岩波茂雄は、創業の翌年である一九一四年に、日本で最初の哲学雑誌である『哲学雑誌』の出版権を買い、その年に東京帝大を卒業した宮本和吉を編集人に引き入れる。

東京帝大哲学科と岩波書店の関係において何よりも重要なのは、一九一五年から刊行されはじめた哲学叢書と『岩波哲学辞典』（一九二二年）である。安倍が自らの西洋哲学講義に用いた『西洋古代中世哲学史』（安倍、一九一六年）、『西洋近世哲学史』（安倍、一九一七年）、『哲学概論』（宮本、一九一六年）、そして叢書のうちで最も売れた速水滉（一八七六～一九三六年、京城帝大心理学講座担任）の『論理学』（一九一六年）、大正期の教養派の代表的人物である阿部次郎の『美学』（一九一七年）などが、この哲学叢書として刊行された。安倍は、哲学叢書について次のように回想している。多少長いが引用する。

すべての出来栄えがそろってもいないし、十二巻中発売行の相違は随分あったが、この書が日本の思想界、殊に若い学徒に与えた影響は、その売行と共に大きかったといってよく、今まで殆ど哲学書が顧みられなかったのに対して、一時の哲学もしくは哲学書流行時代を作ったのであった。この叢書の始は大正四年（一九一五）十月であって、第一次欧州戦争が始まって一年の頃であり、……ともかく文化と哲学とに対する興味が我が国の読書界に起りかけていたところだし、又第十九世紀後半の哲学蔑視、科学偏重に対して、カントに帰れという新カント派、即ち西南ドイツ学派のヴィンデルバント、リッケルト、マールブルヒ派のコーエン、ナートルプなどの哲学が、カントの批判主義に立脚して、その認識論的要素を力説すると共に、文化の自己批判としての文化尊重の哲学、認識主観を尊重する観念論的哲学の流行を、日本の哲学界に促したという気運もあり、岩波の出版は期せずして、時運の波に乗ることになった。／（段落変更）編集者は岩波の一高以来の親友だった、阿部次郎、上野直昭及び安倍能成であり、……著者はほぼ二、三年に亘って明治末年に東京帝国大学を出たもので、当時としては新進であった。此等の書物は多くは西洋の著書によっての解説や講述であるが、哲学に対する時代の要求を充たすには役立った。……せめて千部売れてくれればと心配したものであり、前記進省堂の吉田の如きも、岩波が最も心を傾けたのは「哲学叢書」だといっている。それが意外に世の歓迎を受け、全十二冊の爲に用意しておいた紙が、二、三冊分でなくなるという勢であり、恐らく二十数年に亘って広く読まれ、何百版も重ねるものが、その大半を占めるという有様であった。中でも最も多く売れたのは、速水滉の『論理学』であって、大正末までに七万五千冊、それから昭和十六年までには九万冊、岩波の生存中に十八万冊に及んでいる。(35)

一方、当時のベストセラーだった『岩波哲学辞典』も、[36]編集者全員——宮本和吉、高橋穣、上野直昭、小熊虎之助が東京帝大の出身だったが、上野は安倍の一高、東京帝大の先輩であり、一九二六年に京城帝大法文学部に美学講座教授として赴任する。

このように、東京帝大を中心に形成された大正思想界の学問的な雰囲気については、以前から揶揄の混じった視線が存在したし、批判的な研究も早い時期に出ている。[37]代表例として、三木清は、一九四一年に次のように回想している。「そしてさうした空気の中から「教養」といふ観念が我が国のインテリゲンチャの間に現はれたのである。従つてこの教養の観念はその由来からいつて文学的乃至哲学的であつて、政治的教養といふものを含むことなく、むしろ意識的に政治的なものを外面的なものとして除外し排斥していたといふことができるであらう。教養の観念は主として漱石門下の人々でケーベル博士の影響を受けた人々によつて形成されていつた[38]」。マルキスト思想家の舩山信一も、三木清の言葉を受けた上で、[39]「大正哲学の特色は、それがアカデミーにとじこもっていて、社会、大衆、ジャーナリズムからさえも切断されていた」と指摘する。[40]

大正期は、「西洋人のいう事だといえば何でも蚊でも盲従して威張った」時期だったともいえる。[41]とくに安倍は、すぐれたドイツ語能力を土台にして、思想的には新理想主義に心酔しつつも、ニーチェやカントを翻訳するほど、特定の理論や思想家に執着しない雑種性があり、それと同時に『太陽』のようなジャーナリズムの側で西洋思想を輸入しようという動きを意識し、原著と原概念にこだわった。

一方、一九一四年から東京帝大哲学科に赴任していた桑木が、安倍が書いたカント論文を読んでかれを知り、京城帝大初代総長の服部宇之吉にかれを推薦する。これがきっかけとなり、安倍能成は京城帝大哲学科教授として赴任することになる。

4　「人生哲学」で植民地朝鮮に生きる

前節では、安倍の西洋哲学研究について、大正期と東京帝大、岩波書店との関係のなかで論じた。本節では、安倍の京城帝大時代について、かれの「哲学、哲学史」講座の内容とその出どころ、そして植民地朝鮮をつなげて論じる。

4・1　新カント学派と安倍能成

まず述べておかなければならないのは、新カント学派と安倍の関連性である。上述した通り、大正期の哲学研究はカント哲学研究が支配的だったが、このカント研究は、新カント学派の影響のもとで輸入・再解釈されたものであった[42]。しかしこれは、日本だけの特徴ではない。当時のドイツの哲学思想界では、一八六五年、イェーナ大学のオットー・リップマン（Otto Liebmann, 1840～1912）が著した *Kant und die Epigonen*（カントとその亜流）に出てくる「カントに帰れ Back to Kant!」という言葉がきっかけとなって新カント学派が流行し始めており、一九世紀中葉以降、ドイツ哲学を支配する強大な権力になっていた。「School Philosophy」という語からわかるように、当時のドイツでは、大学で職に就いている教授の大部分が新カント主義者だったのであり、かれらは最低でもこの運動の支持者であった[43]。

一方、安倍の京城帝大での初講義は「哲学概論」（一九二六年）だが[44]、その内容は、一九二七年から「哲学、哲学史第二」講座で哲学概論を担当した宮本の『哲学概論』（一九一六年）と酷似している。安倍の講義ノートの所々がひとつのちがいもなくこの本と一致することから、おそらく宮本の『哲学概論』を用いて講義を準備したのだと推察される。[45] ところで、宮本のこの本は新カント学派のうちでもバーデン学派の創始者として知られるヴィンデルバントの *Einleitung in die Philosophie*（哲学概論）(1914) を土台にして書かれたものであり、「知識問題」と「価値問題」を大別するヴィンデルバントの哲学概論に倣っている。[46]

このように、安倍のみならず宮本まで、京城帝大法文学部「哲学、哲学史」講座の特徴を理解するには、新カント学派とりわけ西南学派（バーデン学派）について簡単に理解しておく必要がある。

まず、新カント学派のうちでもとくに安倍らが多くの影響を受けた西南学派（バーデン学派）は、一言で文化科学としての価値哲学を主張したとしかいえないのだが、ここで「文化」や「価値」について具体的に論ずることはできない。代わりに、リッケルトの『文化科学と自然科学』（一八九九年）を借りて簡単にいえば、リッケルトは、学問領域が分化していった当時の潮流の後押しを受けて「自然科学」者たちが自分たちの学問領域を概念的、方法的に構築していくのに対して、なぜ「非自然科学的な経験的諸学科」は自分たちの課題や方法を規定するのに要領を得ないのか、という問いを投げかけ[47]、「非自然科学的な経験的諸学科の共通の関心・課題及び方法を規定して、自然研究者のそれらに対して境界区画をなし得る概念を展開する」ことが目標であるという。そして「私は文化科学といふ語が最もよくかかる概念の特色を示すと思ふ」と断定する。[48] この言葉にみられる通り、「文化」は、非自然科学的かつ経験的な学問対象を自然科学と区分する最も核心的な概念であり、「価値を認められたもろもろの目的に従つて行動する人間によつて直接に生産されたもの、或ひは（もしそれが既に存在してゐるならば）少なくともそれに附著せる価値のゆえにわざわざ養護されたものとして、自然に対立する」ものと定義されている。[49] 問題は、これは「内容」ではないということである。ただ「普遍的原理的区別」を可能にする「基本形式」としての社会科学領域を構築しようとしたのが新カント学派であった。リッケルトが「価値に充ちた現実」と述べた通り、新カント学派において人間の生きる世界は明らかに価値的であり、価値はどのような形であれ存在の成立条件に関わるものであった。つまり、かれらにとって価値は、「単に心理的なものではなく」「普遍妥当な」「形式」だったのであり、この点において「価値」とはカント哲学の「物自体 Ding an sich」に代わる概念だといえる。リッケルト自身も指摘する通り、この「文化哲学」は、一八七一年のドイツ帝国成立後、欧州大戦に敗北してイギリスとフランスに莫大な賠償金を支払わされるまでは高度成長のなかにあった当時のドイツで流行していた「文化闘争 Kulturkampt」や「倫理教化運動 ethische Kultur」とも「質的に」異なるものであった。かれらにとって「文化生活を直ちに国家生活と同一視することも出来ぬ」だけでなく、国家も「全く国民経験や芸術と同様に一個の文化財」にすぎないものであった。[50] このような価値哲学の意味は、リッケルトの師であったヴィンデルバントが論理学について述べた言葉からもよくわかる。「倫理が道徳的価値に関心をもつように、論理学も「真」の名において価値に関わる」[51]。つまりヴィンデルバントは、「そうしなければならないという」価値哲学的な性質が単に倫理的判断にのみとどまらず、真理をあつかう論理学や認識論もまた価値論の範疇に属するとみることによって、カント哲学の厳格な二元論（純粋理性と実践理性）を克服しようとしたのである。

さて、安倍に戻ろう。一九二七年から「哲学、哲学史」講座が二つに分けられたが、新たに赴任してきた宮本は一九四四年まで「第二」講座で「哲学概論」を担当し、安倍は一九二七年から「第一」講座で主に「西洋哲学史」を担当することとなる[52]。前節で言及した通り、安倍は岩波哲学叢書から刊行された『西洋古代中世哲学史』（哲学叢書5編）と『西洋近世哲学史』（哲学叢書10編）で西洋哲学史を教えたと推定されるが、これも当時のドイツで現代文化叢書シリーズの一部であった『一般哲学史 Allgemeine Geschichte der Philisophie』を土台にして書かれたものであった。とりわけ『西洋近世哲学史』は、安倍自身が凡例で記しているように、『一般哲学史』のなかでヴィンデルバントの「近世哲学史」を翻訳したものであった[53]。

一九二七年から安倍は、この二冊の本をもって西洋哲学史の講義を行った。具体的に「西洋哲学史概論」は、タレスに代表されるイオニアの自然哲学に始まり、古代哲学史を非常に具体的に扱い[54]、「西洋近世哲学史」の講義ではデカルトに始まりイギリスの経験論をロック、バークリー、ヒュームで概括し、「カント及び独逸理想主義の哲学」に多くの分量を割いた[55]。つまり、「カント」、「カント以後の独逸観念論の哲学」、「フィヒテ」、「ヘーゲル」の順序に進み、とりわけフィヒテはカント次に最も多くの分量を占め、一九三一年のものと推定される講義ノートの題目は「deutschen Idealismus（ドイツ観念論）／（改行）Fichte の歴史哲学」で、その内容はフィヒテの知識学 Wissenschaftslehre（『全体知識学の基礎』）と法律哲学および国家哲学、宗教哲学まで、フィヒテの思想を概括したものであった[56]。また、一九三二年の「倫理思想史」講義は、一九三三年に岩波講座哲学として出された『道徳思想史』と内容が似ており、完全に一致する文章もみられることから、京城帝大での講義を通じて『道徳思想史』の出版を準備したと推定される[57]。この他に、安倍自身の講義ノートにつけられた題目と日付をそのまま引用すると、「Kritik der Urteilskraft（判断力批判：筆者注、以下同様）／Phaenomenologie des Geistes（精神現象学）／Heidegger Kant und des problem der Metaphysik（ハイデガー、カントにおける形而上学的問題）／昭和六年四月／昭和七年四月／昭和十年四月／安倍能成」、「新カント派の哲学（年度不明）」、「Messer／Einführung in die Erkenntnistheorie（認識論概説、年度不明）[58]」となる。ここまでが、現時点でわかっている限りでの安倍の京城帝大哲学科の講義の全貌を簡単に説明したものである。［附記］に講義ノートの全貌を挙げ、さらに、安倍が手元にしたと推定される西洋哲学関連文献目録を作成しておく。比較的に分かりやすく文献が挙げられている講義ノート「西洋近世哲学史」「独逸観念論」「カントとヘーゲル哲学」「倫理思想史」を中心とした。

ちなみに、「近世哲学史」講義全体において、マルクスについては、「ここにHegel の普遍主義的傾向を受けてこれを唯物論に総し、近先□□《判読不可》ける科学的社会主義の理念を建てたのは Karl Marx（1818-83）及び Friedrich

Engels（1820-95）である」と始め、二頁に満たない分量を割いている[59]。

このように、文献上では安倍は新カント学派の影響のもとにあったと確実にいえるが、問題は単純ではない。すなわち、新カント学派のなかでもとくにヴィンデルバントをはじめとする西南学派は、「歴史主義」と「相対主義」に対する批判意識から出発して文化哲学を展開したが、安倍はかれら西南学派の問題意識を共有していないどころか、植民地朝鮮を通じてむしろ自身が文化的相対主義者であることを示したという点である。以下では、この点について述べることとする。

4・2 新カント学派と「相対主義」

新カント学派とりわけ西南学派の価値哲学については、上で簡単に叙述した。ここでいう「価値」とは、内容ではなく自然科学と区別づける「普遍的形式」をいうということはすでに述べた。このように新カント学派は、普遍的形式としての「価値」、普遍的学問としての「価値哲学」を定立するために価値の相対性を克服しようとした最初の思潮であった。「すなわち、価値を認識の前提とみなしつつ、認識に関して――今日の価値多様化がもたらしたような――相対主義を忌避しようと」努力したのが[60]、新カント学派のなかでもとくにヴィンデルバント、リッケルトらに代表される西南学派であった。

キンゼルの論文によれば、ヴィンデルバントは一八八二年に初めてはっきりと「相対主義 relativism」を哲学的問題として扱ったが、それは一九世紀末から二〇世紀初めの帝国ドイツで繰り返し議論された問題であった[61]。「哲学者たちは主にこの用語を論争的なやり方で使用した。『相対主義』という概念は、哲学的な不快感、避けるべき悪として現れた。それは事実と規範の区別を崩壊させ、価値の基盤を弱体化させると脅した。『相対主義』が哲学を全面的に破壊したり、無神論と政治的アナーキーの種を植えたりするだろうと恐れる者もいるほどであった。ジョージ・シミュエル Georg Simmel のような者が自著 *Philosophie des Geldes*（1900）で相対主義的な観点を必死に正当化したような例を除けば、ほとんどの哲学者たちが相対主義を拒否したし、少なくともそれに巻きこまれることを避けた」[62]。とりわけヴィンデルバントは、価値哲学を普遍的な学問として確立するためにまずしなければならないのは歴史的相対主義と絶縁することだと考えはじめたが、そこからかれは経験的領域から規範性を引き離す作業に着手する。と同時にかれは、価値哲学を完成させるためには「人間」という問題、すなわち「価値」を生む「生」を中心に据えるべきだと主張し、経験と規範性のあいだに「歴史」という結節点を置こうとした。これが後期ヴィンデルバントの「歴史」概念に他ならない[63]。「歴史」は、一回性のものである。反復して起こらない歴史、すなわち経験を通じて正当な規範性に到達することは不可能である。しかし同時に「歴史」は、機械的な因果関係によって支配される自然法則とは厳然と異なる、精神的法則の支配を受ける。この精神的法則。すなわちヴィンデルバントは、歴史的相対主義を避けるために論理的形式をもたないながらそれ自体で法的拘束力を帯びる「真理への意志 Wille zur Wahrheit」を想定することによって、歴史がもつ相対主義を避けつつ、非自然科学的な領域の自由と必然性を同時に確保しようとしたのである。かれはいう。「批判的方法の前提は普遍妥当的認識、およびそれに対する経験的意識の信仰（Glauben）である」[64]。つまり、「真理という価値を求める理論的認識の場合、真理のために公理は妥当すべきであると考えるのが、批判的方法なのである」[65]。ここでは、ヴィンデルバントが価値哲学を確立するのに成功したかどうかは重要ではない。重要なのは、ヴィンデルバントが「真理への意志」を想定してまで「相対主義」を避けようとしたように、西南学派が共有した問題意識がまさにこの「相対主義」をいかにして避けうるかということだった、ということである。では、ヴィンデルバントの西洋哲学史を翻訳する形で受け入れた安倍の場合はどうだったのだろうか。

4・3　安倍の問題意識——人生哲学のなかで「道徳」を探す

結論からいえば、安倍は西南学派と問題意識を共有しなかった。この点において、安倍がヴィンデルバントの哲学概論や西洋哲学史を読解する際、どのような問題意識を見出して読んだのか疑わしい。反対にかれは、「(リッケルト)の主張は認識の対象を以て純観念的、論理的なものとするにあ」る部分が自身の常識と合わず、代わりに「オイケンの形而上学的実在を観念論的ゾレンに解消しない方の見方に、左袒し」たとオイケンを高く評価した。[66] 安倍の論評、すなわち「オイケンの哲学は」「哲学の実践的方面に重きを置」きながら「又人間の存在の根柢を人間社会に止まらず、自然と宇宙との繋がる形而上学的存在に求めたる点に於いて、オイケンの所説に共鳴したことは争はれない」という言葉のうちに、かれが追求した「人生哲学」の性質を窺うことができる。[67] さらにかれは、新カント学派を次のように批判した。「師ヴィンデルバントの先験的観念論を一面的に更に徹底したるリッケルトが自然科学と文化科学とを置礎したけれども、併しその文化科学若しくは歴史科学と称するものの見方が余りに形式的に過ぎて、以上の企が進んで生きた文化、生きた歴史の批判となり難きは勿論、かくの如き批判への津染たる役割をも十分に尽し得なかつたことは、カントの形式主義、論理主義の短所を一層徹底的に発揮したものと見得るであらう[68]」。

一方、安倍が新カント学派から学んだ教訓は、ただ「道徳」だったようである。かれはいう。「カントの批判哲学に於いて、あらゆる文化の世界を綜合すると行かないまでも、最高の原理としてその他の文化要求を服属せしめて、これを統率し得たものは、やはり道徳的原理であつた。『実践理性の優位』はこの意味に於いてもカント哲学でものをいひ得るのであり、さうしてフィヒテがカントのこの方向の徹底者であることは、普く人の知る所である。人間は悉く学者とならねばならぬことはない、併し人間は悉く道徳的であるべきである。……道徳は科学よりも遥かに普遍的な、さうして更に重大な、より根本的な文化価値を有する。道徳が人生に於いて、従つてあらゆる文化に於いて、又歴史に於いて、主導的原理たる位置を有することは、カントに於いて否定し得べからざる事実である[69]」。

このように、安倍は新カント学派には「生きた文化」、「生きた歴史」を批判する機能がないと述べ、「カントの批判哲学」の意味をただ「道徳」に求めたが、最も重要なことに、京城帝大教授として植民地朝鮮で生きていくために「相対主義」的観念を盾にした。どの点でそうだといえるだろうか。

安倍自身が書いた随筆や朝鮮に関する発言には、かれの相対主義的な歴史認識がよく現れている[70]。最後に、以下では安倍の京城帝大への赴任の背景とかれが書いた随筆を通じて、大正期思想がその根拠地とした新カント学派が植民地朝鮮ではどのような形で現れたのかについてみていく。

4・4　大正期思想と植民地朝鮮

先に、安倍の思想的背景には東京帝大哲学科があるということを指摘しておいた。そしてこの東京帝大哲学科は岩波書店と漱石の門下生、ケーベルを中心に西洋哲学を輸入した「教養集団」だったことを確認した。阿部次郎の回想からわかるように、この教養集団に対する冷たい視線は、すでに関東大震災（一九二三年）の頃から存在した。「それは十年以前の昔（関東大地震の頃：原注）である。知人の某出版者（岩波茂雄をいう：原注）が或叢書を出版せむとしたとき彼はこれに教養叢書と命名しようとした。併し彼の店の花形であつた若い店員はこの命名に反対した。「教養」といふ言葉は既に黴臭くなつて今日の人心を牽引する力がないといふのである。――私と同じ時代の空気の中に育つたその店主は、我々が重んじて真面目に考へて来た「教養」がそれほど軽視されるやうになつていることを発見して、驚き笑ひながらこのことを私に話した[71]」。このように、内地において「教養」という言葉がもはや力をもちえなくなった時期に安倍は朝鮮に渡った[72]。そして安倍は講義が行われる学期中には朝鮮に滞在し、夏休みと冬そして春休みの際には内地に戻った。[73]実際、安倍は京城帝大での自分の給料について率直に述べており、その内容からは当時かれにとって経済的な問題も大きかったことがよく伝わる。[74]しかし、経済的な理由のみならず、京城帝大の「官学」という側面がかれにとって赴任の良い条件として働いただろう。[75]つまり、「東洋研究」の使命を負った京城帝大において安倍は、朝鮮をフィールドにしない西洋哲学研究者だったため、[76]自身の存在理由を設定するのが難しかったと推測することもむろんできようが、かれは自分の居心地の悪さだけを感じてはいなかった。かれ自身もいったように、京城行きは、むしろ内地と離れ、ただ自分の勉強に没頭できる機会だったのであり、[77]往々にして東洋学関連の学科がもつ負担感をかれは感じずに済んだ。問題は、にもかかわらずかれが西洋哲学を教えた場所が植民地朝鮮だったということであり、まさにこの地点、すなわち植民地朝鮮との関係のなかで西洋哲学という学知がみずから奇妙な性質を露呈するのではなかろうか。

前述したように、第一次世界大戦後に起こった不景気、そして資本主義的な矛盾、そしてロシア革命と時を同じくして労働者と農民を基盤に急速に結成され始めた運動団体のなかで、一九〇〇年代に花開いた教養主義は衰退した。だが、大正教養主義もそう単純ではなかった。戦争が残した廃墟の上で、一九四六年一月に「民主主義」と「真実」、「知恵」という核心的な言葉を挙げ、『世界』創刊号を出版したのが、他ならぬ安倍能成、和辻哲郎らではなかったか。竹内洋は、「大学や教養主義は、戦争のあかげで延命したとさえいえる」と述べる。[78]この指摘は、安倍が京城滞在期に朝鮮について書いた文章を読解する時にも想起される。内地で衰退した大正教養主義が安倍の随筆を通じてあまりにも生き生きと表現されているからである。簡単にみてみよう。

安倍は、一九一三年に出版した最初の随筆集『予の世界』以降、随筆を書きつづけた。定期的に出版される随筆集では、序文に必ず、いつからいつまでの「雑文」を集めて載せた、という言及をしている。そのなかには、『時代と文化』(岩波書店、一九四一年)のような時評集や、『青年と教育』(岩波書店、一九四〇年)のような教育者として青年を対象にした本もあった。だが、朝鮮を対象にした時評はない。朝鮮は「雑文」にのみ登場するのだが、代表として、安倍の『青丘雑記』がこれまで最も多く言及されてきたといえる。序文で「本書は大正十五年二月私が欧羅巴の見学から帰つて朝鮮に赴任して以来、今年の六月に至るまで約六年間に亘り、時時の心持に任せて書いた雑文の大部分を収録したものである」と明かしているように[79]、朝鮮への赴任と同時に書き始めたものとして、「青丘」という名をつけた点で興味を惹いただろう。この本を具体的に読んでみると、朴光賢がすでに指摘しているように、安倍は朝鮮を「超民族的空間」とみなし、ひたすら風景の叙述に没頭していることがわかる。つまり、金剛山に立てられた案内看板、道の樹木、駱山から見下ろせる藁葺家、京城の都市部に建てられた新しい建物、城壁、洗濯する女たち、チゲックン(運び屋)といった朝鮮の風景を文章で描いている。だが、単に朝鮮の風景を描いたとはいえない。なぜなら、安倍の随筆において朝鮮は、つねに西洋というものを媒介する二つの語りの軸をもつからである。一つは現代文明を批判するための朝鮮、もう一つは古代西洋文明をなつかしむための朝鮮。例を挙げてみよう。

前者としては、金剛山の長安寺の前に立てられたペンキ塗りの看板について、安倍が「現代文明の欠点は可なり有功にペンキ塗の看板に象徴されている」、「我我の折角純粋に自然を味はうとする心持を攪乱する」と批判している例が挙げられる[80]。正しい「文化」と「自然」が「現代文明」と対比される点も安倍の随筆によくみられる特徴だが、この時ヨーロッパは正しい現代文明の具現者として具体的に登場する。つまり、古いものと自然をそのまま保存し、適切な人工性を加味した例として、「独逸の住宅」とか「毎夕バケツを持つて坂を登り、水を濯いで木の手入れをする「独逸の兵士」の話が挙げられ、「京城のぐるりの城壁は廃墟《ルイン》の美しさを豊富に有する」もので絶対に保存しなければならないという結末に向かうのである[81]。「朝鮮にはかういふ石造の美しい廃墟が多い」[82]。ここで「ルイン Ruin」は、ドイツ語で崩壊、衰亡、衰退、破滅を意味する。

このように、安倍の随筆では、古代西洋に対する愛着とともに、ルインの「美しさ」に対する愛着もしばしば表現される。これが後者の例である。安倍は、イタリアでみた風景にしばしば朝鮮を差しはさむ。そしてかれは、文明に反する古代西洋を、朝鮮の「野趣」を通じて確認する。藁葺家の重なり合う屋根をみて「聖フランツェスコの遺都なるイタリーのアシジ」を思い浮かべ[83]、洗い場に座る朝鮮の女性たちからは「パリに近いシャルトルの古い町を思ひ出」す[84]。それだけではない。済州島の記憶を残した「耽羅漫筆」は、シチリア島と済州島が最初から最後まで交差しており、「京城とアテーネ」で京城はアテネに譬えられる。

このように、安倍は朝鮮を一貫して「植民地朝鮮」ではない「文化」的な対象として語る。「日本民族」が「世界的国際的」になるためには、朝鮮の「牧歌的風景」、「古い建物」など京城の昔ながらの姿をそのまま保存しなければならず、それによって「内地人」は「世界の文化に貢献」することができると語るのである[85]。このような安倍の朝鮮認識は、文化相対主義に基づいているといえる。このような文化相対主義の認識は、安倍が日本の植民地政策について内心を吐露する際も適用される。「朝鮮併合により日本人は初めて民族問題に当面した。日本としては民族処理の経験を有せざるが故に問題を容易に考へ困難なる問題を見出して居ない。当政者も内鮮一体を宣伝して居るばかりであり、識者も又どうしたらよいかにつき余り考えず朝鮮人の皇民化は容易に進捗するものと考えてゐる。私は危惧の念を懐かざるを得ない。／(段落変更)日本人と朝鮮人は近い。昔から交通があつた。然し乍ら一方は島国にあり一方は大陸に位すると云ふ地理的条件が違ひ違つた統治の下に立ち、違つた歴史を持つて来た。その朝鮮民族を同化出来るか。日本人は同化出来ると考へてゐる。少くとも看板にはしてゐる」[86]。つまりかれは、朝鮮は日本とは異なる空間で異なる時間を経験してきた異なる民族であるから同化することはできないという理由から、内鮮一体に懐疑的であった。

朝鮮を「文化的多様性」を通じて論じることができる「市民」の隊列に加わったかれは、朝鮮のにおいについても受け入れられるようになった。「これはちよつと横道へ外れたが、初め京城で電車に乗つた時は、蒜臭い車内の空気が堪へ難かつたものである。併し今はそれにも慣れたのか余り気にならなくなつた。民族は各々異なつた性格を有すると共に異なつた臭気を持つて居る。先年或る西洋夫人が東京の電車で、中は臭いといつて車掌台に立つて居た爲、乗客の日本人全体から不快を感ぜられたことがある。西洋の電車にも西洋人らしい臭気は勿論ある。ただ誰人も自分の臭気には慣れて感ぜず、人の臭気には鼻をぴこつかせてそれを嫌悪することに、下らない誇を感ずるものである。これは個人の場合でも民族の場合でもさうである[87]」。

5　戦中そして戦後という問題

ここまでの議論をまとめておこう。安倍能成は、東京帝大哲学科を舞台に、当時最新の西洋哲学を自ら翻訳、紹介、解説する作業を通じて大正期のアカデミー哲学を先導した。かれは、当時の思想潮流を素早く受け入れると同時に、新たな大衆文化として浮かび上がった岩波の出版事業においても実質的な役割を担った。そしてその後かれは、植民地朝鮮の京城帝大に渡り、身についていた西洋哲学を一五年間教えることになる。これは何を意味するのか、本章ではこの問題について追究しようとした。そこで、大正期の教養主義に関する竹内洋の議論をふまえた上で、それが植民地と結んだ関係を、安倍能成という人物を通じて検討した。最後に以下では、一九四〇年以後の安倍について簡単に追っておこう。

安倍が自分の母校である第一高等学校校長に任命され、京城から内地へ戻ったのは一九四〇年九月であった。満五七歳の時である。そして、就任の翌年末に太平洋戦争がはじまり、一九四三年には学徒出陣によって文科系学生や生徒たちも次々と戦場や工場へ送られる。[88] 安倍は、校長として在職していた第一高校の合同慰霊祭でどれだけの追悼文を読んだのであろう。一高生を見送る際にかれが残したはなむけの言葉とは、次のようなものであった。

我校始まつて以来未だ曾てない、百余名の諸君の同時入営を送るに際して、実に感慨無量なるものがある。私は諸君が研学の途中にこれを抛擲して国家の為に赴く心事を思ふ毎に、それが後に残る我々自身に対する厳しい警策であることを強く感ずる。徒らに諸君を生死の港に送り出して、我々自身がボヤボヤした散漫な生活をしていたり、ふやけた消耗に日々を送つたり、実行の勢力と勇気となくして利口ぶつたりしていては、これは諸君にすまぬことである。諸君に対する本当の餞は実に我々のこの覚悟でなければならぬ。……六ヶしいことではあるが、生死の程は、諸君はこれを国家と歴史との動きゆく大いなるいのちに任せて、徒らに生に拘することも死を急ぐことも避けてもらひたい。日本が東亜が世界が必要とする人々は神が死なせないであらう。さうしたはからひはこれを我々以上の大いなる力に委ねて、諸君は雄々しく朗かに落着いて征いてもらひたい。[89]

戦場に向かう学生たちに当時、こう言えたのも、ただかれだけではなかっただろう。だが、この前つまり、一高校長の就任の際に行った演説で述べられた言葉――「諸君は、朗かに、健康を重んじて、知識への愛を深めて行つて下さい」――という言葉が、[90] 戦争では、国家と歴史の前で死ねるものに変わっているところに注目したい。

一方、厳しい戦中も戦後を迎える。戦後の安倍については次のようにまとめられよう。一九四六年一月に「幣原喜重郎内閣の文部大臣に就任し、戦後の教育改革に尽力した。退任後は帝室博物館（現在の国立博物館）館長を経て、学習院大学院長として戦後の学習院の再建に力を注ぐ[91]」。そして知られるように、安倍は一九四六年一月に創刊された『世界』の巻頭論文を引き受け、次のように語る。「家や所有は焼かれ、妻子は離散し、飢餓は迫り、窮乏と凍寒とに脅えかされ、インフレーションは必至だといふ、現実の嶮しさ厳しさ乏しさは、背に腹はかへられない、礼節も道義も棄てて顧みる暇なき環境を日毎に増大しつゝある」、「今の日本に於いて最も切要なるものは道徳である[92]」。

また、かれが、植民地朝鮮で西洋哲学を教えた一五年の歳月を次のように回想するのも戦後になってからだ。「私は朝鮮でも有数な形勝の地京城に住んで、電車の中からも、散歩の間にも、京城の自然と街区とを見、日本の文化と朝鮮の文化、この文化の生んだ具体的な生活の種々相を観察し、正直に公平にそれを論議し得たと思ふ[93]」。

大正教養主義の戦後における再生は、安倍のこのような姿勢そして植民地を回想する仕方と無縁ではなかろう。一九五〇年代にそれが再度マルクス主義的な教養主義にとって代わられているあいだ、韓国は分断と戦争を経験した。安倍を通じて読みとれる現実と理想の乖離、文化と道徳を人文思想の最高価値として信じて疑わないかれの姿から、分断と戦争のなかで死に、あるいは生き残った四人の朝鮮人学生――朴致祐、李甲燮、朴鐘鴻、

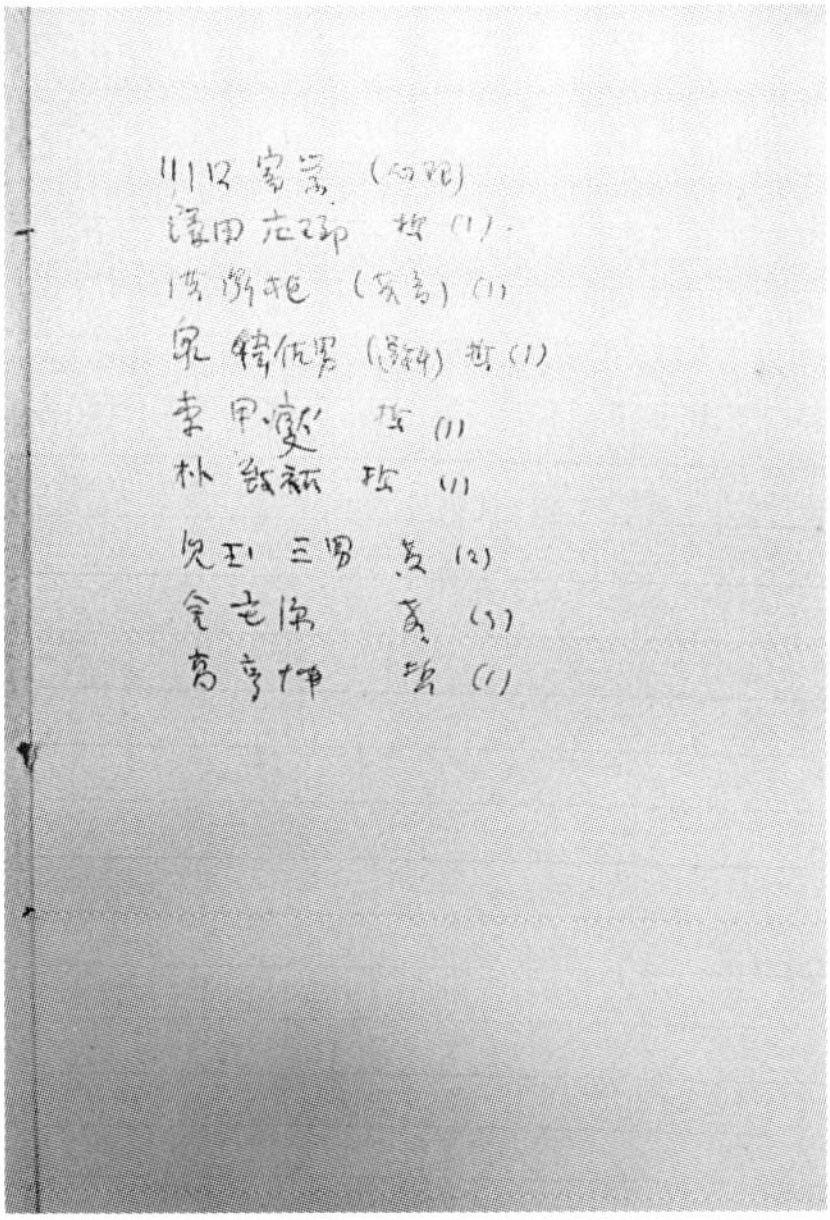

【図】安倍能成の講義ノート（1930年4月「西洋哲学史概説」）

表紙の裏面に、選科生であった朴鐘鴻以外のかれらの名前が書かれている。

高亨坤──を思い浮かべざるをえない(94)(【図】参照)。かれらについては今後の課題とする。

【附記】安倍能成の「哲学、哲学史」講座ノートおよび西洋文献目録の再現

1926年　哲学概論/(段落変更、以下同様)大正十五年六月二十日/安倍能成
1926年　哲学概論/三/(字の痕跡有り)/安倍能成(備考：年度は推定)
1927年　西洋哲学史概説/一/昭和二年四月/ソクラテス学派
1927年　西洋哲学史概説/昭和二年六月/二/Platon より/安倍能成
1928年　西洋近世哲学史/一/安倍能成/昭和三年四月(※文献目録：【図①】)
1928年　西洋近世哲学史/二/Leibniz より/昭和三年六月/安倍能成
1928年　西洋近世哲学史(三)/カントより/昭和三年九月/安倍能成
1930年　西洋哲学史概説/Ⅰ/Zenon まで/昭和五年四月
1930年　Deutschen Idealismus(Ⅰ)/Fichte〔備考：年度は推定〕(※文献目録：【図②】)
1931年　Kritik der Urteilskraft/Phaenomenologie des Geistes/Heidegger Kant und des problem der Metaphysik/昭和六年四月/昭和七年四月/昭和十年四月/安倍能成(※文献目録：【図③】)
1931年　Deutschen Idealismus/Ⅱ/Fichte の歴史哲学より/昭和六年十一月
1932年　倫理思想史/一/昭和七年四月/安倍(※文献目録：【図④】)

1932年	倫理思想史／二／Lockeより／安倍〔備考：年度は推定〕
1932年	Deutschen Idealismus／Ⅲ／Schelling の Idealitätphilosophie／昭和七年十一月
1932年	近世哲学史（10）／Hegel 自我哲学より／昭和七年九月／安倍能成
1932年	倫理思想史／三／Schopenhauer より／安倍／昭和七年十二月三十一日
1933年	西洋哲学史概説（C）／一／昭和八年四月／安倍
1933年	西洋哲学史概説（C）／二／昭和八年九月／安倍
1935年	Hegel 哲学その一／昭和十年／昭和十一年／安倍能成
1936年	Hegel の哲学その二／昭和十一年十月十九日より
不明	新カント派の哲学
不明	表紙なし〔備考：初頁「所謂東西文化の総合」／安倍記載一面より「自由と必然　特に Spinoza と Kant とに関して」という題目とその内容〕
不明	表紙なし〔備考：初頁より「Jaspers Existensphilosophie」という題目とその内容〕
不明	表紙なし〔備考：初頁「奈良時代の美術史」〕
不明	Messer Einführung in die Erkenntnistheorie
不明	表紙なし〔備考：安倍記載一面より「全体と個体の倫理」という題目、内容は西洋古代哲学史〕

図① 1928年西洋近世哲学史ノートの一部

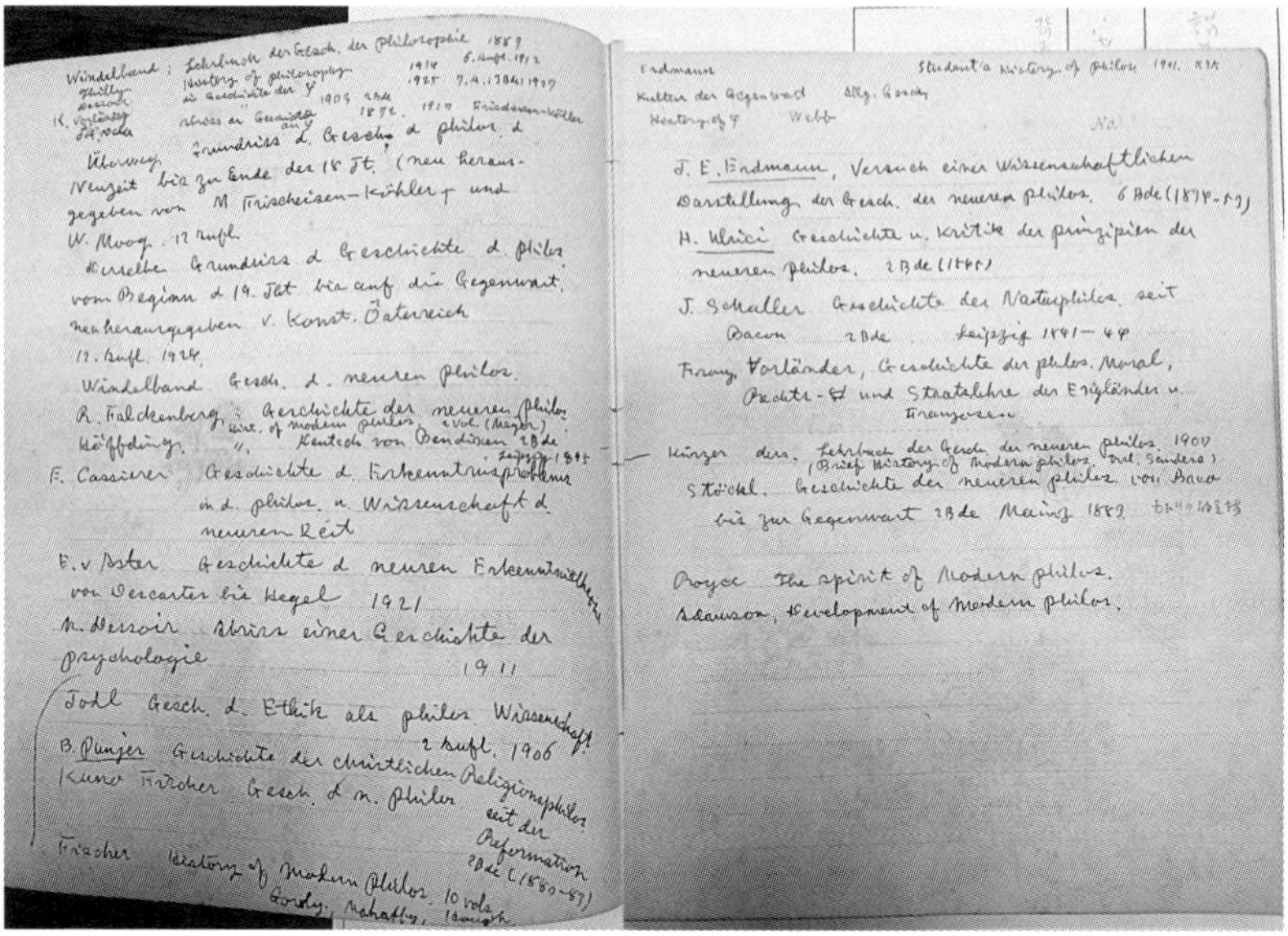

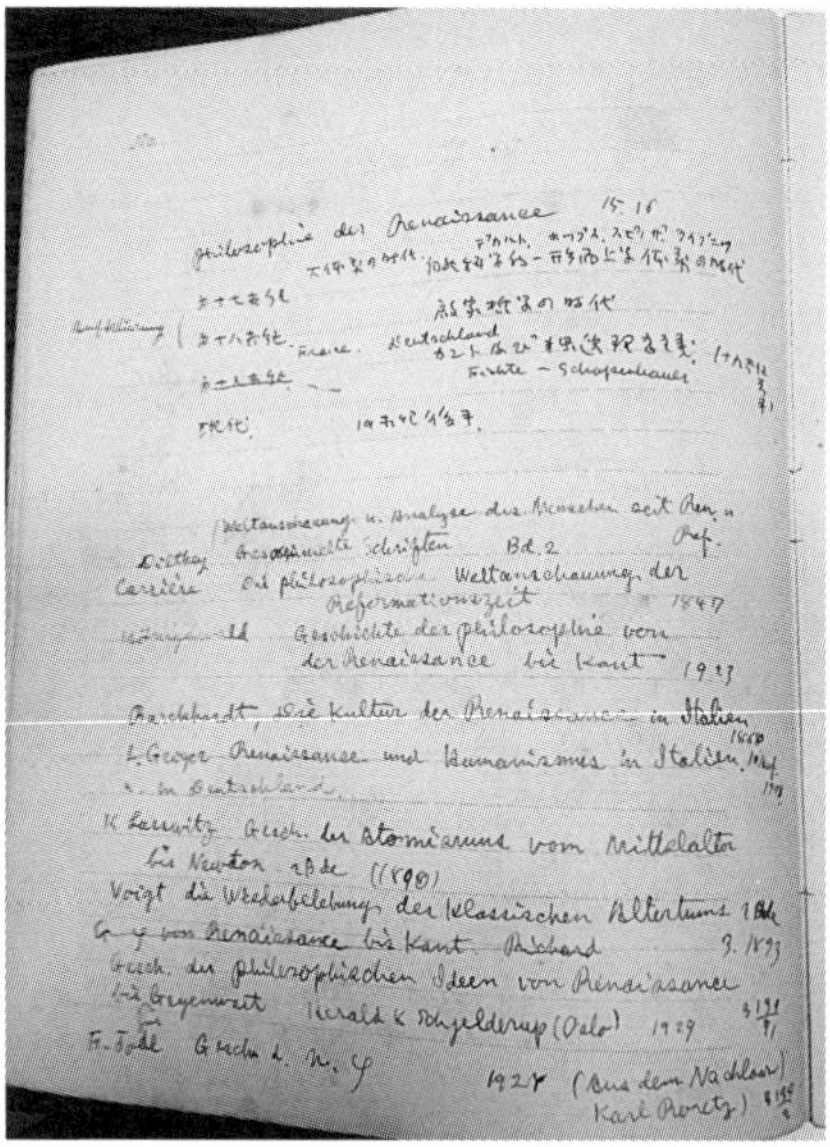

（以下再現）※以下、縮約形は分かる範囲で[ ]に入れて示しておく。

Windelband　Lehrbuch der Gesch.[Geschichte] der Philosophie, 1889, 6.Aufl. [Auflage] 1912

Thilly　History of Philosophy, 1914

Dessoir　die Geschichte der P.[Philosophie], 1925, 7.A. (3 Bde.[Bände]) 1927

K. Vorländer　〃　, 1903, 2 Bde.

J. Deter　Abriss der Geschichte der P., 1872, 1917 Frischeisen-Köhler

Überweg　Grundriss d.[der] Geschichte d.[der] Philos.[Philosophie] d.[der] Neuzeit bis zu Ende des 18. Jt.[Jahrhunderts] (neu herausgegeben von M. Frischeisen-Köhler und W. Moog 12.Aufl.) derselbe Grundriss d.[der] Geschichte d.[der] Philos. [Philosophie] vom Beginn d.[des] 19. Jht.[Jahrhunderts] bis auf die Gegenwart, (neu herausgegeben v.[von] T. Konstantin Österreich 12.Aufl. 1924.)

Windelband　Gesch. d. neueren Philos. [Geschichte der neueren Philosophie]

R. Falkenberg　Geschichte der neueren Philos.

Hist. [History] Of Modern Philos., 2 Vol. (Meyer)

H. Höffding　〃　, Deutsch von F. Bendixen, 2 Bde., Leipzig 1895

E. Cassirer　Geschichte d.[des] Erkenntnisproblems in d.[der] Philos. u.[und] Wissenschaft d.[der]
neueren Zeit

E. v. Aster　Geschichte d.[der] neueren Erkenntnistheorie von Descartes bis Hegel, 1921

M. Dessoir　Abriss einer Geschichte der Psychologie, 1911

F. Jodl　Gesch. d.[der] Ethik als philos.[Philosophischer] Wissenschaft, 2.Aufl., 1906

B. Pünjer　Geschichte der christlichen Religionsphilos.[-philosophie] seit der Reformation, 2 Bde. (1880-83)

Kuno Fischer　Gesch. d. n. Philos. [Geschichte der neueren Philosophie]

Fischer　History Of Modern Philos., 10 vols., Gordy, Mahaffy, Hough

Erdmann　Student's history of philos. [philosophy], 1901

Kultur der Gegenwart　Allg. Gesch. [Allgemeine Geschichte]

History of P.[Philosophy]　Webb

J. E. Erdmann　Versuch einer wissenschaftlichen Darstellung der Gesch. der neueren Philos., 6 Bde. (1834-53)

H. Ulrich　Geschichte u. [und] Kritik der Prinzipien der neueren Philos., 2 Bde (1845)

J. Schaller　　Geschichte der Naturphilos.[-philosophie] seit Bacon, 2 Bde, Leipzig 1841 - 44

Franz Vorländer　Geschichte der philos.[philosophischen] Moral, Rechts- und Staatslehre der Engländer u.

Franzosen

kürzer ders. [derselbe] Lehrbuch der Gesch. der neueren Philos. 1907 (Brief History of Modern Philos., transl. Sanders)

Stöckl　　Geschichte der neueren Philos.[Philosophie] von Baco bis zur Gegenwart, 2 Bde., Mainz　1883

J. Royce　　The Spirit Of Modern Philos.

R. Adamson　　Development of Modern Philos.

Philosophie der Renaissance

W. Dilthey　　Weltanschauung u. Analyse des Menschens seit Ren.[Renaissance] und Ref.[Reformation]

Gesammelte Schriften, Bd. 2

M. Carriere　　Die philosophische Weltanschauung der Reformationszeit, 1847

R. Hönigswals　Geschichte der Philosophie von der Renaissance bis Kant, 1923

J. Burckhardt　Die Kultur der Renaissance in Italien, 1868, 10.Aufl. 1908

L. Geiger　　Renaissance und Humanismus in Italien u. [und] in Deutschland

K. Lasswitz　　Gesch. des Atomismus vom Mittelalter bis Newton, 2 Bde. (1890)

G. Voigt　　Die Wiederbelebung des klassischen Alterthums, 2 Bde., 3. 1893

Harald K. Schjelderup (Oslo)　Gesch. der philosophischen Ideen von Renaissance bis zur Gegenwart, 1929

F. Jodl　　Gesch. d. n. P. [Geschichte der neueren Philosophie], 1924 (aus dem Nachlass Karl Roretz)

図② 1930年ドイツ観念論ノートの一部

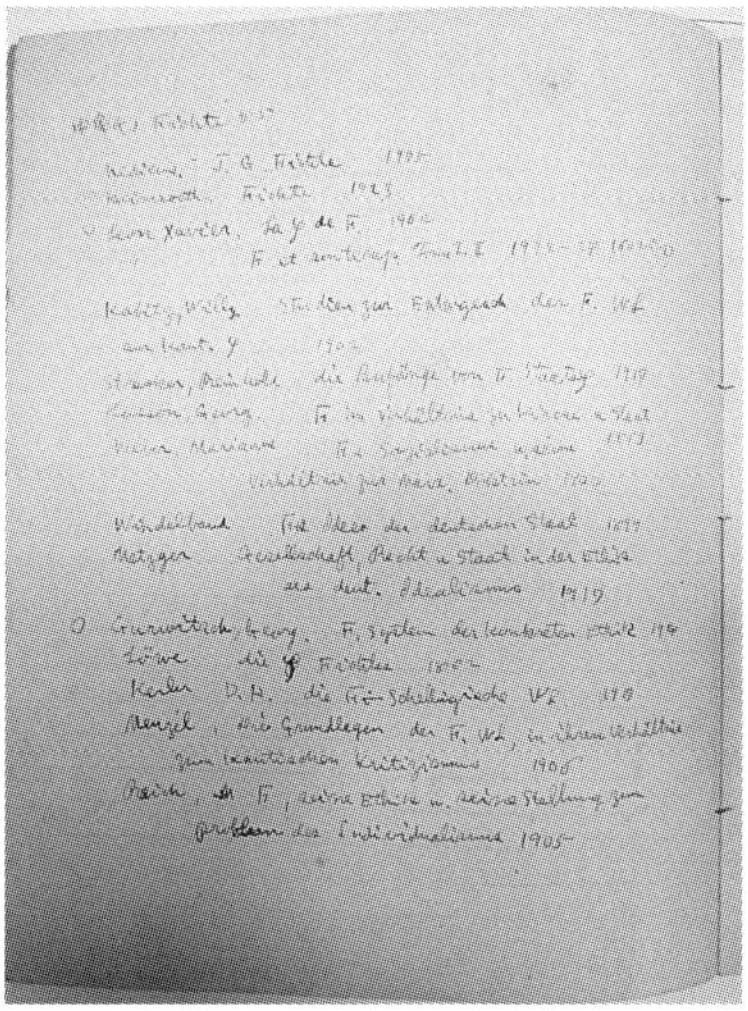

（以下再現）

Fichte

F. Medicus J. G. Fichte [Johan Gottlieb Fichte], 1905

H. Heimsoeth Fichte, 1923

Leon Xavier La p. de F [La philosophie de Fichte], 1902
F. [Fichte] et son temps, Tome I, II 1922‐24

Kabitz, Willy Studien zur Entwgesch. der F. Wf. aus Kant. P., 1902

Strecker, Reinhard Die Anfänge von F.[Fichtes] Staatsp.[-philosophie], 1917

Lasson, Georg F.[Fichte] im Verhältnis zu Kirche u. Staat, 1863

Weber, Marianne Fs.[Fichtes] Sozialismus u. sein Verhältnis zur Marx.[Marxschen] Doktrin, 1900

Windelband Fs. Idee des deutschen Staates, 1899

W. Metzger Gesellschaft, Recht u. Staat in der Ethik des deut. [deutschen] Idealismus, 1917

Gurwitsch, Georg F. System der konkreten Ethik, 1924

J. H. Löwe Die P. Fichtes, 1862

Kerler D. H. Die F.-Schelling'sche Wf.[Wissenschaftslehre], 1917

A. Menzel Die Grundlagen der F.[Fichteschen] Wf. in ihrem Verhältnis zum Kantischen Kritizismus, 1906

Raich, Maria F., seine Ethik u. seine Stellung zum Problem des Individualismus, 1905

図③　1931年カントとヘーゲル哲学ノートの一部

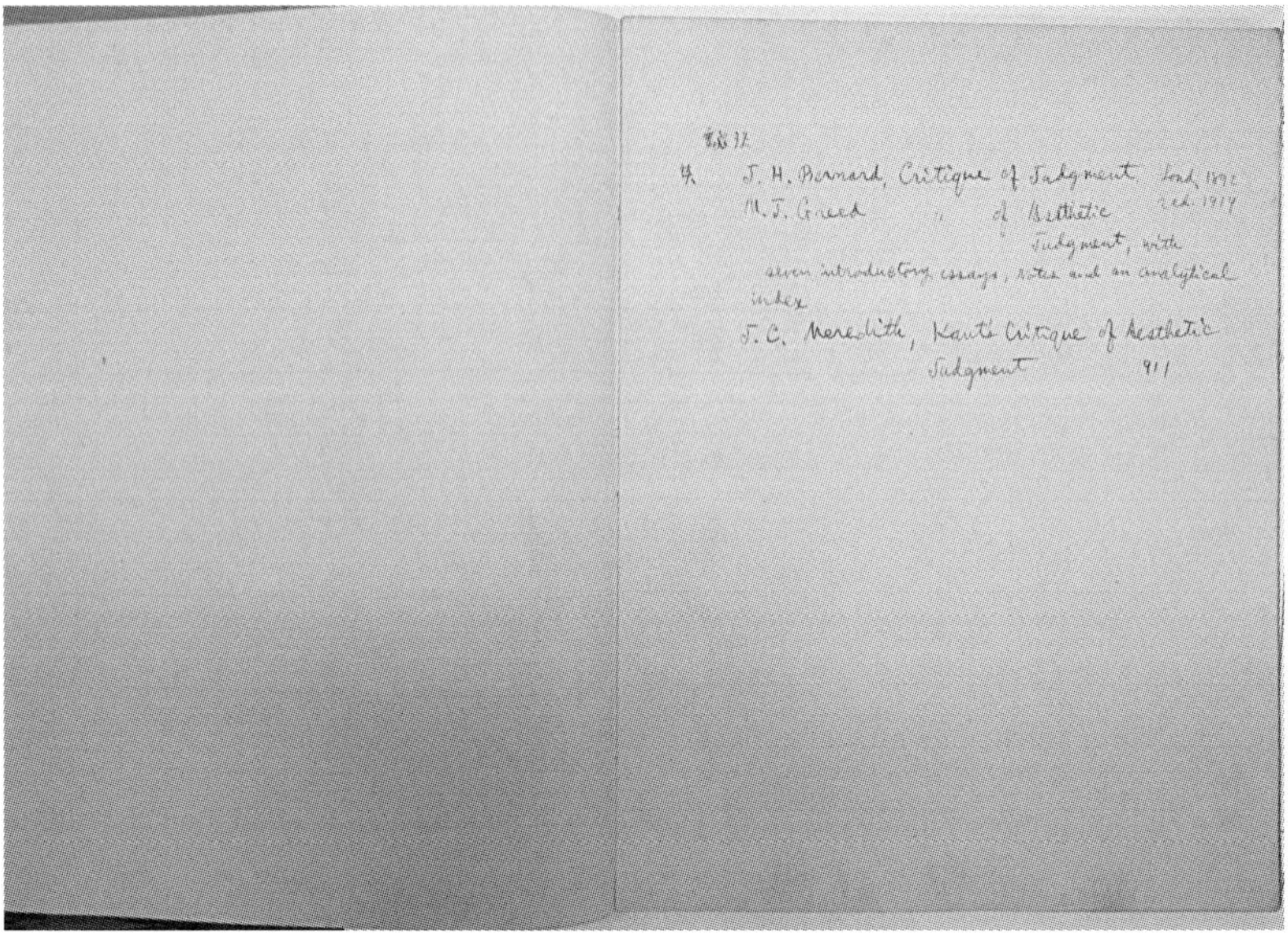

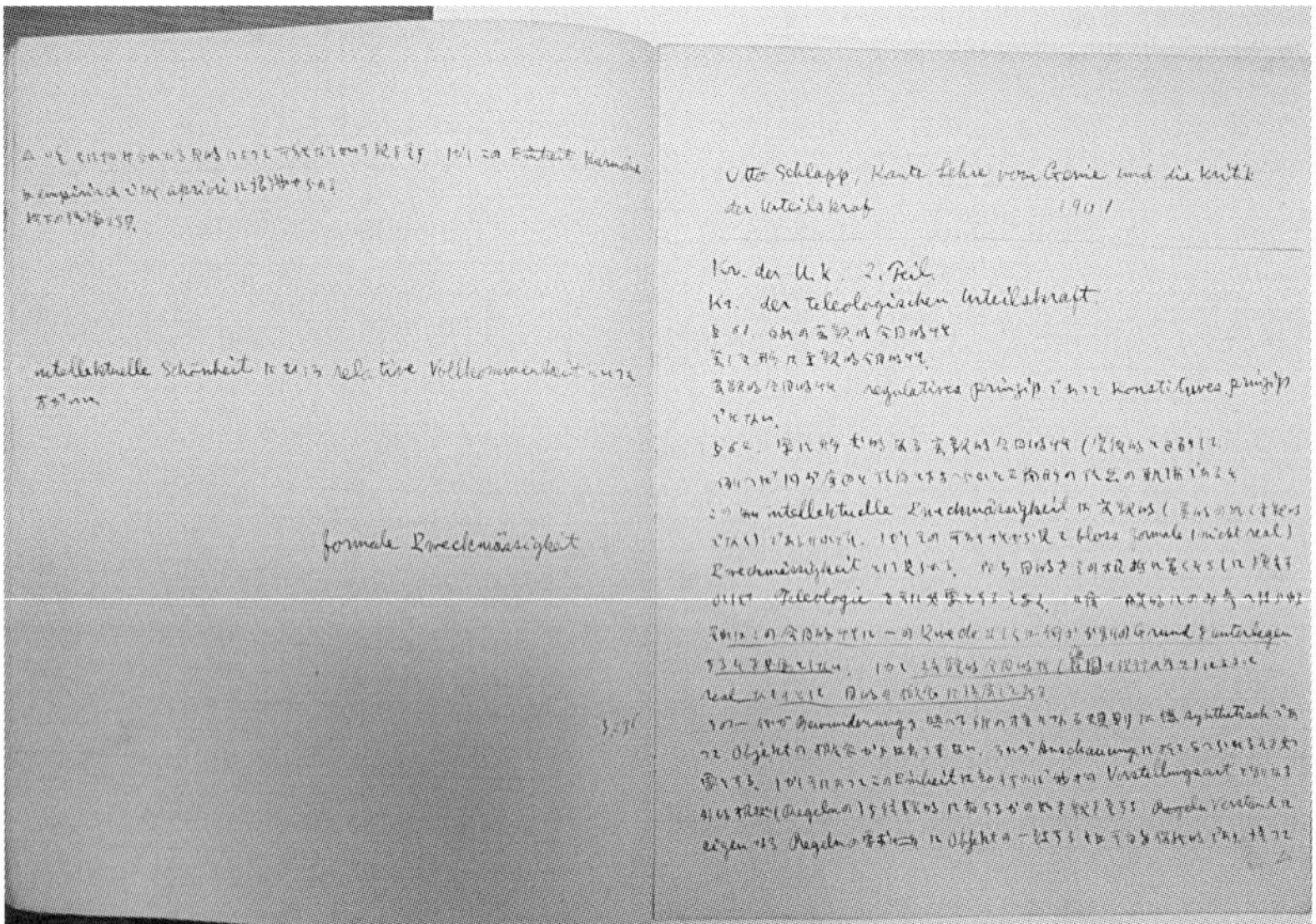

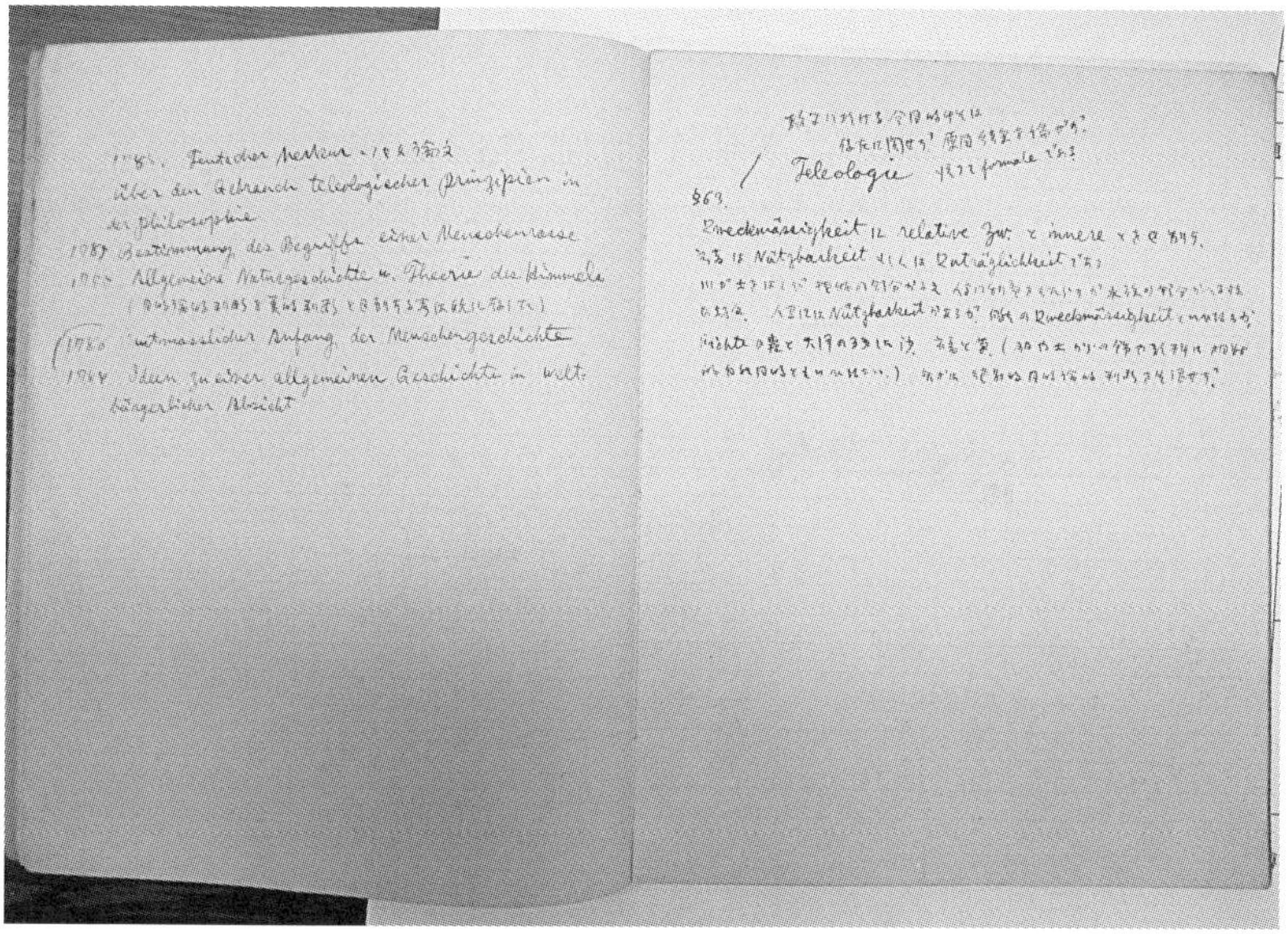

（以下再現）

J. H. Bernard　Critique of Judgement, Lond.[London] 1892, 2 ed., 1914

M. J. Creed　Critique of Aesthetic Judgement, with seven introductory essays, notes and an analytical index

J. C. Meredith　Kant's Critique of Aesthetic Judgement, 1911

Otto Schlapp　Kants Lehre vom Genie und die Kritik der Urteilskraft, 1901

Kr.[Kritik] der U.k.[Urteilskraft] 2. Teil

Kr. der teleologischen Urteilskraft

1788,　Teutscher Mensch

über den Gebrauch teleologischer Prinzipien in der Philosophie

1785　Bestimmung des Begriffs einer Menschenrasse

1755　Allgemeine Naturgeschichte u. Theorie des Himmels

1786　mutmasslicher Anfang der Menschengeschichte

1784　ideen zu einer allgemeinen Geschichte in weltbürgerlicher Absicht

図④　1932年倫理思想史ノートの一部

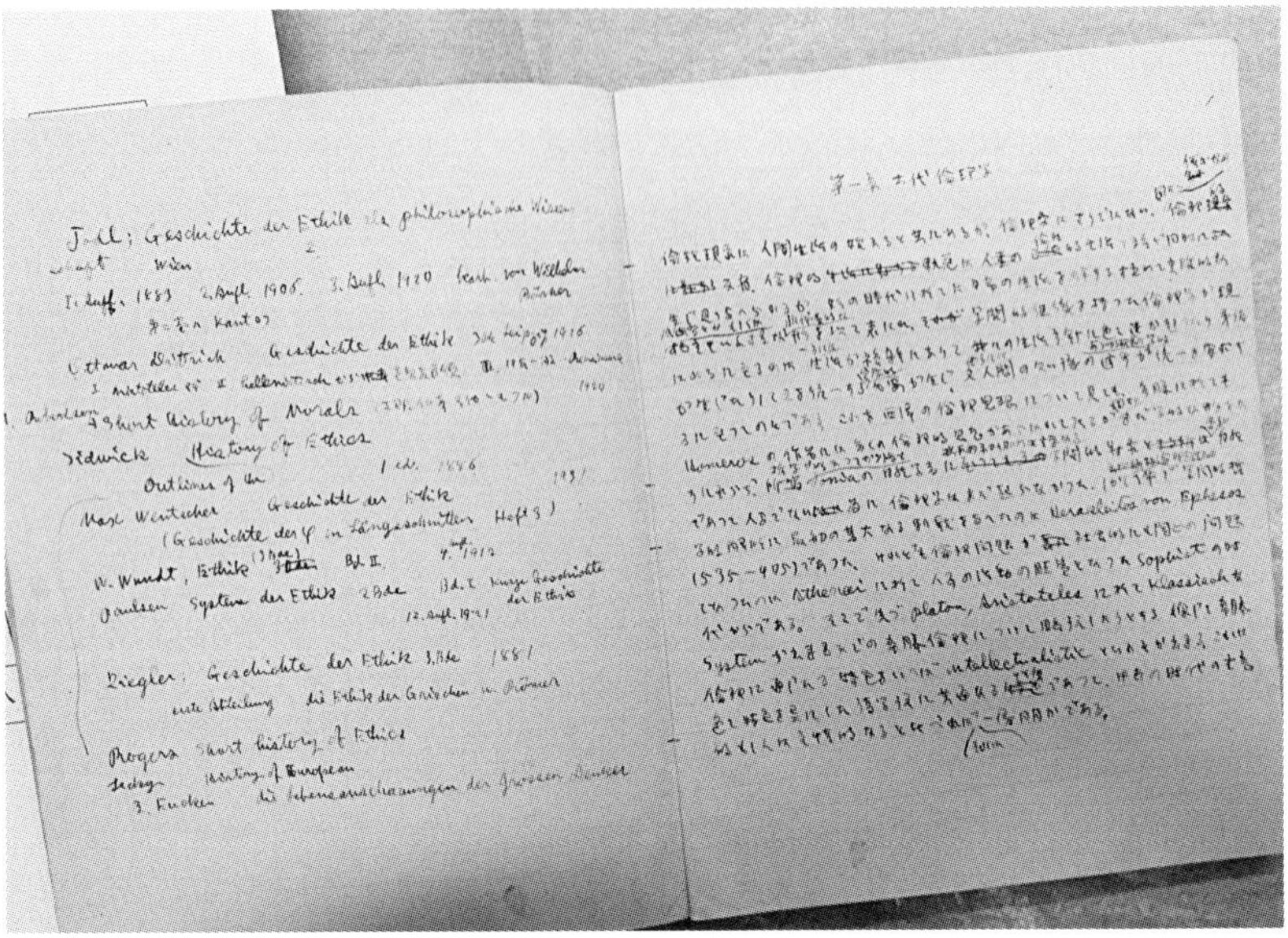

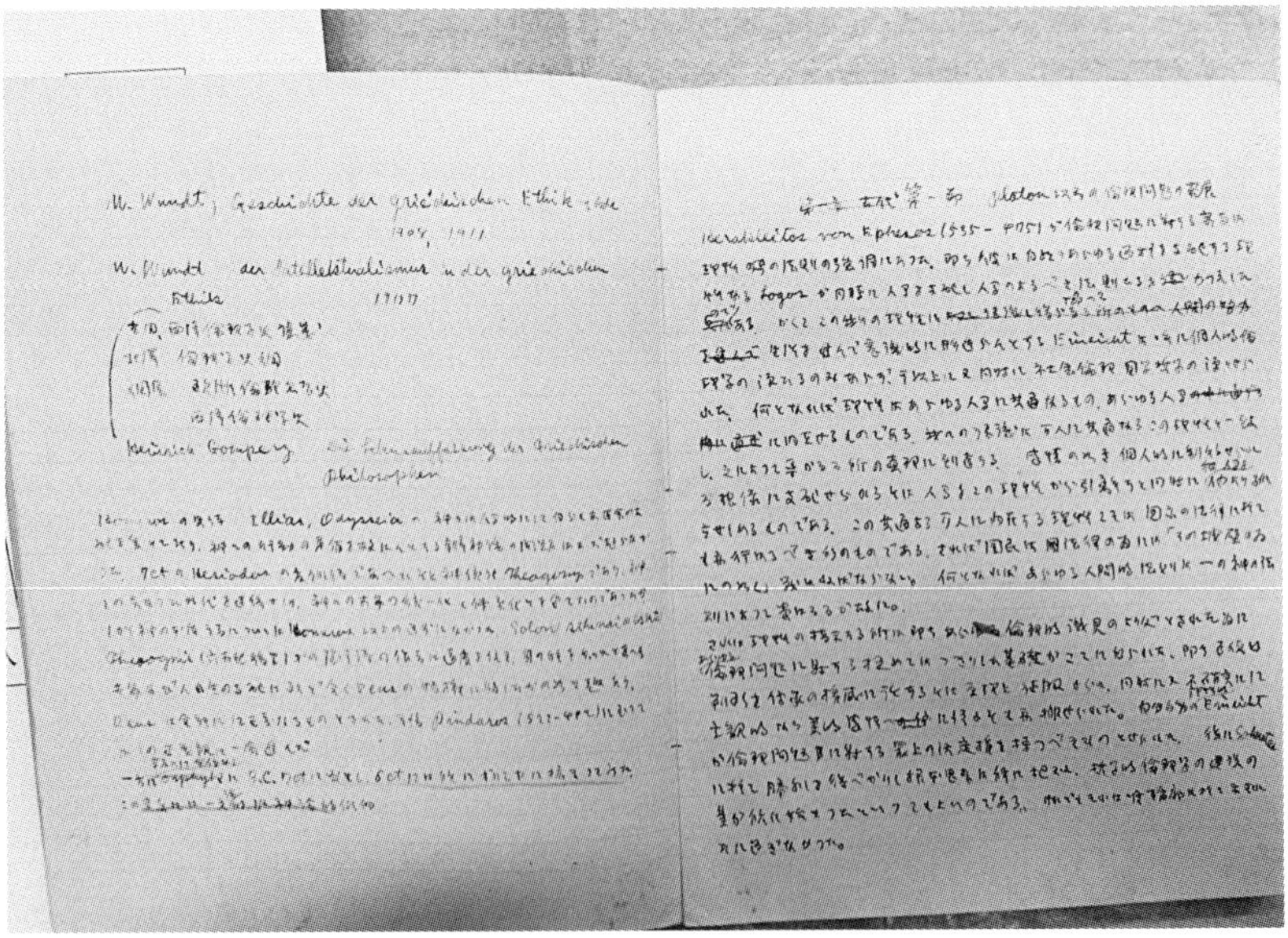

（以下再現）

F. Jodl　　Geschichte der Ethik als philosophischer Wissenschaft, Wien, 1.Aufl., 18832.Aufl., 19063.Aufl., 1920 hg.[herausgegeben] von Wilhelm Börner

Ottmar Dittrich　Geschichte der Ethik, 3 Bde., Leipzig 1926

I Aristoteles　　II hellenistisch　　III Renaissance

J. M. Robertson　A Short History of Morals, 1920

H. Sidgwick　　Outlines of the History of Ethics, 1 ed., 1886

Max Wentscher　Geschichte der Ethik, 1931 (Geschichte der P. in Längsschnitten, Heft 3)

W. Wundt　　Ethik, (3 Bde.) Bd.II. 4. Heft. 1912

F. Paulsen　　System der Ethik, 2 Bde. Bd.I kurze Geschichte der Ethik, 12. Aufl. 1921

T. Ziegler　　Geschichte der Ethik, 3 Bde., 1881

erste Abteilung　　Die Ethik der Griechen u. Römer

R. Rogers　　Short History of Ethics

W. E. H. Lecky　History of European

R. Eucken　　die Lebensanschauungen der grossen Denker

M. Wundt　　Geschichte der griechischen Ethik, 2 Bde., 1908, 1911

M. Wundt　　Der Intellektualismus in der griechischen Ethik, 1907

Heinrich Gomperz　Die Lebensauffassung der griechischen Philosophen

注

（1）「一九三九年五月現在」大学院学生のリストに「カント以後ニ於ケル独逸観念論　京文　金桂淑」という研究テーマが確認される（『東京帝国大学一覧』一九三九年度、四七一頁）。「京」は「京城」、「文」は「文学士」を指す。

（2）大韓民国学術院編『나의 걸어온 길（私の歩んできた道）』文化社、一九八三年、三四八頁。

（3）朴鍾鴻が回想する安倍については、李載壎「晩学、晩婚、晩成의 大器」（崔禎鎬編『스승의 길――朴鍾鴻博士를 回想한다』一志社、一九七七年、三七頁）に書かれており、崔載喜の京城帝大哲学科に関する回顧は、魏尚復『不和 그리고 不穩한 時代의 哲学』（길、二〇一二年、八三～八四頁）を参照されたい。

（4）小熊英二『〈民主〉と〈愛国〉――戦後日本のナショナリズムと公共性』新曜社、二〇〇二年。

（5）中根隆行「安倍能成と京城帝国大学」『朱夏』第一九号、二〇〇四年五月。

（6）鄭駿永「京城帝大における『大学自治』の試みとその限界」『植民地朝鮮と帝国日本――民族・都市・文化』勉誠出版、二〇一〇年。

（7）朴光賢「〝朝鮮〟이라는 旅行地에 머문 西洋哲学 教授」（『比較文学』第四六輯、韓国比較文学会、二〇〇八年）、尹大石「京城帝大의 教養主義와 日本語」（『大東文化研究』第五九輯、成均館大学校大東文化研究院、二〇〇七年）車承棋「『経験』의 破壊――安倍能成에게 있어서의 植民地朝鮮，敗戦，그리고 自由」（『大東文化研究』第七六輯、成均館大学校大東文化研究院、二〇一一年）。

（8）南基正「日本〝戦後知識人〟의 朝鮮経験과 アジア認識――平和問題談話会를 中心으로」（『国際政治論叢』第五〇集四号、韓国国際政治学会、二〇一〇年）。

（9）以下、安倍能成の生涯については、愛媛県教育委員会『安倍能成――教育に情熱を注いだ硬骨のリベラリスト』（愛媛県生涯学習センター、二〇一二年）、安倍能成『我が生ひ立ち』（岩波書店、一九六六年）を参照。なお、父義任は安倍が中学校に入った時に医業をやめる。

（10）前掲、安倍『我が生ひ立ち』三二四～三二六頁。一九〇〇年に改正された「高等学校大学予科学科規定」によると、「大学予科ノ学科」「法科大学及文科大学志望者」の「第一部」では、英語、ドイツ語、フランス語のなかから必ず二種類を履修するとされ、「第一部」の外国語の毎週授業時間（括弧の数字）は以下の通りであった。第一・二年：英語（9）ドイツ語（9）フランス語（9）、第三年：英語（8）ドイツ語（8）、フランス語（8）（『第一高等学校六十年史』一九三九年、二九一〜二九三頁）。なお、安倍は自分が属した「一部四組」ではドイツ語の授業時間が一週間一四時間だったといい、毎日二時間以上はドイツ語を聞かされたという。

(11) 安倍の回想によると、当時、京城帝大初代総長であった服部宇之吉に安倍を紹介した人は桑木厳翼であった（前掲、安倍『我が生ひ立ち』五三四頁）。日本思想界における桑木厳翼の位置は大きい。かれは、東京帝国大学を卒業し（一八九六年）、本章と関連して代表作に『カントと現代の哲学』（一九一七年）があり、京都帝国大学哲学科の開設の際には初代講座担任として赴任する。また、安倍の回想と関連して桑木が井上哲次郎の後任を務めるために東京帝大に移った年が一九一四年であった（桑木の京都帝大の空席を埋めたのは西田幾多郎であった）。桑木は大正思想界においてカントの批判哲学を独自的に理解した第一世代であり、とくにかれの一九一七年の研究書によって当時、カントの「物自体」概念が議論の対象となった（舩山信一『大正哲学史研究』法律文化社、一九六五年、八二〜九四頁）。

(12) 麻生磯次「安倍能成と学習院」『紺碧』三一号、一九六六年、一二頁。付け加えれば、一九六五年の冬から入院と退院を繰り返し、一九六六年六月七日順天堂病院で亡くなった。

(13) 大正期の青年世代については、岡義武「日露戦争後における新しい世代の成長」上・下『思想』五一二・五一三号、一九六七年を参照。

(14) 前掲、愛媛県教育委員会『安倍能成』一三頁。

(15) 『東京帝国大学卒業生氏名録』一九二六年、二二九頁。

(16) 『東京大学百年史　部局史二』一九八六年、四九一〜四九二頁。

(17) 安倍能成『スピノザ倫理学』岩波書店、一九三五年、序文。

(18) 前掲、安倍『我が生ひ立ち』四〇九〜四一〇頁。

(19) 前掲、舩山『大正哲学史研究』七〜八頁。

(20)金子築水「ルドルフオイッケン」(『太陽』一六巻一〇号、一九一〇年)、稲毛詛風『オイケンの哲学』(大同館、一九一三年)。金子は東京専門学校文学科の第一回の留学生として一九〇一年にドイツに留学し、ヴィルヘルム・ヴントのもとで哲学を学んだ人物である。

(21)安倍能成『オイケン』実業之日本社、一九一五年、三〇頁。

(22)同上、三~四頁。

(23)石神豊「歴史の中の個人主義——日本におけるニーチェ受容にみる——(その一)」『創価大学人文論集』二二号、二〇一〇年、七四頁。

(24)ニーチェを広く知らせた背景に高山樗牛の「文明批評家としての文学者」(『太陽』七巻一号、一九〇一年)があり、その直後に高山樗牛の「美的生活を論ず」をきっかけに美的生活論争とニーチェブームが起こった。安倍もまた「私の中学上級生時代は大たい博文館の文化に養はれて居たといつてよかろう。仙台の二高教授をやめて、博文館にはいつた高山樗牛(林次郎)の文章は、その頃私の一番愛読したものであり、当時樗牛は『文芸時評』は固より、教育時評も社会時評もやつて居り、私は其等をみんな読んで、樗牛が日本主義になれば私も日本主義になり、樗牛が美的生活論を唱へれば、それに感動したといふわけである」と回想した(前掲、安倍『我が生ひ立ち』二六七~二六八頁)。

(25)一九二二年に最初のニーチェ全集が出るまで、*Also Sprach Zarathustra* の全訳は生田長江の『ツァラトゥストラ』(新潮社、一九一一年)が唯一である。「夜の歌(ニイチエ)」は、阿部次郎(一九一一年)、『ニイチェ美辞名句集』は、山川均編(一九一七年)。

(26)その例として、著者不明「ニーチェ思想の導入と仏教」(『太陽』四巻六号、一八九八年)、中澤臨川「超人の福音」(『中央公論』一九巻四号、一九一四年)、内村鑑三「イエスと超人」(一九一七年)、登張竹風『如是経 一名 光炎菩薩大獅子吼経 序品 つあらとうすとら』(星文館、一九二一年)などがある。

(27)和辻哲郎は『ニイチェ研究』再版において附録「『この人を見よ』に就て」を別途に設けるまで安倍の翻訳を猛烈に批判している。「先づ安倍氏の文体がニイチェの文体と非常に異つた特色のものであることに注意したい。これが第一にこの翻訳を困難ならしめた。次に安倍氏は最も簡潔な語と句とを以て翻訳しやうとした。それ故原文の調子を非常に度外した」（和辻哲郎『ニイチェ研究』内田老鶴圃、一九一四年、引用は四版、六〇三頁）。

（28）牧野英二「日本における翻訳・受容史（幕末から第二次世界大戦敗戦まで）」（牧野英二編『東アジアのカント哲学――日韓中台における影響作用史』第一部第一章、法政大学出版局、二〇一五年）。

（29）一九〇九年七月に「哲学及哲学史」を卒業した安倍能成、伊藤吉之助、小山鞆絵、宮本和吉、魚住影雄、山口重知、石井信二のうちカントをテーマにした者は以下のとおり。伊藤吉之助「カントを中心としたる空間論の研究」、宮本和吉「カント批評哲学の起源」、魚住影雄「カントの宗教哲学」、小山鞆絵「カントの物如論」。

（30）『思想　カント記念号』岩波書店、一九二四年（安倍能成「カント哲学に於ける自由の概念」）、『講座　カント號――生誕二百年紀念』大村書店、一九二四年（安倍能成「『実践理性批判』解説」）。

（31）安倍能成「文化批判の哲学」『時代と文化』岩波書店、一九四一年、九頁。

（32）安倍は京城帝大赴任期において法文学部論纂に全部二編の研究論文を発表したが、一つは、東京帝大卒業論文をもとにした「スピノザ哲学に於ける直観知の問題」（『京城帝国大学文学会論纂　第四輯（特輯号）京城帝国大学創立十周年記念論文集哲学篇』大阪屋号書店、一九三六年）、もう一つが、「カントの根本悪説」（『京城帝国大学法文学会第二部論纂　第二輯　哲学論集』刀江書院、一九三〇年）であった。

（33）単行本には『青丘雑記』（岩波書店、一九三二年）、『静夜集』（岩波書店、一九三四年）、『草野集』（岩波書店、一九三六年）、『朝暮抄』（岩波書店、一九三八年）、『青年と教養』（岩波書店、一九四〇年）などがある。また、雑誌『文教の朝鮮』『朝鮮』『朝鮮及満州』にも随筆を多く寄稿した。これらの目録は、鄭根植他五編『植民権力과 近代知識――京城帝国大学研究』ソウル大学校出版文化院、二〇一一年、四四〇頁を参照。しかし、そのほとんどが単行本に再録されている。

（34）前掲、安倍『我が生ひ立ち』四五三頁。

（35）安倍能成『岩波茂雄伝　新装版』岩波書店、二〇一二年、一二三～一二五頁。

（36）一九二二年ベストセラー目録には「宮本和吉『哲学辞典』岩波書店」と宮本の名前で紹介されている（松本昇平

『業務日誌余白——わが出版販売の五十年』新文化通信社、一九八一年、一五頁)。

(37) 一九五八年『中央公論』の六回にわたるシムポジウムのなかで三回目「日本の保守主義——『心』グループ」が最も長いあいだ影響を及ぼした論評であるといえよう(久野収・鶴見俊輔・藤田省三『戦後日本の思想』中央公論、一九五九年)。

(38) 三木清「読書遍歴」『三木清全集　第一巻』岩波書店、一九六六年、三八七頁。

(39)「三木清が後に回顧して、『あの第一次世界戦争といふ大事件に会ひながら、私たちは政治に対しても全く無関心であつた。或ひは無関心であることができた。やがて私どもを支配したのは却つてあの「教養」といふ思想である。そしてそれは政治といふものを軽蔑して文化を重んじるといふ、反政治的乃至非政治的傾向をもつてゐた……』(『読書と人生』——昭和一七年——三五頁)といっているような精神状況をもっていたのである」(船山信一『船山信一著作集第七巻　大正哲学史研究』こぶし書房、一九九九年、一七頁)。

(40) 同上。

(41) 夏目漱石『私の個人主義(一九一四年)』講談社学術文庫、一九七八年、一三四頁。

(42) 前掲、牧野「日本における翻訳・受容史(幕末から第二次世界大戦敗戦まで)」三三頁。

(43) Frederick Copleston, *A history of Philosophy*, vol 7, 1965, p.361. 新カント学派に関しては、同書、pp.361-373, 最も新しい研究として Frederick C. Beiser, *The Genesis of Neo-Kantianism 1796-1880*, Oxford University Press, 2014を参照。

(44) 以下、安倍の京城帝大における講義内容に関しては、愛媛県生涯学習センターが所蔵している安倍能成関係史料をもとにした。この紙面を借りて、史料を提供してくださった愛媛県生涯学習センターの冨吉将平氏にお礼を申し上げたい。以下、引用は史料番号だけ記す。

(45) 史料番号0210806、0210807、0210808。

(46)「現代哲学中最も深邃なる一学派所謂西南独逸派の代表者たる故ヴィンデルバントの最後の著述『哲学概論』(一九一四年出版)を出来る丈け自分のものとしこれに多少の取捨選択を加へて解説的叙述を試みたのがこの哲学概論

である」（宮本和吉『哲学概論（一九一六年）』増訂改版、岩波書店、一九三六年、五頁）。

（47）リッケルト著、佐竹哲雄・豊川昇訳『文化科学と自然科学』岩波書店、一九三九年、二三頁。

（48）「第一章　課題」同上。

（49）「第四章　自然と文化」同上、四八頁。

（50）「第四章　自然と文化」同上、六一～六二頁。

（51）前掲、Frederick Copleston, *A history of Philosophy*, p.364.

（52）前掲、安倍『我が生ひ立ち』五五七頁。安倍の講義ノートもこれを証明する。一九二六年の講義ノート（史料番号0210806、0210807、0210808）はみな「哲学概論」と題されており、一九二七年の「西洋哲学史概論」と題されている講義ノートから、一九三六年まではみな西洋哲学史に関するノートである。

（53）「本書は『一般哲学史』（Allgemeine Geschichte der Philosophie）中、ヴィンデルバントの近世哲学史によつて書いたものである。本書の前巻なる『西洋古代中世哲学史』も亦主として『一般哲学史』によつたものであつたが、……本書は或る部分を刪除し、又極めて小部分を附加し、又原書になき哲学者の年代を入れたる外には、殆ど全体に於て原書に従つた」（安倍能成『西洋近世哲学史』岩波書店、一九一七年、一頁）。

（54）史料番号0210809、0210810、0210811が一九二七年度「西洋哲学史概論」講義ノートとして、また0210815が一九三〇年度「西洋哲学史概説」講義ノートとして所蔵されている。

（55）史料番号0210812、0210813、0210814が一九二八年度「西洋近世哲学史」講義ノートとして所蔵されている。

（56）史料番号0210816、0210818。

（57）史料番号0210819、0210820。

（58）August Messer, *Einführung in die Erkenntnistheorie*, Philosophische Bibliothek Band 118, Leipzig, Verlag der Dürr'schen Buchhandlung, 1909. のことではないかと推測される。

（59）史料番号0210822、三八～三九面（安倍が付けている面数による）。

（60）九鬼一人『新カント学派の価値哲学』弘文堂、一九八九年、六頁。

(61) Katherina Kinzel, "Wilhelm Windelband and the problem of relativism", *British Journal for the History of Philosophy*, 2016, p.2. ここではキンゼル論文に依拠して「相対主義」というが、相対主義は一言で言いきれない長い議論の歴史をもつ。ここでいう、一九世紀末から二〇世紀初頭までドイツ思想界で流行した相対主義とは「認識的相対主義」や「倫理的相対主義」と区別するためにそれを「歴史的相対主義」とも呼ぶ（Meiland Jack W, Krausz Michael, *Relativism, Cognitive and Moral*, University of Notre Dame Press, 1982.）。

(62) 前掲、Katherina Kinzel, "Wilhelm Windelband and the problem of relativism", p.1.

(63) ヴィンデルバント著、速水敬二・高桑純夫・山本光雄訳『哲学概論』第二部、岩波書店、一九三六年、第一章第一六節を参照。

(64) 前掲、九鬼『新カント学派の価値哲学』二一頁から再引用。

(65) 同上、二〇頁。

(66) 前掲、安倍『我が生ひ立ち』五〇一頁。

(67) 同上、五〇二～五〇三頁。

(68) 安倍能成「文化批判としての哲学」前掲『時代と文化』一一頁。

(69) 同上、九頁。

(70) 安倍が朝鮮について書いた随筆を取りあげ、在朝日本人としての京城表象や朝鮮に対する認識を論じた研究は比較的多い。その例として、神谷美穂「安倍能成의 눈에 비친 朝鮮――朝鮮見聞記『青丘雜記』를 中心으로」（『世界文学比較研究』第一八集、二〇〇七年）、中根隆行「安倍能成の自己形成」（『日本研究』第七号、高麗大学校日本学研究センター、二〇〇七年）、「在朝鮮という視座と旅の哲學――渡韓日本人の朝鮮像と安倍能成の韓日比較文化論」（『日本学』第二七号、東國大学校日本学研究所、二〇〇八年）、中見真理「安倍能成と朝鮮」（『清泉女子大学紀要』第五四号、二〇〇六年）、前掲、朴「〝朝鮮〟이라는 旅行地에 머문 西洋哲学 教授」、崔允華「安倍能成の在朝鮮の視座と旅」（『日本語文学』韓国日本語文学会、第六〇号、二〇一四年）、崔在喆「安倍能成における〈京城〉」（『世界文学比較研究』第一七集、二〇〇六年）、「京城帝国大学과 安倍能成，그리고 植民地 都市 京城의 知識人」

（『日本研究』第四二号、韓国外国語大学校外国学総合研究センター日本研究所、二〇〇九年）、「安倍能成の成長過程と学業に関する考察」（同上、第四六号、二〇一〇年）、「安倍能成の『涓涓集』考察――晩年の回想と思考」（同上、第五一号、二〇一二年）などがある。

（71）阿部次郎「文化の中心問題としての教養」『阿部次郎全集』第一〇巻、角川書店、一九六〇年、三三四頁。

（72）この時期における「大正教養主義」に関する評価については、竹内洋『教養主義の没落』中央新書、二〇〇三年、三九～四六頁を参照。

（73）安倍に関する最も詳しい年表を載せている前掲の本、愛媛県教育委員会『安倍能成』の年表では、一九二六年から一九四一年秋まで一定して空白の期間が見られる。安倍も「自分の家には春、夏、冬の休だけしか居られない」と述べる（安倍能成「私の研究室（一九三五年）」『槿域抄』齋藤書店、一九四七年、一一八頁）。

（74）安倍は次のように回想する。「当時東大の支那哲学講座を担任して居た服部宇之吉博士が、斎藤総督の嘱を受けて、その創立の任に当つたのであつた。恐らく東大の当時西洋哲学を担当して居た桑木厳翼博士の推薦によつてであらう、未知の服部さんから私に会ひたいといふ手紙をもらつた。会つて見ると京城帝国大学教授の話だつたが、私は決定を急がず暫くそのまゝにして居たのを、再び服部さんに呼ばれて、その事を承認した。その時私は別に月給の金高については述べなかつたが、現在の生活より収入が減ずるのでは困るといふことを言つた」（前掲、安倍『我が生ひ立ち』五三四頁）。「四月になつて給料の発表があつたが、その時の外の教授には何やら憂色の漂ふのを見た。それは私の給料が、学校卒業からいへば、私の先輩を超えて二級上だつたのに基づくことは、やがて分かつた。私は前にもいつた如く自分の収入が減じても、京城大学に赴くといふ気のないことは、明かに服部さんにいつておいたし、服部さんも私を用ふるに足ると思つて、法文学部長事務取扱に任じ、いはば私を子分として働かせる積りだつたかも知れない（同上、五四八頁）。

（75）実際に、安倍と同じ夏目漱石の門下生であった野上彌生子は安倍の朝鮮行について次のような日記を書いている。「（一九二四年）三月十一日（前略）ヘル・A（安倍を指す）が朝鮮に新設される大学に行くことになつたよし、今さらなぜそんなところに行くのか分からない。年俸四千円で、それで一年半洋行させるよし、次郎も小宮（阿部次郎と小宮豊隆が東北帝大に行くことになったことを指す）さんも行ったので、それはきつと行き度いのだとおもふ―彼はそれには余り興味がないと云ふさうだけれども―法政では兄さんのあとになるし、それが一寸といつの事やら分らぬといふので意が動いたとおもふ。／けれども文部省の洋行費といふのは一年三千五百円といふから兄さんなんぞもいつでも行けるわけだとおもふ。／昨日話をきくと、和辻さんには京都から藤井さんがわざ、来て一週二時間で二百円出すから来ないかと云つてきいたが断はつたのだと云ふ。私学のものが官学のものから一寸とよい条件で誘はれるとすぐ日頃の言葉なんぞはふみにじつてヘイ、して行く態度を大にフンガイしたよし、その意気が和辻さんにあろうとはおもはなかつた。ひどく見上げる。多分文科主任で働いてくれることになると云ふは結構だとおもふ」（『野上八重子全集』二期一巻、岩波書店、一九八六年、一二一頁）。

（76）前掲、朴「〈朝鮮〉이라는 旅行地에 머문 西洋哲学 教授」二四四頁。

（77）前掲、安倍「私の研究室（一九三五年）」、前掲、安倍『我が生ひ立ち』五五七頁。

（78）竹内洋『学歴貴族の栄光と挫折』講談社学術文庫、二〇一一年、三五七頁。

（79）安倍能成『青丘雑記』岩波書店、一九三二年、一頁。

（80）同上、三一～三二頁。

（81）同上、四五～四七頁。

（82）同上、四八頁。

（83）同上、九七頁。

（84）同上、八九頁。

（85）同上、四五～四七、八四頁。

（86）海軍省調査課「異民族指導に対する課題（一九四一年四月）」海調研究資料z第二号。この史料は水野直樹先生より提供していただいた。この場を借りて感謝の言葉を申し上げたい。

（87）安倍能成「電車所見（一九三五年）」『草野集』岩波書店、一九三六年、三〇三頁。

（88）大学・高等専門学校の徴兵猶予を停止する「国内態勢強化方策」が内閣で決定されたのが一九四三年九月であり、

続いて一〇月には「教育ニ関スル戦時非常措置方策」が出される（『嗚呼玉杯に花うけて——第一高等学校八十年史』講談社、一九七二年、二八〇頁）。

（89）『向陵時報』一九四三年一一月号、一面（一高同窓会・資料委員会『向陵時報・寮報』マイクロフィルム版、二〇〇四年）。

（90）同上、一九四〇年九月号、一面。

（91）前掲、中根「安倍能成と京城帝国大学」二四頁。

（92）『世界』創刊号、岩波書店、一九四六年一月、七〜八頁。

（93）前掲、安倍『我が生ひ立ち』五六四頁。

（94）文末の【図】は、安倍能成関係史料、史料番号 0210815。安倍能成の一九三〇年四月の講義ノートである。表紙に「西洋哲学史概説 Ⅰ」と書かれており、その裏面には選科生だった朴鐘鴻以外の朴致祐、李甲燮、高亨坤の名前が記されている。

補論1　井上円了と朝鮮巡講、その歴史的位置について

1　問題設定

これまで日本思想史分野における「哲学」という用語の翻訳およびその学問の受容問題は、おおむね一国史に限定された形で議論されてきたといえる。しかし、中国や韓国の場合、二〇世紀に入ってから日本を経由して「哲学」を受け入れたことを考えると、西洋哲学の受容および定着という問題は、一九世紀から二〇世紀初頭における帝国主義と植民地拡張の歴史のなかから考察されるべきであろう。(1) このような点から本章では、補論ではあるが、明治期における「哲学」概念の定着に積極的に関わっていた井上円了（一八五八～一九一九年）を取りあげる。

実際、明治期の哲学受容史において、井上円了はそれほど重要な人物ではないと評されてきた。とくに後に帝国大学となる東京大学を中心とした「国家」主導の近代学術整備という側面から考えると、東京大学を卒業した直後から私立「哲学館」を運営しつつ、全国において修身教育活動にも奮闘したかれの人生は、むしろ帝国大学

とは正反対の方向に赴いているようにみえるかもしれない。しかし、かれの「平民性」を強調する研究に含まれている問題がそうであるよう、[2]井上円了が、「哲学」を用いつつ近代天皇制を支える「伝統イデオロギー」として「仏教」を再構築しようとした点や、「哲学館」を下敷きに全国修身教会運動を展開した点などからわかるように、かれは、「官学アカデミー」としての「哲学」と国家との関係にもっとも敏感に対応した知識人であった。[3]さらに、かれは日露戦争以後、東洋大学の館主として朝鮮および満州において講演活動を行い、「哲学思想の幼稚なりし日本に哲学思想の普及に尽瘁」した「井上博士」として名を知られていた。[4]このようなことから、本補論では「国家」による学問の制度化の外側に存在しつつも、というより、そうであったからこそ二つの意味での「拡張」事業に情熱的に関わることができた井上円了に注目する。ここで二つの意味としての「拡張」というのは、かれの「哲学堂」と、帝国日本の植民地主義を指し示す。

また、明治思想史に関する先行研究が、[5]実証主義を先頭とする「文明開化」と「在来思想」とを対抗的論理軸として想定し、その上で井上円了を論じてきたことにも注意を払わなければならない。ここには井上が僧侶であった点がその理由として大きく作用しており、かれの思想がおおむね西洋思想の受容に対する仏教側の動向として紹介されてきたのが、その原因の一つであろう。その中でも、たとえば井上哲次郎は、井上円了に対して「従来の伝統的思想」である「仏教」の「理想主義的傾向」を「哲学」と結合させた人物として位置づけている。[6]また、進化論やエネルギー論などの西洋哲学を媒介に仏教を再構築したという評価や、キリスト教の勢力に対して仏教の優位性を思想的に証明した「仏教のイデオローグ」という評価、そして「日本型観念論」の第一世代という指摘もそのような対抗的論理を背景にしている。[7]しかし、それと同時に、井上円了が「哲学」を形象化し、それに「普遍的な学問」という地位を与えたことと、かれにおける国家主義的活動が矛盾するものではなく、むしろ相通じていることは、井上自身の言葉からも確認できるし、[8]他の研究者たちによっても言及されたことがある。[9]

井上円了におけるこのような「哲学」と「国家主義」、そして「植民地主義」の問題を問うため、本補論ではかれの「朝鮮巡講」を取りあげたい。「朝鮮巡講」は、いわば、当時「哲学者」と呼ばれていた「内地」知識人の植民地における活動の一例であり、帝国と植民地の問題に関する「哲学者」の言説を窺う契機にもなるはずである。

2 「哲学館」の設立およびその拡張過程における全国巡講

井上円了が最後の全国巡講をはじめたのは[10]、一九〇六年のことであった[11]。そのなかで朝鮮に向かったのは、一九一八年のことだったが[12]、翌年、井上は中国の大連で倒れるため、この朝鮮訪問はかれの晩年に当たるものとなった。以下では晩年における巡議活動を本格的に検討する前に、まず全国巡講の思想的背景と現実的な目的を窺い知るために、一八八七年に遡って井上のいくつかの具体的活動をみることにする。

井上円了は一八八四年に東京大学哲学科の半業生を中心に創立した「哲学会」の『哲学会雑誌』において、次のような文章を書いている。

哲学者。所以論究思想之原則事物之原理之学也。是故思想所及。事物所存。哲学莫不関焉。定心理之原則者。是為心理哲学。定論理之原則者。是為論理哲学。論政法之原理者。謂之政法哲学。論社会之原理者。謂之社会哲学。論道徳之原理者。則倫理哲学也。論美術之原理者。則審美哲学也。論宗教之原理者。則宗教哲学也。……特有所論究原理之原理原則之原則之大宗学。名之曰純正哲学也……[13]。

この文章において井上円了は、哲学を「思想の原則」「事物の原理」に論及する学問として定義づける。このような定義によって「心理」の「原則」は「心理哲学」となり、「論理」の「原則」は「論理哲学」となる。井上はこのように定義した哲学を「文明の発達」をなす道具として主張した後[14]、その理念を「哲学館」設立を通じて具現化していくことになる。

哲学館は、一八八七年六月の開館式において井上が明らかにしているように、文明をなすための「高等の学問」である哲学を教育し、他の学問領域に原理原則を与える目的を有するものであったが[15]、その裏面にはより現実的な目的と課題があった。その一つは、かれ自身が僧侶だったことに関連する。当時、東京に留学していた東本願寺からの留学生を代表して井上が教団側に送った手紙には「僧侶ノ教祖ニ対シ本山ニ答フルノ義務、布教伝道ノ目的ヲ達スルニ外ナラス」とあり、仏教の布教のためには「西洋諸説ヲ論究シテ、其真理ト比考スル」必要があると書かれている[16]。実際に、一八八七年に刊行した『仏教活動序論』においてかれは、「哲学」を真理の裁判長と描写しつつ、「耶蘇教」に対して「仏教」が哲理を持つ宗教であることを証明する[17]。当時、この書物は広く読まれ、かれが仏教のイデオローグとしての地位を固める契機となった[18]。

また、もう一つの現実的な課題は、帝国大学との関係にあった。当時、西洋哲学を正規課程として教育する唯一の機関であった帝国大学に対して、学生募集を意識していたかれは「世間一般」に目を向ける。「世ノ大学ノ課程ヲ経過スルノ余資ナキ者並ニ原書ニ通スルノ優暇ナキ者ノ為メニ哲学速歩ノ楷梯ヲ設ケ」ると、「哲学館」では貧乏で洋書が読めなくても哲学を学ぶことができると繰り返して強調している[19]。

このように井上円了は、哲学館を創立する時点から東本願寺に対する自分の位置と、私立学校の社会的地位に関して敏感に対応していた。そして、一八九〇年にはじまった一回目の全国巡回講演は、かれ自身が各記録の緒言において明らかにしているように、哲学館専門科設立の基金募集や人材募集をその目的とするものであった[20]。

その後、一八九六年から一九〇二年まで続いた二回目の巡講活動の際には、「漢学専修科」と「仏教専修科」が開設され、「教育学部」「哲学部」の二体制を備えることになる。このように、全国巡回講演を通じて募金活動をした結果、哲学館は徐々に拡張され、一九〇三年には私立哲学館大学として認定されることになる。そして翌年、井上円了は第二回目の全国巡講のプロジェクトを開始するが、そのほぼ最後の段階において朝鮮を訪れていることを述べておきたい。

3 「哲学堂」建立と全国巡講

二回目の全国巡講において、重要なきっかけとなった現実的課題は、「哲学堂」の設立である。とりわけ朝鮮巡講の例をみると、一九一八年五月二六日の京城日報には「井上博士」の巡講の目的が「哲学堂建立費に充てんとするものであったことが書かれている。[21]

「哲学堂」に関する最近の研究としては三浦節夫の研究が最も詳しいものであり、[22]一九一五年に発行された『哲学堂ひとり案内』[23]を増補編纂した『哲学堂』からは、哲学堂を通じて井上円了が実現しようとした思想について知ることができる。ところで、哲学堂の前史に当たる「哲学祭」に注目している研究は案外と少ない。ここでは、「哲学祭」において哲学がどのように形象化されているのかに注目し、その実践としての哲学堂の意味を再検討したい。この問題は、後日の全国巡講における現実的課題——国家主義的な活動——が、哲学堂の拡張事業とも深く関わっていたことを念頭におけば、[24]さらに重要な意味をもつであろう。

「哲学堂」は、四人の哲学者を聖人とし、祭祀を行うことではじまったが、この点から、井上が哲学を精神的理想郷として認識していたことが窺える。「哲学堂の由来」をみると「哲学祭」は井上が東京大学を卒業した一八八五年にすでにはじまっており、哲学館が設立された後の一八九一年から一八九五年まで行われ、一九〇四年には「哲学堂」がその祭祀の中心を占めることになったという[25]。祭祀の対象となる四聖とは孔子と釈迦、ソクラテス、カントであった。

明治十八年十月二十七日初メテ其祭典ヲ試ミタリ其四大家ヲ選定シタルハ決シテ私意ニ出ツルニアラス当時哲学ヲ大別シテ東洋哲学西洋哲学ノ二類トナシ東洋哲学ヲ支那哲学印度哲学ノ二種トナシ西洋哲学ヲ古代哲学近世哲学ノ二種トナス而シテ此四種ノ哲学ハ其発達ノ形式恰モ倒ニ懸ケタル扇面様ノ外見ヲ示シ其扇柄ノ枢要《カナメ》ニ当ルモノハ支那ニアリテ孔子、印度ニアリテ釈尊、古代ニアリテ瑣克剌底氏、近世ニアリテ韓図氏ナリ此四氏ハ皆哲学ノ中興ニシテ其以前ノ哲学ヲ統合シ来リテ一大完全ノ組織ヲ開キ以テ後世ノ哲学ノ基礎ヲ置キタル者ナリ[26]

このように、井上は東西の哲学者をそれぞれ二人ずつ選定した後、かれらの寿命を合算した三百年を一年の三百日とし、一〇月二七日を祭祀日として定める。実際の祭祀において朗読された文章には、かれが「哲学」という学問をどのような世界に喩えて理解していたのか、また、それを通じて何を求めていたのかがよく現れている。

四聖其人ヲ祭ルノ意ハ哲学其物ヲ祭ルニアルヲ知ルヘシ其哲学ハ一種ノ別世界ニシテ其中ニ天地アリ日月アリ風雨アリ山海アリ釈迦ノ智ハ其所謂日月ナリ孔子ノ徳ハ其所謂雨露瑣克剌底ノ識ハ其所謂山岳ナリ韓図ノ学ハ其所謂海洋ナリ其智ハ我ヲ照シ其徳ハ我ヲ潤シ其識ハ我ヲ護シ其学ハ我ヲ擁シ我父トナリ我母トナリ君

主トナリ師友トナリ日夜我ヲ愛育撫養セリ是ヲ以テ不肖円了等幸ニ哲学界ノ一人トナルヲ得タリ……。[27]

ここで、井上は四聖人の思想を普遍的な自然物に喩えつつ、また父母、君主などの倫理的関係に対応させる。自然と人間の倫理的関係を同時に哲学の隠喩として用いることによって、哲学が、精神的理想郷として、かつ、社会における倫理的課題を担える具体的な学問として描かれる。もちろん、井上が哲学祭を行いはじめた頃には、まだ学制用語としても「哲学」が分化されていなかった状況もあり[28]、かれの「哲学其物」に関する表現も、決して流麗なものであるとはいえない。だが、ここで「哲学」が、精神的文明をなす道具として現れ、単なる理想郷ではなく、倫理的共同体に対する「啓蒙」意識の発現として位置づけられているところに注目してみよう。このような哲学像は、当時日本の啓蒙知識人の目に「西洋」が「精神的」文明世界として映っていたことに対する、具体的な課題として要請されたものだと理解できる[29]。

以上のように、四人の哲学者を四聖として祭った「哲学祭」は、一九〇四年、哲学館の大学公称を記念するために建設された「哲学堂」のはじまりとなる。井上は、最初は哲学堂の起源である「四聖堂」を、哲学館大学を引退した後の隠居地として思うぐらいであったが、以後哲学堂全体がかれの活動の中心に据えられるようになり、実際に引退した一九〇六年には、哲学堂を「精神修養的公園」にするという趣旨から、修身教会運動の中心地としていく[30]。

曾て国民道徳の大本たる教育勅語の御聖旨を普及徹底せしむるには、学校教育以外に社会教育、民間教育を各町村に起さゞるべからずとは、余の年来の持論にして、学校退隠後は専ら其方に力を尽さんと思ひ、神経衰弱を医する民法は田舎の旅行にありと聞き、療養の旁ら日本全国の各郡各郷を周遊して、其趣旨を演述せんことに定めたが、開会の経費を支弁する方法を案出する必要が起つて来た。[31]

すなわち、井上円了が一九〇三年に『修身教会設立趣旨』を全国的に配布することではじまった修身教育運動は、[32]かれの哲学館引退の時点と相まって哲学堂をその本拠地とするものであった。そして、全国の各地を巡講するために必要となった資金は、実際において「哲学堂」の運営資金として集められることとなる。

4 井上円了の朝鮮巡講——長谷川総督との会話

それでは、晩年における井上の全国巡講、とりわけ、朝鮮巡講を具体的に検討してみよう。一九一八年の朝鮮巡講に関する記録は、『南船北馬集』一五編と一六編に収録されている。[33]井上円了の朝鮮巡講に関しては、朴慶植による研究がある。[34]朴は一九一八年の朝鮮巡講のみならず、朝鮮統監府時代であった一九〇六年の「満鮮旅行」から朝鮮巡講までの記録を分析している。とくに、日露戦争期から一九一〇年代までの日本の対韓政策の変化を軸として、井上円了の朝鮮認識の摘出を試みており、当時における「日本政府の朝鮮植民地政策」の具体的なイデオローグの一人として位置づける。[35]ただ、前述したように、本補論では修身教育の展開とともに哲学堂拡張の一環として行われた「全国巡講」に焦点を当てているため、なかんずく併合後の「朝鮮巡講」に関する記録に注目して議論を展開していきたい。

井上は「朝鮮巡講第一回（西鮮及中鮮）日誌」の冒頭において、今回の巡講が「朝鮮総督府より十三道国民道徳講話嘱託の命を」受けたものであることを明らかにしている。[36]

五月二十六日（日曜）晴雨不定、午前九時半京城南大門駅安着、京畿道長官松永武吉氏をはじめとし、旧識数氏の歓迎あり、是より腕車に駕して朝鮮ホテルに入る、宿室は純朝鮮式の別館なり、直ちに朝鮮及満州雑誌社長釈尾春芿（旧哲学館出身）の案内にて長谷川総督及山縣政務総督を官邸に訪問す、午後一時東本願守別院に至り、愛国婦人会の依頼に応じて講話をなす、同会主事は大橋次郎氏なり、引続き高等女学校に於て公開講演をなす。[37]

上の文章でわかるように、京城に着いた井上は直ちに哲学官出身の釈尾春芿とともに長谷川総督を訪問する。[38]神田秘書官が、長谷川が前日まで「北鮮巡視」を終えて帰ったと伝えたため、二人はまず総督の疲労や巡視のことを尋ねる。釈尾の記録によると、長谷川は「是でもまだ戦争があれば何時でも飛び出す積りだからな」と冗談をまぜながら「北鮮民の沌撲なること、何れの地に行つても子供や青年は日本語を解すること」などを語ったという。[39]このように長谷川の北朝鮮巡視に関する会話が続いた後、井上円了は今回の朝鮮巡講の目的について次のように語る。

井上博士は国民道徳普及を思ひ立つた動機を語り、教育勅語は日本国民の精神の根底とすべきものなるに単に学校内に限られたる如き状態に在るを慨し之を国民一般に普及し、教育勅語の御精神を国民全般に徹底せしめん為め、三十九年以来日本全国を巡講し、四十余県に亘りたる旨を語られ、且つ日本今日の教育が兎角軽佻浮薄に流れ健全なる思想の涵養に欠ぐる所あるは国家将来の為め悲むべきことなど語られた。[40]

これに対する総督の答えは、

朝鮮の生徒が何れも日本語に熟達するのは感心であるが、其精神が果たして日本化して行きつつあるのであろうか、又学校と家庭の聯絡が甘く取れて居るのであろうか……斯う云ふことに就て大に貴下の観察を願ひたいと云ふやうなことを博士に話された。(41)

前の文章は、一九〇三年からはじまった「修身教会設立」という井上の晩年の活動を集約的に表していると同時に、一九〇八年に記された全国巡講の目的と一致するものでもある。(42) ここで注目すべきなのは、井上自身が全国に修身教会を設立するために着手した「全国巡講」の趣旨の内容が、一〇年後の朝鮮においてもそのまま繰り返されている点である。なお、上記の井上と長谷川の会話には大きなズレが存在する。このズレは、長谷川が述べている朝鮮の植民地現実——もちろん、長谷川の認識そのものも、オリエンタリストのそれに他ならないが——というものに、井上円了がほぼ無関心であったところから発生する。実際に井上が書いた「朝鮮巡講日誌」をみても、自分が移動した日時と場所、出会った人びと、講演が開かれた地域とが詳細に記録されているのに対して、人びとに関する印象あるいは講演の聴衆側の反応などに関してはほとんど述べられていない。たとえば、

六月九日（日曜）晴、日中暑漸く強し、今朝日蝕皆既なるも、臥床中にて見るを得ず、午前小学校に中学生及内地人に対して講演をなす、是より目下建設中なる大規模のドックを一覧す、当港は潮汐の干満の差甚しきを以て、水面の平均を保つ為に二重の水門を設く、即ちパナマ運河式なり、午時府尹楠野俊成氏の厚意により、其官宅にて午餐を喫し午後別院に於て婦人会の為に講演をなし尋で商業学校に於て鮮人に対し講演をなす。(43)

ここで井上は、水門の風景を客観的に描写しているが、講演の内容や聴衆に関する印象などについてはほとんど書いていない。部分的に「鮮人」に対して直接に声を出しているところもあるが、それはあくまでも「天皇と国民」という抽象的な関係に朝鮮人を代入する形で終わっている。たとえば、

孝は家庭和楽の本、忠は国家安全の基なれば、今日と雖も鮮人は此二道を遵奉せざるべからず、古来孝を移せば忠となるとの格言ある如く、君主は一国の親なり、父母は一家の主なれば、忠は孝の大なるもの、孝は忠の小なるものと心得べし[44]。

教育勅語における「孝」と「忠」の倫理的再解釈が、井上の朝鮮巡講においてもそのまま反映されていることが窺える。このように、教育勅語の理念を基盤として「鮮人」との関係を構築する営為は、朝鮮に関する井上の認識を、「修身教会を拡張する」といった本来の目的とは異なる次元に向かわせる結果を招く。言いかえれば、「修身教会」の拡張というのは、朝鮮巡講において絶えず強調されていた「国民道徳拡張」の言説に裏づけられていたのであり、ここで井上における「哲学」と「国家主義」の一断面を垣間見ることができるだろう[45]。したがって朝鮮巡講も、いわば帝国日本の恩徳を抽象的に確認する旅程になっているのだ。

井上は、朝鮮の道路や自動車、水道、学校教育などが「不便なく」あることを「皆朝鮮併合の余沢」にあずかった結果だと述べ[46]、併合前には「山野に植林すれば、其樹を徴発せられたる由、故を以て人民は所謂其日ぐらしを以て足れりとし」たが、「併合以来悪政は善政と一変し、人民はじめて其堵に安んずるを得た」という[47]。そして、最後に「朝鮮人たるものの永く其恵沢を忘れざらんことを望む」と述べ、朝鮮巡講の記録を終えている[48]。

5 「朝鮮巡講」における講演の内容

井上は京城に着いた五月二六日に二回の講演を行った。東本願寺と京城高等女子学校で開かれた講演の主催は、それぞれ愛国婦人会と朝鮮教育研究会・朝鮮及満州社と京城日報であった[49]。一方、京城日報側は五月二六日の新聞報道で「井上博士講演会」の開催を知らせている。そして、その翌日の新聞の上段に講演の内容が掲載された。

朝鮮教育研究会、朝鮮及満州社本社の主催に係る文学博士井上円了氏の講演会は二十六日午後三時から京城高等女子学校講堂に於て催された▲定刻前から満堪立錐の余地もなく尚聴講者陸続として絶えなかつた為め会場の混雑を慮かつて定刻より約三十分遅れて開会井上博士遂行の来島好間氏先づ国民道徳普及会の趣旨を述べ次に主催者側を代表しての釈尾旭邦氏の挨拶あり四時救急の如々拍手に追へられて井上博士は演説上の人となつた最初の演題は「国民道徳の大綱」と言ので《(ママ)》その要旨は天地冥々の間に一種不可思議なる玄妙の気、即ち正気なる者がある▲我国に於ては此の浩然たる正気が国体の上に顕現して思道となつた、之れ東洋にあつて唯一の東洋文明の相続者たり全世界に向つては新興国たり、其皇統一系の国体は世界に冠絶しつつある所以である……と励声一番し教育勅語は実に国民道徳の淵源であり、戊申詔書は国体充実の上に於て国民斉しく劵々服膺せざる可らざるものなりと英国、亜雨然丁及び支那等に於ける愛国心の欠陥に例を取り▲我国の美点を挙げ大いに国民道徳の鼓吹に努めたるが聴衆粛として水を打つた様であつた[50]。

これは二六日に京城女高において開かれた講演の内容である。「国民道徳普及の趣旨」や「教育勅語」の重要性を主張しており、東洋文明の率先者としての日本の役割を述べている。つまり、平凡な国民道徳の提唱である。しかし、このような態度が、前に述べた「哲学」の捉え方、そして哲学堂における祭祀と無縁であるといえるのだろうか。

二節では、井上円了の自己認識が、西洋の「哲学」という、当時まだ慣れていない言葉の定義づけ、そして祭祀による形象化に支えられていたことを確認した。井上の「哲学館」をめぐる諸事情は、かれが「哲学」に抱えた文明への予感と信頼が、いかなる終着点をみせるのかを如実に表すものではなかろうか。そこには、かれが三回の「欧米視察」を通して経験した欧米に対する憧れと劣等感、そして植民地を通しての劣等感の解消という路線が交差している[51]。たとえば、

これをもって西洋各国、みなその国固有の学問を愛重し芸術を保護し、別して言語、宗教のごときは、つとめてその国固有のものを保存せんとす。これをもって、フランスにはその諸学術みなフランス独立の風を存し、英国にては英国独立の風を存し、ドイツはドイツ、ロシアはロシア、おのおのその国独立の風あり。西洋の強国にしてなおかくのごとく。いわんやわが国のごとき、その富といいその力といい、ともに西洋諸国にしかざるものにおいてをや。その国固有の諸学諸術を保存してその国独立の気風を養成すること、最も今日の急務といわざるべからず[52]。

これは、一八八九年に刊行された欧米日記の一部である。この第一回目の欧米視察の経験は、哲学館を設立した直後、「哲学館改良ノ目的ニ関シテ意見」に反映された。一八八九年の哲学館改良の目的は、欧米の「各国皆其

国従来ノ学問」を「保護シ……之ヲ振起」するに対する自覚として、「日本国固有ノ学術宗教……ヲ論究」し「一国独立」を図るものであった[53]。この一回目の欧米視察は、その後、明治後期になると、日露戦争の雰囲気の中で具体化された「修身教育設立趣旨」にも反映され、全国巡講の目的となり、朝鮮巡講における言説として拡張していく。

近年わが国民の知識日に勃興し、道徳月に廃頽し、智徳の並進行せざる傾向あるは、あに奇妙なる一現象にあらずや。その原因もとより一ならずといえども、要するに学校以外に修身道徳を授くる所なきによる。これに反して西洋諸国は学校以外に日曜教会ありて、毎週精神の修養をなさしむ。おもうに、かの国において人民の知識とともに道義また進み、なかんずく社会道徳、実業道徳の大いに発達せるは、全くこの教会の効果なりというと過言にあらざるべし。果たしてしからば、わが国においても今より各町村寺院もしくは適宜の場所において修身の教会を設け、国民道徳のおおもとたる教育勅語の聖旨を開達敷衍して、小学卒業以上のものを教誨し、もって町村の人民をしてことごとく道徳の修習をなさしむるは、実に目下の急務なりとす。戦後の経営も、けだしこれより先なるはなし。風俗改良、公徳養成の方法もまた、これ外にあるべからず。これ、余が学校教育の補習として修身教会を設置するの必要を唱うるゆえんなり[54]。

つまり、本節の冒頭で取りあげた朝鮮巡講の内容においてかれが主張する「教育勅語による国民道徳涵養」というものは、「朝鮮」という地域のみに特化された内容ではなく、第一回目の欧米視察以来やそれを反映した哲学館改良の事業、そして日露戦争を経て徐々に発展された論理であって、とりもなおさず晩年において出来上がったものでもあった。

歴史の跡を辿りて世界文明の状態変遷推移等を研究する時は印度の哲学支那の文教制度等所謂形而上の文明は東洋に創まり東洋の文明は西洋の文明より遙に先きに花を開いたのである。然るに現状は果して如何であるか。西洋の文明は今将に満開の時代となつて百花繚乱妍を競ひ華を誇つて居るのに一方東洋の各国は殆ど滅亡の状態に陥つて居るではないか、従つて東洋の文明は頽廃瀕死の状態に陥って居る、此間に屹立して西洋の文華と美を競ひつゝあるものは独り我が帝国あるのみである。(55)

この文章は、同じく京城女高で行われた講演で『朝鮮及満州』に掲載されたものである。「記者筆記」となっているが、だれが記録したのかは知るすべがない。ここには、先に引用した「東洋文明の相続者」という内容の具体的な文脈、すなわち、東洋文明が西洋文明より前に成立したことの根拠や、「我が帝国」が東洋文明を率先しなければならない理由が記されている。

井上は、すでに一回目の欧米視察において、イギリスとドイツの競争的な帝国拡張を目にした。そして日露戦争後になるとかれは、この引用文からわかるように、世界文明を西洋と東洋の両軸に認識し、東洋文明の率先者としての日本の位置を強調する。その骨子が、平凡であるとはいえ、天皇と「日本国民」の関係を「孝」の倫理と一体化させる国民道徳であったのはいうまでもない。「忠とは所謂大義名分の事である。日本の忠なるものゝ精神の中には何等不純なる利己心の分子は含まれは要らぬ……日本人の忠と孝とは一致すべきものである」とし、(56)「忠孝」の倫理を「万世一系の大和魂」として規定する。

一方、「西洋」についての批判がみられるのもこの時期である。「西洋人の思想は極端に利己的である。この利己的心情が発達し向上して仁義博愛と云ふやうにもなつて来るが、彼等の道徳的行為は其根本思想を利己に発して居る」と批判しつつ[57]、イギリスとドイツの戦争について次のように語る。

今日の欧州戦争の原因は彼等の利己心の発動とみることが出来る。英国人は旺に独逸の蛮行を非難攻撃して止まないが、独逸人は亦英国の横暴非行を挙げて元来英国が今日の強大なる領土と勢力とを有するに至つたのはあらゆる横暴非道を働いて他国を侵略し他民族を征伏したのでは無いか、彼等は何の辞を以て今は吾々の取る行動を彼れ此れ云ふ資格があるかと云ふて盛に非人道極まる暴行を働いて居る、我輩は独逸の言分が正しいか英国の対独非難が正しいかは此処には言はないが、要するに西洋には一般に利己主義の思想が旺盛であると云ふことだけは断言して置く[58]。

かれにとって精神的文明の鏡であった「西洋」は、もはや日露戦争以後、競争関係として認識される。井上円了の「哲学」認識から修身教育運動までの一連の過程は、単なる学問の受容以上のことを物語るのではなかろうか。

6　おわりに

以上、本補論では、井上円了の「朝鮮巡講」に関する史料を取りあげ、かれの「哲学」に対する認識と「哲学館」における修身教育運動との関連性について考察した。

かれの朝鮮巡講は、朝鮮を通して帝国日本のアイデンティティーを確認することに集中されている。朝鮮で行われた講演は、西洋文明に対する自己認識として、帝国日本の拡張と国民道徳の樹立を訴えるものであった。このような帝国主義的なイデオロギーは、哲学堂拡張などにおける下敷きとなっていたが、その意味で井上における「哲学」は、「精神的理想郷」や「原理原則の学」といったものではなく、かれが目撃した欧州戦争と植民地拡張という「現実から出立する」[59]ものであったといえる。つまり、われわれは、井上円了を通して、帝国主義や国家主義を支えた近代的「哲学」概念の様子を発見することができるかも知れない。

井上円了は最後の論説「哲学上に於ける余の使命」において次のように述べている。

第一の使命たる哲学を通俗化することは余が前半生の事業にして、其間の著書と教育が正しく之に当つて居る、而して其中心は哲学館である、その創設の主旨は哲学を世間に普及するにありて、最初は飽まで通俗本位なりしも、時の勢に誘はれ風潮に動かされ、自然に高尚に傾くやうになりて、遂に大学専門科までを開設するやうになつて来た……第二の使命たる哲学を実行化するには、老後半生の事業にして、明治三十九年退隠以後之に取掛り、其中心は、和田山哲学堂と定めて居る、西洋の哲学は理論一方に偏して実行方面を疎外せる有様であるが、是れ哲学の目ありて足なき不具者にしてイザリ哲学たるを免れぬ、然るに余は哲学の極致は実行にありと信じ……哲学の定義を下して奮闘活動の学とし、之を実行上に実現せんことに専ら工夫を凝らして居る。[60]

かれが実現しようとした哲学は、このように「奮闘活動」する学であった。哲学館設立から修身教会運動まで、東京から朝鮮そして満州まで、かれは生涯において実に「奮闘活動」した。しかし、近代学知の定着のあり方を顧みる今においてわれわれは、その「奮闘活動」とは別に、かれの発話が立っている場所を再度問わなければならないことを指摘しておきたい。

注

(1)桂島宣弘「東アジアの近代と翻訳」『自他認識の思想史』有志舎、二〇〇八年、一四八〜一五〇頁。

(2)代表的なものとして、田中菊次郎「円了と民衆」『井上円了研究』第一冊、東洋大学井上円了研究会第三部会、一九八一年。

(3)近代日本思想史研究会『近代日本思想史』第一巻、青木書店、一九五六年、二一三〜二一八頁。

(4)『京城日報』一九一八年五月二六日、二〇七面(韓国教育史文献研究院発行影印本、第一七巻、二〇〇三年)。

(5)船山信一『船山信一著作集第六巻　明治思想史研究』こぶし書房、一九九九年、三〇頁。

(6)井上哲次郎『明治哲学界の回顧』岩波書店、一九三二年、六七〜六八頁。

(7)清原貞雄『明治時代思想史』(大鐙閣、一九二一年、一二六〜一三四頁)、前掲、近代日本思想史研究会『近代日本思想史』第一巻(二〇四〜二一八頁)、宮川透・荒川幾男『日本近代哲学史』(有斐閣、一九七六年、五六頁)、針生清人「井上円了の哲学」(『井上円了研究』第一冊、一九八一年、八二頁)、前掲、船山『船山信一著作集第六巻　明治思想史研究』(一〇六〜一三〇頁)。

(8)著しい例として、一八八九年の「哲学館目的ニツイテ」において井上円了は、哲学教育の目的を「宇宙主義」と規定し、それは自国の言語や歴史、宗教を教える「日本主義」と一つであると主張する(井上円了「哲学館目的ニツイテ」『東洋大学百年史　資料編Ⅰ　上』東洋大学創立百年史編纂委員会、一九九三年、一〇五頁)。

(9)飯島宗亭は、井上円了の「民」中心の「啓蒙主義」が、当時の「天皇制、家族主義、儒教倫理、富国強兵策などに関して……きわめて積極的」であったことを指摘する(飯島宗亭「井上円了の『教育』理念序説」『井上円了の思想と行動』東洋大学、一九八七年、一〇〜一一頁)。また、大久保利謙は、井上円了の「政教社」活動に関して、かれらの「日本主義は……文化開化を国民文化のうちに再編成しようとする」ものとして、「反欧米主義の保守派とは明確に一線を画していると指摘する（大久保利謙『明治維新の人物像』吉川弘文館、二〇〇七年、四二七〜四三〇頁）。

(10) 三浦節夫は、井上の全国巡講を前期と後期に分けているが、ここでは後期の「全国巡講」つまり一九〇六〜一九一九年の巡講に当たる。その時期は、井上円了が哲学館大学を引退した後、「修身教会運動の展開という新たなテーマをもって全国への巡回に再出発した」時期として位置づけられる（三浦節夫「井上円了の全国巡講」『井上円了選集』第一五巻、東洋大学、一九九七年、四七〇頁）。

(11) 井上円了の全国巡回講演の全貌に関しては、前掲、三浦「井上円了の全国巡講」を参照。

(12) なお、井上円了は一九〇六年にも朝鮮を訪れたことがあるが、その際の記録は「朝鮮旅行談」「満州紀行」などに乗せられている。当時の朝鮮旅行については、紙面上深入りすることはできないが、ただ本文でも言及している朴慶植の研究（「井上円了の朝鮮巡講の歴史的背景」『井上円了研究』第七巻、東洋大学井上円了記念学術センター、一九九七年）を紹介しておきたい。

(13) 哲学会『哲学会雑誌』第一冊第一号、一八八七年二月、哲学書院、見返し。

(14) 井上円了「哲学ノ必要ヲ論シテ本会ノ沿革ニ及ブ」同上、八頁。

(15) 井上円了「哲学館開設趣旨」（一八八七年六月）前掲『東洋大学百年史　資料編Ⅰ　上』八三頁。

(16) 三浦節夫「哲学館創立の原点」『井上円了センター年報』第一九巻、東洋大学井上円了記念学術センター編、二〇一〇年、一六頁。

(17) 井上円了『仏教活論序論』哲学書院、一八八七年（『井上円了選集』三巻、東洋大学、三三四〜三五四頁）。

(18) 三輪政一編『井上円了先生』大空社、一九九三年、二頁。

(19) 前掲、井上「哲学館開設趣旨」八三頁。

(20) 井上円了「館主巡回日記」『井上円了選集』第一二巻、東洋大学、一九九七年。

(21) 前掲『京城日報』一九一八年五月二六日、二〇七面。

(22) 三浦節夫「井上円了と哲学堂公園一〇〇年」『井上円了センター年報』第一一巻、東洋大学、二〇〇二年。

(23) 石川義昌編『哲学堂』財団法人哲学堂事務所、一九四一年。
(24) 同上、二〇頁、井上円了「哲学上に於ける余の使命」『東洋哲学』第二六篇第三号、東洋大学発行所、一九一九年、三頁。
(25) 井上円了『南船北馬集　第三編』前掲『井上円了選集』第一二巻、五五〇頁。
(26) 前掲『東洋大学百年史　資料編Ⅰ　上』一六頁。
(27) 同上、一八頁。
(28) 井上円了が東京大学に入学した一八八一年は、哲学科がはじめて独立した年であった。具体的には本書第二部第一章を参照。
(29) この点は日本において「哲学」という翻訳語を作り上げたと知られている西周においても明らかである。西周が『百一新論』において哲学を翻訳する過程には、当時の社会的課題に対応する方式が表れている。かれは、君臣・夫婦・親子などの人間関係を正す「文明の治」として「哲学」と「権義」を挙げている（西周「百一新論」大久保利謙編『西周全集』第一巻、宗高書房、一九六〇年）。
(30) 前掲、石川編『哲学堂』一九～二〇頁。
(31) 同上、二〇頁。
(32) 一九〇三年に配布された『修身教育設立趣旨』は、全二〇頁ほどの薄い帳面形として携帯しやすくなっている。その内容は、井上が『哲学堂』において国民道徳教育の必要性を述べた部分とさほど異なるものではない（井上円了『修身教会設立趣旨』哲学館、一九〇三年）。
(33) しかし、『井上円了選集』の『南船北馬集　第十五編』には、「朝鮮巡講」の部分だけが抜けている。井上円了記念学術センターに問い合わせてみたがそれによると、「日本編」として「国内巡講」のみを集めて編集したのがその理由であるという。また、『南船北馬集　第十六編』は『井上円了研究』第三巻（東洋大学井上円了研究会第三部会、一九八五年）に「非公開資料」として収録されている。
(34) 前掲、朴「井上円了の朝鮮巡講の歴史的背景」『井上円了研究』第七巻。

(35) 同上、一〇五頁。

(36) 井上円了『南船北馬集　第十五編』国民道徳普及会、一九一八年、一〇三頁。

(37) 同上、一〇三〜一〇四頁。

(38) 釈尾春芿に関しては、『朝鮮人物選集』(阿部薫著、民衆時論社出版、一九三六年)を参照されたい。また、釈尾は哲学館出身であり、井上円了とも関わりをもっていた。かれは一八九七年に哲学館を卒業した後、京都の新聞事業に勤めたが、井上円了の勧誘で一九〇〇年、朝鮮にわたることになる。朝鮮においては釜山の「開成学校」に勤めた。当時、開成学校の校長は荒浪平次郎で同じ哲学館の出身であった。また、東本願寺が釜山に創立した日本語学校「草梁学院」が閉校した後、その学生たちを開成学校に送っていたことからも、釈尾が朝鮮に定着するには哲学館と井上円了の影響が大きかったことがわかる(崔恵珠「韓末 日帝下 釈尾旭邦의 来韓活動과 朝鮮認識」『韓国民族運動史研究』韓国民族運動史学会、二〇〇五年)。

(39) 釈尾春芿「井上博士を伴ふて長谷川総督を訪ふ」『朝鮮及満州』第一七巻第一三二号、六頁。

(40) 同上。

(41) 同上。

(42)『南船北馬集　第一編』には、修身教会の設立とともに全国巡回講演を行う理由に関して次のように記されている。「近年わが国民の知識日に勃興し、道徳月に廃頽し、智徳の並進行せざる傾向あるは、あに奇妙なる一現象にあらずや。その原因もとより一ならずといえども、要するに学校以外に修身道徳を授くる所なきによる。……わが国においても今より各町村寺院もしくは適宜の場所において修身の教会を設け、もって町村の人民をしてことごとく道徳の修習をなさしむるは、実に目下の急務なりとす」(井上円了『南船北馬集　第一編』前掲『井上円了選集』第一二巻、一九〇〜一九一頁)。

(43) 前掲、井上『南船北馬集　第十五編』一一三頁。

(44) 井上円了『南船北馬集　第十六編』(一九一八年)東洋大学井上円了研究会第三部会『井上円了研究』第三巻、一九八五年、一八頁。

(45) 改めて『修身教会設立趣旨』を記しておく。「余は今を距ること十七年前、哲学館を創立せしより、哲学館拡張の為、前後二回日本全国を巡遊し、他方の宗教の振はざるを見、徳義の衰ふるを察し、不肖ながら国家将来の為に聊か憂慮する所ありき、尓来之を輓回せんと欲し、百万工夫の結果、各地方に於て修身教会を設置する方法を案出し、之れを東西西洋の事情に対照するに、今日の急務是より甚しきはなしと自ら信ずるに至る」(前掲、井上『修身教会設立趣旨』哲学館、一九〇三年)。
(46) 前掲、井上『南船北馬集　第十六編』一八頁。
(47) 同上、二一頁。
(48) 同上。
(49) 前掲、井上『南船北馬集　第十五編』一〇四頁。
(50) 前掲『京城日報』一九一八年五月二七日、二一五頁。
(51) 井上円了の「欧米視察」に関しては、『井上円了選集』第二三巻(東洋大学、二〇〇三年)を参照。
(52) 井上円了『欧米各国政教日記(下編)』同上、一四五〜一四六頁。
(53) 前掲『東洋大学百年史　資料編Ⅰ　上』一〇一頁。
(54) 前掲、井上『南船北馬集　第一編』一九〇〜一九一頁。
(55) 井上円了「国民道徳の大網」『朝鮮及満州』第一七巻第一三一号、五八頁。
(56) 同上、五九頁。
(57) 同上。
(58) 同上。
(59) 三木清『哲学入門』岩波書店、一九四〇年、一頁。
(60) 前掲、井上「哲学上に於ける余の使命」『東洋哲学』第二六篇第三号、二〜三頁。

補論2　麻生義輝の西周著作集編纂に関連して
——無政府主義者の一九三〇年代と明治日本

1　問題提起

philosophyの翻訳語として「哲学」という用語をはじめてもたらし、「近代日本哲学の祖」と見なされてきた西周は、今日まで日本思想史分野において多く研究されてきた(1)。しかし、この「哲学」という用語が日本のみならず植民地朝鮮および中国まで伝わった事実を考えると、単に日本史のなかで議論されてすむ問題ではないように思われる(2)。植民地朝鮮の側からみると、これまで日本思想史分野や西周研究会などを通じて定式化されている、「啓蒙主義者」西周による西洋概念の漢字語への翻訳という枠組みをそのまま受け入れることはできない(3)。また、概念の翻訳をめぐる議論にいまさらと、外部の者として参加することもあまりにも悲劇的な話である。

このような問いからみると、より広い歴史・思想的背景から生産的な議論を展開させようとした研究はこれまで多くなされてきた。たとえば、philosophyが「哲学」に翻訳される様態を以前の「近世帝国」のなかで共有されていた諸概念の変異過程として捉える議論、(4) また西周が身に付けていて実際の翻訳に適用したであろう漢学的素養や朱子学的基盤を明らかにした研究など(5)は、学術制度や翻訳概念をめぐる近代国家の形成過程を相対的に捉えようとした。

しかしそれにも関わらず、西周に関しては「近代日本哲学の祖」という図式が最近まで根強く定着している。とくに「哲学」という翻訳語の初出に注目し、西周の論考を特定して研究した桑木厳翼の「西周の『百一新論』」が一九四〇年に出されて以後、日本における哲学研究の先駆者というイメージは、近年出された西周関連書のタイトル『近代日本哲学の祖・西周――生涯と思想』を見ても明らかである。(6) このような理解は、明治日本が西洋学術の受容にいち早く対応し、多くの西洋概念を翻訳することで当時の自由民権運動などの政治的局面を言語化することに貢献したといったような物語には有効であろう。だが、明治以降日本で造られた新漢語をそのまま受け入れ、現在もそれをハングル表記に変えた「철학［cheol-hak］」として使用している朝鮮半島の例は、どうみればよいのか。

本補論は、西周を近代日本哲学の始まりとして捉えること自体が特殊なものではないかという問いから始まる。西周が没した後、最初の著作集が出るまでかれに関する唯一のまとまったものは森鷗外の「西周伝」しかなかった。これまでこの「西周伝」は、不満足なものとして多く批判されてきた。(7) だが、これは西周を特定の分野と結び付けることなく淡々と物語っている点から、むしろ西に関する様々な想像を呼び起こす。(8) その後、西周に関する初めての著作集である『西周哲学著作集』が麻生義輝によって編纂される。まさにこの麻生の著作集とかれの西周研究によって哲学者としての西周像が形成されはじめたと、筆者は考える。

したがって本補論では、「西周伝」刊行以後から大久保利謙によって『西周全集』が編纂される以前までの時期に注目し、麻生義輝による『西周哲学著作集』がどのような背景のもとで編纂されたのか、そしてかれによって西周がどのように表象されたかについて論じる。その際に着目する問題は次の二点である。すなわち、麻生がどのような経緯を辿って『西周哲学著作集』を編纂するに至ったのか、その事実関係を探ること、そして麻生の人生全体からこの編纂作業がどのような位置にあたるのかを明らかにすることである。とくに二つ目の問いに関しては、西周研究に取り組む前に、麻生はアナキストであったこと、西周研究をきっかけに明確に思想的転向をなしていることをも重視しながら、以下では、麻生義輝の『西周哲学著作集』の歴史的背景について論じる。

2 『西周全集』編纂までの事情——相沢英次郎、麻生義輝、大久保利謙

『西周全集』編纂の歴史を簡単に触れておこう。今日広く知られている『西周全集』は、大久保利謙の編集によるものである。「百学連環」、「百学連環覚書」と「百一新論」を収録した第一巻が一九四五年二月に日本評論社から出された後、[9]そのまま中断されてしまったが、戦後に西周記念会が組織されたことで一九六〇年から宗高書房より全四巻として出される。[10]ところが、全集が出る前に麻生義輝という人が『西周哲学著作集』を岩波書店から出している(一九三三年)。[11]この大久保による全集と麻生の著作集編纂の間で特筆すべきなのは、二人には西周に対する関心が同時期にあったということである。簡単にふれておこう。

大久保は一九三八年五月より学士院史編纂の仕事をすることになる。その際に二代目の院長であった西周を調べる必要が出てきたので学習院の先輩である西の孫、西酉乙に史料を見せてほしいと頼んだそうだ。だが、その時、麻生が「『全集』を出すためといって、全部借り出し」、「どういうわけか、独占したまま、他人に見せ」なかったと大久保は述べている。[12]「西酉乙の紹介でやっとみせてもらえ」たようだが、同年一〇月に麻生は亡くなり、

西家に戻ってきた資料を学習院で全部借りたという。

このように、大久保が西周の遺稿を調べはじめたちょうどその時期に、麻生義輝という人が西周全集に取り組んでいたわけだが、なぜ全集ではなく哲学著作集という形に終わったのか。これに関して麻生の序文では以下のように書いてある。

私は数年前、好学の余暇、西洋哲学東漸の由来を識りたいと考へ、資料等を募集中、鴎外等の筆写整理したる遺稿の全部が、西男爵家に保管されてをるのを知り、請うてその一切を寄托され、出来得べくば後日全集として上梓したき希望の下に整理校訂に着手したが、その筆写には意外に粗漏多く、尚ほ新に補充すべき文書も多々ある上に、彼の学問的領域も甚だ広汎に亙つてゐるので、為に、若しその完成を企てようとするならば、積むに多少の年月の功をもつてしなくては不可能の状態である。けれども西周の業績中、最も顕著なる哲学的方面は、この部分単独にて独立の意味を有する上に、彼の法学、言語学等の分野及び著作家としての彼の全事業を理解する上にも、その基礎的、哲学的立脚地を明にして置くことが必要であ〔ると考えた‥筆者注、以下同様〕[13]。

ここで麻生は「全集として上梓した」かったが「筆写には意外に粗漏多く、尚ほ新に補充すべき文書」も多かったので他部門を理解する基礎となる哲学関連遺稿だけを集めたと述べている。一方、実際に麻生編集本が刊行された経緯を知るためにまず、少し過去に戻り、一八七〇年以後、その時ちょうど上京した西周の家に寄寓していた相沢英次郎（一八六二〜一九四八年）という人物を探ってみよう。

西の妻、升子《ますこ》の兄である岡野周吉の息子、つまり西周の甥にあたる相沢英次郎（後に相沢家に養子に入る）が西家に入ったのは一八七一年五月であった。当時西家は浅草西三筋町にあり、そこには西の養子である紳六郎と庶子勃平がすでにいたという[14]。そして翌年の秋には森林太郎（鴎外）が神田西小川町へ引っ越した西家に入り、相沢と紳六郎、そして林太郎は「友に机を並べ」て勉強していた。一方、この時期の西は、一八七〇年九月まで頭取として勤めていた沼津兵学校から至急上京させられ、兵部省に出仕していた[15]。明治初年のこの西家について相沢は次のように回想している。

私がコンデンスミルクやビスケツトを味はつたのが明治四年で、鉛筆石筆石盤を用ひたのも同年で、頭髪を散髪にしたのは西家に寄寓した当日で男（西周）がうしろにきて剪んだのである。西洋料理法を見たのが五年で、周男が津田真道加藤弘之福澤諭吉神田孝平箕作秋坪などといふ学者を招いて馳走せられたが、その時神田三河町の三河屋から材料を取寄せ、料理人を呼び、小川町広小路角屋敷の広い台所で馳走をせられた折であつた。又西洋風の応接室を見たのは同じく五年で、これは同家の玄関は元来大名屋敷の玄関であつたから広大なものであつた。それを改めて西洋室としたのであるが男の考案で、床には絨緞を敷き、一室の壁襖等を朱唐紙、次の一室を青唐紙にてはり詰め、明り障子は硝子戸とし、壁に沿つて鏡付飾物が置かれ、その上にコーヒー道具がのせてあつた[16]。

この家で相沢は一年上の林太郎と、さらに一年上の紳六郎と「謂ゆる遊び仲間」として一八七五年まで一緒に寄寓したという[17]。その後、西と再会したのは、一八八一年に東京師範学校に入った時である。「西周伝」に「明治十四年辛巳、五三歳。時義殁す。周文部省御用掛を兼ね、東京師範学校の事務を嘱托せらる」と書いてあることから[18]、西と同じ時期に相沢は同学校にいて、かれも西の講演を受けていることがわかる[19]。しかし、西は相沢が師範学校に入ったのを後から知り「相談しなかったことを叱責」したという。西周の養子である紳六郎と庶子勃平も皆軍人になったように、西は相沢も「軍人にする心算」であったという。[20] 相沢はその後石川県師範学校教頭を始め、三重県師範学校長などを経て神奈川県女子師範学校長を最後に退職している（一九二二年）。その間かれが西周全集に取り組んだのは、一九〇三年、西の七周忌の時であった。

相沢の全集編纂ついては、西家の承諾を受けた後に鴎外の協力も得たと、「西家から遺稿全部の送付を受け、新任校長として内外の事務、特に多忙の中で、夜間職務の余暇を見出しては、遺稿の整理・調査研究・そして原稿の調製に着手した」と、「公余の暇は、殆ど西周全集出版に尽す」と記録されている。[21] そして遺稿の筆写を完了した一九〇八年の春にその原稿を鴎外に送っている。ところが、「筆者原稿を見た森鴎外は、今これを世間に発表すると物議を醸すかも知れん、というので、出版を一時中止することになった」という。「その主たる原因は、軍部への遠慮であり、とくに軍人勅諭起草関係の史料がからんでいたとの事で」あった。[22]

「軍部への遠慮」とは、鴎外が「西周伝」を著した際に山県有朋とやり取りした書簡を参照すれば理解できる。鴎外の「西周伝」は、西が没した一八九七年三月すぐに西紳六郎の嘱を受けて書きはじめられ、半年後に草案が出ている。おそらく「西周伝未定稿」として残っている史料であろう。[23] 鴎外は訂正のためにそれを西周と縁の深かった人らに配る。[24] ところが、そこで訂正を申し出たのが山県有朋であった。一八九八年二月の鴎外日記には次のように記されている。

二十三日（水）。希臘神史を研究す。小池来訪す。西紳六郎書を寄せて曰く。山縣侯西周傳未定稿を讀みて、補正する所あり。又詔草の世に公にすべからざるを告ぐと。[25]

この「詔草」とは「詔書の草稿を」指しており、「西周が関りを有した詔書といへば明治十五年一月公布の『軍人勅諭』を指すこと」は明らかである。[26] ところが当時、山縣は「軍人勅諭」の起草及び成立の些細な成り行きが世に知られるのを避けたかったようだ。すなわち、相沢が、まだ山縣の生前でもあった明治期に西周全集を出すには無理があった。

このように行き詰まった全集編纂のところへ尋ねてきたのが麻生義輝であった。

3　アナキストとしての麻生義輝（一九〇一～一九三八年）

まず、麻生義輝の略歴を確認しておこう。

麻生義輝は一九〇一年に大分県玖珠郡南山田村で生まれた。第七高を卒業した後に東京帝大哲学科に進学、美学を専攻したとされる。二〇年代には麻生義という筆名をもってアナキストとして活動したが、その後「日本哲学・美学の研究に転じ」、三七歳という若さで亡くなる。[27] アナキズム思想家である大澤正道は「社会主義因縁ばなし」において西周の「社会党ノ説」に登場する「通有党《コミュニスト》・公共党《ソシアリスト》・烏有党《ニヒリスト》」という訳語を挙げながら、この稿本を初めて世に送った人物として麻生義輝を紹介する。[28] また、麻生がなぜアナキストから西周著作編纂に打ち込むようになったのかという問題を提起した。

だが、大澤も述べたように、麻生がなぜアナキズム運動から「日本哲学史の研究」に移ったのかは知られていない。以下ではこの疑問を持ちながら、麻生義輝の『西周哲学著作集』が出されるまでのかれの活動や書いた文章を探っておきたい。

麻生義輝は「昭和二年三月」に東京帝大の「美学美術史学科（美学）」を卒業している。[29] 一九二七年、二六歳の時であった。ところが、筆者が作成した［表］麻生義輝の著作および翻訳目録をみると、かれは東京帝大に在学した時からアナキズムに関して論評を書いたり欧米のアナキストたちの文章を翻訳したりしたことがわかる。活動には麻生義という名前を用いており、その筆名は『世界大思想全集』にバクーニンの「神と国家」翻訳を載せたのを最後に見られない。そしてその後は専ら自分の専攻であった美学に関する論文数編と西周に関する文章を発表するようになる。

麻生義という筆名のアナキズム関連批評が目立って現れる時期は一九二六年以降である。この時期、つまり一九二六年一一月には非マルクス主義者を排除した形で日本プロレタリア芸術聯盟が設立された。また、本団体が「思想的に幅広いプロレタリア雑誌であった『文芸戦線』を機関誌」としたことに関わって「アナキズム系」雑誌の創刊が活発に行われた。[30] とくにかれは、アナキスト文学活動の嚆矢とされる『文芸解放』（一九二七年）の結成に直接関わり、[31] 一年の間アナキズム文学に関する数編の論評を発表した。だが、それにも関わらず、麻生義のアナキズム論評はそれほど注目されなかった。

まず、アナキストとしてのかれの翻訳及び批評に関してはつぎのように要約できる。管見の限り、翻訳に関しては、ドイツで生まれ一九三三年ナチスより国籍を剥奪された後にフランスへ亡命し、最後は収容所で自殺した戯曲作家ハーゼンクレーヴァー Walter Hasenclever（1890～1940）の四つの作品を翻訳した『世の救済者』が最初である。「高利貸」「黒死病」「アンチゴネ」「世の救済者」をまとめる解説において麻生は、とくに「アンチゴネ」の主人公であるアンチゴネが、作者自身を物語っていると強調しながら次のように語る。「アンチゴネは平和論者です。愛の使徒です。……感情にうごかされる。そして常に憧憬をもつてゐる。このアンチゴネは、どうしても今日の存在です」[32]。この最初の翻訳、とくにこの解説を取りあげたのは、麻生が以後において主張していくアナキズム文学理論を、この解説ほど簡明に物語っているものはないからである。かれのアナキズム論評は、当時の、文学運動において数年間続いたアナ・ボル論争を感情的に受けとった傾向があり、そこでかれは、アナキズム文学理論とは何かという問いに対して具体的な回答を出すことができず、ボルシェヴィキやニヒリズム論者を批判するに止まった。かれはハーゼンクレーヴァーの「アンチゴネ」を通じてアナキズム文学の実例を提示したのであり、その作品から抽象されるアナキズム文学の精神とは、人間の感情をあきらめない「人道主義」、マンモニズムと戦争を敵視するものであった[33]。

それ以降かれが行った翻訳は、ソ連の医者でありながら革命家であったボグダーノフ Bogdanov (1873～1928)[34]とドイツ生まれの画家ゲオルゲ・グロス George Grosz (1893～1959) の芸術論、そしてクロポトキンやイタリアのアナキスト・マラテスタ Errico Malatesta (1853～1932)、バクーニンのアナキズム思想かつ無政府論であった(［表］を参照)。

それでは、具体的にかれが掲げたアナキズム文学理論とはどのようなものであったか。結論を急ぐと次のようにいえるだろう。アナキズム思想とは「反強権」の思想であり[35]、その文学とは「クロポトキンのいはゆる社会協和 Solidalite' の精神を——正統無産階級の認識を」、そして「社会の連環としての個人」の「自由」を「究極の目的と」する、と[36]。この反権力、「個人の自由」を重視する思想は、かれの数編の批評において形を変えながら強調されている。それほど、麻生を含む「昭和のアナキスト」論壇では、ボルシェヴィキとの対立が激しかった[37]。たとえば麻生は自分らのアナキズムについて、しばしば「強権を否定する無産階級」「正統無産階級」と表現しつつ、「個人の自由が、もつとも合理的に保証せられる自由聯合の社会を建設しようと努力するものだ」とする反面、「呪はれたるボルセヴィズムは、『個人の自由』といふ言葉のまへに、いかに戦慄し、いかに驚怖してゐるか!」と批判する[38]。しかし、このような態度には、敵を作り、敵を想定することで「アナキズム」という対象について、

表　麻生義輝の著作および翻訳目録

著・訳者名	題名	出版社	年度	本名および備考
麻生義	「むだ口二三」		1924.8.	『書物往来』
麻生義	「文芸一家言（断片）」 「非文芸断想」		1925.11. 1926.2.	『文芸批評』
麻生義(訳)	『戯曲集・世の救済者』	至上社	1925	ハーゼンクレーヴァー原作
麻生義	『文学の創生期』	至上社	1925	序言：「西洋の文学や芸術をよく理解するためには、どうしても希臘にまで遡らねばならない。二三千年以前にあれほどの文化がかの土地に栄えてゐたことは、誠に驚嘆に価するものである。…（本書は）主として希臘文学の変遷について記述したものである…参考にした書物に就いては、エディンバラ大学に希臘語を講義してゐるチルヤアド氏の「希臘文学史」の名前だけを上げて置かう。…固有名詞の発音も各国（英仏独）（が違うので）英語の流儀に依る」
麻生義(訳)	『社会思想文芸叢書第一編・無産階級芸術論』	人文会出版部	1926	・ボグダーノフ著 ・小序：「ボグダノフの意見とは、先づ、概念において、相異を生じなければならない（共産主義との）。無政府主義的芸術観によれば、もつと破壊的であり、もつと戦闘的であり、さらに、もつと非組織的、非教権的でなくてはならない」
麻生義(訳)	『芸術の危機』	金星堂	1926	・ゲオルゲ・グロス著 ・社会文芸叢書第二編
麻生義	「実証美学小説」		1926.9.	『文芸戦線』
麻生義	「プロ文学漫談」 「未来社会の芸術」 「農民文学管見」		1926.11. 1927.6. 1927.8.	『随筆』
麻生義	「《解放文芸時評》詩の新傾向論」 「プロレタリヤ文壇の分裂と結成について（アンケート）」 「詩の新傾向論」		1927.1. 1927.3. 1928.2.	『解放（第二次）』
麻生義(訳)	『サンヂカリズムとアナーキズム』	東京金星堂	1927	・クロポトキン著 ・小序：「雑誌の一論文として書かれたもので1924年にベルリンのサンヂカリスト社から出版された…反訳で一度雑誌「労働運動」に載つた」

著・訳者名	題名	出版社	年度	本名および備考
麻生義	「ボルセヴイズム党派文芸批判」		1927.3.	『文芸市場』
麻生義	「[詩論・感想・随筆] 革命的現実派の持論」		1927.3.	『太平洋詩人』第2巻第3号
麻生義	「原始芸術の社会美学（訳）」 「未来の芸術作品―主として様式原理に就いて」		1927.3. 1927.4.	『文芸時代』 （「原始芸術の社会美学」はウイルヘルム・ハウゼンスタイン著の翻訳）
麻生義	「無産派文学理論批判―アナキズムの観点から」	新潮社	1927.4.	『新潮』第24年第4号
麻生義	「無産派文学の高揚」 「海外アナキズム文学の瞥見―最近の海外文壇（三）」 「文壇組合解体の趨勢」 「一九二八年に於ける我等の課題に就いて」		1927.6. 1927.8. 1927.11. 1928.2.	『文芸公論』
麻生義	「[海外紹介] 詩に表れたるサッコとヴァンセッチ」		1927.1.	・『バリケード』特輯号 ・「愈々決定せるサツコとヴアンセッチ　電気死刑の執行七月十日を記憶せよ」『黒色青年』1927.7.、6頁〔1920年5月アメリカで起こったストライキ「製靴会社の会計係殺害犯人」として逮捕される〕 ・「S.V両君に贈る」「救命運動」『黒色青年』1927.9
麻生義	「アナキズム文学小論―二三の誤解に対する検討」 「文学理論におけるアナキズムとボルセヴイズム」 「中世主義の文学論―回顧的風潮を排撃せよ！」		1927.2. 1927.3. 1927.4.	『原始』

著・訳者名	題名	出版社	年度	本名および備考
麻生義	「文芸運動の新転機」 「無政府主義文学運動—世界におけるその現勢」 「なにが藤森成吉をさうさせたか(反論)」 「共産派の傭兵に与える」 「如何にしてアナキズム芸術論は確立し得るか」 「所謂文芸運動の一典型に就いて」		1927.2. 1927.3. 1927.3. 1927.4. 1927.5. 1927.11.	『文芸解放』(1927 年 1 月刊行～27 年末 11 号で解散)
麻生義	「無産派文芸家討論会—第五十五回新潮合評会」	新潮社	1928.2.	『新潮』第 25 年第 2 号
麻生義	「如何なる作品を推すか」 「プロレタリヤ詩の新らしき方向」	新潮社	1928.4. 1928.5.	『新潮』第 25 年第 4 号 『銅鑼』第 15 号
麻生義	「芸術は戦慄する」		1928.6.	『黒旗は進む』創刊号 (麻生が松村元と創刊・編集、創刊号のみで閉刊)
麻生義(訳)	『クロポトキン全集・8 巻』 「近代科学とアナーキズム」、「近代国家論」	春陽堂	1928	
麻生義(訳)	『社会思想全集・31 巻』 「正義と道徳」	平凡社	1928	クロポトキン著
麻生義(訳)	『社会思想全集・24 巻』 「無産階級芸術論」	平凡社	1929	ボグダノフ著
麻生義(訳)	『社会思想全集・29 巻』 「近代国家論」	平凡社	1929	クロポトキン著
麻生義	『社会思想家としてのトルストイ』	春秋社	1929	
麻生義	「マルクス主義文学以上のもの」	新潮社	1930.5.	『新潮』第 27 年第 5 号
麻生義(訳)	『社会思想全集・28 巻』 「無政府論」	平凡社	1930	エンリコ・マラテスタ著

著・訳者名	題名	出版社	年度	本名および備考
麻生義(訳)	『世界大思想全集・40巻』 「神と国家」	春秋社	1931	バクーニン著
麻生義輝	「ヘーゲルの美学」		1931	『理想』第22号
麻生義輝	「農村教育と美術」		1931	『農村社会研究』2巻
麻生義輝	「ファシズムの芸術論（ゼンチーレの所論に就いて）」	新潮社	1932	『新潮』第29年第7号
麻生義輝	『西周哲学著作集』	岩波書店	1933	
麻生義輝	「軍人勅諭の『政治』とは何ぞや」		1934	『祖国』7月号
麻生義輝	「明治の先覚者西周先生」	明治文化研究会	1934.2.	『季刊明治文化研究』第1輯
麻生義輝	「文久二年の新体詩」	明治文化研究会	1935	『明治文化』第8巻第11号
麻生義輝	『楽記講義』	春陽堂	1937	・井上哲次郎の序文（1937）：「麻生義輝君が今回特に『楽記篇』の講義をして其の音楽哲学としての価値を現代に発揮されたることは非常に歓ばしい計画であると信ずるのである」 ・著者序文：「「楽記」は礼楽哲学の精髄である。礼と楽とに関して記述したる古典は、東西の文化諸国に於いて、必ずしも鮮としないが、「楽記」の如く壮麗なる表現を以て、幽玄なる哲理を明にしたものは頗る稀であると言はなければならない」
麻生義輝	「陸軍の恩人西周」	中央公論	1938.7.	『中央公論』610号（53-7）特別号
麻生義輝	『人生のための美学』	教材社	1939	遺稿、後がき：太田勤之
麻生義輝	『美のある生活』	教材社	1942	『人生のための美学』と内容同様
麻生義輝	『近世日本哲学史』	近藤書店	1942	遺稿、後がき：太田勤之

何かが語れた側面があったと思われる。つまり、かれが、アナキズム「運動の形式、方法の教師を求めることが、かなり困難である」[39]、「戦術を知らない」と、アナキズム精神に一致する文学のやり方を具体的に模索することの難しさを語りつつも、当時の「共産主義者」たちとは異なるプロレタリア文学理論を主張することが可能だったのは、ボルシェヴィキたちの存在があったからだ。実際に麻生は数編の論評を通じて全日本無産者芸術連盟の藤森成吉や江口渙のような作家を猛烈に批判した[40]。

以上のような徹底した反ボルシェヴィキ主義は、資本主義への反対・人間の絶対的自由の擁護という部分において共鳴できる主張が多く出されたにも関わらず[41]、アナキズム同盟雑誌や団体はほとんど一・二年で解散となった。個人の書いた論説の内容を超えて、一団体の性格からみても早期的な解散は明らかだった。たとえば昭和のアナキズム文学活動の幕を開けた『文芸解放』は、その創刊メンバーに麻生義という名前がはっきりしている唯一の雑誌でもあったが、活動はわずか一年に過ぎなかった。本社は、宣言で掲げているように、「ブルジョア文学」の「抹殺」と「ボルシェヴィズム文学」からの脱皮、またアナキズム運動のなかでも「サンジカリズム派」より「純正無政府主義的立場」に立とうとした。自発的な宣言は「自由合意に拠る連帯社会を創造する」としたぐらいで、ほとんどが当時のプロレタリア芸術連盟との対立を強調し、同じアナキズム運動においても内部対立を明文化したスローガンであった[42]。『日本の反逆思想』（一九六〇年）で、死刑を控えている幸徳秋水が、生とは、生きることとは何かについて残した手記を、涙を交えながら綴ったアナキスト・秋山清は、『文芸解放』に関しては以下のように評価する。

アナキズムとは何か、文学運動とは何か、それらの活動の目的は何か、文学活動における組織は必要であるのか。これらの諸問題が、組織経験のすくなかった若い詩人や小説家の上に一挙にかぶさって、動きをとれなくした。この現実的な遅れがアナキズムそのものの遅れ（アナキズム自体の性格）であるかのような不安と動揺のために、文芸解放社はやっと同人制と薄っぺらな機関誌をつづけるのが精一ぱいであった[43]。

このなかで麻生義も、「地方公演」――「純正無政府主義者」を自任するかれらは「人民大衆の革命」を標榜するクロポトキン主義に習って地方や農村を屢々尋ね講演会を行った――に参加したり、論評を書いたりしているが、「アナキズム運動のための〝文学活動〟」とは何かを非組織的かつ非強権的に模索しようとした末に、実際の展開までには至らなかった[44]。

4　麻生義輝と明治文化研究会

麻生義がアナキストとして意気を込めた時期は一九三〇年までだった。一九三〇年は、かれが深く関わっていた黒色青年連盟の機関誌『黒色青年』が閉刊した年でもある。『黒色青年』は当時、国際的に起こったストライキ事件や反帝国主義運動にも関心を表しその推移を報道するなど[45]、「資本主義」と「帝国主義」を一体とみなし、それを糾弾する声を高めていた。しかし毎号度に「発禁」と「押収」という弾圧をこうむり一九三〇年二月号をもって閉刊する[46]。その後、麻生義ではない義輝という実名で出した論評は、いずれも美学専攻者ならではの芸術論であって、ボルシェヴィキに対する感情的な批判やアナキズム文学とは何かに悩む痕跡は一切見当たらない。そして一九三三年に岩波書店より『西周哲学著作集』が出される。

麻生がどうして西周に感心を表し、草稿を集めるようになったかその経緯に関しては明らかではない。ただかれは、一九〇七年に出た『明治名著集』に収録された西の「美妙学説」を読んで初めて西周に興味をいだくようになったと記している。[47] 六歳の頃にそれを読んだはずはなく、おそらく帝大の時期かその前後に読んだのであろう。麻生の帝大卒業年度は一九二七年であり、その翌年にかれは西周の甥である相沢英次郎を訪問しているので、[48]［表］で示したように、麻生のアナキズム関連書物の翻訳と西周に関する研究は、同時代に、それぞれ終わりと始まりを迎えていたことはわかる。一方、上記したように、相沢が西周全集編纂に挫折したのは一九〇八年であった。それから二〇年が経ち、相沢が退職した後に麻生はかれを尋ねているのである。この昭和初め頃、麻生がまだ義という筆名をもってアナキズム活動をしていた時期の、相沢との出会いについて、大澤は次のような記録を残している。

英次郎には尚夫という息子がいました。尚夫は早稲田大学在学中にアナキズムを奉じ、いわゆる学生アナの熱心党でした。麻生が相沢家に通うようになったころ、尚夫は家にはいなかったようです。麻生義の名前は知っていたでしょうが、その人物が父とともに西全集の刊行に打ち込んでいる義輝だとは知らなかったといいます。[49]

後に尚夫が無政府共産党事件で投獄された際に麻生は英次郎に長文の手紙を寄せたという。[50]

以上のような由縁で麻生は相沢が筆写した西の遺稿を受けとり、全集刊行に取り組む。しかし全集ではなく『西周哲学著作集』で終わる。

麻生は『西周哲学著作集』の「編者序」で「西周は我が国に於ける西洋哲学研究の先駆者である」と明記する。[51] かつてはすべての権力に強く抵抗し、人間の「絶対的自由」を主張したアナキストが、一九三〇年初頭に「我が国に於ける西洋哲学研究の先駆者」を「特定」する。「微力ながらその夫々の特定の個人を指摘して、哲学研究の為に、道を開き、先駆をなして、今日の盛大に臻らしむるの縁由をなした人物は果して何人であつたかを知ることは、最早既に一つの歴史的興味になりつつある。この国の哲学研究も、約七十年の年月を閲して、歴史的事実となつて来たのである」と、[52]この本によって西周は初めて歴史的対象として挙げられた。

『西周哲学著作集』刊行をきっかけに麻生は明治文化研究会から講演の申し出を受ける。この明治文化研究会は、吉野作造が自分の論文「憲政の本義を説いて其有終の美を済すの途を論ず」（一九一六年）において「民本主義」を説いたことで一九二四年に誕生した研究会である。[53]その性格について大久保は、「明治のよさを見直そうという面と、明治憲法体制をある程度批判する護憲デモクラシーの両面が」あって、「ある意味では関東大地震で壊滅した明治そのものを掘り起こし、考え直すという前向きの姿勢と、単に明治を懐かしんだり、明治の事物を愛好するという好事家的側面とを、あわせもっていた」と指摘する。[54]実際に明治文化研究会より出された『明治文化』、『明治文化研究』、『新旧時代』は、博学多識という言葉を想起させるほど、多彩なテーマを単調に並べている。この「サロンみたいな」「好事家的」雰囲気の研究会に、麻生は二回足跡を残している。その一つが「昭和八年十一月十一日夜」の「例会」での講演であり、後に「明治の先覚者西周先生」として雑誌に掲載された。この文章は、西周を歴史的対象として最初に行った講演の内容であるという点で重要である。

5　先駆者という名づけvs幕府の戯画化

麻生義輝が明治文化研究会で講演した「明治の先覚者西周先生」は、麻生編集本とは異なる語調で西周について生々しく語っている。「明治維新頃に活動した人々を段々能く調べて見ますと、私達の方ではほんの狭い部分しか調べて居ないのでありますが、どうも非常に変つた傑物と云つたやうな者がちよいちよい出て来るやうな気がするのであります[55]」。そして、この「非常に変つた傑物」の人生を誕生から探っていくのだが、この文章は二つの点から興味深い。一つ目は、麻生の、事はもはや済んだと、今は明治ではないという時代意識、二つ目は、麻生の「文化史的立場」という捉え方である。

まず、麻生は相沢の全集編纂が失敗したことについて、当時は「明治天皇の御代のことであり、時日が若いので発表を見合せたがよいと考へたやうでありますす」と、その原因を「明治」という時代に探っている。「そこでこれには森鴎外先生や関係者一同弱つたさうであります。……殆ど印刷に廻すやうに出来上つて居るところのあるものを西家の方に返しして、藏ひ込んでしまつたのであります[56]」。麻生がこの「しまい込んだ」遺稿のなかで哲学関連原稿を集め、哲学者としての西周を強調したことの意味は、明治期に対するこのような態度とも深く関連する。一方では明治という時代を過ぎたのでおり、一方では「明治を懐かしんだり、明治の事物を愛好するという好事家的側面」をもつ明治文化研究会の存在があったのである。哲学者としての西周像は、明治の様々について無難に語り合っていた当時の明治文化研究会の博物学的傾向と重なるところが多かったであろう。だが、このような帰着も、以前、明治期の「関係者一同」が「弱った」のと同様に、消極的な態度を反映しているといわなければならない。

そして、失敗した明治期の全集編纂から今回の著作集編纂の話に入っていく文脈は、「哲学」という造語の話から始まる。話の立て方としては新たな方式を模索したものであった。麻生は、「西先生の伝記は、曩《さき》に申しましたやうに森鴎外先生の書いたものの中に殆ど尽きて居るのでありますが、あれは用心しないと年代も少し古いものでありますし、文章の飾り具合で少しは間違ではないかと考へられる所があるのであります」といいながら、

「文化史的立場から見て、極めて重大な多くの事実を逸してゐる」と、指摘する。[57] つまり、年代順に沿って話すのは以前の鷗外でやっているので、鷗外の「西周伝」には「出てゐない」「西先生のやられた文化史的な仕事」をつまみながら話を進めるのが一九三四年の麻生のやり方であった。そこで「哲学」という造語の話が最初に出てきており、この一つの造語から麻生は複数の文化史的意義を持ち出している。まずかれは、西の語学能力を挙げる。「語学だけでもドイツ語が読めオランダ語は勿論、英語が読め、ラテン語、ギリシヤ語も読めばフランス語も外交文書の翻訳や、徳川慶喜の先生をやられた程であつた[58]」。その他に「日本最初の論理学」、「国際公法の日本では最初のもの」であるという「万国公法」、「兵語辞典」、そして「一番大きな功績」として「軍隊の方に捧げられた功績」まで、麻生は「明治維新前後」の「わが国」において西周が文化史的にどれほど貢献したかを強調するに労を惜しまない。

以上の講演の以後に出される西周に関する論稿も同様に理解されうる。「陸軍の恩人西周」（一九三八年）は、「西洋の新しい学問などが顧られよう筈が」なかった時期に、「当時としては洵《マコト》に愕くべき大知識を基いて、時代の要求する第一義の仕事をやつてゐた」と、兵部省にいながら「官制改革」や「官制的兵制的基礎」を備えた時期の西を評価しながらも、「卓越な文化人」として「西といふ人の半面」をも強調する。[59] また『明治文化』に掲げられた短文「文久二年の新体詩」（一九三五年）も、西がオランダ行の船中で書いたと推測される新体詩を取りあげ、「西洋詩学の頭韻及び脚韻」を踏まえていたと評価する。[60]

西周の「明治維新前後」における「文化史的仕事」を以上のように評価する一方、麻生は、明治以前つまり「幕府」を次のように戯画化する。先の講演文に戻るが、たとえば、

この頃（幕末期）何をやつてゐたかといふと、ドイツからやつて来て居た電信技師の接待係で、電信機をい

じる手伝をさせられてゐたのであります。加藤弘之や澁澤榮一といふやうな人もそのやうな仕事をさせられてゐた。……西先生はと申しますと、ミシンの器械と豆電燈で弱らされたやうであります。ミシンの機械が、アメリカから渡つて来たがどういふ風に使ふのかと云ふ諮問を受けて、一晩ミシンの機械をいじくり廻して、終に機械の一部か糸かを毀してしまつたので、切腹でもしなければならぬかと色々心配したと云ふやうなことがあつて、「自分等は茶坊主と同じことをやつて、学者として献替をなさなかつたのは遺憾であつた」と後にこぼして居られる程であります。

と、切腹でもさせられそうであったと、苦笑が交じった語調で麻生は、「これでは幕府の壽命が長もちしなかつたのも無理はありますまい」と、学者に対する幕府の態度を皮肉っている。

6　おわりに

本補論では、大久保利謙編『西周全集』が出る前に麻生義輝によって刊行された『西周哲学著作集』の歴史的背景について論じた。麻生義輝がどのような経緯で『西周哲学著作集』に取り組んだのか、という問いに関しては二つの課題を設定し、答えようとした。まずは、麻生義輝の編纂作業の過程で確認された相沢英次郎の存在と、相沢の全集編纂がなぜ失敗したのかについて、森鷗外を参照しながら確認した。そして、麻生が西周を研究する前に麻生義という筆名で活動した一九二〇年代後半から三〇年代前半におけるアナキズム文学批評の内容を分析した。筆名である義から実名である義輝への変化は、明らかに麻生自身の問題意識および研究内容の変化を反映している。それは、一九二〇年代後半における日本のボルシェヴィキの階級闘争を権力闘争として考えるほど、あらゆる権力に抵抗しようとしたアナキスト麻生から、文化面において明治維新に大きく貢献した西周を称賛する麻生への変化であった。

また、麻生義輝の西周研究がもつ性格については、次のように要約できよう。西周に対する麻生の「文化史的」視点は、当時「明治文化研究会」が帯びていた明治に対する目差しとも合致するものであり、それは鴎外が西の遺稿に「詔草」が含まれているとの理由から「遠慮」したことを想起させる。明治は過ぎたという麻生の時代意識と、西周をとくに文化史的な貢献者として表象することは繋がっており、鴎外の明治期における「遠慮」が、昭和期に入って麻生による『西周哲学著作集』として芽生えたといっても過言ではないだろう。

麻生が西周の「わが国」における文化史的位置を確認するさい、西の哲学関連翻訳語を先に取りあげている点は強調すべきである。「『哲学』以下、哲学的諸学科の名称をはじめ、主観、客観、理性、悟性、現象、実在、演繹、帰納等、彼の翻訳又は撰定した夥しい術語が、今日も尚、生ける言葉として使用されてゐる。この点から、我が国に於て現在哲学を攻むる者は、彼の名を知ると知らざるとの別なく、彼の恩沢を被つてゐると言うべきであらう。これ又私達が彼の名を諼れてならない」[61]。「哲学」という造語に限定していえば、麻生にとってそれは「日本語」であったから「わが国」の「哲学研究」の始発として特記するに充分であった。一九三七年に出された講義録『楽記講義』で麻生が特記する「哲学」という言葉の解説には、次のように傍点が付されている。「この二字を哲学と熟語にした言葉そのものは漢語（支那語）ではなくして、日本語なのである。『大極図説』の思想的影響を受けた日本の啓蒙学者西周が明治時代の初年に、西洋のフィロソフィに対して哲学といふ訳語を新に鋳造して与えた」[62]と、「哲学」という用語を日本語に限定して称賛する麻生の思想的変化と、今日における「日本哲学の祖」としての西周像は、繋がっているといわねばならない。

そして、反帝国主義を唱え、『黒色青年』を読んで朴烈と金子文子の判決についての報道を追うなど、植民地朝鮮にも関心を寄せていた麻生であっただけに、かれが明治文化研究へと方向転換したことは、いっそう意外に、かつ極端なことのように感じずにはいられない。麻生がアナキストであった時期にもっていた問題意識、つまり反帝国主義的な問題意識から明治期の翻訳という言語的な問いを提起したらどうだっただろう、と想像させられるのも無理ではあるが、今日通用している日本製漢語翻訳語について考察するための一つの示唆を与えてくれないだろうか。

注

(1) 西周に関する先行研究は本書第一部第一章を参照。

(2) 朝鮮王朝においてphilosophyの翻訳語・「哲学」がはじめて登場する資料は、一八八八年二月の『漢城周報』一〇一号であり、内容は東京図書館の書籍を学問別に分類したものの紹介であった(金載賢「『漢城旬報』,『漢城周報』,『西遊見聞』에 나타난 '哲学' 概念에 대한 研究——東アジア的脈略에서」翰林科学院『概念과 疎通』第九号、二〇一二年)。

(3) 最も早いものに、井上哲次郎『岩波講座哲学・明治哲学界の回顧』(岩波書店、一九三二年)、最も新しいものに、松島弘『近代日本哲学・祖西周——生涯と思想』(文芸春秋企画出版部、二〇一四年)。

(4) 桂島宣弘「東アジアの近代と『翻訳』」『自他認識の思想史——日本ナショナリズムの生成と東アジア』有志舎、二〇〇八年。

(5) 井上厚史「西周の儒教思想——『理』の解釈をめぐって」『西周と日本の近代』島根県立大学西周研究会編、ぺりかん社、二〇〇五年、など。

(6) 桑木厳翼『西周の百一新論』(日本放送出版協会、一九四〇年)、前掲、松島弘の研究は郷土史的観点から西周の哲学関連著作を軸に西の生涯を描いている。

（7）森鴎外「西周伝」に対するこれまでの批判に関しては、村上裕紀「森鴎外『西周伝』論」（『小山工業高等専門学校研究紀要』第四二号、二〇一〇年）の一九二頁を参照。

（8）「西周伝」にみられる「無関心」のような態度は、それが書かれた明治三〇年という時代環境より起因すると吉田正巳は指摘する（吉田正巳「啓蒙学者の生涯――森鴎外『西周伝』をめぐって」『外国語科研究紀要』一九巻一号、東京大学教養学部、八九頁）。

（9）この経緯について大久保利謙は「一九三九年度の高松宮家の有栖川宮記念学術奨励資金をもらうことになります。この学術奨励資金は学士院会員の推薦によっていました。題目は「西周遺著の整理解説及出版」。三年継続で二〇〇〇円、当時としては大した金額でした」と回顧を残している（大久保利謙『日本近代史学事始め』岩波書店、一九九六年、一一七頁）。

（10）同上、一一八頁。

（11）さらに前である一八八二年に西周の『偶評西先生論集』が出ているが、これは西自身によるものなので本補論では論じない。

（12）前掲、大久保『日本近代史学事始め』一一六頁。

（13）麻生義輝『西周哲学著作集』岩波書店、一九三三年、七頁。

（14）佐々木仁三郎『近世郷土の教育先賢――根本貞路・阿保友一郎・相沢英次郎』三重県良書出版会、一九九二年、一六九頁。

（15）森鴎外「西周伝」『鴎外歴史文学集』岩波書店、一九九九年、一〇四～一〇六頁。

（16）相沢英次郎「西周男と鴎外博士」『心の花』三〇・六、一九二六年、四四～四五頁。

（17）同上、四八頁。

（18）前掲、森「西周伝」一三五頁。

（19）前掲、佐々木『近世郷土の教育先賢』一七八頁。

（20）同上。

（21）同上、二二六頁。
（22）同上、二二七頁。なお、相沢宛の鴎外の手紙（一九〇八年四月）には次のように記されている。「拝承任候西先生全集ノ件ハ　一、原稿ヲ御手元ヨリ直チニ書肆ニ御交付ノ事　二、小生ハ初校ニ任ズル事　右ノヤウニ御話申上候様存居リシニ原稿宅ヘ御届被下候ヲ見テ切角御伺申上候考中ニ御座候小生ヨリ書肆ニ頼候ニハ條件等猶御相談ノ上ナラデハ困難ナル處有之候　四月九日　於陸軍省　森林太郎」（『鴎外全集』第三六巻、岩波書店、一九七五年、三〇四頁）。
（23）大久保利謙「幻の鴎外文献『西周伝未定稿』」『日本古書通信』四〇・二、一九七五年。
（24）「此書稿成る後、左の諸家の校閲若くは補正を辱うせり。侯爵・山県有朋　伯爵・勝安芳　子爵・福羽美静　細川潤次郎　大築尚志　男爵・黒田久孝　加藤弘之　男爵・箕作麟祥　津田真道　黒川真頼　沢太郎左衛門　小山正武　田中栄秀　宮崎幸麿　寒沢振作　佐々木慎思郎　木村泰得　大野直和　新井宣哉　松原秀成　永見裕　相沢朮豊住秀堅　西道仙　西紳一」（前掲、森「西周伝」四頁）。
（25）『森鴎外全集』第三五巻、岩波書店、一九七五年、二六五頁。なお、同年八月四日の日記に「西周伝の訂正に著手す」となっている。
（26）小堀桂一郎「森鴎外と山縣有朋」『明星大学研究紀要【日本文化学部・言語文化学科】』第六号、一九九八年、六〇頁。
（27）『日本アナキズム運動人名事典』二〇〇四年、一六～一七頁。
（28）大澤正道「社会主義因縁ばなし」『初期社会主義研究』第一三号、二〇〇〇年。なお、西周「社会党ノ説」の起稿年には一八七二～三年という麻生義輝の説と、一八七九年だという大久保利謙の説がある。
（29）『東京帝国大学卒業生氏名録』一九三三年、二七八頁。
（30）村田裕和「アナキズム詩の地方ネットワーク――『クロポトキンを中心にした芸術の研究』における〈相互扶助〉」『語学文学』五三号、二〇一四年、一一～一三頁。
（31）秋山清『アナキズム文学史』筑摩書房、一九七五年、一五八頁。

(32) 麻生義訳『戯曲集・世の救済者』至上社、一九二五年、四一一頁。
(33) 同上、四〇八～四一一頁。
(34) 桑野隆『二〇世紀ロシア思想史』岩波現代全書、二〇一七年、一二六～一三二頁。
(35) 麻生義「一九二八年に於ける我等の課題に就いて」『文芸公論』一九二八年二月、八九頁。
(36) 麻生義「アナキズム文学小論――二三誤解に対する検討」『原始』一九二七年二月、一四～一五頁。
(37) 秋山清『アナキズム文学史』筑摩書房、一九七五年、一五八～一六〇頁。
(38) 麻生義「文学理論におけるアナキズムとボルセヴイズム」『原始』一九二七年三月、二〇頁。
(39) 前掲、麻生「一九二八年に於ける我等の課題に就いて」八九頁。
(40) 麻生義「無産派文学理論批判」(『新潮』一九二七年四月)、前掲「アナキズム文学小論」、「無産派文学の高揚」(『文芸公論』一九二七年六月)など。
(41) 鶴見俊輔はアナキズムについて次のように述べている。「アナキズムは、トマス・アキナスの『神学大系』とか、マルクスの『資本論』のような、まとまった理論的著作をもっていないし、もつことはないだろう。それは、人間の社会習慣の中に、なかばうもれている状態で、人間の歴史とともに生きて来た思想だからだ」(鶴見俊輔『鶴見俊輔9・方法としてのアナキズム』筑摩書房、一九九一年、三頁)。
(42) 前掲、秋山『アナキズム文学史』一五八～一五九頁。
(43) 同上、一六〇頁。
(44) 同上、一六三～一七〇頁。
(45)「朴・金子・両君の判決」(『黒色青年』一九二六年四月)、「消息　大邱真友連盟事件……」(同、一九二七年八月)、「愈々決定せるサツコとヴアンセッチ　電気死刑の執行七月十日を記憶せよ」(同、一九二七年七月)、「S・V両君に贈る」「救命運動」(同、一九二七年九月)など。
(46) 古川時雄「『黒色青年』の歴史」、宮崎晃「黒色青年聯盟と『黒色青年』の回想」(『復刻版・黒色青年』黒色戦線社、一九七五年)。

(47) 麻生義輝「明治の先覚者西周先生」『季刊明治文化研究』第一輯、明治文化研究会、一九三四年、一九頁。
(48) 前掲、大澤「社会主義因縁ばなし」一八頁。
(49) 同上。
(50) 同上。
(51) 前掲、麻生『西周哲学著作集』五頁。
(52) 同上、五～六頁。
(53) 前掲、大久保『日本近代史学事始め』八三頁。
(54) 同上、八三～八四頁。
(55) 前掲、麻生「明治の先覚者西周先生」一八頁。
(56) 同上、二〇～二一頁。
(57) 同上、二一～二二頁。
(58) 同上、二一頁。
(59) 麻生義輝「陸軍の恩人西周」『中央公論』六一〇号、一九三八年、二五六～二六五頁。
(60) 麻生義輝「文久二年の新体詩」『明治文化』第八巻一一号、明治文化研究会、一九三五年、四～五頁。
(61) 前掲、麻生『西周哲学著作集』六頁。
(62) 麻生義輝『楽記講義』春陽堂、一九三七年、四四〇頁。

おわりに

一八六二年、西周が友人の松岡隣に当てた手紙の「ヒロソヒ之学ニ而、性命之理を説くは程朱ニも軼き」という記述は、philosophy に関する西の最初の表現であった。それから半世紀以上が経った一九三六年、植民地朝鮮のある哲学専攻者は、「哲学とは何か」と問う代わりに、「いま、この地で、我々にとって哲学をするとはどういうことなのか」という問いを発した。(1) この二つの文章のあいだに何が存在するのかを考えてみることが、本書の最初の目的であった。

哲学の故郷がどこだったのか、またそれが今までどれだけ贅沢に育ってきたのかはともかく、手足一本が、この上なく貴重な今日のわれわれとしては、何年もむなしくこの新しい客の原籍と履歴ばかりをほじくり回して座っている暇はないのです。(2)

これは植民地朝鮮の哲学者の朴致祐（一九〇九〜一九四九年?）の言葉であるが、たしかに現実の重さに比べれば、「哲学」がどこから来たのか、あるいはその履歴を問うこと自体が贅沢な疑問だったのかも知れない。しかし、朴致祐が「哲学とは」という課題を受けとり、その問いにぶつかっていく過程で、問いそのものを現実に対する変革の問題として書き替えつつ、何とかしてそれに答えようとしたことも事実であろう。そうである以上、かれが「新しい客」と表現するもの、すなわち、与えられた名前としての「哲学」というのは、個々人を乗り越えた普遍的な問題として現れたといってもよいだろう。本書は、このような問題意識から、哲学概念の単なる履歴だけではなく、植民地との関係のなかから明治日本を考えてみようとした。

何よりも、今までの議論の仕方では、植民地の問題が説明できなかったといわなければならない。つまり、「啓蒙主義」「西洋の学問」「近代的」といった巨大な修飾語を用いるかぎり、植民地は、単なる受動的存在になるか、それとも近代的学問によって啓蒙されるべき存在になるか、という二つの選択肢に狭まれてしまう。しかし、朴致祐の言葉からわかるように、被植民者たちがただ単にその立場を受け入れていたわけではない。ちなみに、このように「哲学をする」という命題に悩んでいた朴致祐は、一九四九年パルチサン活動中に韓国の太白山で射殺されたといわれている。

本書は、植民地朝鮮の経験に関しては、京城帝国大学を少し取り扱っただけで、本格的な考察までは至っていない。しかし、明治日本における philosophy の翻訳がどのような条件のもとで行われたのか、という問題は、植民地の経験を考える際にもとても重要な観点を提示してくれると思う。

philosophy を「哲學」として創りあげた西周は、どこで生まれ、どのように育ったのか。かれがオランダから持ってきたものは何であり、実際にどのテキストから哲学を学んだのか。またそれをどのように読み、どのように翻訳したのか。こうした素朴な問いに一つずつ答えていったのが、第一部の前半部の内容である。

第一部第二章で述べたように、「性」や「理」という既存の言葉は、西周の『性法説約』と「生性発蘊」によって新しい文脈に置かれていくようになる。西は西洋の概念を翻訳する前に、まず儒学的概念を翻訳する作業をつねに行っていた。「尚白劄記」は、そのことを端的に物語っている。「理」を reason や principle に置き換える作業と、「哲学」という造語の生成は、決して無関係なものではなかった。第三章で取りあげた「生性発蘊」で確認したように、既存の言葉が自ら即していた文脈から段々と離れていく過程のなかで、もはや意味への問い自体が行われなくなり、新たな造語がその空白を埋めていくメカニズムが生じたのである。

本書では詳しく取りあげることができなかったが、西周にとって「性」とは、生き物の物質的部分、または生理的な側面を指す概念として認識されていたと思われる。「生性発蘊」は生き物を「植性」と「動性」に区別しており、それら「人獣草木ノ同一理」とは、今日の言葉でいうと、吸収、消化、排泄などの作用を指す(3)。このような「性」の理解は、本論においても指摘したように、イギリスのルイスが書いた*Comte's Philosophy of Sciences*(1865)を翻訳する過程から得られたものである。また、「生性発蘊」の「第二篇」には、この著作が部分的に翻訳されていて、「コントの実理哲学」の詳細な内容として紹介されている。つまり、新しい文脈を与えられた「性」は、進歩した哲学の名の下に配置されていったのである。

ここで、西周の「百学連環」について一つ敷衍しておきたい。これは西周が実際どのような西洋文献を手にして読んでいたのかという問題とも関わっている。第三章で少し紹介したように、西周の「百学連環」を述べるとき、それがどのような物質的基盤をもって書かれたのかを確認する必要がある。「百学連環」は西が「育英舎」で行った講義をまとめたものである。「育英舎」は、一八七〇年十月、西の上京に同行した永見裕(一八三九~一九〇二年)を含め、福井藩士のために設けられた私宿であった。だとすれば、「百学連環」には、新たな知と学の連携をめぐる西のイメージが孕まれていると同時に、幕末維新期を生きる青年たちに西洋の学を分かりやすく説くという、西の儒者としての発語内行為の側面も刻まれていたといわねばならない。

こうみれば、これまで「百学連環」について、何らか完結された思想を用いてその思想的背景を説明したり、また、「西洋の諸学問を一貫した体系のもとに組織的に講述(4)」したものと評価したりする先行研究には疑問を感じざるをえない。そもそも「百学連環」は未完成であり、第二編のなかでも「物理上学」の項目の叙述が中断されている。そして最も重要なのは、「百学連環」の主題、すなわち新しい「学術」概念を提示するとともに、学を「普通学」と「殊別学」として分類することが、当時広く読まれていたウェブスター辞書から習得した知識にもとづいていた点である。そしてウェブスター辞書それ自体が、イギリスの経験論的思想の伝統に属するものである点は注目に値する。「百学連環」においてウェブスター辞書が占める位置については、長年「百学連環」を丹念に読みつくし、近年単行本を刊行した山本貴光によっても強調されている(5)。

第一部第四章から第五章までは、西周の後の世代における「哲学」の展開を追ってみた。ここでは、東京大学という近代的学術システムを取りあげて、いくつかの問題を提起した。とりわけ次のような論点をつねに念頭に置きながら考察を行った。つまり、近代以前には「理」を中心にしていた宇宙論的な議論が、近代以後にはなぜ特定の学問としての哲学に移っていったのか、という多少荒い疑問である。この点に関して、まず第一部においてある程度明らかにすることができたと思われるのは、近代西洋の学術制度を標榜した東京大学というシステムのなかで、学科名としての「哲学」が持つ力は、決して小さいものではなかったという点である。その学制のなかでこそ『哲学会雑誌』の言説も可能であったし、自然科学に対する哲学の優位性を前提にすることができた。とくに、井上円了の「純正哲学」という概念は、「理」が全宇宙の原理を描き出す言葉から、「理科」という用例に収まっていく段階と深く関わっている。もはや「理」の議論は、学制としての「東洋哲学」のなかへと収斂されていった。

第一部第五章で取りあげた井上哲次郎らの『哲学字彙』は、「哲学」の制度的レベルへの進入において決定的な役割を果たしたものである。「哲学」の名のもとで概念を集め、そして制度の領域で使われる言語体系においてそれらを変換するという『哲学字彙』の目的は、最初から西洋の中国語観や「支那」観より芽生えたものだったのであり、そのような政治的側面を除いて概念の翻訳の様相だけを問うのは妥当ではない。

一方、帝国日本の学知としての「哲学」と植民地朝鮮との関係を具体的に考えてみようとしたのが、第二部である。近代日本を通過した哲学的議論が、植民地朝鮮においていかなる展開をみせたかについては、詳しく論じられなかったが、さしあたって「哲学」をめぐる制度的装置に注目した。とりわけ今のソウル大学校の前身である京城帝国大学について調べた内容が中心となっている。

今からおよそ二〇年前の一九九八年に、ソウル大学校哲学思想研究所が刊行する雑誌『哲学思想』で「韓国哲学近百年の回顧と展望」という特集が組まれたことがある。その一つの章において執筆者たちは、「西洋哲学受容史とは、単なる西洋哲学の内容の受容史をいうのではない。西洋哲学の受容と同時に、新たな知の領域が教えられ、研究される基盤として制度的装置が導入される。西洋の大学制度の導入と西洋の学問分類に従って多様な学科が設置され、それによって研究及び教育体制の定着が進められた。哲学も、その過程において受容された一つの分野である」と述べている。(6) この制度的装置からいえば、一九〇五年ごろに平壌カレッジ(一八九七年〜、崇実学校)でフィロソフィーが教えられたことが知られており、一九二〇年以後になると、京城帝大以外にも延喜専門学校と普成専門学校および梨花女子専門学校で「哲学概論」や「倫理学」、「論理学」が教えられた。(7) だが、この特集でも指摘されているように、フィロソフィーの「哲学」への翻訳と、その概念の制度化を伴う受容過程を考えれば、「帝国大学」という存在は植民地朝鮮においてやはり大きな事件であったといわなければならない。

とりわけ、「帝国大学」という制度に焦点を合わせつつ、植民地朝鮮にとって西洋哲学とは何であったのかという問題を具体的に掘り下げている先行研究はほとんど見当たらない。勿論、京城帝大で西洋哲学を教えた日本人教授や大体の教科過程について概論的に論じたものはある。また、京城帝大をめぐる哲学言説について、京城帝大法文学部の機関誌『新興』や哲学研究会の『哲学』などが注目され、具体的な分析も行われている。だが、京城帝大の哲学関連講座が「帝国大学」という制度といかに連動していたのかを詳細に論証した研究はないといっても過言ではない。そして、卒業生という面では、あくまで韓国の哲学研究者が中心に論じられてきたのであり、[8]哲学関連講座で勤めた日本人教授と京城帝大哲学科を卒業した「内地」と「外地」出身学生の全体像を一目で提示するものもなかった。

そのため、第二部ではまず、内地の帝国大学との関係から京城帝大法文学部の哲学関連講座の全体像を描こうとした。開設講座については、既存の研究が『京城帝国大学一覧』だけに頼っていた限界を超えるため、あちこちに散在している史料を探しだし、実際にどんな科目が開設されていたのかを、部分的ではあるが、明らかにしようと試みた。そして哲学関連講座を背負っていた担任教授に関しては、その人数が多かっただけに紙面も多く占めてしまったが、京城帝大の哲学関連講座で教えていた日本人教授の全体を一応視野に入れながら、かれらの赴任動機と研究動向について論じた。

しかも、かれらの京城帝大での活動は、戦後日本において注目されたことがほとんどない。たとえば、本論でも述べたように、戦後日本の教育復興に大きな役割を果たした安倍能成の場合、京城帝大への赴任時期さえ正確に調べられていなかったのが現状である。安倍のみならず、講座担任教授全員が東京帝国大学を卒業した、当代最高のエリート知識人であった。最高学部を出た優秀な人材たちが「外地」に向かったわけだが、それぞれの動機についてはまだ明らかになっていないところが多かった。

それから、京城帝大において「哲学科」専攻で学士をとった学生たちについては、朝鮮人学生だけを取りあげてきた既往の研究を補うために、その全体を一覧表で提示した。

そして第二部第二章では、京城帝国大学の予科で二十年間「修身」と「哲学概論」を教えた横山將三郎を取りあげた。かれは「人類の原始的姿を知るために朝鮮に来た」と述べている。有名な考古学機関誌に多くの業績を残し、また愛知大学の綜合郷土研究所において郷土遺蹟調査に没頭していたにもかかわらず、横山に関しては主に消極的な評価がなされてきた。むろんそこには、かれが当時朝鮮総督府で働いた考古学者たちとは違って、あくまで京城帝大の予科教授として発掘に同行していたという理由も存在する。しかし本書では、そのような消極的な評価を避け、横山が京城帝大の予科授業が行われた全時期に教授として勤めたことを重視しつつ、既存の予科哲学の特徴として言われてきた「国家道徳的」「修身的」といったイメージを改めてみようとした。予科で何を教えたのかを示す具体的な史料がないとはいえ、東京帝大倫理学を卒業した横山が朝鮮に赴任し、先史時代の研究を行ったことから、国家主義的修身のイメージとは異なる授業内容も推察される。

最後に第二部第三章では、京城帝国大学法文学部で西洋哲学史を教えた安倍能成について論じた。既述したように、戦後安倍を回想する郷土資料において、植民地期に関する記述が極めて簡略であることを指摘した上で、主に内地で行われた安倍の哲学研究が、植民地といかなる関係をもつのかについて喚起するように努めた。安倍と岩波茂雄との交友関係や、東京帝大のケーベル教授および夏目漱石との師弟関係などについてはすでに広く知られている。安倍らはいわゆる岩波グループを形成し、内容的にはケーベル教授を中心として、また形式的には岩波書店を基盤にして、大正期における哲学流行の時代を作りあげた。しかし、安倍が内地で古典中心の西洋哲学を学んでいたという点だけにこだわると、かれの京城帝大赴任時期が、ある島に投げられ、孤立していたかのように理解されてしまう。そうではなく、安倍がなぜ朝鮮の風景に関する叙述に没頭したのか、それを支えた思想とは何であったのかを、問い直してみる必要があると思う。かかる問題意識のもとで、哲学研究者の植民地での生というものを描こうとした。

本書は、明治日本と京城帝国大学を通じて、なぜ philosophy があまりにも生硬な「哲＋學」という書記記号を得るようになったのか、そして、植民地朝鮮にとって西洋哲学とは何であったのかということを考察したものである。私は早くからこの問いにつねに縛られていた。おそらく自分が学んでいた哲学の形にこっそりと疑問を持ち始めた日からだと思う。「철학 cheol-hak」と言うたびに、私は表記上の「哲學」が作られた歴史に戻され、

また植民地朝鮮という時空間に投げられるような気がした。こうした悩みとの格闘を経て、その一つの結果として本書を出すわけだが、今原稿を読み直してみると、むしろ悩みが増えていくばかりである。

ただ、学術概念の翻訳と伝播という問題について、それに関する事実関係だけを淡々と論じていくのはあまりにも無責任ではなかろうか。存在したことのない概念ができ、それが制度的装置を生み出し、漢字圏で共有されていくという事実を批判的に考察すること。残された課題は多くあるが、これこそ本書で一貫して問い続けようとした問題である。

注

（1）朴致祐「아카데미 哲学을 나오며――哲学의 現実에 대한 責任分担의 究明」（『朝光』一九三六年一月）『朴致祐全集 思想과 現実』仁荷大学校出版部、二〇一〇年、一三頁。
（2）同上。
（3）西周「生性発蘊」『西周全集』第一巻、宗高書房、一九六〇年、八〇頁。
（4）大久保利謙「解説」『西周全集』第四巻、宗高書房、一九八一年、五九三頁。
（5）山本貴光『「百学連環」を読む』三省堂、二〇一六年。
（6）許南進・白琮鉉・車仁錫・金南斗・成泰鏞「近百年 韓国哲學의 教育과 制度」ソウル大學校哲學思想研究所『哲學思想』八号、一九九八年、一七一頁。
（7）同上、一七四〜一八五頁。
（8）北に渡った京城帝大哲学科卒業生という大きな問題が残る。解放後に北に渡った言語学者の金壽卿（一九三四年京城帝大予科入学、「哲学、哲学史」専攻で一九四〇年卒業）については、板垣竜太の研究によって明らかになっている。板垣竜太「金壽卿の朝鮮語研究と日本――植民地、解放、越北」（板垣竜太・コヨンジン編『北に渡った言語学者・金壽卿（キム・スギョン）の再照明』同志社コリア研究センター、二〇一五年）、板垣竜太「リュックのなかの手帖――越北した言語学者・金壽卿の朝鮮戦争と離散家族」（板垣竜太・鄭昞旭編『日記からみた東アジアの冷戦』同志社コリア研究センター、二〇一七年）。

あとがき

本書は、二〇一六年、立命館大学大学院文学研究科に提出した博士学位論文に大幅な加筆修正を施したものである。はじめに、指導に当たってくださった桂島宣弘先生に心よりお礼を申し上げたい。

「『哲學』という言葉がどのように翻訳されたのかを知りたい」。私が桂島先生に宛てた手紙にそう書いたのは、二〇〇九年のことである。当時はまだ、日本語のキーボードでタイピングすることすらまともにできなかったので、私は手書きという手段を選ぶしかなかった。文法はそのとき持っていた日本語中級レベルの教科書に頼り、辞書をめくりながら先生に手紙を書いたことを今でも鮮明に覚えている。尊敬語や謙譲語の使い方に間違いがないかと緊張し、何度も何度も確認した。そうやってなんとか書き上げた手紙であったが、先生はお返事をくださった。そして東アジア思想文化研究会に招待してくださり、私ははじめて京都へ向かった。それが私の研究生活の始まりだった。

日本史専修の桂島ゼミは、私にとってとても刺激的な場となった。ひたすら史料の精読と関連研究書の読解で進められたゼミは、根気一つで成り立つ歴史勉強の方法に加えて、物事をひっくり返して考える習慣を、私に身に付けさせてくれた。

桂島先生の不在の際には、長志珠絵先生がゼミを受け持ってくださった。長先生は、自分もあのような歴史研究者になりたいと思わせてくださる存在だった。先生の徹底的な史料の調査と読解は、私につねによい緊張感を与えてくれた。また、育児と研究の両立という問題についても、度々長先生に貴重なアドバイスをいただいた。

金津日出美先生にもたいへんお世話になった。金津先生のおおらかな笑顔と温かいお気遣いは、私が京都で研究生活を送る上で大きな支えになった。また、韓国の高麗大学校との共同研究で発表する機会を得ることができたのも、金津先生のおかげである。

京都のコリア研究を支えておられる先生方、とりわけ水野直樹先生、板垣竜太先生、庵逧由香先生にお世話になった。京都大学名誉教授の水野先生からは、安倍能成に関してたいへん貴重な史料を提供していただき、かつ重要なご質問を投げかけていただいた。いまも覚えているそのご質問がなかったら、本書は今よりずっと雑な仕上がりになっていたにちがいない。また、同志社大学の板垣先生のゼミにも長年お世話になった。出産で参加できなかった時期もあったが、そんななかでも先生は私がゼミに参加できるように取り計らってくださった。とくに、京城帝国大学哲学科の卒業生である金壽卿についての講義では、まだ明らかになっていないところの多い、北に渡った卒業生たちに関するたいへん貴重な情報とヒントをいただいた。立命館大学の庵逧先生には、修士課程から長年にわたって様々なご支援をたまわってきた。とくに生活面において先生はいつも温かく応援してくださった。この場を借りて、先生に深く感謝申し上げる。

また、齋藤希史先生にもたいへんお世話になった。東京大学の齋藤先生は、学位論文の審査に当たってくださったのみならず、日本学術振興会のポスドクの受入教員としても私を手厚く支援してくださった。昨年は、先生のご高著『漢字世界の地平――私たちにとって文字とは何か』(新潮社、二〇一四年)を韓国で翻訳出版する機会に恵まれた。齋藤ゼミのお陰で、私は古典の世界に視野を広げることができたし、ゼミの集中合宿での皆さんとの議論、そして数々の鋭いコメントは、本書を仕上げる上で大いに役立った。

恥ずかしながら、私はこれまで、様々な研究会に出ることもあまりできずに研究生活を送ってきた。長先生は、「何で研究会はいつも夕方か週末なんでしょう」と、私の代わりに不満を表してくださることもあった。子供たちを保育園に預けたあとに研究室に向かい、保育時間が終わる二〇分前に研究室を出る。そんな生活のなかで、私に発表の機会を与えてくださり、貴重なアドバイスをくださった先生方のお力添えなくしては、本書が完成に至ることはなかったと心から思う。子育ては私にとって何にも替えがたい喜びではあるとはいえ、それをこのような学術書の執筆と両立させることは、決して容易ではなかった。その困難を乗り越えるために、先生方のご支援と学友たちから得る刺激はなくてはならないものであった。この場を借りて、学友たちにも感謝の気持ちを伝えたい。とくに吉田武弘さんは、修士一年の時からいまに至るまで、歴史の勉強が不十分であった私に、研究面で多大な助言をしてくださった。また、修士課程の時に故西川長夫先生のゼミで知り合って以来長年にわたって私のまずい日本語の文章表現に付き合ってくださった原佑介さんにも感謝申し上げたい。そして、いつも変わらずに私の訥弁に耳を傾け、応援してくれる沈熙燦さんにも感謝の気持ちを伝えたい。

　実は、この本の出発点は、私の学部時代にある。私は、中学生の頃から抱いていた演劇への夢をあきらめて哲学科に進学したのだが、哲学という分野になじめずにおたおたしていた時期に哲学に興味を抱かせてくれたのは、金貴龍先生のパルメニデス講義であった。「『無い』と言えるのか？　『無』なのに、言える？　無いものは考えることも、語ることも不可能ではないか？」学部一年生の時に聴いた、金先生のこの問いには、頭に石を投げられたような衝撃を受けた。金先生は、哲学とは「口」を「折る」ことであるとおっしゃった。思考の果てに自ずと口が開くまで口の中で何度も筆を折ること。私はこの言葉を念頭に、自分の言葉で判断する前にまず資料に向き合うことを心がけた。また、安相憲先生も、私を研究者の道へと導いてくださった方である。徹底したマルクス研究者であり、定年退職の後も「全泰壹《チョンテイル》労働大学」でマルクス哲学を講義しておられる安先生は、いつも冷静に「実践的唯物論」について講義しておられた。社会哲学講義の際、感情的になりがちな資本主義論を、淡々とわかりやすく批判されていたその姿は、私にとってかけがえのない模範であり続けている。韓国で使用されている哲学概念のほとんどが日本由来であることを知った時、私は目を丸くして、抗議でもするかのように先生に驚きと疑問をぶつけたが、先生は、そんな私をただ微笑みながら温かく受け止めてくださった。私はいまもなお、整理しきれていない質問を抱えては、退職後の先生の研究室へと通っている。

本書の出版を快く引き受けてくださった文理閣代表の黒川美富子さんと、山下信編集長にも心よりお礼を申し上げたい。この原稿を書籍として世に送り出すことに十分に自信が持てない気持ちもあったため、ゲラをいただいた日、私は山下編集長に感謝の言葉を伝えるとともに、これで本当に良いのでしょうかと改めて尋ねた。その際、山下さんが「自信をもってください」とおっしゃってくださった。つねに自信が持てず、安先生が言うところの「ゴミの量産」になるのではないかという恐れも持ち続けていたために、山下さんの言葉は、自分の責任に最後まで向き合うための大きな後押しとなった。

この本が完成したら娘たちにこう言いたいと私は心を決めていた。毎日、元気よくお母さんを研究室に送りだしてくれてありがとう、と。これからも良いときも悪いときも、ともに人生を歩んでゆく私の家族に、この本を捧げたい。

二〇一九年三月一八日

許　智香

※本書は、日本学術振興会および立命館大学人文学会の支援を受けて刊行された。

著者紹介

許　智香（ほ　じひゃん）

1984年、韓国慶尚北道栄州市生まれ。立命館大学大学院文学研究科日本史学専修博士課程修了。博士（文学）。現在、日本学術振興会外国人特別研究員、東京大学大学院人文社会系研究科特別研究員。共著に尹海東ほか編著『京城帝国大学과 東洋学研究』（図書出版・先人、2018年）、論文に「麻生義輝の西周著作集編纂に関連して」（『立命館史学』38号、2017年）などがある。

philosophyから「哲＋學」へ

2019年7月20日　第1刷発行

著　者　許　智香

発行者　黒川美富子

発行所　図書出版　文理閣
京都市下京区七条河原町西南角 〒600-8146
電話（075）351-7553　FAX（075）351-7560
http://www.bunrikaku.com

印　刷　新日本プロセス株式会社

ISBN978-4-89259-849-4